辽宁白酒志

1949—2017

辽宁省白酒工业协会 编

沈阳出版发行集团
沈阳出版社

图书在版编目（CIP）数据

辽宁白酒志：1949-2017 / 辽宁省白酒工业协会
编 . --沈阳：沈阳出版社，2018.1
ISBN 978-7-5441-7938-6

Ⅰ．①辽⋯　Ⅱ．①辽⋯　Ⅲ．①白酒—酿酒工业—工业
史—辽宁—1949-2017　Ⅳ．①F426.82

中国版本图书馆CIP数据核字（2018）第001089号

出版发行：**沈阳出版发行集团** | **沈阳出版社**
　　　　　（地址：沈阳市沈河区南翰林路10号　邮编：110011）
网　　址：http://www.sycbs.com
印　　刷：鞍山市春阳美日印刷有限公司
幅面尺寸：185 mm×260 mm
印　　张：23.5
插　　页：22
字　　数：550千字
出版时间：2018年1月第1版
印刷时间：2018年1月第1次印刷
责任编辑：王　颖
封面设计：姿　兰
版式设计：姿　兰
责任校对：赵秀霞
责任监印：杨　旭

书　　号：ISBN 978-7-5441-7938-6
定　　价：598.00元

联系电话：024-24112447
E-mail：sy24112447@163.com

序 言

　　辽宁省酒文化历史悠久。新中国成立以来，在各级党委和政府的支持下，白酒行业健康发展。辽宁是东北地区白酒的重要产区，也是全国产量大省。一方水土养一方人，辽宁传统白酒酿造孕育出多个区域的知名品牌，受到祖祖辈辈的辽沈人民喜爱，滋润着辽宁人的健康与兴旺。对老工业基地来说白酒行业比重不大，但它却是融通社会的重要媒介，是地区社会文化传播、认知，对外食文化交流的产品名片。酒诗酒画、酒器酒具、酒星酒泉、酒旗酒俗演绎了悠悠酒文化，丰富了人们的生活，辽宁酒为中华人类文明做出了积极的贡献。

　　欣闻《辽宁白酒志》编辑完成，这部记录历史、总结经验、吸取教训、弘扬传统、开拓创新、砥砺前行之著作，在全面建成小康社会、努力实现中华民族伟大复兴之际，在以习近平同志为核心的党中央领导下，及重振东北老工业基地的英明战

姜笑琴　辽宁省政协原副主席
全国政协原常委
民建中央原委员、中央常务委员

略指引下，依靠良好营商环境，发挥企业家和酿酒工匠的创造力，一定能够力推我省白酒行业发展，为家乡人民奉上一杯杯纯粮酿造的美酒，弘扬与传承传统技艺，履行生产安全优质酒类的社会使命。

　　在此，预祝我省唯一综合性白酒全书《辽宁白酒志》发行成功！

2017 年 9 月

辽酒赋

王贵玉

辽沈大地龙脉绵长，山川秀丽，辽浑太凌，四水润泽东方文明之源的红山之乡；

半岛海岸城郭袤广，山海辉映，凤凰千山，黄渤二海碧波荡漾漾北国无限好风光。

天辽地宁，人丁兴旺；四季分明，无酷炎凉；物产丰富，鱼米之乡。

红山开创谷物酿酒之源，辽酒兴旺。始祖"蛮人"，孕育酒造技艺传遍华夏之邦。采撷五谷之芬芳，汲取天地之精华，酝酿醇香。

酒香八荒，沁人心脾，饮之令人神采飞扬。酒之影响，源远流长，华夏五千年飘散着悠悠酒香。

倭寇践踏，酒业衰亡，满洲改良日伪同酿，新中国重回人民，整治酒殇。

计划生产，一县一厂。保民生促生产开源节流多快好省酿，各市酒厂忙。国庆十周年辽宁三个醇酒荣登国宴酒榜，三、四、五届全国评出辽酒国优四大银牌奖。

酒类生产机械化生物工程利用广，大连三甑旋转装锅，老龙口蒸煮装甑自动化，鞍山隧道窑式发酵箱；清香、麸酱历史长，传统辽酒就是烧酒香；改革开放，酒业转变，产量跃居全国大省前十的中央，辽宁创出辉煌。

三沟雪兰、红山酒祖，多微发酵，浓芝多香，辽酒榜样；凌塔清香三燕古都酿，纯正爽净，蝉联全国优质大奖；盛京天江老龙口醇厚流香；满族技艺陈香幽雅道光贡，麸曲酱香凤城老窖全国大名扬；辽时古酿白塔为壶千山酒，出口创汇，辽酒增光；辽酱好酒醇厚丰满回味大凌河，中国航天英雄之乡绥中佳酿香味长；本溪特产铁刹山，柔雅醇甜好浓香；抚顺满族家酒启运千台春，芝香之秀香洲坊；铧子老窖古法酿；风景如画酒香典雅金石滩，辽一纯粮固态酿出大辽香。

辽酒风采，十三家纯粮固态是标准样，推陈出新真烧实酿，辽酒世代工匠奉献咱家乡。

辽酒佳酿帝王将相造酒忙。清王粮酒努尔哈赤山雁王；爱新觉罗祖家坊；宫廷御清泉大清罕王酿；

辽酒产区，遍地飘酒香。桃山清白鹿茸保健醉香坊；时代老窖，大梨树营养有天香；牛庄陈酒鞍山大曲海城旁；碧泉思源兄弟望儿山，厚德煮酒十里香；西有大辽九门口蒙族神酿蒙古贞、泉盛河玉猪龙在村井坊；盘锦佳酿、凤桥鹤乡王；东有凤山老窖映山红、酒千岁陈酿鸭绿江；古镇、乾窖、盛龙老酒香；马三、张书、老顺口，棋盘山家乡喜爱的红高粱；南有大连老窖、金州鑫醇烧锅酒、龙泉老窖醇雅辽中溢香坊；北有八面城、亮中桥、古城德润称酒乡。

大辽酒市繁荣，企业兴旺。道不尽辽酒风采奖，展不完推陈出新辽酒活力强。追随秦汉古韵、魏晋风流、唐宋诗意，补短取长；坚守传统，因地制宜，好粮、好水、好酒曲、好工艺、好环境，好酒出家乡也，辽酒客醉八方。

辽酒之源

于 桥

　　白酒的起源有汉代、唐代、元代三种说法，前两种说法因年代久远史料不全，可信度较小。元代说不仅中国史料翔实，而且出土文物也较丰富，具有较高的可信度。

　　公元1206年，蒙古成吉思汗建元朝，国力不断增强，到1260年至1295年忽必烈执政的35年间达到巅峰，大军横扫西域不战而胜。随着元军西征的重大胜利，不仅阿拉伯的领土被占，许多植物被移栽中原，而且香料蒸馏技术也被传入中原，自此酸败的黄酒或黄酒发酵醪得以蒸馏，从而得到了酒度较高的蒸馏酒，此时便有了中国白酒。以后随着盐商的南下、东进路线，白酒酿造技术由甘、陕逐步南传至四川、贵州、广西一带，东进至山西、河南、河北诸省。

　　1644年，清军入关以后，不仅不再禁酒，反而以酒犒赏有功的军政大臣，使白酒的需求量有所增加，生产能力有所扩大。

　　辽宁省是满族的发祥地，盛京（沈阳）是大清王朝入关前的首府，它必然是当时白酒需求量最大的城市。虽然没有当时的统计资料，但后来的伪满洲国（东北三省）共生产白酒1万余吨，其中辽宁省占七成以上。质量上乘的是鞍山、海城一带，其中腾鳌地区产量最多，质量也最好。

　　辽宁省的白酒作坊掌门人和酒师大部分来自山西，清至民国如此，中华人民共和国成立后也亦然。如沈阳老龙口酒厂，20世纪七八十年代，主管生产技术的副厂长史锡远先生，技术科长董步谵先生都是地地道道的第一代山西人。

　　就酿酒技术层面而言，辽宁省在全国的领先水平至少也有百年以上。在20世纪80年代，职称改革之前，全国白酒工程师、技师最多的是辽宁省。如：沈阳市发酵研究所的张伯涛、姜明德、姜定国；鞍山酒厂的张宝祥；北镇酒厂的王树瑄；朝阳酒厂的易广家等人都是地方人民政府命名的工程师。新民酒厂的高级技师沈宇光；沈阳烧酒厂技师胡玉良；大石桥酒厂技师袁子文；凤城酒厂技师高升级；本溪县酒厂的吴技师等人也都是地方政府任命的。另有一大批大、专院校毕业生，经十至二十年的实际磨砺，成为高素质的技术人员，在20世纪80年代末、90年代初先后被评为高级工程师：他们是辽宁省食品发酵研究所的刘洪晃、周绍春；老龙口酒厂的刘树生、孙庆文、郭士臣；大连白酒厂的于凤顺、刘学茂、于再琛、徐淑洁；锦州凌川酒厂的李宗民、张凤鸣、万冠美；阜新市酒厂的郑宝林；辽阳酒厂的王昌波；熊岳果酒厂的牟青山、李春华；朝阳酒厂的宋玉华；丹东酒厂的于其为、徐娟；鞍山酒厂的费守杰、于凤兰；沈阳烧酒厂的孙义雄、修丽琴；盖县酒厂的赵迎春、王振亚；阜新县酒厂的王世伟；营口酒厂的代云年；桃山酒厂的郎洪伦；凤城酒厂的李树林；岫岩酒厂的尹本宽；庄河酒厂的李树祥；抚顺酒厂的潘维符；铁岭酒厂的韩秀珍；盘山酒厂的王世华；金县酒厂的于桥；新金县酒厂的白缊华等数十人。

　　在产品质量方面，由于受夏热冬寒等自然环境的影响，生产高质量的浓香型白酒和酱香型白酒困难较多。而生产清香型白酒则比较得心应手。大连白酒厂的"陈曲酒"；老龙口酒厂的"陈酿酒"；桃山酒厂的"桃山大曲酒"都具有清香醇正、绵柔净爽、香味协调等优质清香白酒或老白干的典型风格，都是辽宁省名、优产品。

在麸曲白酒方面，锦州"凌川白酒"、辽阳"千山白酒"、凤城"老窖酒"在历史上都做到了质量上乘，价格适中，颇受消费者喜爱。在大曲盛兴的今天，凤城酒厂仍然传承并发展原有的生产工艺，继续用麸曲法生产优质白酒，这在国内是不多见的，这种经营理念难能可贵。

在生产设备机械化方面，辽宁省也捷足先登，曾经走在全国的前列。由于当时的材质不佳，特别是禁锢的企业管理体制使企业失去了自主权。例如，企业投入生产设备机械化而增加的生产成本无法摊销，使企业利润不断下降，甚至连年亏损。因而机械化不能持久坚持和发展，像其他省（市）一样，运转了几年就半途夭折，直至多年沉睡不起。

2017年4月令人振奋的喜讯从沈阳传来，华莱威酒业公司田高总经理以自身的技术能力，靠自己的经济实力，经三年刻苦努力，耗资2千余万元，终于完成了"华莱威白酒智能生产线"的研制工作。这套白酒智能生产线并非一般的技术革新，在蒸馏工段彻底改变了现有的蒸馏方式和蒸馏原理，不愧为一场技术革命，从而又使辽宁白酒工业现代化再次成为全国的领头羊。

本书文字篇幅虽然不算巨大，但内容很丰富，它从辽宁白酒的历史到发展沿革无所不含，是本省白酒工作者必须潜心研读的一本好书。

编委的话

宋玉华

　　辽宁白酒行业在省委、省政府有关部门领导的大力支持下，在中国酒业协会的关注支持下，在中国食品工业协会白酒专业委员会的帮助支持下，得到健康有序发展，创出历史辉煌。今撰写《辽宁白酒志》是记载、是回忆、是传承、是复兴，是大辽酒的历史呈现，是大辽酒的续写开篇！

　　中国酿酒历史与文化源远流长，精彩纷呈，是中华文明史和传统文化宝藏的重要组成部分。1949年以来，处于变革期的辽宁白酒行业在大的历史背景下，更是焕发了无限生机，生产方式转变，酿造技术革新，名家良匠辈出。一时百花争艳，竞放异彩，成就了一段灿烂辉煌的历史新篇章。

　　古人讲，盛世修史，明时修志。记录编撰一段历史，是时人对历史的尊重、对先贤的尊重，亦是当代人应尽的历史责任。编修史志也是鉴古知今、继往开来的一项非常必要的明智之举，是利于当下、惠及子孙的重大人文工程。从更加广泛的视野来看，中国传统酿造技术与酒文化是一整套体系完备的非物质文化遗产，蕴涵着极具人文价值的文化信息资源。作为整理和保护非物质文化遗产的重要举措，编修行业史志对于落实科学发展观，实现可持续的经济、文化协调发展，具有重要的现实意义。特别是由于市场化、全球化进程不断加快，传统的白酒酿造业也像其他非物质文化遗产一样受到了相当程度的冲击，行业史志编修变得更加刻不容缓。

　　进入本世纪以来，时光荏苒、白驹过隙，辽宁老一辈酿酒名师专家相继辞世，令人惋惜，更平添一分忧虑与急迫。有感于此，中国酿酒大师、辽宁白酒协会会长、著名白酒专家王贵玉先生及时提出尽快编撰《辽宁白酒志》，当即得到全体会员单位和老一辈业内专家的热烈响应和大力支持，并纷纷对此举做出高度评价。大家一致认为，这是对辽宁白酒一段珍贵历史的抢救行动，其意义重大、影响深远。有专家表示，毕生心血、辛苦甘甜都奉献给了白酒事业，总要为后人留点什么。编撰《辽宁白酒志》对于辽宁白酒行业无疑是一件功德无量的盛举，可以说在中国白酒行业发展历史上也写下了浓墨重彩的一页。

　　《辽宁白酒志》是在辽宁白酒协会主持下，编委会各位专家集体智慧和辛勤劳动的成果。全书共分为十一个部分，其中包括：专篇约稿、历史篇、辽宁白酒发展篇、辽宁白酒优势篇、辽宁白酒产品篇、辽宁白酒市场篇、辽宁白酒管理篇、辽宁白酒企业篇、辽宁白酒文化篇、辽宁白酒收藏与投资篇以及辽宁白酒人物篇。

　　在专篇里老专家们费尽心力、多方查证，以详实的史料，细腻的笔触，深情回忆了辽宁白酒在中国白酒发展的历史长河中由解放初期继承老祖宗传下的手工操作，道出了"糟腿子"（酒工）们夏天汗流浃背、冬天"腾云驾雾"的艰辛；也描绘了在场子里木锨"扬片"和大师傅在甑筒旁用簸箕装甑的技艺画面；也介绍了现在年轻人很难见到的原始酿酒工具：木叉、木锨、柳条筐、案板……还讲述了白酒行业"人亲不亲，锨把子亲"的情谊，同时以生动风趣的语言介绍了喝酒、劝酒、酒令等民俗等掌故。

　　在辽酒发展篇、产品篇介绍了辽宁白酒从"手抓、鼻子闻、用脚趟"的经验型师傅带徒弟，发展到机械化、自动化生产、实现气象色谱定量分析和品酒员品评相结合的质检方法。辽酒的八大名酒中有四个品牌提升到国家优质，获得银奖。

在企业篇里各厂家写作精英们生动描写了企业转制的过程和新一代酿酒人的革新、创新的成就。

在人物篇里，歌颂了辽宁几代酿酒人可歌可泣的企管、科研的动人故事。

通过钩沉几十年历史，回顾辽宁白酒探索之路，总结发展过程中的经验和优势，逐渐明晰了一个结论性判断：辽宁白酒要发展，发展要有后劲就必须走一条以"辽一酒"为代表的"大辽香"香型，突出东北地方特色的自主创新之路。

《辽宁白酒志》的编撰工作，坚持了立足历史高度，立足行业高度，存真求实、实事求是的基本原则，充分体现了时代特色，突出了地方特色和行业、专业特色。另外，还需要说明的是，在编撰过程中，编委们共同形成一个理念：不仅要使本书成为一部具有专业性、权威性的史料著作，同时还着意于打造本书内容的趣味性、可读性，使之兼具一定的收藏价值。也就是说，本书面向的是社会各界具有不同需要的读者群。生产经营者可以从中了解各种香型的工艺路线以及企业管理经验；白酒的拥趸们可以借此谙熟酒文化与收藏经；我们甚至希望各级政府决策者及社会各界人士通过本书可以加深对白酒行业的了解，更多地关心、支持辽宁白酒事业的发展。

由于撰写及编辑过程时间十分紧张，更因大多专家年事已高，身心精力之关系，本书舛误之处难免，敬希见谅并予指正。

《辽宁白酒志》第一至第六次编辑委员会会议工作照

辽宁道光廿五集团满族酿酒有限责任公司董事长　张慧

同盛金盛世图（辽宁道光廿五集团满族酿酒有限责任公司）

★ **三沟老窖雪兰酒**----源于中国谷物酿酒起源地：三沟酒业与著名的红山文化源头查海遗址仅距9公里。八千年前的阜新地区不仅是中国龙文化的起源地，也是中国谷物酿酒的起源地，更是中国酒文化的起源地。

★ **三沟老窖雪兰酒**----品牌价值位列东北第一：2015年，由中国酒类流通协会和中华品牌战略研究院联合举办的第七届华樽杯中国酒类品牌价值200强隆重发布：三沟品牌价值达41.31亿元，位列东北白酒行业第1位，中国白酒第47位。

★ **三沟老窖雪兰酒**----中国白酒历史标志产品：2016年，中国食品工业协会白酒专业委员会在北京举行成立30周年座谈会，表彰了30家1985—2015中国白酒（区域性）历史标志产品，其中三沟雪兰酒排名第21位，被专家誉为"东北第一代表酒"。

★ **三沟老窖雪兰酒**----篮球总冠军庆功酒：作为绵劲型白酒典范，自2005年以来，三沟酒成为CBA和WCBA总冠军庆功酒，代表健康，代表更高、更远、更强！

传统手工工艺酿造车间

东北白酒行业规模宏大的原酒车间

现代化的白酒包装车间

辽宁千山酒业集团

中国驰名商标

辽宁千山酒业集团有限公司董事长于焕林先生

辽阳酿酒坊

玉昇涌烧锅遗址

玉升涌烧锅（即今东小什老千山酒厂）（处万家红光）

辽宁千山酒业集团坐落于东北历史文化名城——辽阳。

辽阳地区酿酒的历史和辽阳地区的文化史一样久远，公元1658年桂中园始创"玉昇涌"烧锅作坊，是辽阳最古老的烧锅之一，既是千山白酒的前身。

千山酒历史悠久，自古名传塞北，据《奉天通志》记载，辽阳"本境高粱产额最富大麦、小麦、豌豆亦足以供制曲之资，而泉水甘美，造酒芳冽，实为全省之冠，故境内烧锅多于各县"，有文献载"辽阳其酿造之高粱酒在三省首屈一指，出品年达五百余万角力。"清朝王尔烈曾用诗句赞美辽阳白酒"香飘神州白塔为壶，味醉辽东衍水流才"。

从"玉昇涌"至今，300余年的酿酒历史让千山酒不断传承，历久弥新。随着企业不断的发展，原来企业所占用的土地已经不能满足发展需要，为保证企业持续发展，2013年新征土地400亩，开始建设新厂。固定资产投资规模近3亿元，建成的新厂具备年生产白酒万余吨，储存能力数万吨。2015年，千山酒业集团新酒厂落成，老酒厂搬迁，当于焕林董事长和多年来一起伴随千山酒成长的酒厂人，手捧一把百年窖泥，这里的每一粒沙土都浸满了千山酒的醇香；每一块窖砖都饱含了历史的沧桑。俗话说一两窖泥一两金，它的存在不仅承载了千山酒厚重的历史，也确保了千山酒几百年来一脉相传的质量保证。

中华老字号

China Time-honored Brand

辽宁纯粮固态好酒

老龙口

融三百年豪气

酿老龙口真情

老龙口有"三宝"

老井水　老窖池　老工艺

　　老窖池建于1662年(清朝康熙元年)，共有54个，建筑面积800余平方米。据光绪三十三年《奉天商务总会卷宗》记载："万隆泉住小东门外老龙口，执事单垦垣，原有三个觚筒，养槽池54只。近三年每日三班造酒，每班出酒450斤，每年共造酒30万斤，踩曲12万块。"

沈阳天江老龙口酿造有限公司
SHENYANG T&G LAOLONGKOU BREWERY CO.,LTD.

大连香洲坊酒业有限公司厂区

大连香洲坊酒业有限公司生产车间

中国 燈塔

传承百年技艺　弘扬百年品牌
树立百年丰碑　保护百年遗产

纯粮酿造
无任何添加剂

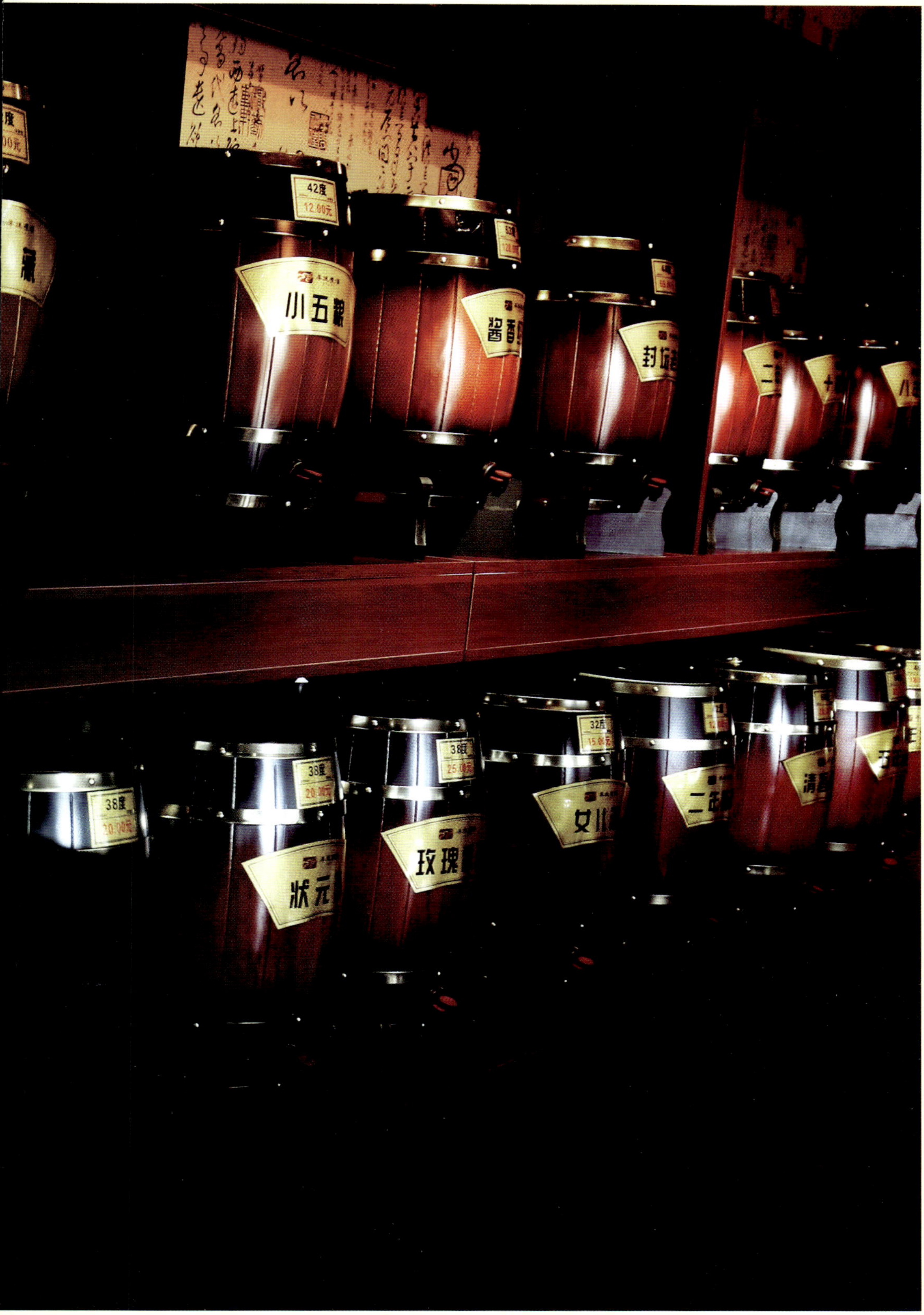
42度
12.00元
小五粮
酱香
封坛
38度
20.00元
32度
状元
玫瑰
女儿

家坊祖訓

夫先祖創業古井甘

泉泥窖滿曲旗酒旗風

後輩必躬謹傳承

精良配方切勿加減

精選糧谷勿混雜物酒

歲分明勿昧良心古法

雖繁勿減其功不求厚

利不求量豐

守業必尊良心釀造

以德治酒行商道仁和

存善融通天下

甲申仲春於家坊

「清王酒」 企业简介

坚持老传统 只做纯粮酒

Adhere to the old tradition only do pure

沈阳清王酒业有限公司坐落于远近闻名、美丽富饶的鱼米之乡"辽中区肖寨门镇"因古时候位于辽郡以西、辽水以东、宛在中央，因此而得名"辽中"酒厂始建于20世纪70年代中期，原名寨寨春酒厂。2011年改制后更名为"沈阳清王酒业有限公司"。

现公司占地二万余平方米，拥有精英团队100余人，企业投资引进国内先进酿造设备融合科学技术，优化现代管理模式，酿造固态酒的过程中采用传统酿酒工艺，使用大曲、白曲、麸曲、酵母曲、芝麻香曲为多菌种，以优质红高粱、小麦、大麦、豌豆和古井水为原料进行窖池内固态发酵，目前拥有清香大曲高粱酒/投料12吨窖池84个、清香麸曲高粱酒/投料4吨窖池32个、浓香型白酒/投料1.6吨泥窖21个和芝麻香型白酒/投料1.6吨泥窖35个。年设计生产能力14000余吨，出品的芝麻香型原酒因采用独特的酿造工艺，使其兼有：浓、清、酱三种香型白酒之所长，故有"一品三味"的美誉。具有：清彻透明、芝麻焦糊香突出、香气幽雅、丰满细腻、回味净爽、余味悠长之特点。

现企业拥有2条白酒灌装生产线，2条桶装酒生产线，2条袋酒生产线，1条封坛酒生产线。

现在企业的原酒、包装酒及散白酒系列，已销售省内及全国各地，深受消费者的喜欢和爱戴。公司以"追求卓越无止境，与时俱进创未来"的经营理念为广大百姓酿造优质的纯粮放心酒。

清王酒

董事长：郭士宏

清王古井

"芝麻香型白酒" 高温堆积，二次发酵

"华夏第一甑" 直径3.9米

清王老窖酒坊

芝麻香型 52%vol

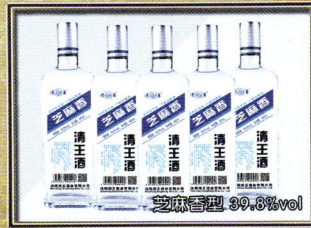

芝麻香型 39.8%vol

辽宁 望儿山 酒业有限公司

------酒文化博物馆·国家AAA级旅游景区

望儿山酒业源自营口、品牌定位"营酒·望儿山"！以酒为载体传承母爱文化，五十年只做一件事，酿一世好酒！

以营口好酒待四方宾客，以望儿山故事传播八方！营酒、营菜、营烟将做为一方文化符号根植于家乡人心中……

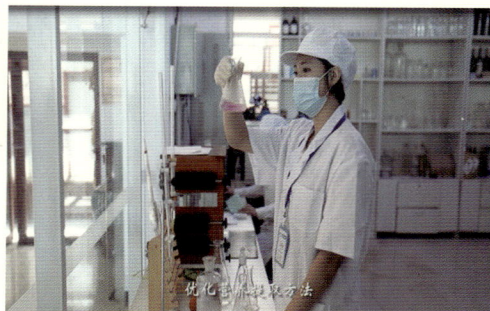

望儿山酒业先后荣获辽宁著名商标、辽宁名牌产品、辽宁放心名酒、辽宁农业产业化重点龙头企业、中国文化名酒、中国驰名商标，并努力打造望儿山酒文化博物馆---国家AAA级旅游景区……

营酒·望儿山

小窖池　大师作

辽宁望儿山酒业有限公司

沈阳市御清泉酒厂

凤城老窖

溥杰

中华老字号 中华文化名酒 凤城老窖 溥杰亲笔题名

清朝皇帝溥仪之弟溥杰为"凤城老窖"亲笔题名

大连酒厂有限公司

大连酒厂有限公司

辽宁北票华溢酒业有限公司

梁山县久源生物工程有限公司

——辽宁白酒协会唯一推荐用曲单位

公司秉承科技兴企，技术创新的经营理念，为助力东北白酒转型升级，提升白酒品质，推出的东北专用酒曲，经辽宁三沟、辽一酒厂、道光廿五、龙江家园、北大仓集团、蒙古王酒业等名优酒企使用，酒质提升显著。

公司主要产品有高温曲、中高温曲、中温曲、清香大曲、多微麸曲、芝麻香专用曲、根霉小曲、生香酵母、白曲、细菌曲、固（液）窖泥功能菌、酯化红曲等，期待您的使用。

高温大曲

中高温、中温包包曲

芝麻香型 多微麸曲 白曲 根霉酒曲

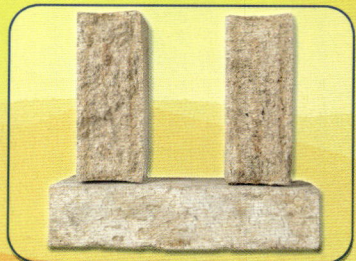

清香型大曲

目录

辽宁白酒优势篇

辽宁白酒市场篇

辽宁白酒文化篇

辽宁白酒收藏与投资篇

辽宁白酒人物篇

附　录

专篇约稿

第一章　薪火相传　辉煌可待

　　2017年的辽沈经历了一个够长、够热的夏，旋而来临的爽着实让人怡然于秋、期待收获的季。感叹于季节更迭之际，收到辽宁省白酒工业协会王贵玉会长的稿约——为《辽宁白酒志》出版写一个东西。思考之下，还是觉得就自己了解的"辽宁白酒与辽宁食品产业"这个命题说点儿看法较为合适。

　　转眼间，我在辽宁食品工业行业管理部门工作了近30年，与辽宁白酒行业相熟从1993年前后就开始了。其间得到很多行业老专家的教诲，只可惜自身愚钝，并非可塑之才。但与白酒行业的老专家们建立了良好的工作关系和友谊；工作之中，更与白酒工业协会素有渊源，亲历了从专业协会到省一级协会的过程，看到协会不断发展成熟，也是在与行业老专家和协会的一起工作中，走访过全省大部分的骨干白酒企业，和业界有所接触。

　　正是和辽宁白酒人的这些交集和一贯亲近，知道《辽宁白酒志》正式定稿并将出版，我感到十分高兴，这是辽宁白酒行业的一件喜事，既是对辽宁白酒发展具有重要历史和现实意义的大事，也是辽宁食品工业的一件大事。为此，不仅要代表辽宁省食品工业办公室对此表示热烈的祝贺、对省白酒协会为本书刊印所付出的艰辛努力表示衷心的感谢，也向根植于辽沈大地为辽酒飘香夙兴夜寐、孜孜以求，做出不可磨灭贡献的几代辽宁白酒人表示崇高的敬意！我个人也要表达祝贺之意，对为辽宁白酒发展做出努力和贡献的老专家、企业家、一线员工和一直关心支持辽宁白酒发展的各界人士致以真诚的敬意，对编撰人员的辛勤工作致以诚挚敬意！

　　以史为镜，可以知兴替。辽宁的白酒历史源远流长，发起于清朝晚期，兴盛于20世纪80年代，文化底蕴深厚。辽宁白酒工业是我省食品工业的一面旗帜，为全省食品工业做出了突出的贡献，在全省食品工业中具有举足轻重的地位，可以说是全省食品工业中历史最久远、文化最厚重、社会影响力最广泛的行业。因此，记录好辽宁白酒历史，讲好辽宁白酒故事，挖掘好白酒文化是对辽宁白酒发展做出的重要历史贡献，既要让丰富的传统文化内涵为今所用，也要让老一辈白酒人留下的宝贵精神财富发扬光大、薪火相传，更要照亮辽宁白酒行业的未来发展之路。

　　《辽宁白酒志》以平实的语言、翔实的数据、丰富的图文史料，全面、完整地记载了1949年以来辽宁白酒行业从小到大、从弱到强的恢宏壮丽的发展历史，见证了一位又一位为辽酒发展呕心沥血、苛求极致的酿酒大师，展现了一个又一个传承历史、敢于创新的企业风采，书写了一段又一段品牌背后的传奇佳话，实乃行业内最具权威、最有影响力、最有研究价值的行业发展史料。

　　纵览1949年以来辽宁白酒行业近70年的发展历程，历经多次兴衰沉浮，而每一次的浴火重生、凤凰涅槃都离不开辽宁白酒人的传承与创新。近年来，辽宁白酒行业在承受了多轮来自政策以及行业内外的冲击后，行业发展几乎处于历史上最低谷的时期。比如2016年全行业产销量急剧下降，甚至不足巅峰时期十分之一，排名跌出全国前10位，行业产量大省的名头也不复存在，但压力就是动力，挑战就是机遇。本书的出版可谓恰逢其时，希望它能像冬日里的阳光、春夜里的细雨为在低谷中徘徊的辽宁白酒行业及时吹响奋进的号角、燃起振兴的斗志，相信新一代白酒人能够从本书中汲取老一辈白酒人追求极致的匠心品质、不忘做酒先做人的初心，迎难而上、砥砺奋进、勇于创新、敢立潮头，为辽酒的复兴与再创辉煌谱写新的华章！

　　辽宁白酒的复兴之路并非建厂扩产所能解决，而是要补齐短板，善用所长。借此，我们也对辽宁白酒行业的复兴提出几点建议：一是转变观念。要树立以市场为导向、向管理要效益的发展观念，摒弃低质低价、管理粗放的发展思路，坚定不移地走质量效益型发展道路。二是练好内功。产品质量是一切发展的基础和前提，要不遗余力地提高产品质量，从原料采购、工艺设计、生产过程等各环节开展精细化管控，确保产品优质如一。三是突出特色，做好定位。应充分利用自身的区位优势，集中精力重点发展中低端价位产品，做精、做细、做强，不宜过度地开发系列产品，而要细分目标客户，有针对性地开发出核心、主打产品，形成爆款效应，走小而美的发展路径。四是坚持传承与创新双轮驱动。既要继承和发扬传统优势产品的质量和特色、深入挖掘自身品牌的历史文化内涵、讲好品牌故事；同时又要坚持创新驱动，从饮料化、快销化、年轻化、低度化、时尚化、场景化的发展趋势开发新产品。五是强化营销。以需求为导向，开展差异化营销。既要深耕传统渠道式营销，巩固中老年消费群体，又要积极与休闲旅游、影视体育、动漫游戏以及互联网等产业相结合，吸引和发展年轻的消费者。六是传统与现代并举培育品牌。要深入挖掘品牌个性化的历史文化内涵，目前全省共有7户企业被列入中华老字号名录，要守护好、用好这些前辈们留存下来的无价财产，让他们焕发出新的光彩；同时也要与时俱进，勇于创新、丰富品牌内涵，积极用互联网思维为品牌赋予具有时代气息的新内涵。需要特别强调的是，辽宁白酒还要传承优秀文化基因，切实增强发展自信，在协会的框架内加强合作，形成共赢合力，让"辽酒"这张辽宁食品工业的名片亮起来、叫得响。

　　望着窗外繁茂的秋，想着即将迎来的丰厚的秋实，真切感受到了辽宁白酒一个崭新发展时期到来的气息，心中升起浓浓的祝愿。辽宁白酒具有醇厚、浓重的基因，不乏热烈、铮铮的豪气，更有匠心之技的薪火相传；辽宁白酒正经历着浴火重生、勠力创新的新征途，相信辽宁白酒辉煌的明天令人期待！

　　再次祝贺《辽宁白酒志》出版，真切期待辽宁白酒借此东风，重振雄风、扬帆启航！

（郭建国）

第二章　茅台试点的辽宁人

茅台试点于1964年重阳节至1965年端午节，1965年重阳节至1966年端午节，进行了两个生产周期的生产试验。辽宁省共派出7名技术人员参加本次试点，他们是：姜定国、李忠民、刘洪晃、周绍春、郑宝林、陈学志、刘丽华。

本次试点是轻工部主持，并抽调国内部分省市的酿酒技术人员13名，其中辽宁省7名，轻工部委派周恒刚老先生带队负责试点的全面技术和协调工作，贵州省食品研究所派出大量的技术人员参加了本次试点工作，茅台酒厂也投入了相当的技术力量共同参加本次试点工作。总计参加本次试点人员30余名。

一、试点的目的

茅台酒是国家领导人举行国宴和出国招待用的礼品酒，而恰在国家第二次评酒会上茅台酒被评为第五名，并将评比结果公布在《大公报》上，为此，轻工部决定用三到五年时间将茅台酒的质量提高上来，为此进行了本次试点。

二、查证写实

查证写实，就是对茅台酒的生产工艺等方方面面进行认真的调查研究，通过现场的生产调研，对其生产工艺中的精华进行发扬，对不合理的部分予以抛弃，故称为取其精华，去其糟粕。

通过查证写实认为茅台的高温大曲、场外堆积、适当的高温馏酒工艺是合理的，应予以保留和发扬；而填锅烤酒是落后的工艺，应该废除。

通过查证写实分析认为，茅台酒的高温大曲，既是发酵糖化剂又是生产原料，高温大曲在生产过程前期，大量微生物（包括酵母、霉菌、杆菌等）在繁殖生长并不断地进行代谢，中后期随培养温度的上升，一些不耐高温的微生物逐步死亡，而恰是这些死去的微生物又给适合高温生长的细菌微生物提供了丰富的营养物质，就这样由培养初期到后期的高温大曲，形成了独特的具有酱香味的大曲，通过微生物的分离培养，成品茅台大曲是以细菌（杆菌）为主的大曲。

分析认为，场外堆积是茅台酒工艺独特之处，是非常合理的，场外堆积过程网罗了大量的微生物，为茅台酒发酵过程提供了有效微生物基础，也弥补了高温大曲微生物不全面的不足。

通过对茅台酒发酵过程中微生物消长跟踪试验认为，发酵前期是以酵母和霉菌为主导的发酵过程，随着时间的延长和窖内温度的升高，酵母和霉菌逐渐消失而细菌成为发酵过程中的主导微生物，而恰是这生生死死的微生物为茅台酒后期发酵提供了丰富的营养物质，也是形成茅台酒主体香型的发酵过程。

查证认为合理的高温馏酒，是茅台酒工艺一大特点，通过高温馏酒可去掉大部分酒中的低沸点的有害物质，而使茅台酒的主体香味物质如环状化合物得以有效保留。

查证认为，天锅烤酒是茅台酒生产工艺中最古老最不合理的部分，它包括燃料消耗大，冷却面积小，馏酒温度过高（有时接近酒精的沸点），酒损过大的弊病及工作效率极低的缺点，通过试点，必须废除。以立管冷凝器或甑锅取而代之。

通过查证，了解到茅台试点除技术问题外更大的是思想观念问题，当时厂内有一个茅台酒的传统工艺不能碰也不准碰不准改的观念，恰是这一观念与试点的取其精华，去其糟粕理念格格不入，必须将天锅烤酒改造成甑锅冷凝器蒸馏。我们共进行四个轮次的对比试验，每个轮次都以同一发酵酒醅，分别用天锅和甑锅冷凝器蒸馏，分别取样进行化验分析，并请厂内评酒师和老师傅进行品尝对比，（暗评）结果每次都是甑锅冷凝器的酒优于天锅的酒，可是就这样厂内的老师傅和评酒组人员还是不断地把他们自己的品评结果推翻，再评，就这样我们反复进行了四个轮次的化验分析和品评，才改变了对天锅改造的思想观念问题。

三、试点技术路线的确定

通过查证写实和各项试验的进行，确定试点攻关的技术路线是试验关键的一环，如何准确地把握即能在较短的时间内较快地攻克一些重大的技术难点成为试点组反复讨论的中心，最后确定从茅台酒各典型体香气和香味物质的主要成分入手，即找出茅台酒的主体香组成成分，进而确定这些香味物质是怎样生成的，在生产过程中发挥怎样的作用，为此确定如下专题攻关试验：

1. 茅台酒的香味组成试验。课题负责人：宗国辉

本试验采用对茅台酒各典型体的酸、酯、醛、酮、环状化合物的芳香物质分段取出后对酒体香气、口味进行品尝，从而确定茅台酒的主体香。

2. 进行蒸馏试验。课题负责人：郑宝林、刘丽华

本试验重点是解决茅台酒生产工艺中的天锅和甑锅冷凝器的蒸酒问题。

3. 进行杂味试验。课题负责人：郑宝林、汪华

白酒中的杂味大部分来源于含硫化合物和一些醛、高级醇等，如何确定合理工艺和储存方式，使其在茅台酒含量中达到理想数量。

4. α-联酮试验。课题负责人：刘洪晃、杨更生

α-联酮很不稳定，在光的照射下它们互相转换，使香味物质变成了杂味物质，进行本试验即是解决生产工艺中的白酒包装问题。

5. 香味成分组成试验。课题负责人：姜定国、陈学志

本试验重点，通过纸层析，薄板层析和柱层析分析茅台酒的香味成分，并确定其主体香味物质。

6. 微生物的消长试验。课题负责人：曹述舜、李忠民、康锡斌、季克良

通过对茅台酒生产各轮次窖内发酵微生物消长分离和生理生化试验，确定窖内发酵不同时间微生物群体的主体，并按不同时间点分离主导微生物。

7. 高温大曲微生物试验。课题负责人：曹述舜、季克良、康锡斌、李忠民

通过对高温大曲微生物的分离。确定高温大曲在茅台酒生产工艺中的主导地位。

8. 己酸菌分离和发酵试验：课题负责人：姜定国、李忠民、康锡斌

茅台酒的窖底香部分是由己酸乙酯为主体的香味物质组成，其生成机理和发酵过程的主导微生物是本专题试验的主要目的。

9. 酵母和霉菌试验。课题负责人：周绍春、于美英

本试验重点是解决茅台酒在堆积和发酵前期微生物的生长繁殖情况及为中后期提供营养物质。

以上试验最后分别拿出技术报告，并由轻工业部食品局杜局长主持，在山西汾酒厂进行了鉴定验收。

四、试验结论

通过对茅台酒生产工艺的查证写实并按照试点组确定的技术路线所进行的试验结果证明：

1. 通过分段截取和品尝试验证明，将茅台酒有机酸去掉后酒体变得较平淡；再去掉其中的酯，则入口感更为平淡，但不管怎样变化，茅台酒的主体酱香和留杯香没有改变。从而证明茅台酒的主体香物质为高沸点的环状化合物。

2. 通过蒸馏试验，证明茅台酒原生产采用的天锅烤酒方法，是比较原始落后的，它存在着燃料消耗大、酒损高和馏酒温度过高的缺点，应给予取缔，改为较先进的甑锅冷凝器进行生产，并使出酒率提高3%~5%。

3. 白酒的主要成分为酒精和水，其所以形成不同风格的酒，主要是靠不超过3%的呈香物质的不同而形成的，通过对茅台酒的分段截取及呈香物质分析试验证明，其酸、酯、多元醇α—联酮等是构成绵柔醇厚和醇甜的主要成分，而构成茅台酒酱香的主体香味成分应该是以4—乙基愈创木酚等为主的环状化合物。

4. 通过对茅台酒的杂味测定证明新酒中含有硫化氢、硫醇、二乙基硫、丙烯醛等，通过加热处理后则失去了新酒味，这一试验为茅台酒除杂、老熟增香提供了可靠依据。

5. 通过堆积发酵过程中微生物的消长试验证明，茅台工艺的堆积是极合理的，通过堆积，网罗了大量的有益微生物从而填补了茅台大曲微生物的不足，为入池发酵提供了前期保障。

6. 通过对窖池发酵微生物的消长试验证明，发酵前期是以霉菌和酵母为主的微生物活动过程，随着发酵时间的延长，到中后期是以细菌为主体发酵过程而前期的酵母和霉菌的尸体自溶物又为后期发酵提供必要的营养物质。

7. 通过对堆积和窖内微生物的分离和生理生化试验，最后分离和确定了己酸菌株是生成茅台酒窖底香己酸乙酯的主体香气成分之一的菌株，也为全国浓香型白酒主体香成分生成提供了科学依据，在堆积和发酵材料中分离出了汉逊酵母和球拟酵母，它将对酱香白酒起到一定作用。

验收鉴定会：

通过两个周期试点，最后由轻工部食品局杜局长主持在山西汾酒厂对茅台试点成果的验收鉴定会，会上试点组各课题负责人分别做了技术成果报告。其试点成果得到了鉴定委员会和领导的好评。其中部分报告还曾在《辽宁食品与发酵》上发表。

以上内容和素材是本人参试五十年后的回忆，由于时间过长，再加之资料的遗失，有些试点内容会有遗漏和误差，仅供参考。

（郑宝林）

第三章 周恒刚先生与辽宁白酒

周恒刚先生（1918年9月28日—2004年6月16日），辽宁省大连市人，中共党员，高级工程师，我国著名白酒专家、业界泰斗。周恒刚先生是我国白酒行业的知名学者，白酒理论与实践结合的开拓者，在白酒行业中享有极高的威望。

转眼之间，周老仙逝已13个年头了，酒界同人、晚辈后生都深切怀念，无比崇敬的心情犹存，特别是辽宁白酒界，常常念起周老。

从周老的传记来看，可以说周老从事白酒行业的起点就在我们辽宁。1942年周老毕业于哈尔滨工业大学应用化学专业，后进入辽宁省抚顺第一酿造厂（即现在抚顺启运千台春酒业有限公司前身）工作，其间为我国酿酒微生物选育做了大量的科学研究，取得了"低温发酵、定温蒸烧、黄曲加酵母"等在当时世界领先、我国首创的白酒生产技术等多项科研成果，于1948年4月将该研究成果在抚顺第一酿造厂转化为生产力，并在东北三省进行应用推广。以纯种培养黄曲和酒母、低温发酵、定温蒸烧的白酒发酵技术要点，于当时传统白酒工艺来说是中国酿酒工业的一次关键技术革命。周老在辽宁研究的白酒生产技术发明成果为他在1955年组织全国13个省（市）的酿酒技术人员在山东烟台酒厂进行"烟台操作法"试点，并编著以"麸曲酒母、合理配料、低温入窖，定温蒸烧"为技术要点的我国酿酒行业第一部白酒操作法，即《烟台酿制白酒操作法》奠定了技术依据。

1953年周老奉命调入原中央地方工业部（轻工部）食品工业局任工程师。把一生都献给了中国白酒事业，他组织带领我国优秀的白酒科技人员进行了长期而大量的白酒技术试点工作，使当初一个极其落后的传统白酒产业迈上现代化发展轨道，为白酒生产能力和质量水平的根本提升奠定了坚实基础，有力地推动了中国白酒产业的规模发展，为白酒事业不断进步做出了巨大而卓越的贡献。

周老在全国进行大量白酒技术试点中，为辽宁白酒的科学发展和辽宁白酒技术人才的培养做出了巨大的贡献，他几乎走遍了辽宁所有酒厂进行技术指导，多次为辽宁白酒技术人才进行培训授课，开展白酒科学技术试点。

1973年组织主持了辽宁金州试点，着重在提高液态法发酵白酒质量上采用液态除杂、固态增香、固液勾兑等工艺，使我国液态法白酒质量显著提高。

1984年组织主持了辽宁朝阳生料发酵固态白酒试点，该试点的研究成果是我国首创的白酒生产技术科研成果，使高粱原料出酒率（按65度计）达到55.85%（当时轻工部要求43%）节煤30%，节电20%，吨酒成本下降70元~90元。并获得国家科技进步奖。

1985年组织主持朝阳酒厂进行了"液态酒（酒精）低温蒸煮工艺"的研究。节煤35%，节电20%，设备利用率提高了30%，吨酒成本降低162.39元，该成果为国内首创应用于全国酒精工业中，并在1987年获省科技进步二等奖，轻工业部科技进步三等奖。

1986年组织主持朝阳酒厂进行了产酯酵母在凌塔白酒的应用，提高了凌塔白酒的质量和优质品率，并获省科技进步三等奖。

朝阳酒厂在周老的组织和指导下，从科技创新，人才培养的实践中尝到了甜头，认识到只有依靠科技进步才能振兴朝阳酒厂，自1985年以来把每年4月17日定为"厂科技日"活动，持续至今。

周老在进行白酒科学技术试点的同时也为中国白酒行业培育出一批优秀技术人才，可谓桃李满天下，于桥、宋玉华、孙庆文、刘洪晃、郑宝林、周绍春、李宗民等辽宁著名白酒专家都是周老的学生，在各自岗位上，做出了突出贡献，其中于桥、孙庆文先生成为全国白酒行业著名专家，周老的女婿吴鸣先生成为全国白酒行业和食品行业的著名专家。

在周老的人生字典里，责任、敬业、执着和勤奋尤为醒目，也正是这些词汇勾勒了他辉煌的人生。

在抚顺启运千台春酒业集团董事长李红军先生努力下，征得周老子女同意，中国白酒泰斗周恒刚纪念馆于2014年6月16日在辽宁抚顺启运千台春酒业公司内落成，展馆面积450多平方米。以实物、照片、文字再现了周老为白酒上下求索、硕果累累的光辉一生，场馆展出的内容体现周老为我国白酒行业技术发展各阶段的卓越贡献，为后来人进一步弘扬周老忘我的工作精神，推动中国白酒越过坎坷走向辉煌，提供了生动的课堂资料。周老为中国白酒产业奋斗一生的精神财富将铭记于后人的心中。

（宋玉华）

第四章　追忆辽宁白酒65年往事，记述辽酒历史风采

辽宁白酒历史久远。辽酒因生产设备独特、生产工艺独特、产品质量独树一帜而誉满东北大地。发源于辽宁的辽酒工艺由辽宁走向白山黑水，逐渐发展至祖国大地。据考古记载，历史上的金、辽、清朝时期皇家庆典及活动都用辽酒。法库的桃山白酒、抚顺大曲酒为皇家选用的御酒，每年都押运一定数量的白酒进京。

要大力发扬辽宁传统工艺，引导生产好产品、名牌产品，把辽酒做强发扬光大。

辽宁酒业人士要了解辽酒的历史，要掌握辽酒的传统工艺，发展辽酒，再铸辉煌。

中国白酒始创年代说法不一。有人讲有8000年历史，如果是真实的，我认为可能是中国酒的历史而非白酒历史。《本草纲目》中写中国白酒"自元时始创……"到现在有千年历史，辽建国于907年，金为1115年，元为1206年，历史上辽宁是东北较早发展起来的地区。事实如此，中国白酒则可能起源于辽宁，有待历史去验证。

辽宁白酒的发展史和生产工艺及产品质量是有记载的。它独特的酿酒设备和传统生产和中原地区有很大差别。下面以我所知所见真实论述如下：

一、辽宁地区1962年及以前的白酒生产设备和工具

1. 木锨：制酒扬凉（术语窖物片）和攒堆使用的工具。
2. 叉子：木制工具，酒醅出窖时使用。

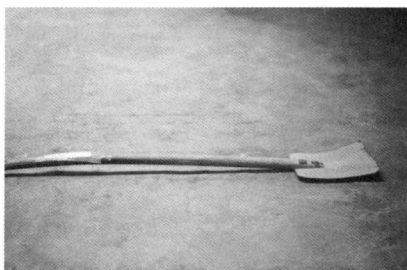
木锨

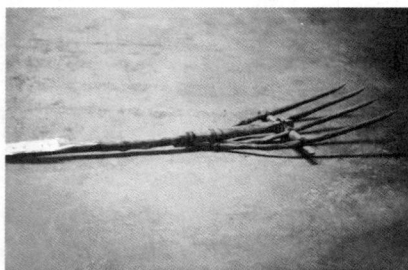
叉子

3. 耙子：木制工具，扒散和聚拢醅子或打疙瘩使用。

4. 簸箕：柳条荆条编制，主要用于装甑和清理粮食使用。

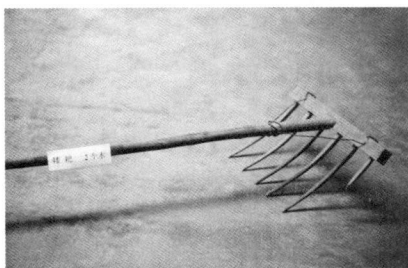

耙子

簸箕

5. 两耳筐：柳条、荆条编制，酒醅出窖时使用，术语叫端筐。

6. 笤帚：不是竹子做的。是辽宁的一种一年生植物做的。这种植物高约1.5米左右，秋天收获时立即压扁成形，干后易折断，无法制成笤帚。

两耳筐

木风车

7. 水桶：木制，盛水用、加浆用。

8. 瓢：葫芦制成，加少量水时使用，如制曲加水，制酒调浆。

水桶

瓢

9. 场地：石头板铺的。

10. 案子：木制，堆放酒醅方便装甑。高约0.7米，宽约1米~1.5米，面积约5平方米左右，能存放一甑材料为准，根据窖子大小，投料多少设计案子的大小。

酿酒用老井

称粮用斗

11. 甑桶：木制。

12. 冷却器：锡合金制作，也叫汤锅。中华人民共和国成立初期，为了降低白酒卫生指标铅的含量，研制改进出锡合金冷却器。

甑桶

量酒提斗

13. 酒窖：木制，这是辽酒最独特的地方之一。采用2寸厚的木材、采用咬卯、凸凹方法制成一个整体，不透水、不通气，保湿好，传热慢，能保证材料正常发酵。

14. 酒篓：荆条、柳条编成。内用纸和鹿血封，这也是辽酒独特之处。后改用猪血封。酒班装酒用，送酒是两人抬着送入酒库。

15. 酒海：多为木制，容积较大，用纸、血封，小些酒柜也有用荆条编制，酒柜为酒库贮酒用。

16. 碾子：石头制作，粉碎粮食用。

17. 磨：石头制作，粉碎粮食用。

碾子

磨

18. 马车：运送粮食、酒、水等。

19. 马、驴：马拉车、驴拉碾子、磨。

以上设备和工具均取自天然的木材、石材、植物，体现出了辽酒的规范、卫生、环保和健康。

二、行规（白酒行业不成文的规矩）

1. 酒工可自由流动，可以自己找烧锅工作。

2. 到新的烧锅首先要自报家门，原工作的烧锅，次之白酒班师傅报师出之门（自己的师傅是谁）。第三是到酒班实践操作以证明自己是行家里手。

3. 如到新的烧锅，不能安排工作，可留在厂内和酒工一样吃、住，烧锅不收分文。

4. 留下工作者一般情况1~3个月的劳金敬献给所在班组，根据关系，班组大师傅可少收或不收，但本人一定献出一些。

5. 不能安排工作者要走或本厂酒工要去新的烧锅，走时柜上支付给去新烧锅的路费。

6. 酒工在班上可以喝酒，但不得有菜。

7. 酒班的一切由大师傅负责，二师傅是实际指挥和操作者，大师傅在馏酒或处理事时才到现场。

从行规看出当时酒工之间的尊重、保护和团结。

抚顺酒厂在1921年时，名为龙泉汤烧锅。地处抚顺火车站附近，为抚顺粮栈街一号。从车站到酒厂的路就表现出有烧锅的特征。全是一尺方的石板铺的，走在上面很滑。现在女同志如穿高跟鞋都不能在上面走路。石板一直铺到酒厂，石头和酒厂车间地面的石头是一样的。新中国成立后，抚顺四个烧锅和酱油厂合并为抚顺市酿造厂。1962年我到抚顺酒厂时，厂长屈井泉（国家13级干部）派马车到火车站把我接到酒厂，这里面又突出了旧时烧锅的特色。马车是当时的主要交通工具。

上述第一部分是我亲身经历并实践过的。如木板窖子、扬片、端筐，用簸箕装甑，抬酒篓送酒等。我亲自种过扎笤帚用的植物，并到秋天扎成笤帚，荆条是抚顺地区普遍生长的一种一年生植物，山区更是普遍都有生长。

三、辽宁白酒工艺特点

辽酒是以辽宁地产高粱为原料，小麦、豌豆踩制的平温大曲为糖化发酵剂的大曲酒。辽酒生产工艺独特，不同于当前的各香型白酒。

1. 制曲

用小麦、豌豆为原料，人工踩制曲块较小，经培养生产的平温大曲。

小麦→加4%左右温水→堆放3小时→粉碎豌豆→粉碎

粉碎要求：小麦粒内成粉而外壳不破，豌豆成沙粒状。

小麦与豌豆按9∶1混拌均匀。

踩曲：装料1人，加水1人，拌料1人，踩曲多人。

拌料用一小铁锅，一次拌一块曲的料。加料→加水→混拌→入曲模→踩曲。

踩曲有两种方式：

①一个人踩曲，直到踩好。

②多人一条龙踩曲，第一个人把曲料在曲模中踩平，翻模传给下一个人，踩四周→翻模传给下一个踩四角，到最后一个人时曲块出模。踩制的曲为平板曲，要求踩实，不掉角、不缺边、无裂纹、六面光滑、平整。

入室培养温度最高50℃，培养成品曲叫平温曲，也称中温曲，它比其他香型的平温曲温度稍低。

成品曲为清茬曲。要求曲皮薄，断面无黑心，没有红黄等环纹。成品曲存放三个月后才可使用。

踩曲有三不踩：热不踩（夏）、冷不踩（冬）、雨不踩（连雨天）。

2. 辽宁白酒制酒工艺

辽酒采用传统的老五甑续茬清蒸操作法生产。

①原料：高粱，用碾子或磨粉碎4~6瓣，尽量少有细粉。

②生产原料不加填充料，控制淀粉含量主要靠回醅。

③粮要蒸熟蒸透。

④加浆要准，白酒生产要求特别严格，因不加填充物，如各方有差错，控制不准，则影响发酵，材料过黏，不好装甑，容易出现穿帮、打眼等事故。

⑤酒尾：一部分拌入醅中回窖再发酵，一部分拌入下甑材料中蒸馏。

⑥用曲量25%~30%，根据天气决定用量，用曲量大是一特点。

⑦发酵期30天、60天。

3. 酒窖

窖池较小6~8平方米，用木材制作，木材板厚2寸左右。木工采用左右咬卯，上下凸凹方法制造的整体窖，不透水、不透气。用木材窖子是辽宁独特的生产设备，是生产辽酒和不同香型酒的重大区别。

4. 贮存

①存放于用鹿血封的白酒柜中。

②贮存半年以上。

③好酒贮存三年，贮存三年以上的酒香气独特，口感好，有似芝麻香的香味。

5. 产品质量

辽酒的产品质量是由其独特的生产设备和生产工艺所决定的。它的香气、口味不同于现有的各香型白酒。它的香型独特应是一种新的香型，叫什么香型更符合它的口感特征，有待研究讨论和决定。辽酒的香气和口味，我认为在清香型、老白干香型与芝麻香型中间。多数人品评为：香气大、酒香清醇，入口香味厚重，优雅舒适（有芝麻香感，没有焦味），余味长，风格典型独特。

1965年，辽宁省第一轻工业局（后称轻工业厅）姜定国组织举办了辽宁省首届白酒品评。当时有鞍山张宝祥、新民沈光宇、朝阳易广家、阜新郑宝林、北镇王树宣、沈阳董步蟾、锦州李中民等专家，评出辽宁第一届八大名优酒，其中陈酿白酒，桃山大曲、大连陈曲、抚顺大曲酒都是辽宁白酒传统工艺生产出的大曲酒。另外四个有两个麸曲白酒、两个特殊香味白酒。

四、辽宁白酒管理

1. 白酒专卖

中华人民共和国成立初期白酒生产、销售由白酒专卖公司管理。管理严格，具体管理酒厂、酒库。酒工送酒由专卖人员检斤检度，倒入酒柜后由专卖人员把酒柜锁上。酒由专卖公司统一销售，酒厂不得卖酒。

专卖公司后改为烟酒专卖局，又改为糖酒公司。随着白酒产量的提高，白酒专卖也逐步走向市场化。到1986年时烟酒公司还是白酒收购、销售的主体，但酒厂可以自由卖酒，白酒专卖走到尽头，由酒厂自产自销。

2. 轻工业局（厅）管理

中华人民共和国成立初期，省轻工业局管理酒厂原料分配和产量、品种、质量。开始名称叫辽宁省第一轻工业局，后改为辽宁省轻工业厅，1999年改称为辽宁省轻工总会。白酒管理技术负责人是轻工业厅食品处姜定国。

为加强对白酒行业的管理，在省轻工业局领导下，成立了辽宁省白酒协作组，组长厂：凌川酒厂，后改为老龙口酒厂。辽宁省白酒协组下分五个小组（也叫协作区）：

大连地区，组长厂：大连酒厂，技术负责人：张宝祥

沈抚铁地区，组长厂：抚顺酒厂，技术负责人：潘维符

朝阳地区，组长厂：朝阳酒厂，技术负责人：易广家

阜新地区，组长厂：阜新市一酒厂，技术负责人：郑宝林

锦州地区，组长厂：锦州酒厂，技术负责人：李中民

地区小组每年召开会议，主要是介绍经验，品评产品，汇报半年及一年各种数据。如产量、销售量、原料、出酒率、淀粉出酒率、损耗、电耗等等。各酒厂轮流召开会议，会

费由主办厂承担。省协组会议每年召开一次，总结全年各项指标及产品质量情况。

为加强技术管理推广新技术开发品种，提高产品质量，姜定国主持举办很多技术工作：

①1965年评出辽宁首届名优白酒。老龙口陈酿白酒、法库桃山白酒、锦州凌川白酒、大连陈曲、抚顺大曲、开原玫瑰白酒、朝阳凌塔白酒、西丰鹿茸白酒为八大名优酒。

②1973年建立辽宁省白酒专家组。成员有：沈宇光、易广家、张宝祥、王树宾、李中民、董步蟾、郑宝林、潘维符、于其为、郎洪伦、王昌波、周绍春、刘洪晃、于再深。

③1975年组织考试选聘省白酒品酒委员。成员有：潘维符、钱德印、刘洪晃、郑宝林、董步蟾、于其为、于再深、郎洪伦、王昌波、周绍春、韩宝香、王贵玉、李中民、张宝祥、易广家、王树宣、沈宇光、陈学志，营口赵广喜。

④组织提高白酒质量沈阳烧酒厂试点。技术负责人：沈宇光，主要参加人员有：胡玉良、姜明德、潘维符、曲波、陈学志、王玉凤等。

⑤组织金州试点。

3. 辽宁省白酒协会成立

①1985年9月辽宁省白酒协会第一届会议

会长：刘树生

副会长：李励明、张西林、李明信

②1995年辽宁省白酒协会第二届会议

会长：刘树生

副会长：肖和信、宋玉华、吴忠宏、李相久

为加强管理，成立两个委员会

技术委员会：

组长：潘维符

成员：刘洪晃、郑宝林、孙庆文、蒋荣冠、徐庭超、宋玉华、孙义雄

市场委员会：

组长：肖和信

成员：李相久、张广新、韩玉玺、马玉俊、郭白超、苏晓光、刘德春、王贵玉、李志勇

白酒协会成立质量竞赛评比领导小组

组长：潘维符

副组长：蒋荣冠

成员：郑宝林、王秀婷

白酒协会专家组组长：潘维符

成员：宋玉华、王贵玉、刘洪晃、李树林、栾作禄、孙庆文

③1998年辽宁省白酒协会第三届会议

会长：宋玉华

副会长：李红军、吴铮、吴忠宏、张广新、潘维符

企业发展靠人才。一是管理人才，二是技术人才。管理是决策，技术是发展。白酒品评是基础，是勾兑的基础，是开发产品，质量保障的重要所在。为促进技术进步，企业的发展，省管理部门和省白酒协会把培养技术人才作为重点工作。培养一大批省评酒委员和多名国家评酒委员，主要开展技术工作如下：

①1982年姜定国主持举办辽宁省第一次白酒品评学习班。

②1987年省轻工业厅举办白酒品评学习班，主持人：崔正平、潘维符，授课人：刘洪晃、潘维符。考评出省白酒评酒委员。名单如下：张承铭、张志雄、张志明、段宏达、武志勇、王辉玉、李秀梅、赵庆祝、董学中、张英华、宋玉华、张桂杰、高茹、秦维喆、易伟、李万杰、薛文才、陈学志、刘茂勋、于罡、斗志勇、王世伟、周桂秋、赵玉廷、张迅、王贵玉。

③1988年编写辽宁省第一本技术教材《白酒品评技术基本知识》，编者：刘洪晃、潘维符。此书获省科技二等奖。

④1989年举办省"酿酒技师"培训班。讲课人有何辰庆、徐庭超、郑宝林、潘维符、宋玉华、周绍春、王世伟、宋国义。

⑤1990年编写《辽宁省白酒地方标准》。编写人：潘维符、王秀婷、孙庆文。辽宁省技术监督局批准发布，标准有12种酒，当时全国还没有标准。该标准使生产企业有了生产依据，指出了发展方向。其中含有近年才发展生产的营养酒和作料酒。可惜的是我省没有认识到发展方向，落后于全国。该标准获省科技二等奖，并被国家评委出版收入中国科技成果大全。

⑥1991年举办省"勾兑品评"学习班，授课人：潘维符、刘洪晃。全省22个酒厂39人参加学习。

⑦1995年7月编写《辽宁省地方标准》营养型配制酒规范。起草人潘维符、王克、孙庆文。辽宁省技术监督局批准发布。

⑧1996年举办营养型配制酒研讨班。推动全省全面生产营养配制酒，为企业创造社会和经济效益。

⑨1999年11月举办省白酒学习班。主持人宋玉华、潘维符。经考评选聘21名同志为辽宁省白酒评酒委员。

⑩2000年6月白酒协会举办省评酒委学习班。主持人：宋玉华。本次学习班是为提高省评酒委员的评酒技术，为迎接国家第六届评委考试选拔参加考评人员。

⑪2000年9月11日举办评酒强化学习班。主持人：宋玉华，授课人：潘维符。目的就是培养一批高级评酒人才，参加全国第六届国家评酒委员考试。

参加强化学习的人员是酒厂报名。白酒协会审核的十一名同志，有绥中常玉峰、丹东关卫、抚顺易伟、沈阳武志勇、锦州刘晓辉、凤城张英华、朝阳吴志红、阜新吴红、新民王禄珍、本溪梁薇、沈阳佟金萍。以上十一名同志在全国第六届国家白酒评委考试中都榜上有名，成为国家白酒评酒委员。他们为辽宁争了光，提高了辽宁白酒行业地位，在工作中为辽宁白酒产品开发，保障质量、提高企业经济效益做出了贡献。

（潘维符）

第五章　辽沈大地上的烧酒之烧锅、糟腿、酒篓

　　歌词中的"漫山遍野的大豆高粱"，道尽了东北这块黑土地的丰饶。大豆和高粱都是我国的原有物种，同时也是原产食用作物，古称菽与秫。大豆炒熟后既美味又可直接榨取食用油，而高粱去壳成米则是东北人在水稻引种之前的主食，俗语讥讽过去的东北人是高粱米籽脑袋。但高粱米水饭就盐水焖炒黄豆确是扛饿的饱食。如再有一个咸鸭蛋揾上一盅辣烧酒，那简直就是1949年前农村地主的滋润生活。而这酿制烧酒的原料又恰恰只能是高粱。多少年前闯关东的东北先民们带来了黄土高坡和齐鲁大地上的先进酿酒技艺，从而使关东这块黑土地上的烧酒更甘洌、纯正。

　　烧锅，黑土地上特有的专属名词，实意是指过去那些酿酒、卖酒的地方的统称。烧锅一词一直延续到1949年后还被称呼了若干年。烧指要动火力，锅指装酒醅蒸馏的甑桶和天锅。开烧锅酿酒、卖酒的人在当时非富即官，没有点儿官私两相的人脉背景是开不成烧锅的。在城市有收粮烧酒的商人，在乡镇有家田千亩，粮积若仓自粮自酿的地主老财。不管烧锅开在哪里都有一个共同的特点，都要选在一个有好水源的地方，特别是有泉水深井的地方。由此延之，东北烧锅的烧锅二字的前头都要冠上什么泉字，比如当年的沈阳老龙口就称"万隆泉烧锅"。

　　城市里的烧锅因长年烧酒卖，周转量大，都雇用了长年做工的酒匠，俗称糟腿。这些人对外自称在哪个烧锅"吃劳金"，意同现在的在哪个单位工作领薪金。而在乡镇上的烧锅，因受销量的影响，冬旺夏淡，又因烧锅的东家多是地主老财，雇用的工匠也多来自本家的雇工，春夏秋种地铲地收割，冬季田里的农活儿一完就转而开始酿酒。但不管哪种方式酿酒，都有在烧锅掌甑的大师傅。据史料记载，1949年前，从清朝中晚期到伪满及至民国，这类师傅多是山西人居多；1949年后，到"文革"前后还有许多的山西师傅工作在东北的酒厂，他们已在东北这块黑土地上传宗接代了。我省酿酒技艺的启蒙师傅就是地道的山西人。在中国传统手工业七十二行里，烧锅里烧酒和铁匠炉里打铁，都要起大早，这是认定的行规，一年四季都是如此。即便在现在，酿酒工人都要起早，全国一样，它的科学

道理行业早有解释了。七十二行中只有木匠干活贪晚，称为"打夜做"。烧锅一词还有另一层意思，有时黑土地的人称某人喝酒海量时会说"他简直就是一个烧锅"。但绝不是"酒鬼"的同义词。

那些在烧锅里干活儿的人普遍被称为"糟腿"，其义有贬，可能比匠人还要身份略低些。因为烧酒要起早干活儿，糟腿们一般都会吃住在东家提供的烧锅院里，这样的房子我曾在保留下的院子里看到过，长筒房一溜儿的大炕，行李卷一排下去，大师傅排在火炕的前端，冬天炕会热乎一些。

烧酒既是一门技术活儿又是一个重体力活儿，那时没有电没有机械设备，全是要靠工人拼体力。石磨碾粮、辘轳打水、背筐出池、烧灶天锅、簸箕上甑、木锨扬米楂、脚踢凉热、手抓干潮、酒篓抬酒、木海贮酒。烧锅里干活儿有严格的分工合作。大师傅专职上甑，二师傅指挥场子上的伙计，带头紧三下慢三下地扬凉，指挥加曲浇量，第三个人烧灶同时还得帮大师傅撞糟，行话叫"扳案子"。新入伙的小伙计要从磨粮、打水干起。糟腿们整天和粮、曲、糟打交道，每人每天的搬运量不下万多斤。进了场子上干起活儿来少有歇息时间，吃口饭都要狼吞虎咽，更别说整天的汗水不离身啦。尤其冬天忙起来一身汗，稍有空闲寒风一吹，又通身冰凉。只有靠近甑桶取暖，真正是：背贴甑桶暖、风吹前身寒、咬牙糟子重、汗透破衣衫、急火三担水、一步十扬锨、肩头堆老茧、上甑腰折弯。

糟腿们虽无江湖上码头行帮，但也有一些潜规矩。比如送粮拉糟的车老板不得把赶马车牛车的鞭子带进甑房，那是怕吓走了酒仙胡三太爷，酒仙即胡仙，就是黄鼠狼子。行笔至此想起20世纪70年代末我在老龙口的基酒库看到一只醉酒的黄鼠狼子，俗称黄皮子，趴在酒海边的砖地上，酒库的保管员还给它盖上一件破棉袄，并不让我等年轻人去抓它。再就是济困扶危，比如某个糟腿回家赶路少了"盘缠"，就是路费不够时，可到归路就近的烧锅自报家门在哪个烧锅上吃劳金，那时掌柜一定会让他操起别人递过来的木锨，摆开架势跟着场子上的二师傅甩开膀子干几趟，因场子上的糟醅是靠人工用木锨在二师傅的带领下扬凉到一定程度后再浇量加曲，装筐入池的。每天二师傅会根据天温、风力、糟的黏散情况，决定木锨铲起糟醅扬多高、扬多快、扬几回。这时就要看来人架势是否端正，脚步是否赶点，和别人是否协调。行家一出手就知有没有，真的走上几趟就昭然全知了。真干过的糟腿，此后你尽管在此烧锅上干上几天，吃住都由烧锅包了，可是没有工钱。而当他要走时，烧锅里从掌柜、师傅到伙计会凑上一笔钱，足够这个人走到下一个烧锅。这就是行话里说的糟腿走到烧锅有饭吃。一站接一站地走下去，就能回到老家了。糟腿们口口相传相承，成全了别人也保证了自己，不会饿死冻死在回家的路上，正所谓人不亲锨把子亲哪。

20世纪70年代初我从广阔天地炼红心后回城进酒厂，烧锅一词已被酒厂所替代，但糟腿一词还是被人称呼着。干活儿头一天是为吴姓师傅上甑撞糟，出糟时一起挖甑。干慢一点儿他会用我听不太懂的山西话骂一句，有时急了眼还会用锨把捅一下。但他人不坏，高兴了还让我往甑里装几锨，并告诉我看着汽撒糟，那时真有点儿学技术的感觉。最难忘冬天下着小清雪的日子里往酒库里交酒。那时还没有酒车、管道泵一说。酒是装在酒篓里由人抬着送到酒库的。每只酒篓能装一百多斤的原浆酒，加上酒篓的自重二三十斤，两人抬着酒篓，光脚板趿拉着破胶鞋，踩着嘎嘎响的冰碴子要走很远才能送到专卖局管理的酒库。过完秤俩人合力还要把酒篓抬到酒海上边倒入其中，木板制的酒海有近两米高，真是费了牛劲。

酒篓是用捋去皮的东北特产一年生白柳条或槐树条编的，有小手指粗细。白柳条柔韧性好，而槐树条质地结实。条子去皮后先用井水浸泡去除涩苦味，取出后再阴干，编织前稍稍喷上些水不易折断。每只酒篓都是肚大口小，肚子呈立体长方形，长不过两尺多一些，宽有一尺多点，高有二尺。而开在上方的口子又是圆形，每根白条长度不超过四尺，编织时每根之间的接茬又不能集中在一起，而上方的口子必须要圆的，所谓编筐窝篓全在收口。

酒海都是用长约不到一丈，宽约一尺半，厚度足有二寸的木板做的。箱体六面八角的连接部都用凹凸的榫卯结构完成。酒海的容量从一千斤到一万斤不等，最大的我曾见过两万斤装的。材质多用杨木，也有用松木的，杨木味净而松木有油脂味。但不论使用哪种木材，六面之上都必须拴上木杠防止胀坏。酒篓和酒海的最讲究之处是其内部都必须用毛头纸浸以猪血、少量熟石灰、香油等糊抹上去的，这更是一门硬手艺。干这个活儿几乎都是家传的，且传男不传女。至今我仍记得20世纪80年代初在老龙口干此活儿的焦姓父子二人。这样的毛头纸每糊五层称一封，每个酒篓或酒海少不了要糊上十封八封的。酒篓内不见了圆条成了平面，酒海内没有了直角都成了圆形再过渡到平面。封纸自然干后，那酒篓就变得异常结实，摔不坏，打不烂，夏天能防雨水，冬天能防雪水，而且比同样容量的木制水桶轻了许多，而酒海更是不渗漏，能防潮，装的酒不跑度不走味。

烧锅、糟腿、酒篓、酒海这些黑土地上的至宝，它们从久远传来，现在早已完成了历史的定格。在多个地方我曾见到酒博物馆里的那些木锨、酒篓等老物件，不禁伸手看看手掌、摸摸肩头，那些老茧当然都不存在了，可那种感觉还在。我从黑土地上曾经的烧锅走出来，糟腿是我的师傅，锨把子和酒篓是我的伙伴，忘不了、不能忘。

（孙庆文）

第六章　厚道·道光

行厚道，亮道光。

带着淳朴、厚重、诚实，辽宁道光廿五从二百多年前的历史深处一路走来。

"天行健，君子以自强不息；地势坤，君子以厚德载物"，这《易经》的核心名句，已深深地镌刻在道光廿五生长的年轮之上；也已深深地植入到道光廿五一代代传人的做人行事的心田之中。

这既成就过去，又铸就未来。

一、皇家血统　王者风范

道光廿五初始为"同盛金烧锅"。应运而生于清朝嘉庆六年（1801），迄今已有216年的历史。

从诞生的那天起，它就带着皇家的血统，王者的基因。

这源于一个人，一个职位，一张龙票。同盛金的创始人高士林，是清代奉天锦州府锦县（今锦州）城北罗台子人。高士林系满族镶蓝旗瓜尔佳氏，高为汉姓。其祖上跟随清太祖武皇帝努尔哈赤，北战南征，屡建功勋。后来家道中落，到了高士林这一辈，只有一个顶戴叫庄头。所谓庄头就是指清代的直隶和东北地区所设皇庄和满洲王公贵族庄园管理者的专称。高士林就是皇室对下实施皇权的基层管理者。当时，清朝皇权对酿酒严加控制，据《酒典集萃》中记述："恐造酒靡费米粮，对北方五省烧锅曲，亦酌情禁止。在歉收之年，对烧酒实行酒禁，还比较严；丰裕之岁，禁酒较宽。"开办烧锅者，须持有朝廷颁发的特许证，因其四周有龙形文图纹，且是奉旨行事，故称为龙票。高士林作为庄头，有着得天独厚的条件，持有龙票，又享有皇家的特权，同盛金作为"皇家作坊"就此而诞生。

白酒，明清时俗称"阿剌吉""阿剌乞"。生活在寒冷北方的满族，白酒是主要饮品，普通人善饮，显贵尤甚。清朝宫廷需酒量惊人，须下旨征调各地名酒。同盛金白酒作为贡品奉召晋京，摆上宫廷大宴，与满汉全席相配，以其浓郁的满族风味深受皇族及王公贵胄的青睐。

清兵入关，定都北京，关东盛京（沈阳）成为满清王朝的陪都。为缅怀先祖，依例皇帝要东巡祭祖，出关回沈阳。此外，自康熙以来，乾隆、嘉庆、道光等皇帝又数次登临医巫闾山祭奠山神。锦州是圣驾往返的必经之地，驻跸之所，高士林把握良机，成篓的同盛金贡酒常伴君侧，一路相随，以此声名大振。

诚如王光英的亲笔题词，"法兰西有路易十三，中华有清道光廿五"。这便彰显了皇族帝王气派。

二、独到工艺　酒中瑰宝

酒者，古之醪，醴也，五谷制之。

百年沧桑，自清代嘉庆六年，锦州府"同盛金"烧锅被授予皇封作坊，成为宫廷贡酒。从此，它历经三朝三代，传承发展了满族独特的白酒工艺。1949年后，"同盛金"烧锅成为全国唯一满族酿酒工艺的古老企业，可谓之酒中瑰宝。

在"同盛金"第二代掌门人孟积善编制的《满洲酒经》中，道出了古老的满族酿酒独到之处。满人先祖对于曲房、季节、造曲、看曲、烧酒、入窖、穴藏都极其讲究。曲房以老草屋为上，门窗东向，可保温度、湿度，益于菌种栖身。"曲蘖必时"是关键，季节可灵活掌握，如气候适宜，便可抓准时机。满族先祖选用上好生麦，造曲加入东北长白山中草药，既可抑制杂菌生成，又有助于曲子的质量提高，从而增加了酒中的营养成分。在长期的实践中，先人发现利用野生根菌更适合于在生料上生长，并采用了最佳配比"蒸、炒、生"各一份的比例，替代了全蒸的做法。满族酿酒踩曲所用铁模也有严格要求，需青壮男子踩成直径20厘米，厚度5厘米的圆形曲坯，拌水的曲料，必须当天用完，剩料不能隔宿，应踩成重900克的曲坯块，成曲可重720克左右。满人先祖看曲多为21天，但须灵活运用，五色衣未成，曲坯干燥不透，还须延长培养时间，则28天才可出曲，基本是7天翻曲，侧立与调整覆苇，使之通风降温；存曲讲究成品曲必须确保干燥，否则在存贮期间容易反糊，二次污染，降低大曲质量，造成酒味苦涩，存曲49天后方能使用。

过去满族人酿酒所用原料，必须颗粒饱满聚齐，水质香甜，制曲须选在适宜的季节，酿酒的工具须清洗干净。贮存酒的容器要用红松制作，内壁用鹿血徽宣等裱糊好的木酒海、二十七封，每封五层，刷六遍香油，这样贮存对白酒后期品质提高有着非常重要的作用。东北冬天寒冷，气温低，不利于白酒贮存，满族选用贮菜的方式贮酒，也叫做入窖穴藏。蒸馏也须讲究火候，除掌握以上诀窍以外，更重要的是调浆，也就是勾兑，使白酒质量批批上乘，如将此诀掌握好，运用自如，酿酒工作已完成多半。此诀即使在当今发达的酿酒工艺上，仍具有指导意义。

1949年后，"同盛金"烧锅成为全国唯一满族酿酒工艺的古老企业，受到中央及各级地方政府的重视。1964年，国家轻工部组织酿酒专家到"凌川"进行满族酿酒试点，采用了26种不同条件下的满族酿酒工艺试验，确认了"干蒸原料"混烧老五甑操作法。80年代，我拜周恒刚先生的高徒李宗民为师，钻研酿酒技术，严格按照满族工艺组织生产，使制曲、发酵等满族工艺得以发扬光大。我反复进行草药萃取回醅法试验，将各种草药用酒尾浸泡75小时，再入窖发酵21天，将此醅出池再配料入窖和发酵，使发酵后酒中含有细菌微生物，起到再次接种作用，经试验，回酒醅的发酵出酒率高，清香爽口，无草药苦味，微甜，芳香浓郁。2000年9月7日，在国家级专家鉴定会上，对《草药萃取回醅法》给予了充分的肯定，被誉为是我国陈香型白酒的代表。国家经贸委批复辽宁道光廿五集团是我国唯一保留完整的满族酿酒工艺的企业，继承发展了传统满族酿酒工艺，弘扬了中华满族酒文化，是我国酒文化的一块瑰宝。

浓郁酒香，折服了多少英雄人物的味蕾，先有张学良将军曾为它挥毫题名"酒中仙"，后有开国元帅朱德总司令题词赞美它为"南有茅台，北有凌川"。

三、文化塑魂　再铸辉煌

古往今来，每一个历史悠久的民族都因其独特的文化特征显著于世，在漫长的岁月中沉淀，如金子般闪闪发光。

一个历史悠久的企业亦是如此，深沉丰厚的文化底蕴承载着一个品牌的鲜明个性，使之魅力非凡，令人印象深刻。

文化是品牌的灵魂。

今天的道光廿五酒业历史悠久，文化底蕴深厚，按其历史阶段可划分三个阶段，大体可分为19世纪的同盛金、20世纪的凌川和21世纪的道光廿五。每个阶段都有其鲜明的文化特征，三段历史的酒文化融会贯通，逐渐成为今天极具个性的道光廿五品牌，成为中华民族文化历史长河中一颗璀璨明珠。

1996年6月，一个振奋人心的消息震撼了锦州城，在道光廿五老厂区遗址上，发掘出清朝道光廿五年的穴藏贡酒。道光廿五人抓住这个千载难逢的机遇，进一步展开了前所未有的品牌文化创新和宣传活动，也正是得益于这些活动，企业在激烈的市场竞争中，屹立前行，品牌愈发靓丽。可见，品牌文化就是对商品注入的精神创造，是凝聚在商品里的人的精神劳动，而道光廿五集团正是针对不同特征的产品，将高品位、高蕴含的文化植入其中，才使生产的道光廿五、凌川、酒中仙三大系列白酒的档次和声誉有了新的提升，占领了市场，创造了可观的经济效益与社会效益。

1998年7月，道光廿五申请吉尼斯世界纪录获得成功，成为伦敦吉尼斯总部认定的世界上发现窖贮时间最长、数量最多的穴藏白酒。不久，道光廿五贡酒及木酒海又向联合国教科文组织申报世界文化遗产。8月，经国家文物局批准，道光廿五贡酒列为国家级出土文物，属国家所有。出土的百年贡酒作为珍贵的历史文物，使一般饮酒者有望洋兴叹之感。道光廿五采用满族原始工艺研制开发了道光廿五系列中、高档白酒，使道光廿五这一皇亲国戚的宠儿走进广大群众的家中。在产品命名上，也充分体现企业弘扬酒文化、重振酒业雄风这一理念，令消费者一听到富有文化韵味的酒名，一见到艺术色彩鲜明的标示，便立即勾起人啜饮的欲望。

1999年12月27日，经国务院批准，锦州市人民政府将挖掘出的道光廿五木酒海及定量原酒捐献给中国历史博物馆，被作为20世纪最后一件稀世珍宝。

道光廿五还发掘、完善一些珍贵的企业历史遗迹、文物、宝贵的文字资料照片等，修缮酒先堂，建造历史博物馆，构筑"凌川"牌楼，再现"同盛金盛世图"原貌，新建道光廿五世纪园，推出以道光廿五的前期"同盛金"烧锅为题材的新编历史京剧《酒魂·道光廿五传奇》，不仅成为辽宁省文化艺术节献礼节目，还作为辽宁省"五个一工程"项目，参加2001年中国戏剧节，此外企业还参加各类大型糖酒会，充分展现了道光廿五酒业作为中国满族传统工艺酿酒企业的一种独特的文化魅力。

弹指一挥间。从1994年至今，道光廿五匆匆走过二十余年时光，紧紧抓住中国唯一满族传统工艺这一特色作为创新之根，在品牌的打造中，道光廿五注重挖掘文化内涵，也收到了令人满意的成绩，如今"道光廿五"这个品牌已经成为全国的知名品牌，成就了难以估算的无形资产。

问苍茫大地谁主沉浮？注入了中国满族酿酒文化的独特魅力，道光廿五酒业这一具有二百年悠久历史的企业，必将历久弥香，璀璨光亮。

（张广新）

历史篇

第一章　中国白酒历史

一、中国白酒的起源与发展

中国白酒别称烧酒、白干、烧刀子，中华人民共和国成立初商业部改称"白酒"。白酒是我国特有的一种蒸馏酒，是世界六大蒸馏酒之一。

杜康、仪狄是酒的行业神。传说，酒是杜康发明的。许多白酒厂还把杜康供作酿酒的祖师爷，奉为酒神。来源如宋高承《事物纪原》载："杜康始作酒"。但先秦时期史官所著《世本》却说："仪狄始作酒醪，变五味，少康作秫酒"。杜康，比夏禹时的官吏仪狄晚得多。又有封仪狄为酒神，多为黄酒企业供奉之。

白酒的出现正如大多数生产技术一样，酒的创造和发展，也是我国古代劳动人民在生活和生产实践中不断观察自然现象，反复实践，不断改进而来的。

（一）酒的原始演进时期

自然界中的含糖野果是猿的食物，它们在成熟之后掉落下来或摘取，集中堆放，天长日久，这些野果在被附在它们表皮的野生酵母作用下，变成了香气扑鼻、酸甜爽口的原始果酒。明李日华《蓬栊夜话》中有一段类似的记载说到了这一自然过程："黄山多猿猱，春夏采杂花果于石洼中，酝酿成酒，香气溢发，闻数百步……"据推测，这种现象在旧石器时代就被我们的祖先注意到了。随着社会的发展，人类开始学会了原始的牧业生产，在存放剩余的兽乳过程中他们又发现了被自然界中的微生物发酵而成的乳酒。在农耕时代前后，人类认识到野生植物所含淀粉种子（谷物等）可以充饥，便搜集贮藏，以备食用。由于当时的保存方法原始，谷物在贮藏期间容易受潮或受雨淋而导致发芽长霉，这些发芽长霉的谷物若继续浸泡在水里，其中的淀粉便会受谷芽和野生霉菌、野生酵母菌等微生物的作用而糖化、发酵，变成原始的粮食酿造酒。另外，当有煮熟的谷物吃不完，在存放过程中这些熟粮因受根霉、酵母等野生微生物的作用变成了"酒酿"。这是另外一种方式的原始粮食酿造酒的发现。

这一阶段大概在7000年至1万年前，由于自然界的作用造出酒来，逐步被人类所发现和认识。但人类还没有去模仿、去有目的地利用自然界来造福。

（二）人们认识利用时期

农业生产开始以后，谷物有了富余，加上人类发现了原始的酒，尝起来又香又甜，喝过后浑身发热、精神兴奋，有心人便开始模仿起来，有意识地让谷物长霉发芽，用它来酿酒，从而进入了利用天然微生物造酒的阶段。我国在很早以前就有了农业作物，从山东大汶口遗址出土的文物中发现有与甲骨文酒字形状相似的尖底贮酒容器。由此可以推测这一阶段大概始于6000年前。《淮南子》一书说："清醠之美，始于耒耜"。耒和耜都是古代的农具。说明美味可口的酒，开始于农业生产出现之时。而且5000年前的龙山文化时期就有了尊、斝、高脚杯、小壶等陶质的酿酒和饮酒的专用器具。因此，到夏代初期出现了掌握一定技巧、能酿出香甜美酒的仪狄这样的人，也就不足为奇了。

到商代，出现了专门的酿酒作坊。酿酒技术也有了发展。由此，谷芽（蘖）和长霉的谷物（曲）开始分别利用，《尚书·说命》中有"若作酒醴，尔惟曲蘖"的论述，反映了当时已用蘖来制造糖化度高、酒化度低的醴，用曲来酿造酒化度较高的酒这种状况。

到周朝，国家统治者不但设置了专门掌管酿酒的官职，如"酒正""酒人""浆人""大酋"等，对酿酒的要点也做了经验总结。《礼记·月令仲冬》中便有记述："仲冬之月，乃令大酋，秫稻必齐，曲蘖必时，湛炽必洁，水泉必香，陶器必良，火齐必得，兼用六物，大酋监之，无有差贷。"意思即是在冬季到来之后，一般重阳节进入酿季，酒正向大酋发出酿酒的要求及酿酒要点、指导酿酒，成为当时的酿酒工艺方法。这些要点即使从现代的酿酒工艺要求来看也是较为全面的，可以说这是世界上最早的酿酒工艺规程。

（三）我国白酒出现时期

秦汉以后，随着酿酒技术的发展，酿酒、饮酒的普及，为白酒的产生打下了基础。蒸馏白酒的出现有三种说法：一说历代帝王为了寻求不死之药，不断发展炼丹技术，创造了种种蒸馏器具，为白酒的产生提供了条件。由此将蒸馏器具试用来蒸熬酿造酒，就出现了白酒。动机或许是试着"用好酒蒸熬取露"而产生了白酒？或许是想处理贮存酸败的酿造酒以减少损失，用了蒸馏设备，从而造出白酒，并得出了"凡酸坏之酒皆可蒸烧"的经验。欧洲葡萄白兰地的出现是通过这种方式出现了蒸馏烈酒。再说是从印度、阿拉伯香料生产的蒸馏技术引入的，出现了蒸馏酒。三说是我国劳动人民实践中创造发明的。现在仍有在用的民间老式两锅一桶蒸馏锅装置，与前面两种说法不同，是自成一派的装置，这更符合自创的演化过程，蒸馏白酒的装置是中国人创造的，并逐步发展形成现代的白酒蒸馏装置。

关于白酒的出现年代，也有不同的见解。有些人根据李时珍《本草纲目》中，"烧酒，非古法也，自元时始创……"的说法，认为白酒始于元代。但随着对历史研究的深入，现在认为白酒出现在唐代的人越来越多了。1975年在河北承德青龙县出土的一套金代铜烧酒锅，敦煌的西夏酿酒蒸馏的壁画，北宋田锡的《麴本草》中关于经二三次反复蒸馏而得到酒度高、饮少量即醉的美酒记载，这些事实都说明白酒的出现要比元代早得多。目前有关烧酒的文字和文物出现的最早时代是在唐代。可以推测，白酒的出现是在唐代或稍早于唐代，只是当时还未普及，到元朝则已传播开来。

对白酒起源的认识。白酒究竟在我国何时起源，至今仍然没有定论，说法不一。但曲蘖是我们祖先最早发现利用的。白酒、黄酒是中国的特有酒类，应该完全是我国发现、发明、发展的，这一结论应是无疑的，国人应当破除疑虑。

从白酒的由来可以看出，我国是世界上利用微生物制曲酿酒最早的国家，要比法国人卡尔迈特氏用根霉曲制酒精、德国人柯赫氏发明固态培养微生物法早3000年左右。我们可以自豪地说，我国是世界上最早利用蒸馏技术创造蒸馏酒的国家，要比西方威士忌、白兰地等蒸馏酒的出现早六七百年。我们的祖先对酿酒生产技术和科学文化的创造、发展做出了杰出的贡献。

（四）新中国的白酒发展

新中国成立后，重视酒业的发展，先后实行了公私合营的计划管理，逐步走向市场，据统计1949年白酒产量10.80万吨。17大名酒，53个国家优质酒，2016年全国规模以上企业1578户，小规模作坊2万多家。年度实现白酒产量1358.36万千升，销售收入6125.74亿元，利润797.15亿元。从白酒的稀缺发展到市场供应充足，从品种单一到花色品种多样，极大地丰富了人们的生活。

（五）传统历史酒神精神

酒是人类最古老的嗜好性食物之一，它的历史几乎是与人类文化史一道开始的。自从酒出现之后，作为一种物质文化，酒的形态多种多样，其发展历程与经济发展史同步，而酒又不仅仅是一种食物，它还具有精神文化价值。作为一种精神文化它体现在社会政治生活、文学艺术乃至人的人生态度、审美情趣等诸多方面。酒，在人类文化的历史长河中，已不仅仅是一种客观的物质存在，而是一种文化象征，即酒神精神的象征。

在中国，酒神精神以道家哲学为源头。庄周主张，物我合一，天人合一，齐一生死。追求绝对自由、忘却生死利禄及荣辱，是中国酒神精神的精髓所在。

西方的酒神精神以葡萄种植业和酿酒业之神狄俄尼索斯为象征，到古希腊悲剧中，西方酒神精神上升到理论高度，德国哲学家尼采的哲学使这种酒神精神得以升华，尼采认为，酒神精神喻示着情绪的发泄，是抛弃传统束缚回归原始状态的生存体验，人类在消失个体与世界合一的绝望痛苦的哀号中获得生的极大快意。

（六）酒与封建社会政治

由于使人亢奋和稀缺等特性，酒在远古属于奢侈品，最早酒被作为"通神之物"，是"圣液"，用于祭祀、庆典、战争等隆重场面。

在古代，统治者认为："国之大事，在祀在戎。"战争决定一个部落或国家的生死存亡，出征的勇士，在出发之前，更要用酒来激励斗志。酒与国家大事的关系由此可见一斑。祭祀活动中，酒作为"超自然之物"，首先要奉献给上天、神明和祖先享用。周公颁布的《酒诰》，明确指出天帝造酒的目的并非供人享用，而是为了祭祀天地神灵和列祖列宗，接受商纣王"酒池肉林"误国教训，严令禁止"群饮""崇饮"，违者会被处以极刑。

（七）酒对文学艺术的影响

酒文化作为一种特殊的文化形式，在传统的中国文化中有其独特的地位。在几千年的文明史中，酒几乎渗透到社会生活中的各个领域，对文学艺术家及其创造的登峰造极之作产生了巨大而深远的影响。

因醉酒而获得艺术的自由状态，这是古老中国的艺术家解脱束缚获得艺术创造力的重要途径。魏晋名士、第一"醉鬼"刘伶在《酒德颂》中有言："有大人先生，以天地为一朝，万期为须臾。日月有扃牖，八荒为庭衢。""幕天席地，纵意所如。"这种"至人"境界就是中国酒神精神的典型体现。

杜甫的"李白斗酒诗百篇，长安市上酒家眠，天子呼来不上船，自称臣是酒中仙"。又曰："醉里从为客，诗成觉有神"。苏轼的"俯仰各有态，得酒诗自成"。杨万里的"一杯未尽诗已成，涌诗向天天亦惊"。张元幹说："雨后飞花知底数，醉来赢得自由身。"酒醉而成传世诗作，这样的例子在中国诗史中俯拾皆是。画家中，郑板桥自嘲："看月不妨人去尽，对月只恨酒来迟。笑他缣素求书辈，又要先生烂醉时。"画圣吴道子，作画前必酣饮大醉方可动笔，醉后为画，挥毫立就。"元四家"中的黄公望也是"酒不醉，不能画"。"书圣"王羲之醉时挥毫而作《兰亭序》，"遒媚劲健，绝代所无"，而至酒醒时"更书数十本，终不能及之"。李白写醉僧怀素："吾师醉后依胡床，须臾扫尽数千张。飘飞骤雨惊飒飒，落花飞雪何茫茫。"怀素酒醉泼墨，方留其神鬼皆惊的《自叙帖》。草圣张旭

"每大醉，呼叫狂走，乃下笔"，于是有其"挥毫落纸如云烟"的《古诗四帖》。

（八）酒与各族人民礼仪

礼仪被认为来源于酒文化，同时又严格约束饮食活动。在普通老百姓家里，酒桌上的规矩（即食文化中的礼仪）也雷厉风行、冥顽不化。我们只要稍加观察，就可以看出来，与其说礼仪来源于酒，酒丰富了礼仪，还不如说，酒的礼仪折射、演绎和尊崇着尘世间习俗和礼仪之道。

二、戏说酒史

如果说人类是由猿进化来或女娲所造的话，那么酒也应是由几百万年前的猿酒演变形成的盘古之物。人们在社会发展、进步、演化进程中逐步发现它、认识它、控制它、利用它、发挥它，使它成为人们社会活动和日常生活亲密无间的珍品。上至玉帝王母，下至帝王百姓视它为琼浆玉露的精神食品。

酒——渗透到人间各个角落和组织，使人们生存和七情六欲与之万分密切相关，使人们在精神上达到满足境界，使人们忘记忧愁和烦恼，使人们精神欢乐幸福无限，使人们广结酒友灵感有加，使人们驱病强体奋发向上，使人们丧伦理悲欢离合千古恨，使人们尽忠而捐躯保家卫国为英杰。

酒——是与社会发展同步的时代产物，时事造酒，与时俱进，也是社会政治、经济、文化科学技术，生产力水平的历史写照。

酒——虽与人类史共发展，但对其历史发现记载不清，因此悠悠酒史有如下阐述，一说：有猿时"猿酒"演化而来，并有猿酒记载，可谓与天地生灵同在，但这猿不是古代先民，所以猿酒与人们所说的酒也不是一回事，只能说这原有的似酒物演化成今天的酒；二说：世上万物天上来，当然酒也是天上酒星酒神所赐，开天之物显然不符唯物观点；三说：仪狄发明，杜康所造均为只字片语记述，不视为发明之人，应是发现者或一代酿酒名师；四说："上皇兴酒"，只能是推动了酿酒业的发展或新发现和进步。

酒——是在人类进化、生产力进步，人类具有改变自然条件时起发现、认识、驯化、筛选、总结规律、人为生产、由作坊到工业化生产出众多种类酒制品，理应是劳动人民在生产实践中逐步发现、发明、发展和创造的，并不断加以总结、改进、革新、提高而形成今天的先进工艺技术和质量水平。劳动人民不仅发现了酒的科学生产，而且又创造了辉煌的中华酒文化历史。

酒——是自然界生物的代谢产物，当自然界物质和生物结合环境条件适宜时产生的，其实酵母、曲、霉菌类是怎么来的，酒是其代谢的衍生物，酒就是这么出现了，有5000多年的文明史（蒸馏酒2000多年）谁发现了酒，现无证能充分说明，有待研究和探索。但星神造酒之说在世间广为流传。谁总结发现酒的生产规律和控制条件，那是近数百年来从事酒类生产研究和科学技术的开发利用，才真正探明其机理、生产特点、质量控制、科学工艺，由自然王国走向自由王国，走向工业化生产也不过50多年罢了。此前考古新发现多次将酒史年代推前，也说明酒的历史源远流长。现在考证酒史的时间将被明天出土一件年代久远的酒器而改写。

（一）"上皇兴酒"之说

是指在公元前26世纪的"三皇五帝"，在周秦时代的《黄帝内经·素问》中记载，黄帝与医家岐伯关于制酒的对话。东晋人葛洪所著《抱朴子》说，黄帝曾发明过"酒泉法"，即利用曲米加上丹药造酒。

（二）"仪狄造酒"之说

约生于公元前21世纪，秦代吕不韦的《吕氏春秋》中有"仪狄作酒"的记载。先秦史官撰写的《世本》和西汉的《战国策·魏策二》中均有明确和详细的记载，"仪狄始作酒醪，变五味"，认为仪狄是酒的始作人。

仪狄造酒图

杜康造酒图

（三）"杜康作酒"之说

"杜康作酒"，除了一些文人这样讲外，在民间也广为流传，特别是得益于三国时代曹操的《短歌行》中的"慨当以慷，幽思难忘；何以解忧，唯有杜康"。在这里，杜康已成为美酒的代名词了，人们都因此把他当作了酿酒祖师爷。民间传说杜康是一个手艺高超的酿酒师。后来，曾为周天子酿过酒，不过，民间杜康酿酒的"遗址"却比比皆是。白水县康家卫村东有条大河，人称"杜康沟"，沟的起点处的泉水，水质清冽，汩汩不竭，名曰

"杜康泉"；又如河南汝阳县有杜康酿酒的"遗址"，如"杜康矾""杜康仙庄"等。在汝阳县，至今尚在流传杜康造酒的一个故事"有饭不尽，委之空桑，积郁成味，久蓄气芳。本出于此，不由奇方"。

（四）"猿猴造酒"之说

猿猴是指中国古人类名称之一，距今大约有几十万年历史。类人猿在自然界生存竞争中智商得到极大的发展，猿猴造酒有一定的科学道理。猿猴造的是经过自然发酵而成的野果酒，是猿猴采食野果后的派生物，古猿猴群居深山老林，把吃剩的野果放在石洼中。于是野果自然发酵，产生酒味。猿猴尝后，觉得味道极美，飘飘欲仙，聪明的猿猴便集体采摘，贮藏时果，酝酿成酒，然后集体饮酒，醉了群猴乱舞。

猿人造酒图

酒星造酒图

（五）"酒星造酒"之说

中国民间流传"酒星造酒"的传说，把酒星当作天神，说酒是天上的酒星酿造的。在宋代的《酒谱》中有这样的记载："天有酒星，酒之作也，其与天地并存矣"，认为酒是上天的酒星酿造的，把酒星当作天神。然而，考古学家和科学家们翻遍了史书，除了《唐逸史》有"太白酒星，仙品绝高，每游人间饮酒，处处皆到"的寥寥数语记载外，在中国几千年来的文学作品中，"酒星"还是屡见不鲜的。最有名的恐怕是唐朝大诗人李白《月下独酌》"天若不爱酒，酒星不在天，地若不爱酒，地应无酒泉。天地既爱酒，爱酒不愧天"。历代诗人的形象思维是不能用来佐证"酒星造酒"的。西方最早出现文明之光的是底格里斯河和幼发拉底河冲积成的美索不达米亚平原。早在7000多年前，两河流域的苏美尔人的酿酒技术已经比较成熟。他们用大麦、小麦、黑麦等发酵制成原始的啤酒。公元前3000年两河流域的国家与尼罗河下游的古埃及交往密切，古埃及人在苏美尔人那里学会了酿造技术，并开始盛行饮用啤酒，大约2000多年前古罗马恺撒大帝率兵进入埃及亚历山大城后将啤酒酿制技术带入欧洲。西方公认的酒神是古希腊神话中的一位命运坎坷的神祇，他是众神之王宙斯与底比斯公主塞媚雷的儿子。酒神名为狄俄尼索斯，意为宙斯跛子，古希腊人对酒神十分崇拜，他们笃信是狄俄尼索斯发现并向人们传授了栽种葡萄技术和酿葡萄美酒的技术。总之，由于原始的野生孢子和野生作物的发酵作用而产生了酒精，酒这一大自然的神工之作，先于人类就客观存在了。事实证明，人类的祖先从大自然中受到了启发，开了酿酒的先河，经过长期的探索、实践和总结，人类终于掌握和完善了酿酒技术，并创造了辉煌的、生生不息的世界酒文化。

（王贵玉）

第二章　辽宁白酒考古发现

一、红山文化查海遗址的考古发现

我国谷物酿酒历史悠久，是世界上谷物酿酒最早的国家，大量的考古发现，早在新石器时代原始农业出现以后，我国先民就已经认知并掌握了谷物酿酒技术，由此产生的酒文化相伴相生中国传统文化数千年。查海遗址是红山文化的源头之一，被称为前红山文化，距今超过8000年，是我国北方聚落完善，保存完整、文化内涵丰富的一处新石器时代早期文化遗存。查海遗址考古发掘出的大量遗物和遗迹表明，当时先民已经进入到原始农业经济时代，过着相对稳定的农耕定居生活，随着社会生产力的发展和精神思想的进步，以及谷物粮食生产和陶器的使用等综合因素促成了查海谷物酿酒时代的到来，这是查海先民在长期农业生产过程中观察和实践的经验总结，是社会发展的必然，作为物质和精神载体的查海酒是先民集体智慧的结晶，是中国八千年谷物酿酒的起源。

查海聚落定居生活是谷物酿酒起源的基础。查海遗址是我国辽河流域新石器时代早期文化遗存的代表，遗址现存面积达12500多平方米，已发掘面积7800多平方米，从发掘所揭示的遗迹来看已明确了该聚落的布局、内部结构和文化内涵，查海聚落形态已经发展到一个比较完善的形式。查海聚落由壕沟、房址、窖穴、墓地、祭祀址等组成，遗址外围挖有壕沟，内部居住区房址从早期到晚期排列密集，规划井然有序，遗址中心长达19.7米的龙形堆石是我国最早的龙形象，紧临下方为部分居址墓葬，此外在房址内还有部分葬俗独特的居室葬，可知当时已经有了龙崇拜和祖先灵魂观念。遗址已经显露的55座房址面积在20平方米至150平方米之间，小型房址只能居住三四个人的一个"家庭"，且没有居室窑穴，居室窑穴都出自大、中型房址，最大的房址面积达157平方米，应是部落首领居住或聚会议事的公共场所，反映出查海部落已有社会等级分化，生活有着一定的组织结构，具备以家庭为单位的生产模式，氏族制度严密，是具有严密的氏族组织社会性质或部落酋长制的典型中心聚落遗址。查海先民随着原始农业生产性经济的发展，人们生活环境和生存条件有了一定的改善，在这种原始生产力条件下劳动促进了人类思维能力的提高，直接反映在查海时代人类社会的经济形态和思想意识，加速了社会分化，开始出现社会分工，有了专门从事石器制作、陶器制作和玉器制作的手工业者，增加了人们知识经验和思想的交流，促进生产力和思想发展，为谷物酿酒时代的到来做了物质、精神和知识技术的准备，加速了查海时代的文明进程，使谷物酿酒成为可能。

阜新查海遗址博物馆

二、红山文化源头查海遗址探析我国谷物酿酒的起源

关于我国谷物酿酒起源流传久远的说法主要有黄帝造酒、仪狄、杜康和少康造酒等。谷物酿酒要求"秫稻必齐，曲糵必时，湛炽必洁，水泉必香，陶器必良，火齐必得"，这六项谷物酿酒要求又称"古遗六法"，是一套完整而宝贵的实际操作经验和技术要领，这同时也指出酿酒需要的物质条件基础，即谷物、曲糵、陶器、泉水。查海先民过渡到农耕时代之后，过着相对稳定的定居生活，生产技术的进步、谷物粮食的剩余和制作使用陶器等促成了查海先民谷物酿酒时代的到来。

通过查海遗址及其周围考古出土的植物遗存、木炭、种子和果实分析结果显示，距今7000年的远古时期比现在更加温暖湿润，中国全新世气候变迁研究也显示了形似的趋势，查海时代的生产方式已出现植物栽培和动物驯化。查海遗址出土大量农耕石器、陶器及数量众多的窑穴，表明先民聚落定居生活已进入到农业生产性经济为主的农业经济时代。查海先民大量石制生产工具的使用提高了劳动效率，谷物粮食粟的产量大幅提高，收获量稳定增长，正是在保存、管理大量谷物粟的过程中先民开始接触、发现、认识到发霉、发芽谷物成酒的现象，并从中逐步掌握运用这一现象而人工主动实践酿酒。

查海文化距今约8000年，属于前红山文化，主要特点是出土了大量压印纹饰夹砂褐陶筒形罐，这是迄今东北地区发现最早的陶器。陶器是这一时期人类生产力水平的标志性器物，主要功用是盛水、装粮食、炊煮食物等，再有一个重要的功能就是能够酿酒、储酒、盛酒和饮酒之用，查海遗址中大量陶器的生产和使用，促进了谷物酿酒的发展和饮酒习俗的形成，特别是中期以后开始出现制作精美、矮而肥胖的鼓腹罐，与陶杯一样应是查海遗址中出现的酒器，有了酒才会出现酒器，有了酒器就证明已经出现了酒，表明此时查海先民已经掌握了谷物酿酒技术，进入了饮酒时代。

查海先民对曲蘖的发现和使用。现代科学研究揭示了我国远古时代谷物酿酒方式：一类是以谷物发芽的方式，利用谷物发芽产生的酶将谷物本身的淀粉、蛋白质等转化成糖分，再用酵母菌酶的作用分解成酒精；一类是用发霉的谷物制成酒曲，用酒曲中所含的酶将谷物糖化发酵成酒。关于酒曲的最早文字记载是《书经》中的"若作酒醴，尔惟曲蘖"。我国著名微生物学家方心芳先生认为："我国酿酒，用一种独特的方法——曲蘖酿酒法。"查海时代的谷物酿酒就是曲蘖共存的混合物发酵成酒。

查海遗址附近有优质的酿酒水源。查海遗址地处辽西丘陵地带，坐落在靠近河流沿岸漫丘南坡台地上，四周山峦绵亘，北侧为绕阳河支流的狭长河谷，遗址东侧为连通北部河谷的大沟壑，紧临遗址南侧有一东西走向冲沟，当地俗称为"泉水沟"，沟内有一出水量极大的山泉，现称为"玉龙泉"，泉水四季涌流，清凉平和，水质极佳，至今附近的人们仍在饮用。查海遗址两侧的河流和近处的泉水符合酿酒需"甜水"的要求，并且还是极其优质的酿酒水源。

查海遗址出土的大量猪骨也是出现谷物酿酒的佐证。查海遗址出土大量哺乳动物遗骨标本，其中猪的数量在全部动物遗骨中的比例最高，可见查海先民与猪的关系密切。谷物酿酒或滤酒后的酒醪不仅人可食用，还可以养猪，是营养丰富的猪饲料，所以遗址会有大量经过驯养的猪骨出土。《调鼎记》就有关于谷物酿酒养猪的记载："和糟而喂，并要厚薄均匀，一日喂两次足矣"。从古至今已延续了几千年的谷物酿酒后的酒醪用来养猪的方法从查海文化可见渊源。

陶器的出现为酒的酿造、存储和饮用创造了便利条件，有了酒，才能有酒器，反之有了酒器，也就可以证明有了酒，作为一种文化共生现象的陶质酒器也成为人类文明进步的标志。查海遗址出土的鼓腹罐经考证分析是酿酒、储酒和盛酒器具。中国汉字造字方法的象形字就是由图画而来，酉字在《新华大字典》解释为：酉是象形字，甲骨文和金文中的酉都是酒坛的形状；酉与酒有关，两字古音相近，古文字往往以"酉"为"酒"。汉字早期只有"酉"字，而无"酒"字，酒字是在秦末才开始出现的通假字，甲骨文酉字为

"![酉]"；金文西字为"![酉]"，金文的西字完全就是查海遗址鼓腹罐敞口，束颈，显肩，圆鼓弧腹且饰有不同几何纹的造型。鼓腹罐的产生和使用是和查海酒的产生和发展相伴的，是"查海酒"产生的物证，是查海先民酿酒、饮酒和酒文化的载体，已经具有了"礼"的特征。

陶杯——特定的饮酒器，查海酒和饮酒习俗出现的物证。查海遗址出土陶杯众多，这些陶酒杯颜色主要以红褐、灰褐色为主，按腹部的不同分为斜腹杯、直腹杯、弧腹杯。这些陶杯在早期没有出现，在中期才开始少量出现，晚期数量、器型增加，出现了喇叭口式杯，这和鼓腹罐出现时间类似，显示"查海酒"是在查海农耕经济发展繁荣、生产力水平提高后开始出现的，从中期开始出现酒杯到晚期酒杯数量的增多，可见饮酒人数开始增多，饮酒的习俗逐渐形成，这是一个长期发展的历程，也是查海谷物酿酒起源发展的过程。

三、道光廿五贡酒的出土与拍卖

（一）道光廿五贡酒出土

1996年，按照锦州市政府的统一规划，有近200年历史的锦州凌川酒厂将迁往南面的新厂区，而原来存酒的老库房将被改造成供商人们放置货物的仓库。6月9日上午，几名民工来到凌川酒厂老库房挖地基。民工们在西墙位置挖地基的时候，听到了不同寻常的声响。镐头挖到这个地方的时候，发现声音不一样，嗵、嗵、嗵，出现空声，显然里面有东西，再仔细一看，这个位置的土质也不一样，是稀松的黄沙土，而周围都是黑土，比较坚硬。民工继续往下挖，挖到80厘米深的时候，发现有木板，好奇心驱使他们继续往下挖，把周围沙土清理干净，一个巨大的木箱子出现了。

昏暗的光线下，它显得十分神秘。带着惊奇的目光，民工们聚拢在一起，他们一边打量着出土的大木箱，一边讨论着。这时，有人提议，大箱子是在酒厂的库房出土的，应该向酒厂领导报告。得到消息的厂长张广新，立即赶往老库房，他打开上面的盖子，一股酒气扑面而来，职业的敏感，告诉张广新和他的同事们，木箱里盛的是酒，而它的名称应该叫木酒海（古时大型贮酒容器）。他找工具将酒舀出来，舀出来的酒为稠状，呈黄色。民工们小心翼翼地继续挖，敲打地面，神秘声音再一次传了出来，意想不到的事情再一次发生了，在第一个木酒海附近有3个木酒海相继出现在人们面前，里面都有酒。在四个木酒海里，收获了4000千克老酒。尽管年代久远，依然散发着诱人的芬芳，入口非常醇厚。张广新隐约意识到，这是一个具有重大历史意义的事件。

在老厂房一根清代房梁上，刻有敕建"同盛金烧锅""嘉庆十三年"的字样，熟悉历史的人告诉张广新，早在嘉庆十三年，同盛金的烧酒已经进入皇宫成为朝廷贡酒了，同盛金为朝廷生产白酒的传说得到了证实。

激动之余，有关木酒海埋藏年代的问题困扰着张广新，就在这时，事情出现了转机。

酒厂员工把破损的二号木酒海外层松木板取下时，惊奇地发现内层宣纸上布满密密麻麻的毛笔字，人们发现，这些写有毛笔字的宣纸只出现在内层外边，约有四层，再往里面就是干净的宣纸了，字有满汉两种文字，经过仔细寻找，在宣纸上发现了"同盛金"，在挖掘现场，省考古工作者发现了一些残片，写着"大清国""道光""乙巳"。我们依据这个年号，确定了这个酒的年代，按照中国传统的干支纪年法，乙巳年为道光廿五年，就是公元1845年，这张残片的出现，证明四个木酒海和里面的老酒是在1845年封存穴藏的，已经在地下度过了151年的漫长岁月。经过中国食品质量监督检测中心检测，出土白酒的理化和卫生指标完全符合国家食品卫生标准规定。

1996年12月8日，全国著名白酒专家与辽宁省考古工作者近60人，怀着极大的热情聚集锦州凌川酒厂，对出土贡酒进行鉴定和研讨。专家们怀着浓厚的兴趣，考察了实物现场，听取了同盛金烧锅历史介绍，木酒海的发现及论证经过。会议的一个重要内容，是请专家们品尝出土老酒。会议进入品酒程序，气氛开始热烈起来，在人们的期待中，出土白酒闪亮登场。随着瓶盖开启，顿时，一股陈年酒香弥漫开来，当专家们端起储藏在地下151年的白酒时，多了几分严肃和庄重。他们认真品尝来之不易的为皇宫精心酿造的白酒，随后进行了点评。陶家驰老先生讲："这酒得保护好，我认为是国宝。"考古专家郭大顺感慨说道："道光二十五年穴藏的白酒出土后还能喝，是了不起的发现。"与会专家一致认为，这些出土白酒既是物质文化遗产，又是非物质文化遗产，极具收藏和商业价值，并将对中国酒文化产生重要影响，命名"道光廿五"。于是，中国目前唯一以封建帝王年号命名的白酒问世。

中国白酒家族有浓香、清香、酱香、米香等多种香型，而在辽西大地上用满族工艺生产的出土白酒其个性自然与众不同，它又该属于哪类香型呢？在1996年12月8日的鉴定研讨会上专家们给出了答案。最终，出土白酒定为陈香型。

1998年8月，国家文化局将出土木酒海列为出土文物，同年7月，出土白酒被收入世界吉尼斯之最。1999年12月27日，锦州市人民政府将出土的4号木酒海及定量原酒捐赠给中国历史博物馆，成为该馆20世纪收藏的最后一件封馆文物。2号木酒海捐赠给锦州博物馆，1号与3号木酒海现存放于道光廿五集团的老酒陈列室。

如今，当年出土木酒海的地方，已经建起了博物馆，四个仿制的木酒海，静静地躺在那里，向人们诉说着它们的前世与今生。

（二）道光廿五贡酒拍卖

1999年10月26日上午，众多的新闻记者把目光聚焦在北京昆仑饭店举办的中国嘉德秋季拍卖会。当然，引起他们浓厚兴趣的并不是古玩字画、金银珠宝，而是来自关东大地的100千克"道光廿五"穴藏贡酒。

这不仅是因为酒第一次成为拍卖物，更重要的是"道光廿五"敢与"法兰西路易十三"媲美，是唯一可饮用的液体文物。1997年10月22日，国务委员李铁映对《辽宁省锦州市凌川酒厂出土的穴藏酒的处理意见》做了重要指示："应尽量采取科学保护不使之挥发，少量出售也应充分利用，请和有关专家研究。"锦州市人民政府于1998年初在北京人民大会堂召开了"道光廿五"新闻发布会及汇报会。时任全国人大常委会副委员长的王光英赞美道"法兰西有路易十三，中华有清道光廿五"。

1998年8月21日国家文物局下发了［1998］622号文件。文件指出："'道光廿五'为出土文物，为国家所有。同意你省按照少出高汇细水长流的原则，销售50千克~100千克道光白酒。"道光廿五年贡酒拍卖注定在本次拍卖会上受到众多的关注。

10月21日，锦州市举行道光廿五贡酒开封仪式，由市国有资产管理局、市技术监督局、市公证处严格监督，100千克的道光廿五年出土老酒分装工作全部完成，装酒的酒瓶是在景德镇特制的青花红龙抱月扁壶，共装125瓶。其中2500克装15瓶、1000克装15瓶、500克装95瓶。

10月22日下午，装载"道光廿五年出土白酒"的两辆面包车驶向北京。为了确保安全，有关方面派出两名干警押车。此外，还为这批酒投了3.5万元保险。

10月26日11时40分，"道光廿五"穴藏贡酒拍卖专场正式开始。北京昆仑饭店多功能厅里聚集了300多人，除新闻记者和工作人员外，来了100多位竞买者。当拍卖师宣布第一个拍卖标的500克1瓶的"道光廿五"贡酒以1.8万元起价后，竞投者争相亮牌，最后以3万元落槌。起价3.6万元500克2瓶的"道光廿五"拍卖价格更是一路飙升至落槌的5万元。历时50分钟的拍卖专场高潮迭起，观众席上不时爆发出阵阵掌声。起价14.4万元的套装贡酒拍卖价格更是出人意料。人们注意到，举着82号标牌的日本人出资64.5万元买走6件穴藏"道光廿五"贡酒。当最后一套贡酒叫拍时，现场出现高潮。

据了解，这次拍卖共125瓶，3个规格，50标的，成交43个标的，成交率为86%，成交总额350万元。每千克平均售价4.48万元，最高售价每千克6万元。

北京朝阳区的冯女士是一位服装界的成功人士。她说："我不会喝酒，但我要买一瓶500克的酒回去珍藏，因为我喜欢古老的中国文化。"

中国嘉德国际拍卖有限公司一位副总经理表示，这次"道光廿五"拍卖成功大大出乎预想。业内人士称嘉德拍卖公司有三大手笔：第一是拍卖了油画《毛主席去安源》；第二是拍卖天安门城楼的红纱灯；第三便是道光廿五年贡酒。

2003年，道光廿五集团与中国嘉德国际拍卖公司二次联手，在广州再次举行专场拍卖会，93千克道光廿五穴藏贡酒拍成558万元的至尊价。

四、辽酒八千年文化托出酿酒秘史

自从人类发现了酒，酒文化便与帝王、宗教、传奇、考古结缘，产生了丰富多彩的酒文化故事、传说、小说等文化样式，酿酒文化来源于生活，不是写实，不是史实，但却也融进了许多史实和考古发现，具有史实的影子；至于有神、佛演绎的传说、故事，是人们借神、佛之口说出的心里话，表现的是鼓舞人奋进，惩恶扬善的心态，寄托了人们的美好愿望。酒文化随着酿酒业的发展而发展，丰富了人们的精神文化生活，成为酒客们饭后茶余的谈资，酒文化成为我国历史、文化百花园的奇葩。

（一）辽酒文化多与帝王、将相结缘

辽酒文化与大禹王、唐太宗李世民、清朝五代帝王交融的例子很多。

大禹治水归来，封禅中国五大镇山，会稽山被大禹王封为"南镇"，而辽宁医巫闾山则为北镇，阜新境内山脉为医巫闾山余脉。2008年，荣获中国驰名商标的辽宁白酒的领军企业"三沟酒业"与中国黄酒的霸主"会稽山"合作，生产风调雨顺酒，使南方黄酒在北方辽宁扎根；在"三沟"新开工的占地450亩的酿造园，黄酒窖占有相当比重，南、北镇合作，遥相呼应，可谓天作之合。

据史实记载，唐太宗李世民确曾征东，在环渤海，他都留下征东足迹，与辽酒结下渊源。在辽西兴城首山，有薛仁贵拴马时留下的马蹄印；在辽东凤凰山，白袍小将薛仁贵箭射凤凰山，救驾李唐太宗，留下箭眼后人瞻，为"凤城老窖"酒文化添上重彩；在大连湾哈斯罕关附近，是当年薛礼的古战场，为大连长兴酒庄留下一段酒客们买酒、饮酒、劝酒的佳话。

唐太宗移兵燕郡守捉城（今义县）时，渴饮圣泉水，后人称此井为"唐王井"，善人张晶超在此处建庙宇塑佛像，又在不远处挖酒窖，生产"唐王井"功能型酒品，据说还卖得不错。

"大清朝五代帝王十次东巡时，喝的是'义隆泉'酒"这话在沈阳城，在大东北民间传说了300多年。

20世纪90年代，"老龙口"领导邀请史学家、作家下江南，赴京都，访名人，查案卷，历时一年有余的多方考证，终于一锤定音，确认了当年大清朝康熙、乾隆、嘉庆、道光四帝先后十次东巡留都盛京拜祖时，闻听"万隆泉"烧锅酿酒，悟出"万隆"乃"万龙"的真谛，皆大喜，均征为贡酒。"万隆泉"烧锅后改为"义隆泉"烧锅，而老龙口酒业的前身即是"义隆泉烧锅"，至此，清朝四帝十次东巡时喝的酒，就是今日之"老龙口"酒，五帝贡酒的传说被证实为史实。

1669年初春，清朝康熙帝到辽宁省阜蒙县佛寺村微服私访，被娶亲的主人请进正堂喝喜酒。康熙心生诧异，今天不是良辰吉日，这家主人为什么要选在这一天办喜事呢？桑丹桑布喇嘛看透了他的心思，抢先说道："今天是死祀日，但有紫微星下界，光临此宅，故可逢凶化吉！"康熙惊诧万分，知道是遇到了得道高僧。康熙回京后，拨款扩建瑞应寺，赐满、蒙、藏、汉四种文字雕刻的金龙镶边的瑞应寺大匾，高僧被封为活佛。瑞应寺建筑规模似布达拉宫，素有"东藏"之称。"三沟酒业"在瑞应寺活佛井的姊妹井处有一酒厂，出品的"东藏贡酒"是活佛开光酒，一瓶难求。

辽、金时期名僧觉华，在渤海菊花岛，修建了大龙宫寺等庙宇，被皇帝封为"拓岛先师"和"渤海佛主"，大龙宫寺有一个2000米长的唐王洞，传说燕太子丹曾在此避难，故称藏王洞，后来唐太宗李世民东征时在此洞避雨，地方官晋献美酒压惊，李世民饮后连称好酒，后人又改称此洞为唐王洞。好酒出自哪里，已无从考证，但是大凌河水酿的酒，确定无疑，人们还说这洞有点儿灵性。大凌河入海口有"凌河酿酒"，处红山文化分布区，历史上曾被称为"聚发泉"，后改名为"新华烧锅"。新中国成立后，"新华烧锅"分为一厂和二厂，一厂更名为凌川酒厂，后转制为道光廿五酒业，二厂划归凌海市后，因采大凌河深层地下水酿酒，更名为凌海市凌河酿酒公司，如此看来，"凌河酿酒"还是"道光廿五"的姊妹厂。

（二）辽酒文化的传奇色彩

自古，水好酒才好，于是关于好水的传奇，数不胜数。辽酒多依山傍水，大凌河是辽西人的母亲河，也是"凌塔""唐王井""凌河"几家酒厂的生命泉；医巫闾山脚下的"三沟酒业""蒙古贞酒业"，清河岸边的"清仙酒业"，辽河边的"大米王酒业"都是得山水孕育，传承了千百年。

沈阳老龙口酒业有浑河，得长白山余脉山泉抚育，有老龙王点化"万隆泉"的美谈。清朝康熙元年，山西富商孟子敬来到盛京（今沈阳），买下了故宫小东门外的一块空地，欲建酿酒作坊，但在院内掘井后，却发现井水又苦又涩。一位受过孟子敬恩惠的敖公子善看风水，只见他走到作坊前，朗声说道："此地乃长白山之余脉，为大清皇室龙兴之地，故此井可称'万隆泉'，此处为皇宫东边口，为龙之口也。"话音刚落，敖公子纵身跃入井中，只听一声巨响，一条小龙直冲云霄，敖公子立于云端，显像，往下抛出缎带，上书："东海三太子，辽河小龙王，感恩脱劫难，报以万隆泉"，自此"万隆泉"得名，苦井变甜井，水质清澈甘洌，人称"龙潭水"；有"关东第一窖"之美誉，"万隆泉"烧锅即今日"沈阳老龙口酒业"。

传说当年八仙曾于山东蓬莱过海，在大连湾登岸，于辽代的哈斯罕关酒坊品酒，度化古时酿酒人，赠秘方，赐山泉之水，点化酿酒法术，后人曾把"仙酒"送往宫内，备受皇家青睐；至今，大连长兴酒庄的"仙酒"，依然是百姓最爱。

传说八仙过海后，自哈斯罕关驾祥云，览美景，这一日漂至凤凰山，寻野果充饥，却苦于无酒；叹息时，忽见一道士急匆匆跪拜师祖，献酒于石桌。道士告曰：观音早知八仙会降临凤凰山，特作法点化圣泉，赐酿酒秘方。八仙畅饮美酒，醉卧观音阁，此后秘方、美酒传入民间。唐王李世民征东时，薛仁贵救主，箭射凤凰山，留下箭眼美名传；至今状若箭眼的巨石仍立于凤凰山上。现在，"凤城老窖"仍然每日在凤凰山拉山泉水酿酒，为后人留下千古佳话。

铁岭境内清河水库为辽宁省第三大水库，以长蟒锁谷、青龙吐水为代表的自然景观，和以东北第一卧佛、永安寺为代表的人文景观闻名遐迩，开原老城的崇寿寺塔，始建于金国正隆元年，为金国宣徽洪理大师藏骨之所，青龙吐水、第一卧佛、神秘古塔构成了清仙酒业深厚的文化底蕴。

"辽宁三沟"是创建于清朝同治元年的邱家烧锅，150年前，邱姓商人在此开个大车店，人称邱家店，因院中老槐树将榆树抱住，得名槐抱榆。一仙风道骨之人见槐抱榆下常年湿润，断言此处乃风水宝地，必有泉眼。邱掌柜掘井，果见泉水如注，人称圣泉涌。邱掌柜将甘甜之水酿酒，醉倒方圆百里八方客，竟也引来一只火狐狸，入夜潜入库房偷饮，醉卧酒柜，天明尚不能离去。如今这"圣泉涌"已由邱家烧锅改名为"三沟酒业"，以"火狐狸"命名的高度酒，竟然也火得让人心跳。

（三）辽酒文化与出土文物的渊源

辽宁历史悠久，目前已经发现的大连长兴附近的"大嘴子青铜器遗址"，辽宁三沟东30公里的"查海遗址"，沈阳老龙口北侧的"新乐遗址"发现的陶器是不是酒具？对此考古、酿酒及酒文化专家进行了考证。

位于沈阳市黄河北大街的新乐遗址，是一处新石器时代聚落遗址。在遗址的上层文化中，出土了颇具特点的鼎、鬲、钵、罐等陶器，新乐下层文化，距今约7000年，是一处新石器时代早期的聚居地，出土陶器有高足钵、簸箕形斜口器、弦纹筒形罐、之字纹筒形罐。1978年出土的斜线纹高足钵，红陶衣、高足，通身饰以抹压斜线和网格纹，考古专家认为是新石器时代的盛食器。

长兴酒庄坐落在大连著名的大嘴子青铜器遗址附近，号称大连第一关的辽代"哈斯罕关"脚下。1992年，考古队对大嘴子遗址进行的发掘中，发现大量的石器、陶器及骨器。出土的石器主要有斧、刀、价、链及钱；陶器有壶、罐、碗，房址中有炭化粳稻和高粱。长兴酒庄周围也出土了很多宫中遗物。

1982年，在距"三沟酒业"30公里的阜蒙县查海村，发现了查海古人类遗址，发掘出的遗迹、文物有房址、龙纹陶片、陶器、石器、玉器、猪骨、鹿骨及农作物的碳化物等，著名考古学家苏秉琦先生认为，查海遗址位于红山文化分布区内，时间比红山文化早一个阶段，玉器、陶器、龙纹反映了社会生产关系的进步性，这已是中华文明的起步，是目前东北地区发现的时代最早的一处新石器时代遗址，查海七八千年前的玉器就是证明。查海遗址的连体房址和以敞口罐、筒形罐为主要形式的陶器群，纹饰复杂多变，以压印之字纹饰，桁目纹为主，细密整齐，布局分段而有规律，并出现了压印的勾连四字形纹饰，表明当时已出现原始的祭祀活动。

2011年3月，距离渤海岸300米的锦州凌海市天桥乡三角山村东北，十二沟山东山的山顶上，发现古人类活动遗迹。遗址文化层厚0.5米，采集到夹砂红陶片，纹饰以绳纹、乳丁纹为主。根据标本特征分析，遗址应属于青铜时期的聚落址。过去考古界认为青铜遗址多在临河两岸，而这次的发现证明了在遥远的4000年前，我们的先人就已经来到海边生活。这里与阜新查海遗址同属红山文化分布区，陶片虽无整体形象，但陶具、陶器大多应为器皿，盛食、水、酒的壶、皿、罐等器物，可以认定出土陶片应为酒具残骸，凌海遗址与同在渤海边的大嘴子青铜器遗址都有古人类酿酒。

锦州凌海市天桥乡古人类遗址出土的陶片

那么，这些遗址发掘的陶器能否认为是酒具呢？

据国家著名酒文化专家介绍：1959年，在山东泰安的大汶口，发现距今5000年的大汶口文化，在五座大型墓葬中发现罐、壶、瓶等酒具和发酵谷物的大口樽，过滤酒的滤缸，接酒的陶盆，蒸煮谷物的甑，储酒的瓮等成套酿酒器具，这足以证明大汶口文化时期已有酿酒业的社会化生产。

1973年，在浙江省余姚市出土的河姆渡文化，距今7000年，发现人工栽植的水稻、谷粒、秆叶及陶制酒器"斝"。据此，专家认为，河姆渡文化时期开始酿酒的可能性很大。

美国科学家帕特里克·麦戈文从河南省舞阳县贾湖村新石器时代的遗址中发现16件陶器，在陶器的残留物中提取的化学物质中含有现代稻米、米酒、葡萄酒和葡萄单宁酸以及近古药草成分。据此，帕特里克·麦戈文研究小组给出结论，贾湖村遗址的陶器是用来盛一些稻米、蜂蜜和某种果实做成的长时间酿造的饮料，即酒。他认为，这种酒和中国南方的米酒很相似，"中国人9000年前开始酿酒"，这就是结论。

国家著名酿酒专家王贵玉先生在2008年考察了查海遗址后说，古人类的祭祀活动最初是以水敬上天，当人类发现了酒以后，便以酒敬上天，查海遗址、大嘴子青铜器遗址、新乐遗址、红山遗址、凌海遗址发掘的陶器，可以认为是酒具，谷物应为酿酒原料，这表明"三沟""老龙口""大连长兴酒庄""凌海酒业""凤城老窖""凌塔酒业"的故乡——辽宁，8000年前已有古人类开始酿酒，由此可以认定，辽酒具有8000年的酿酒史，他们大多在海边、河边、山边酿酒，这大概就是水好酒才好的千古道理。

（四）弘扬酒文化，辽酒一直在努力

做酒其实是做酒文化。辽酒巨头对文化兴酒情有独钟。

上世纪末，国家著名酿酒专家王贵玉先生，通过对哈斯罕关的千年酒坊的发掘、考证，恢复了老酒作坊和仙酒烧锅的生产，建设了国内首家酒庄式综合性酒文化博物馆，博物馆内有赏酒、酒艺、酒史、酒器等展厅、地下酒窖、自酿酒屋、中华酒道（古关酒楼）、醉仙亭、仙泉、古酒旗、中华酒宫等陈设和景观，是全国展示面积最大和馆藏品最多的酒文化博物馆。大连市酒文化博物馆还把博物馆延伸到社区，在卖场展示的古代酒具、酒器、名人字画吸引了众多参观者。国家酿酒协会一位权威人士认为，这也是一个我国最早的集酿酒生产、饮品技术开发、酒文化、酒品、酒具收藏研究和展示的，没有功利性的酒文化博物馆。

打造酒文化，辽酒可谓用心良久。2002年，老龙口酒厂收集的大量珍贵老照片、名人字画、"义隆泉烧锅"原始账目、传统酿酒设备、酿酒所需的各种原料及部分新、老产品等文物，建造了仿清代建筑风格的老龙口酒文化博物馆。他们以老龙口酿酒史为背景，请作家、诗人、画家、书法家创作了长篇历史小说三部曲《酒觞》《酒神》《酒魂》，及散文《酒之韵》，诗集《酒韵清风》《醉酒的秋千》和老龙口创始人孟子敬画像，成立了老龙口书画院，写巨型"龙"字，搞书法、美术作品展，将清朝五帝东巡御用贡酒的神秘面纱揭开，"老龙口"也因此被评为中华老字号。

"凤城老窖"围绕凤城市、凤凰山、"凤城老窖"酿酒史，请作家撰写酒文化故事"八仙醉酒"，为凤凰山药王庙会冠名，引来20多个国家和地区的人进山朝拜。他们还请留日归来的专家搞设计，竖排版的李白名诗《将进酒》及凤凰山、虎山长城等风景连环画，使酒文化和旅游文化、包装文化有机结合，提高了产品的文化韵味，具有浓郁酒香的"凤城老窖"成为举世瞩目的中华十大文化名酒。

此外，"铁刹山""道光廿五""三沟""凤城老窖"也建立了酒文化博物馆；三沟还以企业发展史为素材，出版了文学专著，并举全厂之力整合打造企业文化。

辽酒正在向文化辽酒迈进。

（韩栋梁）

第三章　东北白酒考古发现

龙是中华民族的图腾，而酒与人类生活息息相关。华夏五千年文明，中国酒包括今天的蒸馏白酒，到底诞生于何朝何代，是何人在何地发明？随着考古学的细分尤其是中华文明断代工程所取得的一系列令人欣慰的考古成果的披露，让人们有理由相信，"红山文化"和"良渚文化"这两大中国古文明区，是中国酒和蒸馏白酒诞生最早的两个地区，以东北为例，近些年来，辽宁、黑龙江、吉林都相继发现了辽金时代的酿酒遗址和酿酒文物。如黑龙江发现了金代早期的蒸馏器，吉林和辽宁发现了辽代的酿酒遗址，辽宁还发现了迄今中国乃至世界最早的人工驯化的粟，也就是小米。

1985年，在中国辽宁阜新查海遗址，发现了一条长达19.7米的石堆龙，除了这条龙外，该遗址还发现了两块陶片，根据C14测定，年代为8000年前，这两块陶片上的行龙和蟠龙身、尾部鳞片清晰可辨。据考证，这是迄今中国发现的最早的"龙"和"龙纹陶片"。其后，该处作为"红山前文化"的重要遗址，又发现了约8000年前人工驯化的"小米"。

无独有偶，在中国境内的南端，江西万年县和湖南道县玉蟾岩出土了迄今世界上最早的人工栽培水稻实物标本和世界上最早的陶器制品，其年代与辽宁红山文化遗址发现的人工驯化的"小米"和"龙纹陶片"相近。

近年，在吉林省考古也发现了辽金时期的春捺钵遗址。关于春捺钵，《老长春》做过相关的报道，辽代春捺钵考古遗址发现的古代白酒酿造工艺表明这里是中国古代出现得最早的蒸馏白酒遗址。2006年吉林省大安市酒厂因扩建，发现了地下埋藏的铁锅、砖块和铜币，经吉林大学考古系教授鉴定：铁锅是烧制白酒的蒸馏器，砖块是酿造白酒的炉灶石，这些都是辽代官酿的烧酒器具，属古代的酿酒文物。考古发现的实物证明辽代晚期我国已经能够生产蒸馏白酒，证明世界白酒的起源在中国，在东北。

而农业考古在大连"大嘴子遗址"发现的3000年左右的高粱种子，让人们审慎地将中国蒸馏白酒文化的起源地指向了东北地区。

2010年，《辽宁工程技术大学学报（社会科学版）》刊载学者李立新《从考古发现看辽代契丹族的饮酒习俗》记载：1955年，阜蒙县发现酿酒作坊，出土辽代酿酒用的鸡腿坛13个。经复原，遗址为头下军州贵族酿酒作坊，可酿酒170千克，所产酒为菊花酒。这一考据，也出现在了2005年吉林文史出版社出版的，由费振斌主编的《契丹在阜新》一书中：1955年1月，在阜蒙县发现了辽代的酿酒厂遗址，经刘谦先生考证：该遗址为一个"头下军州"贵族酿酒作坊，一次酿酒约169.2千克。所产酒为菊花酒。

除了阜蒙县，沈阳新乐遗址也就是老龙口品牌背书的新乐文化，也有与酒有关的考古发现。辽代对应的是北宋。经宋、元到明，朝阳凌塔酒业有记载的明万历年间的"三泰号"烧锅，在汾酒文化研究中有记载，朝阳古称"龙城""柳城""塔城"，作为"三燕之都"其酿酒考古值得期待。

据相关人士介绍，2012年，吉林大安酿酒总厂搬迁时，在原厂址地下出土了大量酿酒器具，经吉林大学考古人员发掘考证，确认本次发现的酿酒遗址为辽时期（1035）左右的遗址。这一确认，把中国蒸馏白酒起源的年代，至少向前推进了200年。

至清代，辽宁偶然发现的凌川贡酒是目前中国窖藏时间最长的白酒，同时也是可以直接饮用的液体文物。2003年，中国嘉德2003年广州拍卖会上，93千克道光廿五贡酒，再拍天价558万元，创中国白酒之最。

文化和文明需要文字记载，更需要文物证明，二者缺一不可，通过考古发现白酒文化与文明，以酒性融合人性，宣传白酒品牌文化，既不能"厚古薄今"，也不能"厚今薄古"，只有以品质为核心，不断强化品牌发展，才能最终打造出东北白酒的整体品位和品格。

（何　冰）

第四章　辽宁白酒发展历史

一、辽宁白酒行业发展

辽宁白酒的发展源远流长，有历史清晰记载于清朝，酒厂多称为某某烧锅。烧锅酿酒生产原料为高粱，用豌豆、小麦制成大曲作为糖化剂生产大曲酒。当时辽宁生产白酒规模较大的地区有沈阳、辽阳、海城、抚顺等。那年代烧酒工可自由流动，从一家烧锅到另一家时，首先自报原烧锅的名称，其次向酒班大师傅报说师出之门，第三到烧酒场地实际操作，以证明自己是烧酒行家，即可留在新酒厂工作。如果因不缺人手，不能安排工作，不管多长时间，来人都可以和本烧锅酒工一样在厂内同吃住，烧锅不收取来人分文。如起身行程告别，一般烧锅账房给予支付到下一酒厂的路费，以便谋生。

1949年以后，白酒生产由专卖局管理，当时管理非常严，酒工送酒由专卖局人员检斤、检度，酒入酒柜后专卖人员把酒柜锁上，统一售卖。随着社会发展、市场发展，酒类逐渐由各地轻工局管理。省管酒工作部门改称辽宁省第一轻工业局，后改名辽宁省轻工厅，1999年改称辽宁省轻工总会。为加强对白酒行业的管理，在省轻工业局领导下，成立辽宁省白酒协作组，按区域下设若干小组。协作小组每年活动两次，各酒厂轮流召开；省协作组每年召开一次会议，落实、总结工作，大家交流学习。

1985年9月辽宁省轻工厅为便于对白酒行业的管理，组织成立了辽宁省白酒协会，1995年4月更名为辽宁省白酒工业协会。从计划经济时期到市场经济时期，一路走来，白酒协会开展行业工作更加具体、明确、实效。搞试点、办竞赛，不断提高产品质量；讲理论，组织学习培训班培养大量行业技术人才；编写白酒品评技术教材；起草实施辽宁省地方标准、行业标准；为政府职能部门提供行业数据；为宣传辽酒举办各种活动；搭建政府与企业间桥梁与纽带等行业工作都得到了政府的支持和企业的赞同。

创新才能发展，提升才能进步，大辽酒正受到消费者的追捧，大辽香正飘出酒韵之香。

二、辽宁白酒技术发展

（一）代料酒

中华人民共和国成立伊始百废待兴，当务之急是发展生产，经济建设受到极大阻碍。但白酒行业通过自主努力生产更多白酒，并为以后发展打下了基础。国家困难粮食少，缺少酿酒原料，酒厂就找替代原料，如：地瓜干、糖蜜、土茯苓、橡子等，后来国家进口大量伊拉克枣，多数带料生产出来的酒不好喝，有的难以下咽，有的喝后头痛。后经过技术人员的改进、研制后基本达到顺口、不上头的要求。

（二）大曲酒

采用传统工艺生产大曲酒的企业，因技术成熟、工艺稳定、企业重视，现有品牌质量都比较好，历届评比中都名列前茅，如1965年、1976年、1979年老龙口陈酿、鞍山大曲、抚顺大曲、桃山白酒等均被评为省优产品。

（三）酒精白酒

改革开放以前的很多年我省酒精白酒产量所占的比例较大，如沈阳酒厂、抚顺酒厂、朝阳酒厂、大连酒厂等。辽宁省轻工厅为提高酒精白酒的质量，由姜定国同志主持，先后于1972年、1973年举办了沈阳酒厂和金州酒厂的两个试点。以前酒精白酒因杂醇油、醛类等物质含量偏高而不好喝，有时还上头。通过试点采用串蒸法、串香法、固液勾兑法、精馏法及以后的调香法，再适当延长成品酒的储存期，使酒精白酒香气适宜、入口顺、不刺喉，满足广大消费者的需求。

（四）麸曲白酒

麸曲白酒发明在我省，发展在我省，创新在我省。

辽宁省各酒厂均按烟台操作法，短期发酵生产的麸曲白酒，其香型基本属于老白干香型。质量普遍较好。如：阜新白酒、朝阳白酒、抚顺白酒、甘泉白酒、大凌河白酒、大连白酒等。

有些酒厂在麸曲白酒基础上，研究创新，在我省出现了一批优秀产品，如凌川白酒、凤城老窖、千山白酒研制成为麸曲酱香型优质白酒；而凌塔白酒树立为清香型麸曲白酒的典范；金州曲酒、三沟白酒成为麸曲浓香型白酒的代表。

（五）大曲白酒

辽宁白酒最早按传统工艺生产的是大曲白酒，其主要特点是香气清雅纯正、入口舒适顺口有余香。经过技术人员多年的研制改进，逐渐从近似老白干口感成为浓香型大曲酒，如老龙口陈酿、抚顺大曲酒；酱香型大曲酒如沈阳白酒（诗仙醉）、北茅酒、千台春酒。

辽宁白酒发展篇

第一章　辽宁白酒1949年后的发展

辽宁白酒的发展从公私合营时期到计划经济时期，白酒生产企业涉及工业、商业、农垦、渔业等众多领域。计划供应时期，糖业烟酒公司主导市场，实行专卖体制，酒类缺乏，被列入国计民生计划中，国家为酿酒企业提供粮食，以保证人民节日酒品的需求，同时满足特殊群体如：矿工酒、渔民酒、森林工人酒的供给。

一、沈阳市（摘自《沈阳市志》）

沈阳清昭陵（北陵）

沈阳故宫

中华人民共和国成立初期，沈阳白酒生产增长很快。1952年白酒产量达到6927吨，远远超过了解放前1945年4000吨的产量，较1949年增长2.1倍。1954年以后，由于酿酒用粮供应紧张，白酒生产大幅下降，1961年仅有1091吨。以后多年徘徊在4500吨左右，1972年起产量逐渐上升，1975年首次突破1万吨，1980年达到15212吨。"六五"期间，白酒产量平均每年递增10.1%，由1980年的15212吨增长到1985年的24637吨。1985年产量是1949年的11倍。

沈阳市1949—1985年白酒产量

年份	产量（吨）	年份	产量（吨）	年份	产量（吨）
1949	2224	1962	2310	1975	10135
1950	4275	1963	3512	1976	10742
1951	6016	1964	4437	1977	13464
1952	6927	1965	4590	1978	10885

年份	产量（吨）	年份	产量（吨）	年份	产量（吨）
1953	6869	1966	4832	1979	12650
1954	6339	1967	4099	1980	15212
1955	3398	1968	4191	1981	20835
1956	4072	1969	5958	1982	23854
1957	3983	1970	4598	1983	21376
1958	4143	1971	4797	1984	22573
1959	4396	1972	6545	1985	24637
1960	2576	1973	8614		
1961	1091	1974	9040		

二、大连市（摘自《大连市志》）

大连地区的酒类生产，从清末起到帝国主义殖民统治，到新中国成立，历经3个不同时期，1912年大连地区从事烧酒业的有10家，年产总量为15.3万斤（当时计量单位），至1936年白酒产量最高的年份为506吨。

1978—1990年大连酒厂效益情况表

年份	白酒产量（吨）	销售收入（万元）	利润（万元）	税金（万元）
1978	4302.1	1326.3	133.2	306.33
1979	5063.4	1291.1	159.2	328.8
1980	5265.1	1509.2	252.6	324.9
1981	5084.3	1720.1	282.5	347.2
1982	5218.8	1708.3	168.3	348.7
1983	5479.7	1841	156.2	380.5
1984	5555.5	1976.9	159.8	366
1985	6016.1	2048.4	156.9	417.6
1986	7996.5	2849	192.9	481.6
1987	11042.4	3331	235.7	519.9
1988	13000.9	4421.5	171.1	735.5

年份	白酒产量（吨）	销售收入（万元）	利润（万元）	税金（万元）
1989	12411	4510	-398	744
1990	10707	4272	86	277
合 计	97142.8	32804.8	1756.4	5578
前14年（1964—1977）总数：				
	37115.5	10624.7	1394.2	2839
合计数为前14年（1964—1977）总数的倍数：				
	2.62	3.09	1.26	1.97

（一）大连酒史

　　大连酒史从大连湾大嘴子青铜器遗址到营城汉墓发掘的众多酒器可看出酒业的繁荣景象。由于殖民统治，大连酿酒史带有殖民色彩，日俄在大连改造和创办了多家酒厂，有数十家中国酒作坊，仅金州辖区内就有30多家，直到新中国诞生后，酒类企业也是在原日俄酒业基础上改造过来的。

　　大连酒企概况：

　　1949年后改造的大连酒精厂（酒精株90年代初搬迁倒闭）、新华造酒厂（森川造酒株、东北酱油株、盐酸工业株）、1943年日本人建朝鲜人管理

大连酒史展示图片

的金州南满洲农艺株（包括瓦房店南满洲农艺白兰地株、光复后倒闭），改称金州苹果酒厂，并与双兴泉烧锅等合并为大连关东实业公司，后改称大连酿造厂，设白酒、酱油、葡萄酒厂、分厂、车间，金州酒厂独立。后又分别独立称大连白酒厂（大连酒厂）、大连葡萄酒厂（后又组建大连亚美尼亚酿酒公司等，20世纪90年代初倒闭）、金州苹果酒厂（改称大连金县造酒厂，后称金州酒厂、金州王酒业有限公司）、新金县酿酒厂、复县果酒厂（后转瓦房店啤酒厂，1997年倒闭），庄河市酿酒都是原有酒作坊改扩的企业。后又有复县娘娘宫三台龙泉酒厂（后称复县横山人民公社龙泉酒厂、大连龙泉酒厂、大连龙泉股份有限公司、大连长兴岛酒业有限公司）、金县向应酒厂、新金大刘镇酒厂、金县七顶山酒厂（后称金州区白酒厂）、庄河酿酒厂、复州城酒厂、长海县酒厂、旅顺口区酒厂、大连汇源酒厂、大连川连酒业公司、大连开发区桂元红酒业公司、大连木户泉清酒有限公司、大连空津酒厂、大连长兴酒庄有限公司，大连冷食品厂1975年改建的大连渤海啤酒厂（后转让称华润啤酒有限公司），大连食品厂1958年建设的大连啤酒厂（20世纪60年代末后称棒

棒岛啤酒公司、转让华润啤酒公司），庄河徐岭啤酒厂（后称大连黄海啤酒厂），普兰店孛兰啤酒厂（后称大连大雪啤酒有限公司）等数十家企业，最多有300多家小酒厂，现存50多家。

（二）产销概况

大连市场消费的白酒1.5万吨左右，地方生产最多时只有1万吨，地产不足，调入白酒5000多吨，现在这种比例已改，外埠酒进入得更多，葡萄酒2000吨、黄酒1000吨、洋酒200吨、啤酒地产60万吨，销售80万吨。

（三）质量概况

大连酒业曾创出国优金州曲酒、大连黄酒、大连老窖酒、山枣蜜酒、部优大连棒岛啤酒、高级苹果酒、海滨啤酒、大连红葡萄酒等；省、市名优几十种。近年又涌现出：大连仙酒评为辽宁名酒、中国食品行业名牌产品，长兴干红获省市名优食品奖和国际金奖等。

（四）重要记事

大连酒业在辽宁长期处于领先地位，品种齐全，质量优良，如大连黄酒为北方黄酒代表，金州曲酒是麸曲浓香的代表，部优的棒岛啤酒、海滨啤酒、瓦房店苹果酒、大连红葡萄酒和山枣蜜酒曾荣获国家银质奖和多项省市科学技术进步奖。酿酒企业也潮起潮落，关、停、并、转，老企业仍有辉煌，但也有酒解不掉的忧愁。新秀正在发展，往日的兴隆对市场的贡献就是人们的记忆。大连地区县级糖酒公司早已溃不成军，唯有市糖酒公司挺过酒市的变迁，同时又涌现出一批红火酒的经销商。

诚望大连酒企再振雄风，让大连宴会桌上再现更多的大连地产酒水。

1983年成立大连市食品协会和酿酒工业协会，对酿酒企业进行过渡性的行业管理，打破了轻工统管的局面。使商业、粮食、乡镇酒业得到快速发展，考聘市评酒委员和市级评比，推动了行业技术水平和产品质量的提高。2001年大连全国糖酒会让大连市民对酒有了更深刻的认识，酒的经销商和品牌代理商纷纷出现，推动了酒业发展，小型酒企又多起来。

在大连酒业中有很多知名人物，大连酒厂王可刚厂长在省内很有影响，林基浦厂长与张廷玉厂长任期内创出两个国家银牌奖，林基浦后任大连酒协第一任会长，张廷玉时为国家黄酒评委北方组组长，后任市粮食局副局长；金州酒厂厂长于桥培育出金州曲酒，并把有影响的"金州试点"在全国推广，本人为国家白酒评比专家业务组副组长、评委、全国知名专家，吴忠宏厂长任期金州王牌产销两旺，出现领先全国的效益奇迹，后任商业总公司书记；瓦房店果酒厂、龙泉酒厂创始人翟乃真创制山枣蜜酒、玉米黄酒、薯类瓶装白酒获省科技进步奖和名优奖、本人荣获省市劳模称号，全国优秀企业家称号；大连啤酒厂魏茂云厂长领导企业蒸蒸日上，由一个小啤酒厂发展为中型啤酒厂，创出地方名牌，个人获多项殊荣；大连渤海啤酒厂厂长于纪远、副厂长杨学生领导企业快速发展，获多项科技奖；大雪啤酒厂王明瑞厂长将小啤酒厂扩大到年产30多万吨规模的企业，产品质量和个人获多项殊荣。王贵玉领导龙泉酒厂发展为上市公司，又创建了国内首家综合性酒文化博物馆，已成为大连一个旅游景点。还有于凤顺、郭庆武、王继鹏、徐尚高等都是有建树的工程技术专家和卓越的酒企管理者。

大连的国家评委：

白酒：于桥（专家组副组长）、王贵玉（国家白酒、黄酒评委、专家组成员）、栾作禄（金州酒厂厂长）

黄酒：张廷玉、王贵玉、杨大连（大连酒厂）、王东（龙泉酒厂）

省市白酒评委：卢士林（市轻工局技术处）、于桥、于再深（大连酒厂）、王贵玉、王东、栾作禄、林长秀、于罡（金州酒厂）、梅玉增（金州三十里堡酒厂）、王传平（龙泉酒厂）

本文得到大连酒协林基浦会长、于桥、翟乃真、杨学生、金国政、郭庆武等领导专家指导，在此表示感谢。

（王贵玉）

三、鞍山市（摘自《鞍山市志》）

鞍山市酿酒厂是鞍山最早的国营酒厂，1948年10月10日在原"公盛泉"烧锅旧址，新建国营酿酒厂，隶属辽南实业公司。1949年元月移交给鞍山市政府，更名为鞍山酿酒厂。主要以白酒为主导产品，20世纪50年代陆续使用过地瓜干及非粮食物品代替生产白酒。1985年生产白酒881吨，实现工业总产值197万元，创利税73万元。

鞍山市曲酒厂是鞍山一轻工业公司所属的全民所有制企业，固定资产1058万元，产品主要是白酒，分瓶装和散装，年产能力1500吨。该厂生产的"伯乐"牌鞍山大曲酒为轻工业部优质产品，并列为辽宁名酒。1985年生产白酒660吨，实现工业总产值376万元，创利税96万元。自1983年以来，由于市场原因，1985年总产量比1983年下降48.1%。

四、抚顺市（摘自《抚顺市志》）

抚顺地区很早以前就产白酒。明孝宗弘治十二年（1499），开原境守臣张玉、总兵李某等人曾用白酒把女真人灌醉夺其物。明崇祯十四年（1641）今抚顺地区每年造酒用粮可达十万石。比较有名的烧锅是清代兴京（今新宾）县的万泉永和源泉涌烧锅，比较好的白酒是万泉永的白酒（今罕王醉）。

罕王醉白酒史称兴京烧酒（新宾白酒），今产于新宾满族自治县酒厂。该厂历史悠久，始建于明末后金初年，地处今新宾县镇西，故称西烧锅。清同治三年（1864）由河北昌黎县商人张际盛在西烧锅的基础上新建了万泉永烧锅。自有资本4660元（奉大洋），雇

抚顺努尔哈赤出生地

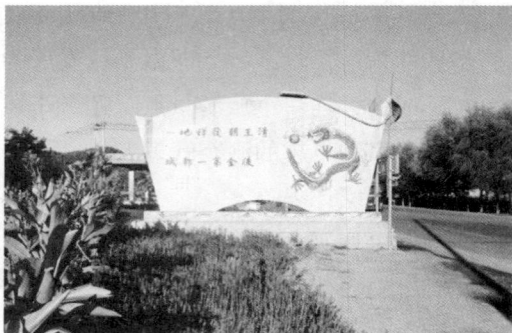

抚顺清朝发祥地

工69人，年产白酒13万斤。民国时期，兴京县（今新宾县）第一任县知事邹建鹏曾为该厂题匾："味压辽东"。中华人民共和国成立后，万泉永烧锅于1956年实现公私合营，并将新宾镇的制油、造酒、化工、印刷、食品业合为一体，组建了综合厂。下设食品厂（包括酒厂）、印刷厂、粮油加工厂。年产白酒300吨。1977年，县革委会决定将酒厂从食品厂划出，迁至镇西南山坡上，成立新宾县酒厂。县酒厂成立后，扩大了规模，提高了生产能力，年产白酒可达700多吨。到1985年底该厂占地面积2.1万平方米，建筑面积7200平方米，固定资产165万元，自有流动资金11.5万元，职工193名，生产白酒20多个品种，年产65度白酒320吨，年销售额100万元，年缴纳税金21万元。

兴京是满族的故乡，清朝的发祥地。兴京烧酒是满族人开发的一种具有满族特色的优质白酒。明万历二十六年（1598）努尔哈赤在兴京称汗的大典上曾用此酒庆贺。朝鲜王派申宗一为首的使团来谒拜努尔哈赤时，努尔哈赤曾在赫图阿拉城（今新宾老城）举行欢宴，用兴京烧酒招待朝鲜宾客。在宴会上，酒过三巡，努尔哈赤凭借酒兴，自弹琵琶，耸动其身，边跳舞、边赞酒不绝。

罕王醉白酒是由兴京烧酒演变而来。20世纪60年代，兴京烧酒改为新宾大曲；70年代改为新宾老窖香；80年代新宾成立满族自治县时，县酒厂借用努尔哈赤"罕王"的荣称将此酒命名为"罕王醉"，并以此向大会献礼，招待中央、省、市领导及港澳同胞，深受好评，被誉为"新宾小茅台"。

罕王醉白酒驰名省内外。在抚顺第二届艺术节期间被列为"特供"产品，宴请国内外客商，受到各界的赞赏。目前，抚顺市、县各大宾馆、招待所、大酒店等都将罕王醉白酒作为名优产品销售。全国著名疗养胜地——罗台山庄疗养院将罕王醉白酒作为特供产品摆上柜台，并印制了罗台山庄特制包装盒。在北京故宫、雍和宫等处也销售此酒，成为国内外旅游客人品尝和留念的佳品。

罕王醉白酒配料精良，工艺考究。1949年前采用满族传统工艺，利用新宾特产的红高粱为原料，采制高（中）温大曲为发酵剂，以苏子河古井的优质水发酵酿造而成。现如今继承和发展了古老的满族酿酒工艺，创造出高温制曲，低温发酵，用低温窖长期储存（最少三年）陈酿，以使酿造出来的白酒，具有醇香浓郁，浓中有酱，入口绵甜，清润甘爽，回味悠长等特点。1985年被评为辽宁省同行业优质产品。

五、本溪市（摘自《本溪市志》）

本溪水洞

本溪关门山枫叶

本溪市酿酒厂是1949年4月由本溪市人民政府财粮科用东北币6亿元接兑的益发涌烧锅。同年10月，平均日产白酒900千克。此后，该厂不断扩建，设备不断更新。到1985年，厂区占地1.4万平方米，建筑面积7000平方米。有固定资产原值292万元，主要生产设备23台，有职工302人，年产瓶装白酒279吨，散装白酒1057吨，汽酒82吨，鲜啤露44吨，玫瑰香槟酒212吨，二氧化碳216吨，实现工业产值249万元，利润11.3万元。其中本溪老窖酒和玫瑰香槟酒被评为本溪市优质产品。

本溪地区主要有本溪市酿酒厂、本溪县酿酒厂、桓仁县酿酒厂。主要产品有"本溪头曲""本溪老窖""太和""粮白液""龙凤""铁刹山""双喜"等品牌瓶装白酒。其中，本溪大曲1979年被市政府命名为优质产品，本溪老窖、铁刹山牌粮食白干也颇受消费者欢迎。

1950—1985年本溪市白酒产量

年份	产量（吨）	年份	产量（吨）	年份	产量（吨）	年份	产量（吨）
1950	42	1959	3603	1968	1693	1977	4924
1951	673	1960	3504	1969	2472	1978	5840
1952	778	1961	1140	1970	2745	1979	6887
1953	1209	1962	1720	1971	3262	1980	7596
1954	1396	1963	2282	1972	2914	1981	8794
1955	1249	1964	2495	1973	3005	1982	5921

续表

年份	产量（吨）	年份	产量（吨）	年份	产量（吨）	年份	产量（吨）
1956	1601	1965	2211	1974	3663	1983	3648
1957	2324	1966	2412	1975	5910	1984	2790
1958	2452	1967	2310	1976	5240	1985	2273

六、丹东市（摘自《丹东市志》）

1958—1985 年丹东市白酒产量

年份	产量（吨）	年份	产量（吨）	年份	产量（吨）	年份	产量（吨）
1958	57	1965	1306	1972	2574	1979	3959
1959	711	1966	1656	1973	2659	1980	5161
1960	1012	1967	1568	1974	2871	1981	6092
1961	310	1968	1420	1975	2881	1982	1637
1962	673	1969	2202	1976	3402	1983	1524
1963	844	1970	2035	1977	3146	1984	1424
1964	1176	1971	1897	1978	2883	1985	1266

七、锦州市（摘自《锦州市志》）

1949 年锦州市有私人烧锅 10 家，从业人员 207 人，公营制酒企业只有利华烧锅一家。到 1984 年全市制酒企业已发展到 21 个。职工人数 2967 人，比 1949 年增长 73 倍，工业总产值 2499.8 万元，比 1949 年增长近 200 倍，白酒产量，仅锦州市轻工公司所属的 9 家企业就达到 7889 吨，比 1949 年增长近 120 倍，在产品质量上有很大提高，优质名牌产品越来越多，绥中县酒厂生产的特酿酒 1982 年以来连续被评为辽宁省同行业第一名。凌海市制酒厂生产的大凌河白酒，1985 年被辽宁省政府授予优质产品称号。锦州凌川白酒在 1984 年全国酒类大赛中再次获优质产品称号。

八、营口市（摘自《营口市志》）

1948 年以前，大石桥镇内有两家酒厂，南街有"同聚源"，北街有"永兴泉"。1950 年在"同聚源"原址成立营口县酒厂，生产"大石桥老窖""绿豆老窖""大石桥白酒"，年产量在25吨左右。1980年白酒产量为908吨。进入90年代，白酒行业发展非常迅速，先后出现"大帅醉""海龙川""华晨"等产品。到1995年白酒产量达到6893吨，2000年末生产90吨。市内又涌现"孟屯""沿利""仙桥""川北香"等企业10家。

1971年营口地区粮食系统开始利用粮食下脚料和副产物生产白酒。营口市内、盖县、营口县郊区的粮食企业都设有酒厂，自1981年以来，由于社会上造酒业的迅速发展，粮食系统的白酒生产受到影响，逐渐停止生产和销售，1971—1985年营口地区粮食系统共生产白酒1988.9吨。

下面是粮食系统市、县、区历年的产量

单位：吨

年份 ＼ 单位	合计	营口市内	盖县	营口县	老边区
1971	34.4		31.4		3
1972	51.3		44.3		7
1973	143.2	69	58.2	13	3
1974	161.2	87.9	89.3	29	5
1975	199.3	108	46.3	38	7
1976	224	39	140	45	
1977	160	86		74	
1978	171	91		80	
1979	158		142		16
1980	141.2	116.2			25
1981	166.3	148.3			18
1982	123	123			
1983	116	104			12
1984	126	119			7
1985	14	7			7
合计	1988.9	1098.4	501.5	279	110

九、阜新市（摘自《阜新市志》《阜新县志》）

中华人民共和国成立前，阜新制酒业均为私人作坊（烧锅），以当地产高粱为原料，前店后厂，所以白酒多在本地销售。

阜新瑞应寺

中华人民共和国成立后，阜新市及阜新、彰武两县先后建立地方国营酒厂，但生产仍沿用传统工艺，使用大缸、酒箱、锡锅、木甑、甑盘、冷凝器等设备。主要制酒原料为高粱，每100千克高粱出酒11千克~15千克，散装出售。

1953年，阜新县酒厂为节约粮食，创糠料代替粮料的"清六甑综合制酒操作法"，出酒率达28%，在辽西省和东北地区推广。1954年，此法在阜新市制酒厂推广后，出酒率提高到28.6%；1956年，又研制生产出曲种、酵母，改革了阜新地区制酒外购曲种、酵母的历史。

1959年至1971年，白酒生产由笨重的手工操作逐步发展到半机械化生产，由散装发展到瓶装。1971年白酒产量达到1929吨，1972年全市白酒产量达到2484吨，到1987年，全市白酒产量达到4874吨。由于国家粮食短缺，白酒生产不能满足消费需求，年生产量较消费量相差3000吨，随着改革开放的深入，粮食供应较好，为阜新市扩大白酒生产提供了条件，品种增多，有浓香型大曲酒、低度酒、营养型酒等等。

1949—1988年阜新地区白酒产量

年份	产量（吨）	年份	产量（吨）	年份	产量（吨）	年份	产量（吨）
1949	71	1959	1129	1969	1874	1979	5235
1950	199	1960	1237	1970	1764	1980	4874
1951	775	1961	465	1971	1929	1981	5108

年份	产量（吨）	年份	产量（吨）	年份	产量（吨）	年份	产量（吨）
1952	696	1962	757	1972	2484	1982	3614
1953	799	1963	1219	1973	2488	1983	4859
1954	878	1964	1283	1974	3548	1984	5855
1955	676	1965	1084	1975	4783	1985	6078
1956	800	1966	1284	1976	3687	1986	7402
1957	652	1967	1498	1977	3900	1987	9871
1958	769	1968	1772	1978	4615	1988	11966

《阜新县志》记载：先有邱家店，后有阜新县。

辽宁民族出版社1998年8月出版发行的《阜新蒙古族自治县志工业篇轻工业酿造》记载：清同治元年（1862），境内兴起了以高粱为原料的酿酒行业。当时有邱家烧锅和刘家烧锅。酿酒工艺简单，手工操作，日分两班，生产50度和60度散白酒，年产量300吨。

清光绪二十九年（1903），按坐落划分邱家烧锅为西烧锅，刘家烧锅为东烧锅。西烧锅取名"德增兴"烧锅，后更名为"胜泉涌"烧锅。

新中国成立前，境内酿酒业除了城内的两个烧锅外，农村招束沟有孟家烧锅等小型酿酒作坊。每个作坊雇工20人~30人，每天分为两班作业，产出的散白酒除当地销售外，也销往外地。

1948年3月18日阜新解放时，县人民政府接管了邱家烧锅，改名为胜利酒厂。当时有职工70人。两个油车间，一个酒车间，分三班工作制，用粮食制酒，同时在泡子、十家子等地建小型酿酒作坊。

进入70年代，酿酒业生产由笨重的手工操作发展到半机械化生产，由生产散白酒发展到瓶装白酒。并生产出各种水果酒、汽酒、汽水等。主要品种有：散白酒、迎宾白酒、三沟玉液、玉曲香酒、白干、人参酒、三沟纯粮、三沟白酒、山楂汽酒、健君酒、古泉、窖酒、特液、延寿春酒等。1979年生产白酒1060吨。

1987年，县民族酒厂被辽宁省人民政府命名为辽宁省阜新民族酒厂。该厂拥有两条机械化白酒生产线，一条酒灌装线和一条汽水生产线，全年生产白酒3910吨，生产饮料4021吨。拥有固定资产580万元，净值445万元，职工443人，其中技术人员47人，各种设备400台（套）。主要产品有：三沟特曲酒、三沟白酒、橘子汽水等三个系列28个品种。三沟特曲酒获省、国家轻工业部和全国少数民族优质产品称号；三沟特曲酒在全国首届食品博览会上获金奖。

十、辽阳市（摘自《辽阳市志》）

清朝大学士王尔烈赞誉千山酒的题词

辽阳市白酒产量

年份	产量（吨）	年份	产量（吨）	年份	产量（吨）	年份	产量（吨）
1979	1168	1982	689	1985	4908	1988	1878
1980	1090	1983	797	1986	1685		
1981	984	1984	1664	1987	3744		

十一、盘锦市（摘自《盘锦市志》）

清光绪三十三年（1907），高平（今高升镇）有烧锅一处，年酿制白酒10万千克。民国三十年，伪康德八年（1941），盘山县城永顺泉开办烧锅，年产白酒10万千克，地销有余。1951年，盘山县人民政府在天庆隆旧址，建立裕兴油米酒厂，后改为裕兴酒厂、盘山酒厂。1952年与榨油厂合并，改称盘山县油米酒厂。1962年，产白酒89吨；1973年，产白酒430吨。1981年，全县产白酒692吨；1985年，全县产白酒610吨；1990年，全县产白酒1239吨，总产值356万元。

盘山县酿酒厂生产的"盘锦白"在辽宁省第六届白酒评比会上，取得总分第一名，获优质证书。该厂被省轻工厅命名为"双增双节全优单位"。

十二、铁岭市（摘自《昌图县志》）

年份	白酒产量（吨）	年份	白酒产量（吨）	年份	白酒产量（吨）
1986	3100	1988	3370	1991—1995	5758
1987	3280	1988—1990	3197.3	1996—2000	108733

十三、朝阳市（摘自《朝阳县志》《北票县志》）

朝阳古塔

朝阳县地方国营朝阳酒厂，清康熙十三年（1674）山西曹家（农兼商大地主）在东北地区以"三"字冠商号的主建厂家之一。经近三百年的沧桑之变，"三泰号"的历史旧痕已不可见，而凌塔酒却在这个老烧锅的旧址，发展成为现代化的工业企业。

多年来，以科技进步作为振兴企业的指导思想，新的科研项目、科研成果不断涌现，主要成果累计35项，其中，6项属于国内首创，现年生产能力白酒可达万吨，酒精万吨，饮料1000吨。

改革开放以来，企业经济效益迅速增长，"七五"期间，累计利税2771万元，比"六五"期间提高60%。近几年来已成为县直工业企业年创利税千万元的首户。1977年以来，荣获县、市、省和国家奖励211次，1984年凌塔白酒被评国优获银奖，1988年晋升为国家二级企业。38度凌塔白酒的新科研成果，荣获国家轻工博览会金奖。并晋升为国家级档案管理先进单位。

北票县酒厂1927年建厂，当时名为天聚德，有职工70人，日产白酒160千克，每年生产6至7个月，1935年改称天益涌，1980年称北票县酒厂，1985年酒厂有职工279人，其中专业技术人员25人，厂区占地面积11679平方米，固定资产177万元，白酒年生产能力1000吨。当年生产饮料酒1203吨、果酒13吨，完成产值314.2万元，利润70.4万元。1997年当年生产白酒1392吨，实现产值165万元。

十四、葫芦岛市（摘自《绥中县志》）

绥中县：清光绪三十一年（1905），我县第一家酿酒作坊"永盛泉"烧锅开业，独资1万元，年产白酒约140吨。民国初期，县内有烧锅9家，分布在绥中镇、前卫、前所三地，以绥中镇居多。民国三十五年（1946）以后，县内酿酒业稍见复苏，全县有烧锅6家，以"同源成""福兴和""永盛泉"经营情况为佳。年产白酒200吨，大部分在县内销售，小部分外销。

1949年后，私营"福兴和""永盛泉"兑为国有并于1954年合并改称绥中县油酒厂，职工328人，年生产白酒和食油370吨，1972年油厂分出，1982年全县共有酒厂6家，其中属地国有企业1家，社场办企业5家，即：绥中酒厂、王凤台酒厂、大台山酒厂、明水酒厂、绥中镇酒厂、万家酒厂。年生产各类酒570吨，1980年3月，绥中县酒厂开始试制绥中特酿白酒，1982年1月开始批量生产，1984年12月荣获锦州市人民政府颁发的优质产品证书。

十五、辽中——辽宁白酒重镇

沈阳辽中地处辽宁中部，这里土地肥沃、盛产粮食、临近沈阳、交通便捷，工业农业、资源丰富、市场广阔、商贸发达、酒业兴旺。

二十多年时间，这里从畜牧养殖带动酒业不断向前发展。现在辽中酒厂林立，白酒生产能力达到15万千升以上，养育肥牛能力30万头，白酒生产成为当地的支柱产业，是我国北方重要的酿酒基地，已从当年妈妈街的畜牧饲料酿酒走向专业酿酒、科学酿酒，产业结构发生了本质的变化。

辽中酒业多年来在政府的培育支持下，正在打造品牌，树立形象，实现专业酿酒，走向规范化，走向规模化，由卖散酒转向供应基酒到包装宣传卖产品，行业发生了质的飞跃。辽中的普通作坊烧酒，秉承传统酿酒技艺，结合现代先进酿造技术，转变路径酿造出清香型、浓香型、芝麻香型等多种香型白酒，实现了从低廉的价格转向优质好酒的价格变化，产品质量不断提高，深受广大消费者的喜爱。辽中基酒卖到全国各地，形成了产、销、配套产业的综合发展格局。现在的辽中酒业，年产量有上万吨的，规模之大、数量之多已走向辽宁白酒前列，对辽宁白酒行业贡献度与日俱增，举足轻重。从原料供应、酿酒设备、生产配套、物料加工、包装印刷、物流转运、机制创新、市场营销等方方面面已形成了产业链、集散地、集中区，是辽宁白酒重镇。

（刘　军）

第二章　辽宁白酒行业主要经济指标

辽宁白酒行业主要经济指标（表一）

年份	产量（万吨）	销售收入（万元）	利税（万元）	利润（万元）	职工人数（人）	固定资产（万元）	生产企业（个）
1949	2.59						
1957	5.08						
1963	7.65						
1964	8.72						
1967	5.79						
1984	10.00						
1985	10.20						62
1986	118.9						
1987	16.00		12000	4000			
1988							
1989							
1990	19.0						
1991	17.72						
1992	18.7						
1993	12.4						
1994	24.3						
1995	22.69	158830	13000	−2205			
1996	25.74	180180	20203	−1356	18509		
1997	28.00	196000	20030	553.4	25499	66465	63
1998	32.58	228060	26028	2055	20956	40138	
1999	33.01	231000	28000	2300			

辽宁白酒行业主要经济指标（表二）

年份	产 量（万吨）	销售收入（万元）	利税（万元）	利润（万元）	职工人数（人）	固定资产（万元）	生产企业（个）
2000	33.20	265600	19872	3542			
2001	20.10	160800	17473	1368			
2002	19.20	153600	15167	296			31
2003	16.48	140080	15296	389			
2004	19.64	166940	17424	417			
2005	26.16	261600	36000	3621			
2006	24.00	250146	29726	5984			
2007	33.87	352570	49163	10000			
2008	40.17	470267	55000	20000	7000	183000	72
2009	50.00	640000	68000	15083	8000	240000	84
2010	56.00	948000	183200	41000			107
2011	59.00	1390000	284500	76000			78
2012	63.00	1490000	329908	106408			78
2013	54.78	1650790	347467	99894			88
2014	50.44	1300000	288000	93000			
2015	46.36	1200000	264000	56000			
2016	8.28						

注：数据摘自各市（县）志及白酒协会行业内部统计，仅供参考。

第三章 辽宁技术攻关试点

辽宁白酒行业以凌川等试点为代表的各种技术攻关影响全国白酒领域。辽宁白酒对中国白酒具有重要价值，为东北白酒的发展奠定坚实基础。

一、凌川试点（1963年）

1963年凌川酒厂被国家定为全国麸曲酱香型白酒首创试点厂。参加试点院、所、厂共27个单位，试点过程中得到国家、省、市领导高度重视。经专家指导，全厂职工努力，试验一举成功，生产出优良的麸曲酱香型白酒，得到了有关方面对麸曲酱香型白酒生产工艺及菌种的肯定，并向全国白酒行业推广。同年，凌川白酒在全国评酒会上荣获全国优质银牌奖，以麸曲法白酒独有的风格出现在国家优质酒的行列中。

当时的试点目的是为解决以麸曲法生产的凌川优质白酒放香小，饮后香味短，口味单调之缺点。辽宁省轻工业厅在锦州凌川酒厂，组织了辽宁省白酒工业提高质量试点，于1963年10月开始，历经七个多月的工作，于1964年5月20日圆满完成了试点工作计划。

全省参加此次试点的工程技术人员33人，有沈阳轻工研究所主任姜定国、技术员吴玉莲，开原酿造厂股长关洪斌，阜新市酒厂技术员郑宝林，沈阳烧酒厂技术员刘洪晃，锦州凌川酒厂技术员李宗民、酒师郭景林等。凌川酒厂有13名技术人员参加，占试点总人数的39.39%。之后，根据国务院指示，这批原班试点人马于1964年去茅台酒厂进行了两年的分析试验，凌川厂工程师、国家评委李宗民，技术员陈敬泽作为主要成员去茅台酒厂工作了两年。

（一）此次试点取得了巨大的成果

1. 技术方面

①提高了凌川白酒质量，理化指标中的总酯由原来的0.16mg~0.17mg/100ml之间提高到0.24mg/100ml以上，2，3-丁二醇含量比原来高5倍，这也是凌川白酒保持后味甘洌的原因之一。

②在制酒工艺上结合原凌川酒厂操作法及吸收外地经验，进行了二十六种不同条件的制酒工艺试验，确定了干蒸混烧回酒醅操作法为新操作法。

③试验成功了纸上层析，纸上电泳和容量分析新方法，并应用到实际工作中去指导生产。

④完成了生香酵母生理试验。肯定了五种生香酵母的使用效果，改进了生香酵母的工艺条件和使用方法。

⑤进行勾酒试验。为巩固与提高麸曲白酒质量，在进行制酒工艺试验的同时，还对不同操作方法、不同糟别，以及头、中、尾酒多种比例的勾酒试验工作。

⑥初步摸清了窖内微生物（细菌）消长变化和产物情况。

2. 经济方面

①提高了出酒率。

②降低了成本。

③降低了煤耗。

（二）试点的成果鉴定

1964年7月10日，辽宁省轻工业厅召集全省酒厂中具有一定鉴定水平的工程技术人员，并邀请黑龙江省、吉林省和北京市的酿酒技术人员及有关研究部门、高等学校的技术专家等28人，对锦州凌川技术试点的成果进行了鉴定。

根据鉴定项目大纲，专题报告及原始数据健全的特点，成立一个鉴定委员会，分别由本厅崔维恭处长、沈阳轻工业学院副院长吴锦教授、锦州科委戴长荣科长、锦州凌川酒厂刘志良厂长任正副主任委员。

鉴定分工艺、微生物、分析、试验研究四个小组，分别进行。各专业小组详细审阅了有关专题报告和操作方法，核对了有关数据。在此基础上对各种试验的产物、菌种、图表、照片等实物进行了鉴定，并对试点各种操作法之酒进行品尝鉴定。

最后在委员会上，有关试验人员回答了提出的各种问题，并由起草小组起草鉴定意见书，由全体委员通过后签字生效，鉴定共花费了四天时间。

鉴定委员会根据试点所提出的技术总结和各专题报告以及样品品评结果，认为这次试点在保持原凌川白酒风格的条件下，从制酒新工艺、曲霉与酵母、发酵后酒醅微生物分离，化验分析，勾酒等方面进行了很多的研究工作，取得了显著的成绩。

1963年的试点工作，证明了凌川是麸曲酱香型白酒的发源地，在全国白酒行业推广，对提高全国白酒质量、产量及白酒的大发展起到了历史性的作用，是中国白酒发展的历史长河中一颗闪亮的明珠。

二、沈阳试点（1972年）

参加人员：陈学志等

技术方案：1. 枣酒串香

2. 加香复蒸

3. 老窖酒加玉米酒、酒醅串香酒勾兑

4. 严格执行操作工艺

麸曲白酒研制成功及推广使用，推动了辽宁、东北及全国白酒工业的发展。清朝及以前时期辽酒是以高粱为原料，豌豆、小麦踩制的大曲为糖化发酵剂，传统方法酿制白酒。20世纪30年代经科技人员研究试验，在辽宁抚顺酒厂麸曲曲种研制取得成功，经扩大培养用麸曲代替大曲生产白酒，从此诞生了麸曲白酒。新中国成立初，白酒技师王维凡以抚顺酒厂为基地培养生产麸曲曲种，经沈宇光、张宝祥、王树萱、胡玉良等人传到沈阳、辽阳、海城、新民、北镇、哈尔滨等地，使麸曲白酒生产从辽宁发展到东三省，后推广到广州、内蒙古及山东、华北等地。

麸曲白酒的优点是使白酒原料出酒率大幅提高，由原来的30%左右提高到50%左右，发酵期由30天以上缩短到五六天。它既节约了粮食，又创造了很高的经济效益。尤其是新中国成立后困难时期及1962年的困难时期，满足了人们的饮酒需求，创造了大量税收。

麸曲白酒生产经多年实践证明是非常成功的。为指导全国麸曲白酒生产，1956年出版了《烟台酿酒操作法》，1964年经修改出版《烟台白酒酿制操作法》。

（潘维符）

三、金州试点（1973年）

金州曲酒是在各级党委的关怀和支持下，于1973年秋开始试制的。以高粱为原料，采用水泥窖贴5cm厚人工发酵窖泥的发酵池，用邬氏黑曲霉和河内白曲霉制成麸曲做糖化剂，用1312、汉逊、球拟等酵母菌制成固态酵母作发酵剂，发酵30天出池蒸馏。3排以前酒质较差，有窖泥气味，5排以后酒中己酸乙酯达到75mg/100ml以上，初步具有浓香型白酒的风味。在此基础上，我们逐步增加发酵池，到1974年末，由原有的4个增加至28个，月投料量为8.5吨。1975年的总产量达到30吨。

为了尽快地提高产品质量，1976年，我们制订了产品质量升级规划，主要奋斗目标是努力增加酒中己酸乙酯含量，同时大量降低乳酸乙酯含量，以保证酒的香气达到芳香浓郁，口味甘爽，余味纯净，力争进入省名优酒的行列。通过加强工艺和生产卫生管理，我们的目标达到了。酒中己酸乙酯含量达到200mg／100ml以上，乳酸乙酯降到110mg／100ml以下，具备了浓香型白酒的典型风格，经地区、省多次品评均认为质量较好，1978年5月被辽宁省命名为省名牌白酒。

为了更好地满足人民生活的需要，在保证质量的前提下，我们于1977年建成一栋600平方米的车间，修发酵池69个，日投料量1100kg，年产量增加120吨，加上原有的生产能力共150吨。

通过几年实践，我们对用麸曲生产浓香型优质酒从理论上、工艺上都有了一些初步的认识，概括起来有如下几点。

（一）窖泥是决定产品质量优劣的关键

浓香型白酒主要的香气成分是酯类，其中己酸乙酯是主体香气，适量的醋酸乙酯和乳酸乙酯为其衬托，使酒的香气谐调圆满，香而不酽。己酸乙酯是梭状芽孢杆菌（己酸功能菌）和甲烷杆菌共栖时的生化产物，野生的梭状芽孢杆菌和甲烷杆菌多栖息在腐殖质较多的池塘泥中。所以，要得到理想的菌种对塘泥的选择是非常重要的。有些村边池塘、壕沟或工业污水沟中也有己酸菌和甲烷杆菌，但腐败细菌也较多，在确定对人无毒害之前，万万不得使用。

我们的做法是，从距离村边较远的沤麻和泡柳条的水坑中取泥，用巴克尔培养基培养10天后镜检，视其梭状芽孢杆菌的数量多少而决定取舍。为此，我们走遍周围五十多里，取泥样10多个培养后才取用3个。

选用的塘泥取来之后，加黄泥二倍、酒糟一半，再加少量的硫酸铵、过磷酸钙等无机盐，以2%酒尾调和均匀入池发酵2至3个月即可取出贴窖。窖子贴好后，要立即投料，防止窖泥干皮或脱落。经几排后，泥中己酸菌大量繁殖，酒的质量便迅速提高。

（二）淋浆水是稳定产品质量的重要条件

己酸菌和甲烷杆菌都是嫌气性湿生菌，窖子里没有足够的水分形不成较好的厌气条件，它们不能正常生活；没有足够的水分它们不能游动，也不能大量繁殖。因而，入池水分小则酒醅香味淡。加大入池水分，在正常情况下都有淋浆水产生，淋浆水中有丰富的糖类和蛋白质，是微生物良好的营养物质。因此，淋浆水中生活着大量的己酸菌和甲烷杆菌，这些长期生活在淋浆水中的菌类，耐酸性要比人工培养的己酸菌强得多。另外，淋浆水中还含有较多的酸类和酒精，这是微生物进行酯化的必要原料。

所谓窖池老化，主要是窖泥中水分逐渐减少，生成的乳酸亚铁和乳酸钙逐渐增多并析出针状或板状白色结晶。这时泥中的微生物大量死亡，酒的质量逐渐下降。如果窖池里长期有淋浆水，窖泥始终保持完整、湿润，老化的现象便不易发生，窖泥的寿命至少可以延长几倍。

为了保证窖池能够有充足的淋浆水，我们在修窖时进行了较严密的防水处理：最底层用半米毛石灌混凝土，抹平阴干后，涂3层沥青夹2层油毡，再压10cm混凝土，最后才砌墙修窖。这样既能保证淋浆水不下渗又能保证地下水不上升。

（三）科学试验是提高产品质量的重要保证

随着金州曲酒的试制、投产和扩大生产，我们做了一些科研工作，摸索了一些规律性的东西，对提高产品质量起到了积极的作用。

1. 麸曲能否生产较好的浓香型白酒

辽宁省产小麦比较少，若用小麦制大曲酿酒，会占用口粮给国家增加更多的困难，用麸曲能否代替大曲就成了我们第一个研究项目。通过对大曲的糖化力、发酵力和微生物测定，我们认为：大曲的糖化力远不及麸曲，发酵力也不如酵母，其中虽有许多种细菌，但都是好气性的不能直接产生己酸乙酯，因而大曲不是生产浓香型白酒的关键所在。基于这一观点，我们决定以麸曲代替大曲进行生产试验。

实践证明，生产浓香型白酒麸曲是完全可以代替大曲的，只要工艺合理，发酵期适当，不论香气、口味和余香都可以达到理想的水平。

2. 淋浆水可否合理利用

通过对淋浆水化学分析和微生物检查，我们认为弃之实在可惜，便从培养窖泥和用其灌窖等方面进行试验。结果表明：用淋浆水和泥贴窖，不需要前期培养，当排即可出较好的酒。用淋浆水灌窖，酒醅松散，酸度稍有降低，酒中己酸乙酯可提高20%～40%，乳酸乙酯降低50%左右。同时，还可保持窖泥湿润防止老化。由此可见，在酒精生成后，向窖中灌淋浆水是提高质量，增加产量的有效措施之一。

3. 发酵期可否缩短

浓香型白酒的发酵期一般都在2个月左右，有的3个月，多者也有6个月的。在相同条件下，酒的质量随着发酵期延长而提高，但酸度也随之上升，酒精反而下降。这就造成优质不能高产；高产不能优质的矛盾局面。为此，我们对各种窖池进行全面普查。

正常窖池的普遍规律是：入发15至18天酒精分达到高峰，酸度略有上升，己酸乙酯也大量生成。到30天时，酒精分降低1%左右，酸度上升至2.0左右，己酸乙酯略有增加。将发酵期缩短10天，即发酵20天时出池蒸酒，酒中的己酸乙酯均达200mg／100ml以上，多者达到280mg／100ml，与同类窖池30天发酵者相比毫不逊色，比老化的窖池发酵120天还好得多。这一试验表明，窖泥中梭状芽孢杆菌旺盛，发酵期完全可以缩短，既优质又高产。相反，窖泥已经老化，不积极更新而依靠延长发酵期提高质量，是消极的办法，到头来再延长发酵期也无济于事。

4. 酒精酵母可否用于生产优质酒

基于醋酸乙酯是己酸乙酯的前驱物质这一说法，我们长期以产酯酵母作为发酵剂。事实证明，它的酒精发酵力是很弱的，入发5天以前不见有酒精积累，待有酒精积累时，它们因不适应窖内的条件已经死灭了，因而它们是否产酯很值得研究。至于后期酒精的生成可能是野生酵母发酵的结果。为了能早日产生酒精，便于产酯酵母和己酸菌等产酸产酯，我们试用了少量的酒精酵母，结果入发5天酒精分平均达到4%vol以上，此刻加灌淋浆水可以延长酯化时间，对提高质量无疑是有益的。

5. 层层把关是保证质量的重要措施

从厂长到工人对质量问题都十分重视，把"质量是我们的命根子"作为全体职工的行动指南。生产车间按酒醅不同部位分别蒸酒，再依不同馏分分别摘酒，经品评后初步分级入库并分别贮存。贮存半年以后，逐缸取样进行色谱鉴定，划定等级以备勾兑。酒勾完成之后，首先进行感官鉴定，认为合格再进行色谱验证。经色谱验证合格后，方能包装出厂，这些关卡是保证产品质量相对稳定的重要措施。

（于　桥）

四、朝阳试点（1985年）

（一）液态生料酿制白酒（酒精）的研究

节约能源，开辟能源，已成为世界性的研究内容之一，也是我国不断发展的战略重点之一，朝阳酒厂基于这样的目的，对我国酿酒行业所循用的高温高压蒸煮，酿制白酒（酒精）工艺进行了改革。经1985年4月至1985年10月，小试研究成功，并且摸索出了最佳工艺条件。于1985年11月下旬，进行了中试验证，确定了液态生料酿制白酒（酒精）的合理生产工艺。从1985年12月起该项研究成果正式应用于生产中，于1985年4月通过省级鉴定。先于山东蓬莱县应用生产中。另外又完全采用生料无蒸煮先进工艺，节约效果高于低温发酵效果。

（1）这项研究的成功，突破了我国传统熟料酿制白酒的工艺，为白酒行业节约能源，创出了一条新途径。试验组通过一年多的探索研究，在大量的试验基础上，优选出最佳条件，从试验直接应用于生产，完成了液态生料酿制白酒（酒精）的研究工作。

（2）液态生料发酵工艺，改革了我国酿制白酒（酒精）高温蒸煮的传统工艺。取消了糊化罐。是酿酒行业的一项突破。

①废糟液的再利用，是本工艺的特点。用糟拌料不仅起到了调酸的作用，而且是残淀粉和余热的再利用，为发酵打下良好的基础。

②空酸问题，不仅是熟料发酵工艺的关键，更是生料发酵工艺的难点，通过试验，新的控酸剂是经济可靠的，为发酵顺利进行起到了保证作用。

③证实了辽朝2号菌种是优良的生淀粉糖化酶。

④酒的产品质量和卫生指标均符合国家的规定标准GB2757-81；辽Q652-80。

（3）液态生料酿制白酒（酒精）新工艺，经济效益显著，可提高出酒率2%，提高设备利用率30%，新工艺吨酒节煤30%，节电20%，吨酒精降低成本162.89元，吨白酒降低成本100.49元，1985年11月至1987年4月我厂共生产白酒（65度）4850吨，共节煤1556吨。节电17.4万度，多出酒17.4吨，纯收益316.1万元。

（4）液态生料酿酒技术先进，工艺简便，易推广应用，不需增加新设备，在原设备的基础上即可应用。

（5）新工艺在朝阳酒厂应用于大生产后，经《酿酒》杂志及《工人日报》等报刊介绍，目前全国各地酒精生产厂家纷纷来信、来函、来人学习及洽谈此项技术。辽宁省也在朝阳酒厂举办了"生料发酵酿制白酒（酒精）"新工艺学习班，参加的有百十来人，十二个厂家。

（6）对来学习的厂家，朝阳酒厂采取技术转让的方式进行技术推广。

（7）经朝阳酒厂三年来的生产实践，已证明该成果的经济效益和节能的优越性，根据该成果的影响面和技术的先进性，经鉴定申报，该课题研究荣获辽宁省科技进步一等奖。

全国酿酒专家评定结论是：

（1）无蒸煮酿制酒精（白酒）新工艺，改革了我国酿制酒精（白酒）高温高压蒸煮的传统工艺，为我国酿酒行业节约能源创出了一条新路。

（2）新工艺取消了糊化工序，采取废糟液再利用及控酸，新菌种等技术路线是正确的。

（3）生料发酵白酒质量较好，其卫生指标、质量指标，符合卫生标准和质量标准。

（4）节约能源，采用新工艺吨酒耗煤下降35%，耗电下降20%。

（5）经济效益显著，酒精成本降低162.39元，白酒成本降低100.49元，提高设备利用率30%。

（6）此项工艺在国内首次研究成功，并应用于生产，收到明显的经济效益和社会效益。易于推广应用。

（7）朝阳酒厂自1985年11月至1987年12月共生产白酒（65度）6786吨，平均提高出酒率2.65%。获得产值1324万元，获得利润203.5万元，获得税金610.2万元。

（宋玉华）

（二）生料酿制麸曲清香型优质白酒的研究

生料酿制麸曲清香型优质白酒鉴定会于1987年4月17日在朝阳酒厂召开，为省级鉴定。参加鉴定会的有关专家代表47人，与会同志听取了有关报告，传看了资料，参观了现场，串查生产条件和工艺流程，对产品进行了品评，鉴定结论如下：

（1）产品质量符合GB2757-81蒸馏卫生标准和辽Q641-86标准。

（2）生料酿制麸曲清香型凌塔白酒无色，清亮透明，无悬浮物，无沉淀，清香纯正，具有乙酸乙酯为主体的类香气，入口绵甜，幽雅、爽净，余香长，风格典型，产品质量达到国家优质凌塔白酒的质量水平，典型风格有待提高。

（3）采用生料添加朝阳1号2号混合曲为糖化发酵剂的生产工艺，技术先进，切实可行，可以指导生产。

（4）生料酿制麸曲清香型优质白酒经济效益和节能效果显著。

（5）用生料酿制麸曲清香型优质白酒为国内首创，填补了生料酿制优质清香型白酒的空白，为生料酿制其他各香型白酒提供了经验。

同意推广使用。

（宋玉华）

五、烟台操作法铁岭试点（1963年）

为促进白酒行业健康发展，技术人员不断探索白酒发展新途径，辽宁省轻工业厅组织相关人员多次下基层搞科技试点，辽宁省酿酒工业铁岭试点的成功，为白酒行业前进奠定了基础。

时间：1963年

主持单位：辽宁省轻工业厅

试点目的：验证烟台酿酒操作法

成果：圆满成功。

（郑宝林）

第四章 全国领先的白酒机械化

一、老龙口酒厂生产机械化

1949年至20世纪60年代中期，我省白酒行业科研力量普遍比较薄弱，生产中机械设备的应用相对较少且简陋，各企业还是在延续比较原始的手工操作方式。致使企业在产品质量、产量、效率，以及工人的劳动强度等方面都受到负面影响。60年代后期，作为骨干企业的沈阳老龙口酒厂，率先在业内组织科技人员集中力量对酿酒设备进行更新改造，并在国内同行业中率先实现了普通白酒机械化，后来将该技术加以改进和完善，优质酒生产中也得到了应用。主要做了如下几项工作：

1. 设计制作普通白酒生产线

设计坚持从实际出发，强调设备服从工艺，服务工艺的原则。主要是围绕白酒蒸馏系统的机械化运转和操作展开的。经过了学习考察、构思设计、施工试车、深化改造等阶段，由蒸馏塔、糊化塔、螺旋输送机等设备组成的生产线终于落成投产。至此，国内白酒行业首条机械化生产线宣告试制成功。它不仅使工人基本摆脱了繁重的体力劳动，还大幅度地提高了生产能力，人均投料由过去的270千克增加到800千克。全国各企业先后前来参观学习。

2. 机械化在优质酒生产中的应用

通过对普通白酒机械化生产设备进行局部改造，经两年努力试车成功。经专家鉴定产品既保持了原有风格特点，酒质达到了省优标准，产量也有大幅度提高，年生产能力由过去的80吨猛增到500吨。此举打破了机械化不能生产优质酒的禁区，为古老的酿酒工艺与现代化生产开创了一条新路。

3. 微机自动控制白酒蒸馏

它解决了传统手工操作带来的人为因素影响，稳定和改善了白酒蒸馏过程，提高了一级品率，减轻了劳动强度，改善了劳动环境，理化指标和感官品尝产品优于前者，其技术先进，具有国内先进水平，填补了国内空白，有推广应用价值。该系统硬软件设计合理，功能齐全，操作简单，性能可靠。它的投产使用，使企业至20世纪70年代逐渐建立起来的机械化生产线形成了自动化的生产体系，为工厂带来了显著经济效益。

二、大连酒厂机械化

20世纪80年代初，大连酒厂自行研制的固体酒机械化（三甑桶）连续蒸酒机，由大连酒厂研制生产的这套白酒生产设备，属于国内首创，它是采用机械化连续操作，装锅、蒸酒、出糟，同时进行操作，完全采用机械化，改变了传统手工装锅，出锅繁杂的体力劳动，使白酒生产的劳动强度大大降低，减少了生产过程中的等待时间，为白酒行业机械化的贯彻开了一个先河，处于全国白酒行业领先水平，属于国内首创。

三、鞍山曲酒厂隧道窑机械化

由鞍山曲酒厂提议，张宝祥主持研制成功了浓香型大曲白酒酒醅装在内壁涂有窖泥的圆筒形金属罐内，有轨道铺设，以液压装置推入封闭的隧道窑内，不受外界温度、湿度、空气流等自然天气状况的影响，一种全新的发酵方式，开创了中国白酒机械化生产的新模式，给后来的机械化生产以启迪和借鉴。此项工作获得全国白酒行业那个时代最高级别的国家科技进步发明奖。

第五章 白酒产量位居全国前列

辽宁白酒发展历史久远，具有诸多酿酒优势推动辽宁白酒不断前行。辽宁白酒产量1949年2.59万吨，是全国产酒重要省份。据近年统计，辽宁白酒产量：2005年26.16万千升，全国排第四；2006年24万千升，全国排第六；2007年33.87万千升，全国排第四；2008年40.17万千升，全国排第四；2009年50万千升，全国排第四；2010年56万千升，全国排第四；2011年59万千升，全国排第四；2012年63万千升，全国排第五；2013年54.78万千升，全国排第八；2014年50.44万千升，全国排第九；2015年46.36万千升，全国排第十。

第六章 辽宁白酒改革开放发展历程

从计划经济到市场经济，随着人民收入的增长，生活水平的提高，白酒市场份额逐步扩大，生产企业数量增多，产量增加，产品多样化，有效地满足不同消费者需求，达到计划经济向市场经济平稳过渡。市场逐渐放开，企业体制改革，思路转变，迈向市场，百家争鸣，百花齐放，谋求更大发展。

一、从国企到股份合作再到民营法人控股体制的转变

20世纪末，位于辽宁省阜新蒙古族自治县境内的阜新民族酒厂（现三沟酒业），和全国各地的老字号国企一样，面临着复兴之痛。1996年，这个百年老厂受到了方方面面的严峻冲击和挑战：外来酒企以雄厚的实力强悍冲击市场，还没等三沟人做出有效的反应，便垄断了几乎所有的阜新市场。而三沟白酒本身也因种种因素，如销售渠道不畅、酒质不稳定等原因，出现了严重的产品滞销情况，使百年老厂陷入了前所未有的困境，一时间民族酒厂犹如一头掉入泥潭的老牛，在孤助无援的窘境里，越挣扎陷得越深……

1980年进入阜新民族酒厂的吴铮，视野开阔，思想解放，得到了历届厂领导的赏识和同事们的赞誉。1996年3月，他以绝对的优势当选为厂党委书记。相隔4个月，他又带着领导和同志们信任的目光，出任阜新民族酒厂厂长！第一把火，对内"闭着眼睛搞改革"；第二把火，对外"睁开眼睛看市场"，使阜新民族酒厂终于在1997年摘掉了亏损的帽子。胸怀大志的吴厂长并没有停步不前，他要利用三沟的优势发展三沟，使百年老厂早日走上高速发展的快车道！

进入1997年，许多不能适应市场经济规律的国有大中型企业相继在竞争中败下阵来。作为国家二级企业的阜新民族酒厂也同样面临着严峻的危机和挑战。1997年9月，党的"十五大"在北京胜利召开。世纪之交的一次思想解放和深入人心的经济体制改革，给国民经济带来了更加蓬勃的生机。眼界广阔、大气敢为的吴铮深刻地认识到，建立现代企业制度是国有企业改革的方向，也是三沟酒业能够继续做大做强的唯一出路。

经过大规模的调研和大范围的讨论，吴铮在班子会上果断决策：组建"阜新三沟酒业有限责任公司"，将国有"中一型"企业转制为股份合作制企业，以适应风起云涌的市场经济发展。

1998年3月31日，百年老厂的历史应该记住这个非凡的日子。这一天，一个新型的、充满活力与朝气的"阜新三沟酒业有限责任公司"，经过全厂职工的酝酿与抉择终于成立了！吴铮以满票当选董事长兼总经理。

吴铮没有辜负职工对自己的信任。在转制前，他就提出了以人为本、指引三沟发展方向的"三二一"工程。"三"，即有利于职工群众，有利于酒厂的发展，有利于地区经济的发展；"二"，即两个保证，保证企业转制不转向，保证职工分流不下岗；"一"，即绝不把一名职工推向社会。

在市场经济大潮中，企业转制是必然的，但新事物的成长不是一帆风顺的，而是一个

曲折的过程。

2003年6月18日，三沟酒业进行了具有里程碑意义的二次转制。经过全体股东民主表决，大家一致选择了法人代表控股的转制方案，成功地让三沟酒业由股份合作制企业转变为法人代表控股的民营企业，吴铮在新一届董事会上当选为董事长兼总经理。

二次转制后，吴铮按照现代企业管理模式，大刀阔斧地改革三沟酒业的工资、产权、组织、领导、管理等一系列制度，并科学地对企业与政府、企业与社会、企业与消费者及企业与职工等多方面的关系，进行了重新定位，让全体员工们的思维方式在最短时间内适应了时代发展的步伐，大家的责任心更强了，各方面工作均以令人欣慰的加速度向前推进。

历经两次转制洗礼的三沟酒业，终于从计划经济的束缚中破茧而出，摆脱了大锅饭的制约，焕发出了生机勃勃的朝气与活力，为今后又好又快地发展奠定了坚实基础。数据显示，2003年以后，三沟酒业无论在质量管理、生产管理、现场管理还是在销售管理、人力资源管理、后勤管理方面，均得到了极大提升，销售额更是以每年30%以上的速度递增。到2007年，三沟的白酒销量、品牌影响力、纳税数额等硬性指标就在辽宁省同行业名列前茅。

像红山文化源远流长，像玉龙故乡孕育精良。一个百年老厂开拓进取、蒸蒸日上的春天正在到来，一个代表东北性格、东北品质、东北精神的白酒品牌雄霸东北的时代正在到来！

二、从国企到民营股份制体制的转变

辽宁白酒从国企到民营股份制的体制改革为企业开创了健康有序可持续发展之路。那个年代行业发生的变化太多太大，经历的困难和经受的考验不胜枚举。纵观辽酒机制转变，简述典型代表企业，以使读者了解辽酒，了解辽酒企业。从复苏到巅峰，辽宁白酒行业正逐渐走向理性和成熟、走向科学和创新、走向发展和复兴。

（一）朝阳凌塔酒业

朝阳酒厂凌塔酒文化的历史可以追溯到410年前。山西太谷人氏曹三喜携带祖传酿酒秘方举家迁往塞外营州三塔村，于1603年依古塔、傍凌水开建酒烧锅，酿制的"三泰号"凌塔酒酒质甜美、名声远扬。

朝阳酒厂在计划经济时期，停滞不前，勉强维持。改革开放后，在市场经济条件下，这个具有三百年历史的"老烧锅"的科技水平、经济规模、经济效益迅猛发展。生产能力从年产2吨多酒，到1990年发展到年产万吨酒。产品品种从单一的散白酒八个品种，增加到白酒、酒精、蛋白饲料、饮料、二氧化碳、饮料等多种系列。产品质量不断提高。1978年被评为省优质酒，1984年被评为国家优质酒，获银牌，被省政府选定接待用酒。"七五"期间确立"依靠科技进步，振兴朝阳酒厂"，15个科技日35项科研成果，通过省级鉴定。职工素质大幅提高。通过请进来派出去，学习取经培训，至1998年，企业专业技术人员达40人。其中高级工程师（会计师）4人，获中级职称10人，初级职称20多人，形成了一支有理论有实践经验的技术队伍，企业管理水平显著提高。

2004年至2005年，是朝阳凌塔酒业的艰难时期。几十年的国有体制，企业负债沉重，公司管理水平低下，员工工作积极性非常低，人心涣散，市场日渐萎缩。随着社会主义市场经济时代的到来，国有企业的管理模式逐渐退出历史舞台。2005年，朝阳酒厂成功实现了国有企业到民营企业体制的转变，成立朝阳凌塔酿造科技开发有限公司，由姜淑秋担任公司总经理，开启了企业发展进步的全新时代。

姜淑秋走马上任，成为新的企业带头人。传统体制不能适应企业发展，创新迎来转变，她毅然决定把公司搬迁到环境污染小、大凌河上游的柳城工业园区，经过国家专家的论证后，认为柳城工业园区的水质是最适合酿造白酒的水质资源。2005年底，一座崭新的现代化工厂在柳城工业园区拔地而起。新的厂区环境优美，是一座集传统工艺酿造和现代化经营设施及理念于一体的花园式企业。同时，为社会安置就业人员300余人，为社会做出了贡献。

从2005年转制到2015年末，10年时间上缴国家税收增长了近7倍。企业遵循"诚信、敬业、感恩、创新"的凌塔核心价值观，担起地方品牌发展重任，拯救并弘扬了"凌塔品牌"，为朝阳县经济发展做出了突出的贡献。

多年来，企业积极开展技术攻关活动，围绕企业的生产经营开展了多项攻关课题，目前，这些技术课题已经转化为企业的生产力，推动了企业的技术进步。凌塔酒业围绕企业发展练好内功的同时，走联合发展的道路，与辽宁省农业大学、微生物研究院等科研单位合作，利用当地的大枣资源优势开展大枣深加工，开发大枣酒。目前凌塔大枣酒已经研制成功，并投放市场，为企业带来广阔的市场前景和发展空间。

（二）千山酒业

辽阳是辽宁的源头，千山酒也因此历史悠久。在全国酒类专业评比中获奖最早，1956年，辽阳烧酒在全国名曲酒评比中荣获第二名。1958年后，"辽阳烧酒"改名"千山白酒"，1959年千山白酒曾作为国庆十周年献礼销往首都北京。1965年先后被省政府命名为辽宁省名酒。1973年，老厂长徐佩洪把印有"嫦娥奔月"图案的花纸烤在了陶瓷瓶上，装上千山白酒并带到广交会。在酒类展台上产品一露面，就如同出水芙蓉，清丽、飘逸的酒瓶让人耳目一新，引起了轰动效应，吸引全国酒商纷至沓来，当打开酒瓶，酱香酒味沁人心脾，再抿上一小口，上乘的口感，酒味与酒瓶相得益彰，此次展销引起了日本人的注意，经反复品尝后，赞不绝口，当场就订了6000千克，从此拉开了千山白酒出口日本、东南亚、澳大利亚等十几个国家和地区的序幕，曾被日本福协贸易部评为中国名酒，素有"小茅台"之称，成为东北白酒出口量第一名。

七八十年代，作为有着成熟酿酒技艺的辽阳酿酒厂，经常派技术人员帮助兄弟酒厂进行扩建改造，同行业间不断进行技术交流。老厂长王昌波、陈铁德都经常参加白酒企业举办的技术试点工作，工艺上不断改进，使千山白酒的传统酿造技艺得到进一步的传播和发展，白酒质量不断提高。

20世纪90年代后期，因经营管理不善企业连年亏损，市场上只剩1~2个品种，职工纷纷下岗，企业濒临倒闭边缘。千山酒厂的问题引起了辽阳市委、市政府的高度重视，市领导深入企业了解情况，解决问题。经过充分论证，2002年企业转制，由民营企业家于焕林先生接管，成立辽阳千山酒业有限公司，为企业注入资金，给企业带来活力，使企业迅速复苏和发展。2006年正式组建辽宁千山酒业集团有限公司，于董事长亲力亲为传承酿酒技艺，紧抓人才培养工作，2010年企业总工杨玉玲同志考取了国家级白酒评委，进行传帮带为企业培养出一批省级白酒评委及技术骨干，掌握并传承千山白酒的酿造技艺，成为当之无愧的千山白酒传统酿造技艺传承人，确保千山酒质量稳步提高。

从"玉昇涌"至今，300多年的酿酒历史让千山酒不断传承，历久弥新。随着城市建设的变化，企业的不断发展，原来企业所占用的土地已经不能满足发展需要，为保证企业持续发展，2015年千山酒业集团新酒厂落成，老酒厂搬迁，当于焕林董事长和多年来一起伴随千山酒成长的酒厂人手捧一把窖泥，实现历史传承的时候，千山酒再次迎来企业扩大，品质提升的荣耀时刻。千山酒窖泥是地地道道的老窖泥，具有百年以上历史，每一块窖砖都饱含着历史的沧桑。俗话说一两窖泥一两金，它的存在不仅承载了千山酒厚重的历史，也确保了千山酒几百年来一脉相传的质量品质，千山白酒的传统酿造技艺一直伴随辽阳地区社会经济和文化的发展，千山酒正大步向前，服务于白酒行业，造福于一方人民。

（三）凤城老窖

凤城老窖诞生于凤城县，前身"谦隆泉"，开业时间在清咸丰六年（1856），距今已有161年的历史。凤城老窖从1905年一路走来，经风雨、临战争、面风险、遇困难、赶改革、谋发展、重人才、创辉煌，使凤城老窖酒业公司进入一个新的发展阶段，生产能力和市场占有份额不断扩大，企业研制开发的"凤城老窖"酒成为公司主导产品。根据企业标准，按照国家相关规定，1987年凤城老窖酒厂被列为国家中二型企业。

1988年，企业实行承包经营管理，不再吃"大锅饭"，职工不捧"铁饭碗"。企业管理进一步加强，经济责任制进一步得到落实。当年实现白酒产量6514吨，其中老窖酒2542吨，实现工业产值1714万元，税金702.7万元，利润120.2万元，成为辽宁省白酒行业的骨干企业之一。能源、计量、档案、标准化等获得省级先进单位称号，企业被评为"省级先进集体""省文明工厂"，厂长鄂威太获得"辽宁省优秀厂长"称号。

1989年，白酒主要原料粮食价格大幅度上涨，白酒市场竞争十分激烈。在经济调整中压力更大，频繁停电，造成近400个班次停产，减少产量140多吨；市场疲软，资金紧张，造成产品积压，导致经济出现大滑坡。但是，企业加强了党的思想政治工作，稳定职工情绪，调动职工的积极性，坚决执行党中央、国务院提出的"治理整顿、深化改革"的方针，广泛开展"双增双节"活动，不断深化企业内部改革，挖掘内部潜力，调整产品结构，压缩亏损品种，增加高税利品种。在困难重重的情况下，实现白酒产量5333吨，工业总产值达1385万元。

1990年，企业面临的困难更大，不利因素更多，问题更突出。企业继续贯彻党的十三届四中、五中全会精神，加强党的领导，以治理整顿、深化改革为中心，强化管理；以销售为中心，以提高经济效益为目的，统一思想，坚定信心，抓住主要矛盾，分析不利因素，加快应变能力。尽管在外部环境十分不利的情况下，企业仍保持正常生产，当年实现白酒产量3560吨。

1998年5月，凤城老窖酒厂抓住企业改革的契机，在省内白酒界率先实现改制，由国有企业转制为民营企业，扭转了连续多年亏损的局面，走上了良性发展的轨道。特别是2002年2月，以王辉玉为首的公司新一届领导班子走马上任，组建了"辽宁凤城老窖酒业有限责任公司"，在短短的几年里，公司全体员工以创名牌为先导，以严格管理为基础，以抓市场为中心，全力营造"凤山牌"凤城老窖酒这一整体形象，使这个百年老厂焕发出勃勃生机。

董事长王辉玉提出了"百年基业，以人为本，同舟共济，再创辉煌"的企业精神。在这种企业精神的核心指导下，全体员工产生了一种共识，即先辈创下了百年基业，要靠我们这一代人用智慧和汗水，靠团结奋斗、同甘共苦地不懈努力，去打造一流的白酒企业。在这奋斗过程中，要建设一个和谐向上、勇于创新的员工团队，为企业发展提供不竭的动力。同时，企业也将全力维护所有员工的利益，为他们的生活、生产、学习提供可信赖的优越条件，不断改善他们的物质文化生活，这也正是企业的一个出发点和落脚点。

公司确立了可操作性的企业文化思路，即质量理念是：规模服从质量，成本服从质量，速度服从质量，品质保证质量，消费者定位质量；营销理念是：满足消费者需求，创新国内外市场；经营理念是：追求最佳经济效益和社会效益；产品定位是：打造全国麸曲酱香第一品牌；工艺理念是：实现传统工艺与现代科技的完美结合；合作理念是：真诚相待，互惠双赢，共同发展；发展目标是：打造一流白酒企业，建设辽宁名酒之乡。

按照这样一个企业文化思路，公司用几年的时间实施了五大工程，即以打造黄金品牌为目标的"品牌工程"；以拓展销售市场为目标的"上帝工程"；以推进精神文明建设为目标的"文化工程"；以增强企业核心竞争力为目标的"人才工程"；以完善企业形象为目标的"环境工程"。五大工程建设使公司领导班子团结务实，勤政廉洁，工程技术人员技艺精湛，开拓创新，员工队伍精神振奋，勇于奉献，成为凤城老窖酒业实现跨越式发展的不竭动力。

凤城老窖有一套独特的生产工艺流程和形式固定的操作模式。凤城老窖采用麸曲酱香传统工艺，以优质红高粱，纯正凤凰山水为主要原料，用河内白曲与多种生香酵母为糖化酵剂，使用老五甑、清蒸混入、砖泥窖长期发酵、长期贮存的工艺精制而成。这一工艺技术在我国独此一家，别无分号。

国内著名制曲专家、凤城老窖制曲工程师王树吉，就是麸曲酱香制曲工艺的第一代传人。20世纪60年代初，王树吉来到凤城老窖酒业，把麸曲技术带到这里，一直传承至今。2005年他发明研制了FJ凤酒壹号曲霉菌工艺，在国内处于领先地位，不仅提高了原酒出酒率，也有效增加了白酒中的香味成分物质，在夏季白酒生产中，具有耐高温、耐酸、不掉排特点，使凤城老窖酒的品质得到了升华。

十多年间，公司经济效益大幅提升，税收以每年20%的速度递增，产品覆盖辽宁省全境，畅销国内市场，先后出口到日本、韩国、新加坡、朝鲜、泰国和我国香港等国家和地区。转制以来，企业和产品先后被评为"中国食品骨干企业""中国市场诚信品牌""中华文化名酒""中华老字号""国家地理标志保护产品"等，凤山牌商标连续多年被评为"辽宁省著名商标"，企业通过了ISO9001：2000国际质量管理体系认证和HACCP食品安全体系认证，董事长王辉玉被评为全国著名酿酒先进个人，在2016年第八届"华樽杯"中国酒类品牌价值200强评选中，凤城老窖酒业荣耀进入中国酱香白酒业八强。

（四）铁刹山酒业

铁刹山酒业的前身"永隆泉烧锅"始建于1807年，乃张家酒八代传人张嘉久所建。早在1618年，努尔哈赤统一女真后，曾登临九顶铁刹山，痛饮张家酒（即铁刹山酒），随后定为贡酒。1799年，清代翰林、辽阳才子王尔烈游铁刹山，得秘方后，筹建烧锅，不幸未成先逝。后张嘉久继志建成。然而时乖命蹇，战事频繁，国贫民弱，酒业凋零。1931年，九一八事变后，面对日本侵略者的铁蹄，坚强不屈的永隆泉造酒人勇敢地选择了抗争，给予抗日义勇军、东北抗日联军极大的支持，在酒厂的历史上留下了光辉的一页。1948年8月八路军九旅从日伪政权手中收回永隆泉烧锅。1949年解放战争胜利后，政府开始重新筹建永隆泉烧锅，1950年正式收归国有，成为人民的酒厂，虽曾经历了起步时期的步履维艰，"文革"时期的蹒跚迈步，计划经济的桎梏，市场经济的挑战与考验，但顽强的铁刹山人始终没有停步，酒厂一步步迈出向前发展的坚实步伐，先后更名为本溪县生产管理处造酒厂、本溪县食品酿造厂白酒车间、地方国营本溪县造酒厂、本溪县造酒厂、本溪酒厂，1996年11月29日，企业更名为辽宁铁刹山酒厂，2003年11月20日转制为辽宁铁刹山酒业有限责任公司。2010年4月正式组建辽宁铁刹山酒业（集团）有限公司，下辖6个子公司：辽宁铁泉酒业销售有限公司、辽宁满汉文化传播有限公司、本溪永隆商贸有限公司、辽宁铁刹山废旧物资回收有限公司、本溪永隆物流有限公司、辽宁铁刹山酒业（集团）沈阳销售有限公司。

几番风雨几番晴，经历了创业的磨难，也沐浴了发展的真谛。目前，辽宁铁刹山酒业（集团）有限公司拥有员工300人，公司占地面积4万平方米，建筑面积3.5万平方米，年产白酒5000吨，原酒储存能力1万吨，年缴税金超千万，是本溪县经济支柱型企业及对外文化名片，其生产工艺本溪永隆泉满族酿酒工艺为"省级非物质文化遗产"。

公司以"做好人、酿好酒"为百年厂训，以"百年铁刹山，真心酿好酒"为品牌诉求，以"创建和谐企业、实现成果共享"为奋斗目标，坚持"团队、和谐、创新、卓越"的发展理念，遵循夯实基础、稳步推进，走可持续发展的道路。通过几代人孜孜不倦的努力，以良好的酒品、诚实守信的商道赢得了广大消费者的充分认可，产品从名不见经传到辽宁地方精品再到全国知晓，"铁刹山"商标成为"中国驰名商标"，铁刹山酒业成为"辽宁十大文化名片"。

多年来，铁刹山酒业一直致力于酒文化的研究、探索和传播，打响铁刹山酒的文化品牌，并引起我国酒界的关注，2003年企业被中华酒文化研究协会评为"全国酒文化研究重点单位"。面对荣誉公司继续深挖铁刹山酒文化内涵，传承宝贵的酒文化遗产，铁刹山酒业于2005年正式开始申报"中华文化名酒"工作，评审专家们一致认为企业的优势是：铁刹山作为东北道教发祥地，历史文化底蕴丰富，企业文化主体鲜明，社会公益事业做得好；酒文化主题与道教养生文化明确；企业文化建设内涵丰富；注重职工教育，思想超前，职工既有历史文化意识，又有现代酒文化品牌意识；产品品质好，有创新；市场观念强，合理利用历史传说，巧妙地嫁接文化精髓。经过企业资格审查、产品质量检测、白酒行业专家严格评审，企业在全国众多参评品种中脱颖而出，在2006年中国酒文化盛典暨第二届中华文化名酒颁奖大会上，辽宁铁刹山酒业（集团）有限公司的"铁刹山特制酒"及"铁刹山老窖酒"获得"中华文化名酒称号"，这也是东北地区在本届评选中唯一一家获得此殊荣的企业。2016年被辽宁省白酒工业协会、黑龙江省酒业协会、吉林省酒业协会联合授予白酒文化传承"百年企业"荣誉称号。这充分地体现了铁刹山酒这一文化品牌在经济领域得到开发拓展和延伸，进一步提高了铁刹山酒文化品牌的含金量。

企业发展靠市场，开拓市场靠品牌。在实施品牌战略的指导下，铁刹山酒业以打造百年品牌为己任，提升企业的核心竞争力。

质量是品牌的基石，公司地处中纬度，四季分明，雨量充沛，温度适中，雨热同期，周围峰峦叠嶂，森林茂密，为酿造优质白酒提供了绝佳的生态和自然环境；地下"永隆泉"水水质清澈透明，甘甜可口，含有对人体有益的100多种矿物质和微量元素；辽宁建平的原料基地保证酿酒用粮优质安全；200年的酿酒积淀，富集驯化形成具有本地特色的酿酒微生物菌群；200年"本溪永隆泉满族酿酒工艺"的传承与创新；以国家白酒评委、国家高级酿酒技师、国家高级品酒师、国家高级检验员为主体的技术创新及质控队伍；先进的检验仪器设备及检验技术等成就了"香气幽雅、绵甜爽净、香味谐调、回味悠长"具有独特地方品味的铁刹山酒。铁刹山酒被称为当代中国酒业"活化石"的秦含章老先生誉为"酒中无名匹、袖内有暗香"，中国白酒专家组组长沈怡方也称誉铁刹山酒为"中国白酒一流水平"。

第七章　辽宁白酒发展状态

一、产品引领

辽宁白酒产品结构及质量根据市场及消费者需求逐渐得到调整和优化，主要表现：一是积极推动降度酒和低度酒生产。经过几十年来的市场变迁，白酒的低度化已成为大趋势。"十三五"期间，力争由2015年占白酒总量分别是35%的低度酒（39%vol以下）、40%的降度酒或称中度酒（40%vol～50%vol）、25%的高度酒（51%vol以上）基础上，2020年分别为40%、45%、15%，以逐步实现低度化消费需求。二是优化生产工艺及产品质量。"十三五"期间，通过扩大企业纯粮酿造酒生产能力，来增加高附加值产品比重，同时也为改善和提高占总量65%左右的新工艺白酒品质提供技术和原酒保障。三是坚持多品种，个性发展方向。坚持以市场需求为导向，以"卫生、安全、健康"为保障，在基本不改变我省传统白酒风格的前提下，推动白酒新品种的研发。力争2020年此类产品在现有基础上能形成较大生产规模。四是在继续提高低度产品比例的基础上，重点抓好降度后的质量稳定、风味稳定、各项理化和卫生指标稳定等技术保障工作，以确保2020年优质低度白酒在白酒总量中稳中有升。

二、香型分布

辽宁白酒以浓香、酱香、清香、兼香为主。在多年的生产实践中，现已探索出独具特色的酿造工艺和深受欢迎的纯粮佳酿，并形成了具有清中带陈、陈中带酱、酱陈复合特征的"辽香"酒风格。

三、产量结构

辽宁白酒就目前来看产业总量稳中求升，到"十三五"末期，全省规模以上白酒企业（指已获生产许可证企业）销量在70万千升，销售收入达12亿元以上，经济效益得到进一步改善和提高。

四、企业规模

辽宁白酒企业实力逐步增强，到2020年，目标销售收入5亿元以上的企业2户，3亿元以上的企业3户，2亿元以上的企业4户，亿元以上的企业达12户以上。品牌建设取得成效，到2020年，全省白酒产品省内行业名优酒率达到90%以上；省名牌产品由目前的14个增加到16个；中国驰名商标由4个增加到7个。

五、企业结构

改革开放三十年，我省白酒行业经过艰辛调整和建设，其整体架构已趋于合理，实力得到加强，各方面都发生了前所未有的变化。与此同时，企业的经济及社会地位、所有制结构、经营机制、管理理念也都发生了深刻变化。这不仅为其自身发展创造了条件，也为优化行业结构铺平了道路。

这其中，一是过去一家独大的国有企业通过转制、重组等制度改革，进行结构调整和市场化运作，已培育发展成为各类企业集团。它们在抵御市场风险及选人用人和分配制度等方面更新观念，创新管理机制，积极调整自身定位，使其竞争力明显增强，在行业中发挥着优势作用；二是随着市场化进程的加快，各种非公有制的股份制、民营、合资、个体等形式的企业也应运而生。它们适应了社会生产力发展的需求，实现了从小到大从弱到强的迅速崛起和成长。一些有实力的私营企业还靠自身的积累或通过参与企业改制、重组等方式使其规模和影响力不断扩大。这些年我省中小私营企业数量明显增加，其产品及市场不断拓展，已成为行业经济增长的主要推动力。此外，这些企业还在就业、振兴区域经济、税收等方面发挥着重要作用，为行业做出了重要贡献。

第八章　辽宁白酒科研工作和科研成果

一、三沟酒业酿酒工艺传承人郭合：独步东北的酿酒操作法

中国的白酒发展靠试点起步、靠试点进步，可以说，没有大大小小的试点，就没有中国白酒的辉煌今天。著名白酒专家高月明说，中国白酒泰斗周恒刚领导的烟台操作法和茅台试点及中国酒界泰斗秦含章领导的汾酒试点，至今仍指导着中国白酒稳步前行。

　　为落实这几次试点经验，各地都进行了卓有成效的试点，在白酒早期成功进行的上百个试点中，以个人名义命名的迄今也只有一个，就是——郭合酿酒操作法。郭合，三沟酒业酿酒工艺第六代传承人。

　　三沟酒业酿酒工艺第九代传承人王世伟说，在早期酒坊所有的工种里，曲工是最受人尊重的职业。因为曲工的工作很神秘，靠一个"方子"代代相传。郭合是曲师，22岁就在胜泉涌烧锅独当一面，说明他的基本功非常扎实。

　　新中国成立至今，中国名白酒评比历五届，评出了十七大名酒，但东北白酒一直名落孙山，这不能不说是一大历史遗憾，但对今天仍拼搏在白酒一线的企业家和技术人员来说，又不能不说是一大激励与鞭策。

　　但东北白酒对中国白酒的贡献却一直为业界所尊重，五届名酒评比，除第一届外，专家组组长和成员多为东北人或进入酒行业从东北开始的。

　　像中国白酒泰斗周恒刚是辽宁人，专家组成员、著名白酒专家高月明是黑龙江人，专家组成员于桥、刘洪晃也是辽宁人，参加过烟台白酒操作法和茅台试点的郑宝林是辽宁阜新人。

　　王世伟说，郭合酿酒操作法能独步东北，除了三沟酒业古老而独特的酿酒技法代代相传外，更得益于众多专家的指点迷津。

　　1953年，辽宁省白酒试点工作在锦州开班，郭合和夏廷昌代表企业参加。当时，刚调任中央地方工业部的周恒刚，应邀到场讲话。此前，他在东北地方工业局工作时的白酒试点已经开始，郭合边听边记，茅塞顿开。

　　当时，三沟的出酒率仅为百斤料22~23斤，这在当时已经很高了！郭合回来后即活学活用，他将传统的"老五蒸"改为"老六蒸"，出酒率马上提高到了28斤。

　　1954年，东北地方工业局又组织提高出酒率的学习，郭合学习回来后又推广了"清六蒸"操作法，出酒率从28斤提高到33斤。也有一个班组对郭合提出的"13度到14度压窖"持怀疑态度，故意在"14度~15度"时压窖，虽然仅差1至2度，但一排窖下来就少出了600斤酒。他们彻底服气了。

　　当时，厂内班组之间，各省酒厂之间，东北片区之间，全国各区域之间，比武式的劳动竞赛热闹非凡。1955年，郭合所在的班组提出将出酒率32斤的定额提高到35斤，结果达到了40斤，创出了辽宁省出酒的最高纪录。1956年，出酒率达到了59.6%，创造了东北出酒率第一名。

　　针对郭合的这一提高出酒率的成功经验，东北白酒协作组组织专家和技术人员进行了总结推广，定性为"郭合酿酒操作法"，包括"八大特点、七大细致"。其八大特点为"低温入窖、凉水浇量、先曲后量、糟轻软重、冲淡淀粉、不倒窖、底糟返上、回糟再制。"七大细致为"多扬少凉、堵头铺底、跟窖操作、轻装快装、勤换窖泥、回调香醅。"

　　凭着独步东北的酿酒操作法，1956年，郭合步入了人生荣誉的最高殿堂：阜新市历届劳动模范名录（1950—2005）记载：出席1956年全国先进生产者代表会议：郭合，阜新蒙古族自治县制酒厂工人。1956年4月30日至5月10日，中共中央召开全国先进生产者代表会议，会议在北京体育馆开幕。毛泽东、刘少奇、周恩来、朱德等出席了会议。郭合作为代表之一，光荣而幸福地与党和国家领导人合影留念。

郭合在三沟酿酒一辈子，光荣退休。他一直念念不忘的还有两个人，一位叫吴廷栋，1955年被选为东北白酒协作组辽西片区组长。他和当时主管三沟酒厂财务的杨尚义，都是解放战争中平津战役起义将领傅作义的部下，均参加过抗日的浴血奋战。吴廷栋23岁就在国民党内挂校级军衔，号称"军中一支笔"。

另一位叫吕国富，一直是郭合烧酒班的主要成员之一。1996年退休时，三沟酒业董事长、时任三沟酒厂厂长的吴铮说，酿酒技艺讲究代代相传，老酿酒人是三沟最大的财富。他的真诚与尊重留住了吕国富，在酒厂做酿酒顾问，手把手带出了一批批徒弟。至今，老人家耄耋之身仍天天蹲在酿造车间，依旧鹤发童颜。他津津乐道地说，郭合还有一件大事鲜为人知：1966年，他成功改造了老祖宗传下来的穿心锅，成为辽宁第一家从直火式蒸馏变成蒸汽蒸馏的白酒企业，开全省白酒工业化先河，在全省推广。

1956年郭合出席全国先进生产者代表会

郭合获奖照片

二、中国白酒泰斗：为三沟红山酒祖喝彩

2016年9月20日，"三沟红山酒祖72%vol酒头品鉴会"在美丽的天水谷温泉度假村隆重举办。著名白酒专家高月明、栗永清、王贵玉，中国白酒首席品酒师、评酒大师高军，中国白酒工艺大师王世伟、中国评酒大师教传勇、辽宁省白酒协会会长高明、中国酒文化研究学者何冰等拨冗莅临，参加了品鉴会。

三沟红山酒祖酒采用Q/LSG0019S-2014企业标准，本标准已经于2014年正式在辽宁省备案，属首次发布。该酒酒精度为72%vol，总体理化指标略高于国家浓香型白酒标准，卫生指标执行国家标准。红山酒祖酒体无色透明，具有窖香浓郁的多粮复合香气，入口浓醇甘洌，醇厚丰满，后味爽劲，余香悠长，风格独特。

品鉴会由著名白酒专家王贵玉主持。高月明、栗永清、王贵玉等各位大师和专家通过"望、闻、品"，对红山酒祖的匠心独运、高而不冲连连喝彩。一致认为红山酒祖酒不但在酿造工艺上有着鲜明的技术创新特征，在对东北白酒文化的汲取上、酒体设计上、酒瓶造型上、包装创意上同样是创新不断，真正体现了产品的差异化。

著名白酒专家高月明率先发言，他说自己在行业上工作了65年，认为72%vol红山酒祖酒是恢复了中国白酒的传统标样。"现在能够做到70多度而且酒质像红山酒祖这么好的酒企，已经不多了。这个酒适合长期贮存和收藏，它不会水化，有变化也是朝好处变。"王贵玉也强调说，72%vol红山酒祖最大的特点就是度数高而不冲，填补了辽宁省的空白，堪称是"东北第一高"。而东北有一部分消费者就是喜欢高度酒，这会是一款很好的东北旅游代表产品。著名白酒专家栗永清则指出，红山酒祖作为一款很好的收藏酒，叫"东北第一高"非常贴切，三沟酒业可在红山酒祖生日时，烧酒封坛祭祖，从而提升传统工艺的传承，也让红山酒祖成为新的创收点。中国白酒首席品酒师、中国评酒大师高军女士同样对红山酒祖的酒质啧啧称赞："这个酒如果不说是72度，根本感觉不到那么高的度数，因为入口特别圆润柔和，陈味十足，窖香优雅，以为60多度呢。这才叫好酒，很少见哪！"中国白酒工艺大师、辽宁三沟酒业总工程师王世伟在会上表示，72%vol红山酒祖的酿造采用了三项国内首创技术。在酿造过程中，一甑300斤的原酒只取3~5斤上好的原浆酒头精华，作为弥足珍贵的红山酒祖原酒进行陈贮窖藏，因而酒体丰满、窖香浓郁。72%vol红山酒祖的企业标准是独一无二的，采用的是三沟原浆酒头白酒，充分体现了绵劲文化和酒祖文化。

三、三沟酒业科研创新

三沟酒业拥有"辽宁省省级企业工程技术研究中心""辽宁省博士后创新实践基地"和"中国食品发酵工业研究院东北酿酒试验基地"。近年来，企业在白酒酿造、产品研发、工艺创新以及综合科研水平上，均达到了东北地区白酒行业的领先水平和全国白酒行业的一流水平，近几年企业开展了多项科研创新活动。

2009年，三沟酒业科研课题"应用多种微生物参与发酵酿酒新工艺"中，创新工艺先进合理，三项创新技术方法属国内首创，达到国内领先水平。该项目获得2010年度"阜新市科技进步一等奖"，2011年度"中国食品工业科学技术二等奖"，2015年1月18日，由中国食品工业协会白酒专业委员会召开的"第二届中国白酒科学技术大会"在北京举行，此次大会对2004年以来的10年间中国白酒科技工作发展的总体情况进行总结和表彰，我公司的科研项目"应用多种微生物参与发酵酿酒新工艺"项目获得了"第二届中国白酒科学技术大会优秀科技成果"，东北三省唯一一项科研成果获此殊荣。2012年新项目

"多粮浓香型白酒加工工艺"获得国家发明专利，专利号：ZL 2009 1 0219703.2。

2012年，我公司新项目"应用有效微生物研制北方芝麻香型白酒"就是立足于企业现有基础，研发一款适合消费者饮用的新型白酒。在当前国内白酒行业中，白酒已基本确定了十大香型，除"浓""清""酱""米"四大香型之外，其他香型也是百花齐放。如馥郁香型的"酒鬼酒"，以兼香型为主打的"口子窖"，几年里在国内市场上都是异军突起，并且占有一定的市场份额。这其中犹以芝麻香酒越来越受到业内人士的青睐。三沟酒业公司利用这一市场契机，研发了"应用有效微生物研制北方芝麻香型白酒"科研项目。利用该项目生产的芝麻香基础酒开发了38%vol、52%vol三沟芝麻香酒。38%vol、52%vol三沟芝麻香酒在2014年获得辽宁省优秀新产品三等奖。

科研课题"多粮黄酒在白酒中的应用"是辽宁省白酒协会下达给辽宁三沟酒业有限责任公司的科研项目，由辽宁三沟酒业研发中心具体组织研发。该项目历时近三年时间，2016年项目完成。该项目黄酒与白酒有机地结合在一起，即巧妙应用北方大黄米、糯米、大米、大麦芽相结合作为发酵原料，应用啤酒酵母作为发酵剂生产新型黄酒；再用该黄酒与优质三沟白酒相结合，两相融合大幅度增加了低度白酒的幽雅醇厚感，解决了后味短淡的不足，为国内首创。新项目"多粮黄酒配制低度白酒工艺"获得国家发明专利，专利号：ZL 2014 1 0149781.0。

三沟酒业利用查海遗址8000年中国谷物酿酒起源地文化资源，把文物优势转变为文化优势。2017年9月，公司申报"以中国谷物酿酒起源地文化为内涵的三沟产品聚焦战略"课题项目，被辽宁省经济和信息化委员会评为"辽宁省企业管理进步成果"一等成果奖。

创新带动发展，创新促进发展。多年来三沟酒业在不断的创新发展中，一步步走出困境。在创新过程中培育精益求精的工匠精神，增品种、提品质、创品牌，走出自己的生存发展之路。

四、道光廿五白酒的研制

鉴定时间：2000年9月

鉴定委员会主任：周恒刚

鉴定委员会副主任：沈怡方、高月明

简要技术说明及主要技术性能指标：

"道光廿五"采用原始工艺结合现代科技开发研制。

39%（V/V）"道光廿五"其酒液微黄，清亮透明，无悬浮物，无沉淀，陈香明显，香气独特，入口绵柔，爽净，醇和协调，回味长，风格独特；45%（V/V）"道光廿五"酒液微黄，清亮透明，无悬浮物，无沉淀，陈香明显，香气独特，幽雅比较细腻，入口绵柔，爽净，醇和协调，回味长，风格独特，达到国内优质同类产品先进水平。

具体工艺要点如下：

"道光廿五"采用清蒸混入老五甑工艺，其工艺特点为：特殊采粮，二次润料，清蒸混入，高压堆积，高温大曲，参茸麸曲，独特贮存。

1. 原料采用辽西义县特产的红高粱

经严格筛选，选用颗粒饱满，淀粉含量高的为原料，使生产出的酒酒体醇厚，味美回甜；薏米为北镇特产，又称薏仁米，可以食用，也可以入药，是一味营养价值、药用价值颇高的药材，选用其为酿酒原料，可使酿出的酒增加药用成分，有益于人体健康；稗谷为锦县特产，是一种一年生草本植物，长在稻田里，其谷粒圆形，大小似小黄米，将其作为酿酒原料，可增加酒的香气，使酒独具清香。

2. 采用高温大曲和参茸麸曲相结合的工艺

在堆积前加入全部的高温大曲和50%参茸麸曲、50%生香酵母。

3. 参茸麸曲制作

每年端午节前后三天，将东北长白山特有的人参和鹿茸焙干，用药碾磨成细粉另加入冬虫夏草、杜仲、红花、圆肉、当归5种中草药，混匀入曲，参茸麸曲的加入，使酿出的酒富含对人体有益的物质，使酒既有浓郁典型的陈香，又带有独特清雅的药香，使人们在饮酒的同时能强身健体，调节人体生理机能。

4. 采用粉碎高粱堆积技术

发酵期32天，该工艺生产出的酒具有酒体丰满醇厚和绵甜爽口的特点，采用木夯跟窖，木锨出窖，科学合理，以保证酒质。

5. 量质取酒，分级贮存。

（1）每甑取酒头1.5kg，糙、软、糟分别入库存放。

（2）独特的木酒海贮存方法：将酒贮存在用鹿血、香油、石灰裱糊的500封宣纸的木酒海中，恒温贮存，可加速酒的老熟、亲和，起生理、生化作用。

6. 主要技术指标：执行Q/LC002-1999（优级）标准

主要理化指标如下：

酒精度%（V/V）	39、45
总酸（以乙酸）g/L	≥0.5
总酯（以乙酸乙酯）g/L	≥1.0

（一）鉴定意见

"道光廿五"白酒科研成果鉴定会由辽宁省科技厅委托锦州市科委主持，于2000年9月7日在锦州召开。

与会专家学者听取了辽宁道光廿五集团凌川酒业有限责任公司对"道光廿五"白酒研制工作总结和技术报告以及"道光廿五"白酒研制技术等有关鉴定资料的介绍，并品评鉴定了产品质量，在此基础上进行了充分的论证，对"道光廿五"白酒所独具的满族传统酿酒工艺给予肯定认可。其鉴定结论如下：

（1）选题正确。为了弘扬民族酒文化。该公司将百年贡酒的满族传统生产工艺与现代酿酒工艺技术相结合，开发研制了"道光廿五"白酒，以满足广大消费者的需求，对发扬和完善传统工艺，与现代科技相结合具有重要意义。

（2）所提供的技术资料齐全、完整、数据准确，符合鉴定要求。

（3）该生产工艺合理可行，发扬和完善了中国满族传统工艺，并与现代酿酒工艺相结合的技术路线，有独到之处，为国内先进水平。

（4）"道光廿五"白酒产品质量经辽宁省食品质量监督检验站检测，理化和卫生指标符合 Q/LC002—1999 和 GB2757—81 标准要求。经感官品评一致认为 45%（V/V）"道光廿五"酒液微黄，清亮透明，无悬浮物，无沉淀，陈香突出，香气独特，幽雅较细腻，入口绵柔，醇厚，回味悠长，风格独特。39%（V/V）"道光廿五"酒液微黄，清亮透明，无悬浮物，无沉淀，陈香突出，香气独特，入口绵柔，爽净，醇和协调，回味长，风格独特，达到国内优质同类产品先进水平。包装采用景德镇青花瓶和唐山彩料瓶，美观大方具有民族特色。

（5）"道光廿五"白酒的生产条件齐备，具有批量生产能力，检测手段齐全，环保措施得当，该公司通过 ISO9002 质量体系认证，可以保证产品质量。

（6）经有关主管部门审查，产品标准化合格，经济效益和社会效益明显。

第九章　辽宁白酒创新发展、砥砺复兴

辽宁白酒产业拥有肥沃的土地、丰富的原料、充足的酒民，在文化底蕴、工艺技术和工匠精神等方面亦不逊色于南方各省。然而，近年来由于中国白酒行业深度调整、东北经济不景气和市场竞争日趋白热化等原因，辽宁白酒发展面临越来越大的冲击与挑战。当下适逢中国白酒行业触底上扬的重要时期，辽宁白酒如何调整和发展，才能破除发展软肋，恢复白酒大省的尊严与辉煌？

一、辽酒现状

（一）行业形势

白酒行业处于调整期。由于限制公款消费、严禁酒驾、食品安全、环保严控等都是一个长期的"国策"，白酒高速增长期将永不再现。

对酒企而言，"高端酒要形象、中端酒要利润、低端酒要市场"，仍然有效。受影响最重的是中端酒，而生存、发展的出路，还是在中端酒。中端酒从出生到快速发展期，至少需要二三年，而成熟（收获）期长达十年以上。

（二）省内企业现状

辽宁现有白酒生产许可证的企业400多家，规模以上企业只有三五十家，年销售额过亿的企业不过20家，领头羊三沟酒业也未达到10亿。可见辽宁白酒企业规模偏小，除三沟酒业外，缺少能够达到地域强势的企业，缺少重量级的领军企业，辽宁白酒抵御风险的能力显然不会强大。

少数酒企从城内搬迁到城边，硬件设施大为改观。如凌塔、凌河酿酒、启运千台春、千山酒业。

全民、集体所有制已经全部转为私营、股份（如凌塔、铁刹山）、合资企业（如老龙口），责权利关系理顺，发展活力十足。

外来资本介入酒企，带来资金和新的经营理念。如金石滩、凌河酿酒。

二代当家，干劲冲天，勇于投入，市场开拓走在先。如三沟、道光、辽中多家骨干企业。

问题表现在：固守一隅，小富即安；重销售、弱营销理念；食品安全、任重道远；资金匮乏；劳动生产率较低；企业机制、观念等原因，培养专业技术人员有顾虑，人才流失；行业无序、价低、缺少品牌核心竞争力。

（三）省外酒企在辽宁

国家名酒占据高端市场，专卖店、代理商获利丰厚，地位不可动摇。

省外中端酒，品牌价值高、包装新颖，它们用别出心裁的手段，"引领市场消费趋势"。虽然只是各领风骚三五年，但层出不尽，是辽宁白酒的主要盈利障碍。

省外低端酒，受运输成本限制，对辽宁白酒冲击总体不大，但地区市场受龙江家园、老村长、北京二锅头等产品影响不可小视。我们应当关注它们的优势：制造成本低，风格独特、促销手段多样。我们应当学习它们、盯紧它们，随机而动。

自2017年以来，国家经济形势日趋回暖，白酒行业复苏迹象已现端倪。很多业内权威人士均认为，"十三五"将是中国白酒行业变化最快的阶段，将是格局重构的关键时期。在这个五年，谁创新求进，谁就可能是最后的赢家。

通过与辽酒企业家们的交流沟通，你能深切感受到各个酒企希望把市场做强做大，甚至走出区域市场，打造辽酒强势品牌的决心与信心。辽宁虽然没有国家名酒品牌，但却拥有众多的优秀白酒品牌。辽酒除了从文化聚焦、产品研发、营销策略、品牌推广、人才机制等方面，都站在产业发展的高度来进行差异化的创新与变革，还需要政府扶持、帮助，需要外界资金注入，需要企业抱团取暖，才能突破传统思维与老旧模式的桎梏，最终实现破局与复兴。

（1）概述

几道坎（看趋势、别追究数字）

市场范围	销售额	人数
县区内	二千万	三五十人
地市内	一二亿	二三百人
省内为主	七八亿	五六百人
全国市场	二十亿以上	上千人

辽宁白酒发展，依托的是企业的普遍发展。设想一下，上表中企业数分别为100家、30家、3~5家、1~2家，我省销量过50万吨、销售额达100亿元不是问题。

发展是阶段性的，需要的是综合能力全面提高。迈过这道坎，才能上一个台阶。上台阶不单是有资金、有人，还要开拓市场，涉及下面所述的多个方面。

但重点是企业家。

• 做出一个发展（改进）规划，制定目标。

• 扎扎实实去完成每个任务。

• 随机检查和阶段检查，及时纠正。

• 持续改进。

这就是PDCA，几百种质量管理的方法之一，现成为ISO组织铁定的程序。

细节决定成败。只有技术、营销、财务等几大基础支柱都立起来，才能名利双收。

（2）技术质量

说到品评酒能力和检验能力，大多数企业都有国家级评委，检验设备也达到国内先进水平。品酒是我们的强项，"分质接酒"可以做到，但有几家做到"按质入库"呢。

质量管理体系认证、食品安全体系认证大家都有，但质量成本谁家算过？市场的质量问题追溯到车间、到人？原因可否查清？对策是否合理、是否落实到位？消费者是否得到补偿？

产品开发领导重视、舍得投入，但寿命周期归谁管？特别是库存大量的"新产品"、退货产品、标签过时、包装过时产品等，谁来管，管到什么程度？

跳出细节，说一个"技术与产品链的故事"：

1982年前，沈阳白、二锅头、小金斗销路平平。1982年诗仙醉小试成功，1983年诗仙醉车间投产，1985年诗仙醉大量上市。

诗仙醉三级的给沈阳白用，沈阳白三级的给二锅头，沈阳白和二锅头酒尾给小金斗。

完整的产品链，带来了完美的口感，特别是小金斗和散白酒，固态酒"风格"+清爽干净的口感+液态酒成本=革命性创新。沈阳酒厂在1989年，年销售额达1亿元，进入全国产量排名前十。

实际上，不是什么香型好，而是立足本地消费者的喜好，建立技术优势，将产品"系列化"，成本合理化，劳动生产率高效化，利润才能最大化。

然后，将自己的优势产品，送到不同市场的"适合"的消费者。

（3）营销

都知道，营销是企业的龙头，高瞻才能远瞩。看看三沟重视智力引进，多次请营销大师坐镇培训。又如劲酒高管曾经过名酒企业历练。

营销=营+销

营=参谋部，兵马未动，方案先行：哪个市场、用什么产品、谁去打、多长时间打下、价格（费用）多少；赢了怎么扩大战果、输了是再打还是撤退？

几个关系：

营：市场、消费者、产品、价格

销：企业、经销商、消费者。

管理：客户（含业务员）流、产品流、资金流。

你知道每一个客户的详细信息、这个月买了什么酒、回款（欠款）情况吗？

你知道每一种产品卖到了哪里、销量、销售额情况吗？

你知道资金（费用）使用、在途、库存、回款、应收款、利润情况吗？

最应关注的问题：价格。经理、业务员、经销商的"低价倾销""串片"，价格管理失控，自相残杀，后果极为严重。

讲一个故事，可以理解为广告。

想当年，某著名保健品企业摸索出这么一条规律（看趋势、别追究数字）：

50万元广告，可以卖出20万元产品；

200万元广告，可以卖出200万元产品；

500万元广告，可以卖出2000万元产品。

春风不吹，百花不开。对新的市场、新的产品，消费者认知、认可需要一个过程，这是广而告之的必要性。

了解消费者需求的产品、购买能力、消费场所，才能制订完整、可靠、有效的营销方案。

短期目标是找到消费者，卖出产品；而最终的目的，是培养出消费者对产品的忠诚度，即可靠的消费群。

最近十多年涌现出多种有助于营销的新途径：

文化　博物馆、文化节。如铁刹山、千台春。

体育　如三沟的中国篮球、道光的奥运情怀。

科技　科研基地，科普基地。如三沟"东北酿酒基地"、铁刹山、三沟有"省级企业工程技术研究中心"、老龙口"科普教育基地"。

旅游　工业旅游、观光游+农家乐。如道光、祖家坊。

网站宣传和电子商务。如三沟、朝阳凌塔。

（4）财务

吃不穷，穿不穷，算计不到就受穷。

水电气、物料、人力成本等关注度高，做到位。

但，是过量库存，还是降价促销？退赔、返工、报废等产生的质量成本怎么降低？

重要的是，产品研发、市场开发的投入产出，在营销方案评估时，是否参与，有无否决权？

（5）生产

包装能力国内先进。但是，制曲、酿酒、陈酿的规模和人力资源呢？与湖北的劲牌、枝江、稻花香等差距，有目共睹。提及一点，当产品走入全国时，包装车间能否跟着市场走。想当初，黑土地酒，大本营黑龙江的产能，不及河北市场的生产基地一半。未来，低端酒的运输成本决定销售半径顶多500公里。

（6）设备

消化人力成本持续上升的途径之一，就是生产的机械化、智能化。辽中华莱威带来了辽宁白酒机械化的希望。老的酿酒车间可以使用出窖斗提、无水冷却、通风晾糟机、燃气甑桶等，取代天车、推车、扬片机、锅炉等。

二、发展离不开外力

（一）行业协会

代表：代表本行业全体企业的共同利益。

沟通：作为政府与企业之间的桥梁，向政府传达企业的共同要求，同时协助政府制定和实施行业发展规划、产业政策、行政法规和有关法律。

协调：制定并执行行规行约和各类标准，协调本行业企业之间的经营行为。

监督：对本行业产品和服务质量、竞争手段、经营作风进行严格监督，维护行业信誉，鼓励公平竞争，打击违法、违规行为。

公正：受政府委托，进行资格审查、签发证照、如市场准入资格认证，发放产地证、质量检验证、生产许可证和进出口许可证等等。

统计：对本行业的基本情况进行统计、分析、并发布结果。

研究：开展对本国行业国内外发展情况的基础调查，研究本行业面临的问题，提出建议、出版刊物，供企业和政府参考。

狭义服务：如信息服务、教育与培训服务、咨询服务、举办展览、组织会议等等。

《人民日报》载文："行业协会是同行企业自己的组织，能够深刻而敏锐地察觉到所处行业的生存状态、存在问题、潜在危险和发展前景，对行业内不同企业的管理水平、技术储备和核心竞争力水平等情况非常熟悉。"

将政府评价企业或影响企业发展方向的行政行为，逐步转移给行业协会。

（二）政府

是白酒生产的监管部门，也是相关法律、法规、标准的制定部门。产品必须满足法律法规和标准的要求。

（三）第三方检验部门、认证部门、媒体

它们代表生产者、消费者发布、传递信息。它们具有相当的公信力，是企业的重要外助力。

（四）消费者

消费者是生产者的服务对象，衣食父母。了解消费者需求，为他们提供满意的产品和服务，是企业生存发展的基石。

综上所述，辽酒复兴需要全方位的创新之道，需要各层面的"硬支持"，需要补齐短板，需要政府、协会、企业的深度互动，抢抓国家实施"一带一路"的战略机遇，在供给侧结构性改革及振兴东北老工业基地的大潮中，共同推进辽宁白酒飘香五洲，醉美世界。

（许光　李明宇）

辽宁白酒优势篇

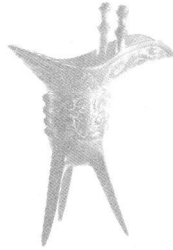

第一章 辽宁白酒优势

一、自然气候优势

辽沈大地是我国适宜酿制白酒的重要地区之一，良好的土壤土质、水系水质、生态环境、特有气候等为酿酒创造了得天独厚的自然条件和传统优势。东北酿酒区域划分是指在北纬39°~51°，东经120°~133°的地带，即东北三省大部。年平均气温7.5°C~10.4°C，最高35°C，最低-35°C，日照率64.6%，相对湿度63%~66.7%，降水量580mm~750mm，风场特征：春风大、夏暖风、冬寒风，年平均风速4.5m/s，静风频率40%，无霜期120天至185天，冻土层800mm~2000mm，土壤温度-30°C~30°C。这种偏冷的自然气候条件，随着生产力的发展，供暖、取暖、保暖条件的改善，提水能力、建筑水平的提升，生产车间已能达到酿酒要求条件，一改过去劣势变为今天的优势。

二、原料优势

辽宁盛产高粱、小麦、玉米、稻米、糯米等为酿酒提供了良好物质条件。同时辽宁高粱产区为国内白酒企业提供了大量的原料支持，对白酒业有重要贡献和价值。

三、装备优势

良好的工业基础，为酿酒工业不断提供领先国内的酿酒装备，一度引为辽酒荣耀。辽宁辽中华莱威公司研发的智能自动化酿酒设备，获得了重大发明，是颠覆传统性的创新发明，其中蒸馏新技术在国内外具有里程碑的意义，对解决白酒的节能减排，提高生产效率，稳定提高产量，具有竞争优势，国内领先。

四、科研优势

辽宁拥有多个科研院所、高校和科研院所相关专业，大连轻工业学院、辽宁省轻工学校、辽宁省食品工业研究所等，它们都为辽宁酒业发展提供了科技支持和帮助。

五、体制优势

白酒业作为我省的传统产业，自改革开放以来，通过体制机制转变，形成了多种经营模式，借助信息化、电子商务领域，为企业长远发展注入了生机和活力。

六、厂院合作成果

区域内的大专院校、科研院所为辽宁白酒产业技术研发多项科研成果，培养了大批专业人才，为辽酒发展起到重要推动作用。

在1975—1976年刘复今、朱世瑛、张显科、刘树生、周绍春合作，完成了"己酸菌L—Ⅱ菌株及其应用的研究"。首次利用生物工程技术，从生产陈酿酒的发酵窖池泥中分离筛选出两株L-Ⅱ、L-Ⅴ己酸菌，突破了生产优质浓香型白酒产酯完全依赖老窖、依赖长期发酵的禁区。通过使用己酸菌发酵液，不仅使陈酿酒的生产能力提高近一倍，同时也大幅度增加了己酸乙酯的含量，提高了陈酿酒的内在质量。

沈怡芳"回顾酿酒十年"，认为该项目是突破，拿出丁酸菌，留下己酸菌和甲烷杆菌。

辽宁大学生物系朱世瑛副教授与沈阳市老龙口酒厂研究试制的"产酱香微生物的筛选及其在大曲酒中的应用"科研项目，由辽宁省科委委托沈阳市科委、省高教局主持，于1985年4月4日召开了鉴定会。

"白酒降乳的研究"这一国内首创课题，由辽宁大学生物系朱世瑛副教授主持，沈阳市老龙口酒厂、赤峰市第一制酒厂协作完成，1987年7月16至17日在赤峰市由辽宁省高教局主持召开了鉴定会。

1987年老龙口大曲（混合曲酱香白酒）成为中国白酒协会向消费者推荐的36种优质酱香型白酒之一。

1983—1985年，与沈阳酒厂合作研究高温麸曲在沈阳白酒生产中的应用，为沈阳白酒获沈阳名牌产品称号做出贡献。

第二章　辽宁白酒工艺特点

一、辽宁特有酱香型白酒工艺

（一）辽宁麸曲酱香型白酒生产工艺操作规程

1. 范围

本标准规定了辽宁麸曲酱香白酒的原料粉碎、入窖、发酵、出窖、蒸馏、入库要求，成品感官要求。

2. 要求

（1）原料的选择与粉碎

●使用无霉变、无腐烂、颗粒饱满的优质高粱。

●用河内白曲及生香酵母、大缸酵母为糖化发酵剂。

●辅料使用新鲜、干燥、无霉变，呈金黄色的稻壳。

●高粱粉碎为小4~6瓣，粉面不超过20%，整粒不得超过3%。

（2）配料及润料

●生产原料用高粱，稻壳用量适量，曲子用量适量（以麦麸重量计），生香酵母适量（根据工艺调整使用），大缸酵母适量。

●将清蒸30min以上的稻壳层层翻拌，加入经粉碎的高粱内，加水翻拌（加水50%），要求翻拌均匀、彻底。

●将翻拌的料用扬片机打一遍，然后润料。

●润料24h，要求润透，无干料，使原料充分吸水膨胀，便于糊化。

（3）糊化

●将润好的原料顶气装入锅内进行糊化。

●糊化气压要求1.5个左右，糊化时间按圆气计算，不少于40min。

●糊化要求彻底，内无生心，熟而不黏。

●严防打眼、钻边。

●如发现打眼、钻边，锅内原料生熟不一时，必须将原料挖出用扬糟机打一遍，重新装锅。

（4）出窖

● 出窖前，将窖面覆盖物及四周清扫干净，揭出的大部分窖泥再掺入少量新黄土和好，留作封窖。窖皮不得带酒醅。

● 出窖时，大二糟、回糟、扔糟应分别堆放，并严格控制生料混入酒醅内。

● 出窖要迅速、细心，层层挖出，不得碰坏窖壁。

● 酒醅全部出窖后，应将窖底及四壁清扫干净，清除异物及霉烂物质，不得存留已发酵过的底糟。

● 严防霉变物质及生壳混入醅内。

（5）装甑及蒸馏

● 装甑者要加强责任心，装甑前要清除底锅水，以免底锅水上帘，并用稻壳铺好帘底。

● 装甑酒醅应层层蒸馏，扔糟不得与大二糟混装，以免影响酒质。

● 装甑时，要压碎疙瘩，使酒醅松散。装甑要做到材料疏松，动作快、轻，上气均匀，甑内材料平，压气准，见湿见气盖料，避免跑气、打眼钻边、窝酒等。

● 蒸馏做到缓气蒸馏，大气追尾，流酒时间30min~45min，流酒温度20℃~35℃。

● 为减少酒头中的暴辣成分及酒尾中的邪杂味，流酒结束后，再接60kg以上酒梢子留作勾酒用，其余用以灌窖或用"酒尾回收器"蒸馏回收。

（6）配料

● 酒醅蒸酒后，上凉糟机通风凉糟，要求多次翻拌，凉到一定温度时（夏天凉到室温，其他季节凉到高于入窖温度20℃）加糊化好的高粱、曲子、酵母、香醅、水，翻拌均匀，准备入窖。

● 配料比例

	高粱	辅料	曲子	香醅	回醅	备注
大二糟	72%	18%	17%		3~4倍	
三　糟	28%	7%	5%		1.5倍	按投料量计
回　糟			3%		1倍	

（7）入窖及管理

● 入窖条件

	水分	酸度	淀粉	温度·℃	备注
大二糟	54~56	1.2~2.0	14~16	16~20	
三　糟	55~58	1.4~2.0	11~14	18~22	夏季温度不超过室温；酸度+0.2
回　糟	56~59	1.6~2.2		20~24	

- 入窖前用约15kg酒尾喷洒窖壁，用以驯养窖泥。
- 对蒸馏后的酒醅要勤翻帘，使其充分氧化、排酸，以利于正常发酵。
- 夏季入窖时，要边入边踩，以减少窖内空气容量，控制其缓慢发酵和升酸幅度，确保发酵正常。
- 入窖结束后，将窖面用窖泥封严，泥厚10cm~15cm。封窖后，窖面冬季盖塑料布压稻壳10cm~15cm，夏季压黄沙8cm~10cm（以五月一日和十月一日为更换日期），做到冬季不冻，夏季不干裂。夏季要经常用水淋窖面，以保持窖面湿润。
- 每班应指派专人跟窖，防止翻边、裂缝、霉变，切实做好窖内发酵情况记录。
- 窖内醅子发酵到顶火时，应用酒尾灌窖使其加速酯化，提高原酒质量。

（8）工艺要求

- 严格按工艺规程进行操作。
- 必须做到稳、准、细、净。
- 在征得技术质量部门同意之前，任何人无权改变工艺。
- 车间班组如有需要，化验室必须按其要求检测各类酒醅。

（9）卫生要求

- 搞好操作场地及周围的环境卫生，每天班后对场地、设备、工具进行清理和清洗。
- 凉糟池应每周清理一次，杜绝杂菌繁殖。

3. 贮存勾兑及化验

（1）酒班生产的酒应及时送交酒库，由酒库进行检斤、查度，量质贮存。入库酒度不得低于55%vol。

（2）贮存期必须在三年以上。

（3）贮存期满的老窖基酒，由技术质量部门挑选合适数量的基酒进行勾兑。

（4）勾兑出小样，经公司评酒委员品尝合格后方可向酒库发出勾酒通知单。

（5）酒库必须严格按不同原酒勾调比例勾调成品酒，公司评酒委员品尝合格后，化验室打样化验。

（6）化验室进行理化指标和卫生指标检验，化验单交主管领导审定，结果符合《白酒检验规程》中理化、卫生指标要求，方允许酒库放酒。

本标准中发酵、蒸馏过程是酿酒工艺中的"关键过程"，其要求按《关键和特殊过程管理办法》执行。

（凤城老窖提供）

二、辽宁浓香型大曲白酒工艺

（一）浓香型白酒生产工艺特点

辽宁浓香型白酒，以优质高粱为原料，以大曲为糖化剂，利用泥池老窖，采用混蒸混入、老五甑操作法的工艺。

（二）浓香型白酒工艺流程

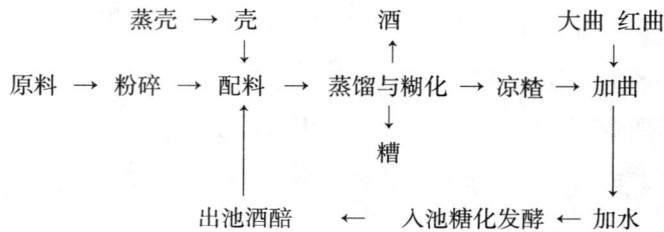

```
             蒸壳 → 壳        酒          大曲 红曲
                    ↓         ↑              ↓
原料 → 粉碎 → 配料 → 蒸馏与糊化 → 凉楂 → 加曲
              ↑              ↓              ↓
           出池酒醅  ←  入池糖化发酵 ← 加水
                          糟
```

（三）技术要求

1. 原料质量要求

● 高粱

要求颗粒饱满，无霉变，淀粉含量≥58%，水分≤18%，杂质≤3%。

● 稻壳

具有金黄色，无霉变，带稻香味，杂质≤5%，水分≤13%。

● 大曲

微黄色，菌丝间均匀一致，糖化力380~500mg/ml.h，水分≤14%，酸度0.5~1.5mmol/100g，淀粉≥45%。

● 水

符合饮用水标准。

2. 操作要求及操作方法

● 原料的粉碎

高粱应粉碎为4~8瓣；按该班的投料量，由粉碎班提前一天粉碎后待用。

● 出窖配料

● 投料量

应根据甑桶体积、窖池的容积、原料淀粉含量和气温条件而确定。

- 配料

按气温调节大糙、二糙入窖时的淀粉含量为12%~15%，酸度为1.0%~1.8%，将材料按下列比例配好，拌匀，等待装甑。

配料标准：材料水分55%~58%，稻壳20%，大曲25%，回醅1：3.5%~4.0%。

- 蒸馏糊化

- 准备

将装酒容器冲净，备好；生产用汽调整好；定时清理锅底，冲净，放净甑桶及甑底废水。

- 装甑

装甑要做到"轻、松、薄、匀、缓"，蒸汽要做到"二小一大"，并以缓汽蒸酒，大汽追尾为原则。

- 打开蒸汽阀门，少量给汽；然后，在甑底帘子表面，撒上一层熟稻壳；接着装入3~6厘米厚的加稻壳搅拌均匀的酒醅；此时，蒸汽要小而稳。

- 在打底的基础上，继续装入辅料较少而较湿的酒醅，这时蒸汽可以大一些。

- 装至最上层时，材料要干一些，蒸汽也要小一些；装满一甑约需30min~50min。

- 装甑时，物料要疏松，装甑动作要轻巧，撒料要准确，物料不宜一下铺太厚，撒料及上汽要均匀，物料从上至下要求平整，如果在装甑过程中偶尔造成物料不平而上汽不均匀时，可将不上汽的部位扒成一个小坑，待上汽后，再用辅料填平。

- 装甑方法

- 见湿撒醅：甑桶内蒸汽上升，使上层材料表面发湿时，撒上一层物料；以免跑汽而损失酒分。

- 见汽撒醅：待甑桶内物料表面呈现很少白色雾状酒汽时，迅速而准确地盖上一薄层物料，采用该法，不易压汽。

- 蒸汽量的控制

开始装甑时，蒸汽量要稍小一些，以后逐渐加大，到盖甑锅盖时，蒸汽量略小一些，待流酒时，蒸汽量恢复正常。

- 酒温的控制

流酒温度控制在20℃~25℃之间。

- 掐头去尾

接酒时，应根据原料质量和经验确定掐头去尾的具体数量一般5公斤左右，酒尾单独接取，回锅蒸馏。

- 糊化的控制

酒醅与新料混蒸时，前期以蒸馏为主，甑内品温为95℃~103℃，酒流尽后，则以糊化为主，应按原料的质地及粉碎程度来决定蒸煮时间；应达到熟而不黏，内无生心；对于有损酒质的原料或辅料，不宜混蒸，均应先清蒸，然后在场地上进行配料。

- 凉糙、加曲、打量水

将蒸馏完毕的酒糟与熟料按1：1拌匀，上帘凉糙。

- 凉糙

采用地下鼓风，冷却至要求的温度。气温在5℃~10℃时，品温降至30℃~32℃时，就可停止通风；气温在10℃~15℃时，品温可降至25℃~28℃；夏季应尽可能接近室温。

凉糙的目的还在于使某些成得以挥发，并使材料充分接触新鲜空气，以利于糖化和促进酵母生长。

- 加曲

凉糙时，当品温降至适当温度时，将大曲粉均匀撒入料醅中，混匀；冬季加曲时的温度应比入窖温度高5℃~8℃，夏季应冷却至品温不再下降时加入。

- 打量水

打量水应在加曲后进行，加水量应与材料的化验结果相吻合。

- 入窖管理

- 保温密封

窖池顶部要密封，先盖丝布，再用泥封抹，然后用塑料布盖严，抹窖用泥要经常更新。

入窖24小时后，要检查塑料布是否有漏风之处，应压实补严；如果发现窖帽泥表面将要干裂，应加少量的水抹严。测品温同时，还要检查窖帽的密封状况。

密封的目的，除保温外，还可防止杂菌侵入，避免酒醅升温过高。

- 测温

入窖后，每隔10天，测一次品温，将温度计插入窖池的中央酒醅中，经5分钟后，迅速取出看准读数并封闭小孔，新的温度计应用标准温度计校验。

（四）原酒的质量要求

1. 特香酒：优级品中特殊接出的部分；己酸乙酯含量在450mg/100ml以上；
2. 优级品酒：己酸乙酯含量在150mg/100ml以上；
3. 副品酒：酒精度控制在53%vol左右。

（三沟酒业提供）

三、辽宁清香型白酒工艺

辽宁清香型白酒历经400余年的连续生产，经过酿酒技师的不断总结和创新，已经在全国的清香类型白酒中独树一帜，以其清香带有舒适的陈香、口感绵甜醇厚、余味爽净、回味悠长的感官特征，赢得了白酒专家和消费者的信赖和好评。

```
┌──────────┐
│   选料    │
└────┬─────┘
     │
┌────▼─────┐
│ 高粱粉碎  │
└────┬─────┘
     │
┌────▼─────┐
│ 润料蒸料  │◄──────── 清蒸稻壳
└────┬─────┘
     │
┌────▼─────┐
│ 扬楂、降温 │
└──┬────┬──┘
   │    │
┌──▼────▼──┐
│打量水、下曲粉│
└──┬────┬──┘
   │    │
┌──▼────▼──┐
│ 入窖发酵  │
└──┬────┬──┘
   │    │
┌──▼────▼──┐
│ 出窖蒸馏  │
└──┬────┬──┘
```

二楂操作　　　　　　　　　回糟

| 大楂酒 | 二楂酒 | 分级入库储存 |

甩糟

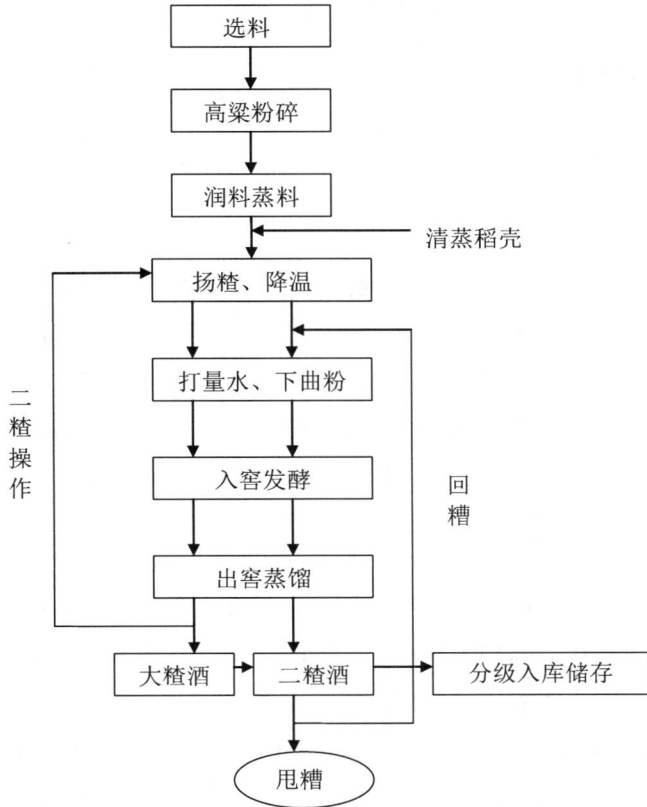

辽宁清香型白酒传统酿造技艺流程图

（一）选料

1. 主料

选用辽西特产籽实饱满、无虫蛀、无霉变、无农药残留、淀粉含量高的优质红高粱，容重达到720g/L以上。

2. 辅料

选用色泽金黄、无杂质、无霉变的新鲜稻壳。

3. 大曲用料

选用大麦、小麦、豌豆为原料经踩制、成块、入房、培养成富有浓郁曲香味的曲块。存贮后，粉碎成曲粉。

4. 水

选用大凌河上游开采的深井水，该井水清澈甘洌，含有丰富的矿物质，宜于酿酒。

（二）原料粉碎

以前用石磨和碾子，现在用粉碎机将整粒高粱碾成6~8瓣的糁粒为主，能通过1.2mm

筛孔的细面低于20%，整粒高粱不超过5%。

（三）辅料的清蒸

稻壳放在甑桶内大汽清蒸40分钟，排杂消毒，当天蒸当天用。

（四）润糁

粉碎后的高粱称为"红糁"。在蒸煮前要用热水浸润，以使高粱吸收水分后有利于糊化，将每班1500千克的原料运至打扫干净的场地，堆成凹形，加入定量的温水翻拌均匀，堆积成堆，盖上苇席或者麻袋，润糁的水温夏季为70℃~80℃，冬季为80℃~90℃。加水量为原料的50%，堆积时间为12~15小时。中间翻堆2~3次。高温润糁有利于水分的吸收、渗入淀粉颗粒内部。润糁结束时，以用手指搓开成粉而无硬芯为好。

（五）蒸糁

润好的糁分两次装入甑桶内进行高温蒸煮，使淀粉颗粒进一步吸水膨胀糊化。在装糁之前先在甑箅上面撒一层薄薄的谷糠，然后再用簸箕撒一层糁粒，打开蒸汽阀门，蒸汽穿过糁面均匀地逸出时，再用簸箕将糁粒快速撒入甑桶，要撒得薄，装得匀，蒸汽均匀穿过糁面。这一过程需要30分钟。待蒸汽圆汽后，在加入50千克的闷头量。蒸糁的蒸汽压力为0.01mpa~0.02mpa，圆汽后蒸70分钟，达到熟而不黏、内无生芯的状态为佳。

（六）入窖前操作

1. 扬楂冷散

清蒸完毕的高粱糁用扬楂机打散，平铺在凉床上面，上面铺撒已经蒸好的熟稻壳。工人两两相向而对，同时用木锨从左至右、从右至左把物料高高抛起，让其充分接触空气，翻拌均匀降至所需温度。

2. 加量水

扬楂的同时大师傅用水桶泼洒新鲜井水，边加水边翻拌，充分搅拌均匀后达到入窖水分为55%。

3. 加曲

用簸箕将大曲粉泼洒到已经降温的红糁上面，翻拌均匀让大曲粉充分接触高粱糁粒，增加微生物繁殖所需要的发酵界面。

4. 入窖温度调整

根据不同季节的气温和地温，确定最佳入窖温度。清蒸二次清的传统工艺要求"低温缓慢发酵"，达到"前缓、中挺、后缓落"的窖内升温规律，使酒醅内部产生更多的醇甜物质，为优质高产打下基础。

5. 配醅

将上一锅甩出的酒糟按比例拌入红糁内，充分搅拌均匀，根据酒糟的质量确定配糟量，调整入窖材料的酸度0.7~0.8为好。

6. 入窖

发酵材料按着不同的糁别分层入窖，大糁放在最上面，二糁放到窖池最底下。最上层的大糁水分要略高于下面，把最上层的材料适当踩紧、拍平，呈梯形，最后覆盖棉被及稻壳保温，进行发酵。

（七）发酵期间管理

1. 监测温度

发酵期间大师傅每天跟踪监测窖内酒醅温度变化情况，做好记录。

2. 踩窖

随着发酵的不断进行，入窖材料逐渐下沉（俗称走窖）。每天必须踩实窖壁与棉被间的缝隙，防止空气进入内部，产生烧包透气的现象。

3. 感官鉴定酒醅

从入窖的第三天开始，每隔三天要抓闻酒醅，观察其颜色及气味是否正常。

（八）挖窖起酒醅

发酵期结束后，首先把铺在保温被上面的稻壳用扫帚收集起来，然后四个人各拽一角，把保温被平移到干净平坦处，感官检查窖内糟醅的发酵情况，酒醅色泽紫红、不发暗、不粘不硬，有类似于苹果的香气。取出温度计。然后人工用木锨开始挖窖，同时做好安全防护工作。将窖池内大糁、二糁酒醅按先后顺序依次取出，放在指定的位置，分别蒸馏。

（九）装甑蒸馏

装甑前应由专人负责把发酵酒醅，用木锨把疙瘩打碎，使材料松散均匀。并辅助大师傅装甑。底锅水要每一甑换新鲜的凉水，在甑桶底部的箅子上面，撒一薄层约2厘米~4厘米清蒸后的熟稻壳。装甑时大师傅要用簸箕将材料均匀地撒入甑内，做到"松、轻、匀、薄、准、平"。也就是说装甑材料要疏松，装甑动作要轻快，上汽要均匀，见汽撒料。在装甑过程中要控制火候，"清蒸二次清"的酿酒工艺讲究的是"缓火蒸馏"。切不可大火供汽，防止放炮、打眼儿损失产量。开始装甑时，甑底材料要薄，让酒气均匀缓慢地穿过酒醅而上升，这时候一定要小火供汽。装甑到中间时候，随着料层加厚，上汽阻力增大，要防止压汽，用汽量宜稍大；到甑面和收口时，因上下汽路已通，用汽量要小。装甑时用汽要"两小一大"，这样才能保质保量地把酒醅中的酒精成分和各种香味成分充分地蒸馏出来。

甑桶蒸馏的装甑操作要求缓火蒸馏、见汽撒料、防止压锅、坠甑。

（十）量质摘酒、分级储存

1. 量质摘酒

每一锅酒醅蒸馏出来的原浆酒，分为酒头、中段和酒尾三个部分。每一甑接酒头约2千克，中段作为基础酒，酒头和中段酒分别单独储存，酒尾根据具体情况适度截取。

2. 分级贮存

酒头、酒中、酒尾分别贮存。贮藏是白酒生产的重要环节，凌塔酒在贮藏上有其独到之处。刚出锅的白酒是不能上市的，因酒中杂质很多，既不利健康又劲儿冲。必须经过在酒库内贮存一定时期，使酒分子经过物理和化学变化，杂质减少酒体变得醇净绵柔。

（十一）精心勾调

勾调是白酒酿造厂家的独门绝技，又是核心机密，也是给达到贮存期限的原酒降度，同时形成不同风格成品酒的工艺过程，在这个过程中原酒内的各种微量成分经过物理化学反应达到平衡。凌塔原酒在经过掐头去尾后，将不同质量等级的原酒分别单独存放。一年后，将原酒取样化验、尝评，合格的原酒进行勾调，达到不同品种的质量标准，最后才能装瓶为成品酒。

工艺特点：

1. "清蒸二次清"古法酿造技艺：辽宁清香型白酒沿袭400余年独特的"清蒸二次清"古法酿造技艺。产品具有清香带陈香、入口绵、甜、爽、净，回味悠长的独特风格。

酿酒技艺特点是"清蒸清楂，窖池发酵，清蒸二次清"。

"清蒸清楂"是指经过除杂清理后的原料高粱，粉碎后一次性投料，两次发酵、两次蒸馏，二次蒸馏后酒糟全部甩掉。蒸酒、蒸粮分别进行。并在酿造过程中以排除影响酒体的一切邪杂味为中心环节。经过数百年二十几代酿酒技师的传承，总结出7条秘诀，并有所创新。

• 人必得其精　酿酒技师要有熟练的技术，懂得酿造工艺，并精益求精，才能多出酒、出好酒。

• 水必得其甘　要酿出好酒，水质必须洁净甘甜。

• 曲必得其时　必须在一年之中最好的季节（夏季）踩曲，以便使有益微生物充分生长繁殖，增加微生物的种类和数量。

• 粮必得其实　原料高粱必须籽实饱满，无杂质，淀粉含量高，才能保证较高的出酒率。

• 器必得其洁　整个酿酒过程中，操作工具和场地必须十分注意卫生工作，避免杂菌感染酒醅，保证原酒的口感没有邪杂味。

● 火必得其缓　在发酵期间要让酒醅低温缓慢发酵,达到"前缓、中挺、后缓落"的原则。产生的多元醇才能赋予酒体甘润甜美之感。

● 存必得其器　先是放入麻坛贮存于天窖,而后再入地窖木酒海内进行地藏。

2. 400年间连续不断生产积累了大量有益微生物群落:辽宁清香型白酒传承400年连续使用的老窖池、老糟之中,富集了霉菌、酵母菌、细菌、放线菌等种类繁多的优良酿酒微生物,从而形成了辽宁清香型白酒的独特风格。延续400年的老糟一茬压一茬进行循环往复发酵,经过400余年没有间断过的连续生产,并与生产企业当地的气候环境相适应,优胜劣汰,从而累积了大量的优异的、独特的微生物群落,附着在窖池内部,正是这些优良微生物不可复制的唯一性,为辽宁清香型酒的特殊口感,奠定了无可比拟的物质基础,成就了辽宁清香型白酒独一无二的感官风味特征。

3. "天窖地藏"的独特贮存方式:

天窖:就是所有原酒先用"麻坛"储存,"麻坛"是用陶土烧制而成的容量400升的大肚细口容器,陶土当中含有各种有益人体的K、Ca、Fe、Mg等微量元素,加速原酒的老熟。而且陶坛壁上的微孔,使原酒与外界的空气进行微弱的氧化还原反应。利用自然温度,使原浆酒里面低沸点的杂味物质挥发掉。经过麻坛长期储存会产生幽雅细腻的老酒香气。

地藏:经过在天窖一年的储存后,原酒被转移到地下酒库的木酒海里面,在那里一年四季都是恒温15℃左右,原酒在那里将度过为期一年的老熟期。

辽宁清香型白酒最短贮存期为一年,部分原浆酒已贮存数十年,成为辽宁清香型白酒之精华。在酒厂内,建造地下酒窖,酒窖内放置一排排巨大的酒海,这些木制酒海是酒厂最原始的贮酒器具,它们的历史有的已经达到了上百年。在这个过程中,酒体内部将会产生特殊的香味组分,形成丰满、细腻、幽雅的老酒香气,口感更加绵软甜润、回味更加悠长。形成独一无二的辽酒清香特色。

(朝阳凌塔酒业提供)

四、辽宁芝麻香型白酒工艺

芝麻香型白酒继承了中国传统白酒的精华,是白酒行业自主创新的两大白酒香型融合的典范,且兼具清、浓、酱三种香型特点,以具幽雅的香气,醇和细腻的口味,独特的风格,高贵典雅的气质而深受欢迎。

芝麻香型白酒工艺特点:砖窖泥底、清蒸续糙、大曲麸曲结合、多微共酵、三高一长、高温堆积、高温发酵、高温溜酒、长期贮存。

(一)窖池

芝麻香型白酒的发酵容器砖窖为好,但适当的己酸乙酯含量对芝麻香的放香具有较好的烘托效果，同时对酒体的细腻感和适口性也起到十分重要的作用，所以要用泥底，（人工老窖泥20cm左右）。

（二）原料及配比

原料中淀粉和蛋白质的含量，蛋白质的种类等对微生物的生长繁殖、代谢有重要影响，同时，原料不同的配比改变原料培养基中的氮碳比，对微生物群的生长繁殖也有较大影响。

芝麻香型白酒的原粮配比：高粱（粉碎成4~8瓣）65%、大米20%、小麦10%、麸皮5%、稻壳15%~20%，原料中较高的含氮量是芝麻香型白酒风格形成的基本条件之一。

芝麻香型白酒是多菌种发酵，用曲量较高，在1：0.4~1：0.5之间，而大曲占曲量的40%~45%，麸曲55%~60%。

（三）润料

将原粮按比例拌和后，加入水温80℃的水润料，加水量为原粮的45%~48%，分两次加入，再加200kg左右的新出甑糟拌入原粮共同润料12小时，润料完毕加入稻壳翻拌均匀装甑蒸料。（稻壳提前清蒸60分钟去杂灭菌）。

（四）清蒸续糟

糟料清蒸40分钟后出甑摊凉至32℃左右加曲加水（水温80℃以上），拌和母糟进行堆积。续糟不但调节了芝麻香和酸度、水分、疏松度，更重要的是能够充分利用经反复发酵富集的原料蛋白质积菌体蛋白，为嗪类、呋喃类等芝麻香特征香气成分的产生创造了条件。

（五）高温堆积

高温堆积的主要目的是为了让加入的微生物有一个微氧的环境，在此条件下通过代谢的作用产生大量的芝麻香的香气物质及前驱物质，堆积温度的提高需要微氧，把酒醅放在透气的风板上堆积，高度50cm左右，能提高堆积温度。

芝麻香酒堆积的糟醅宜疏松，堆积温度在30℃左右，19小时生温至40℃~45℃，24小时生温至45℃~50℃，堆积水分50%~52%，强化堆积控制，实现"三高一低"，即高淀粉浓度、高温堆积、高温入窖、低水分。

（六）高温发酵

高温堆积与高温发酵是形成焦香与焙烤香不可或缺的工艺。高温发酵是指糟醅入池后发酵温度较浓香、清香偏高的发酵工艺，入池温度在30℃左右，水分55%~57%，酸度

1.5~2.2，确保发酵顶火在40℃左右，挺火时间3天以上，发酵期在35~40天之间，蛋白酶及肽酶作用的适宜温度是40℃~45℃，因此较高的温度有利于芝麻香风味物质的生成。

（七）高温馏酒

由于芝麻香型白酒窖池的独特性，各层糟醅发酵产生的微量成分是不一样的，根据酒醅的生香产味特点，分上、中、下三层分别蒸馏，再按前、中、后分别摘酒，分级贮存。芝麻香中的呈香呈味成分也大多为高分子化合物，高温馏酒促使小分子香气成分挥发，有利于突出芝麻香酒的典型性，馏酒温度控制在35℃~40℃为宜。

芝麻香的典型特征成分多在尾部，因此其入库酒度不能像浓香那样高，一般在54%vol~60%vol之间（甲硫基丙醇的沸点高，集中于后馏分中）。

（八）长期贮存

芝麻香白酒在储存过程中变化很大，开始阶段变化更快，因此需要长时间的储存，以期达到稳定的状态。一般基酒也要贮存三年，特殊风味优质酒贮存五年以上，即使装瓶以后，也要关注稳定性，主要表现在乳酸乙酯的水解，口感易出现酸涩及不协调感。

新酒焦香突出而芝麻香不明显，表现经过长期贮存老熟才能改善，而在贮存过程中勾兑人员品评、分级、并坛、做好记录，以利于为下一道工序勾兑调味的开展做准备。

（香洲坊酒业提供）

五、辽宁辽香型白酒工艺技术规范

说明：为了更好地组织辽香型白酒的生产，更好地贯彻执行辽香型白酒地方标准，增加辽香型白酒的生产地域和产量，提高辽香型白酒的质量，稳定生产工艺，特制定《辽香型白酒生产工艺技术规范》试行技术规范标准。本规范中工艺参数以大连辽一酒厂工艺为主，还需具备生产辽香酒企业的共同总结，特征理化指标须跟踪监测，稳定二年后提出修改为好。现参照引用酱香型国家标准中己酸乙酯限量指标。

（一）前言

本规范由辽宁省白酒工业协会提出、颁布。

本规范参与起草单位：大连辽一酒厂、阜新三沟酒业有限公司、辽宁凤城老窖有限公司、辽宁道光廿五集团满族酿酒有限责任公司、辽宁铁刹山酒业（集团）有限公司、朝阳凌塔酿造科技开发有限公司、沈阳天江老龙口酿造有限公司、辽宁忠华酒业有限公司、辽宁省白酒工业协会等。

本规范主要起草人：王贵玉、刘洪晃、王世伟

本规范起草成员：高明、李中、教传勇、梁薇、张英华、常玉峰、吴志红、易伟、王志海、佟金萍、刘晓辉、谭军辉、栾作禄、葛晓琴、刘军、刘立新。

（二）范围

本规范规定了辽香型白酒生产的原料、水源、生态环境、糖化发酵剂、设备、设施、工艺路线、工艺条件、工艺控制、质量管理、卫生管理、原酒贮存、勾调、灌装、包装等的基本要求。

本规范适用于辽香型白酒的生产管理和质量控制。

下列文件中的条款通过本规范的引用而成为本规范的条款。凡是不注日期的引用文件，其随后所有的修改单或修订版适用本规范。

Q/LXJ   辽香型白酒

GB/T26760   酱香型白酒

GB2757   蒸馏酒及配制酒卫生标准

GB/T10345   白酒分析方法

GB2715   粮食卫生标准

GB5749   生活饮用水卫生标准

GB8951   白酒厂卫生规范

GB/T15109   白酒工业术语

GB/T23544   白酒企业良好生产规范

（三）术语和定义

GB/T15109白酒工业术语中确立的以及下列术语和定义适用于本标准，"辽香"即取辽宁省的简称"辽"字与辽宁地域所产白酒特别香气的"香"字组合成为"辽酒香气"的简称。

辽香型白酒

以粮食为主要原料，使用小麦大曲为糖化发酵剂，填充稻壳、润料、经糊化、配料、糖化、发酵、蒸馏、贮存而成的"清中带酱"风格的蒸馏酒。仅限于纯粮固态法工艺白酒。

（四）原料及辅料

1. 主料

生产所需的原料，粮谷应以高粱为主，曲子以小麦为主，配以其他谷物，质量应符合GB/T8231高粱、GB1351小麦规定。

2. 辅料

采用稻壳，应清洁新鲜整齐的谷壳，不可太碎，不得有污染、霉变、虫蛀。

3. 其他粮谷应符合GB2715粮食的规定。

4. 酿造用水

应符合生活饮用水卫生要求，应选择符合要求的非自来水水源，硬度偏低适合于酿酒用水。

5. 应对原辅料进行检验，并制定验收标准、检验方法，确保合格使用。

6. 糖化发酵剂

采用中高温小麦大曲，自制或外购质量指标要求糖化力>100mg/g.h，液化力>0.5mg/g.h，发酵力≥gCO$_2$/100g.48h。蛋白分解力≥1.0g/100g。

（五）生态环境

1. 辽香型白酒的生产应注重生态环境，保证周边没有污染源。

2. 注重环保治理，处理好"三废"的排放，做到对环境没有次生污染，工艺上做到节能减排，利于环保。

3. 保证厂区环境卫生，车间卫生设施齐全，有员工个人卫生设施，保证生产过程安全卫生。

4. 健全环境卫生，车间卫生管理制度，环保要求标准。

（六）设备、容器具要求

1. 生产设备做到接触酒的过程应全部用不锈钢材料和陶器，去铁质化。

（1）酿酒过程蒸馏设备、贮运器具、输送管道、泵不得用铁质及塑料材料设备。

（2）贮酒容器采用陶质、不锈钢罐、木酒海、内防腐涂料的容器。

2. 勾调的各种器具均应无铁质、无塑料的。

3. 发酵窖池结构材料，石材泥底、水泥泥底、红砖泥底、木板泥底均可。

（七）工艺路线

1. 辽香型白酒生产工艺路线为清香大曲酒工艺，使用中高温小麦大曲，加上酱香酒的高温堆积，高温发酵，高温馏酒的工艺方法，清蒸混入，回醅发酵，形成独特的辽香工艺。

2. 工艺流程

谷物原料（高粱等）
↓
粉碎
↓
清蒸稻壳 →润料←水
↓
蒸粮
↓
扬凉
↓
加大曲、水→配醅←————
↓　　　↑
窖外堆积　↑　　成品
↓　　　↑　　↑
入窖发酵　↑　　装瓶
↓　　　↑　　↑
丢糟←开窖起糟蒸馏→回醅　过滤
↓　　　　　↑
分段摘酒→封缸陈酿→勾兑→检验

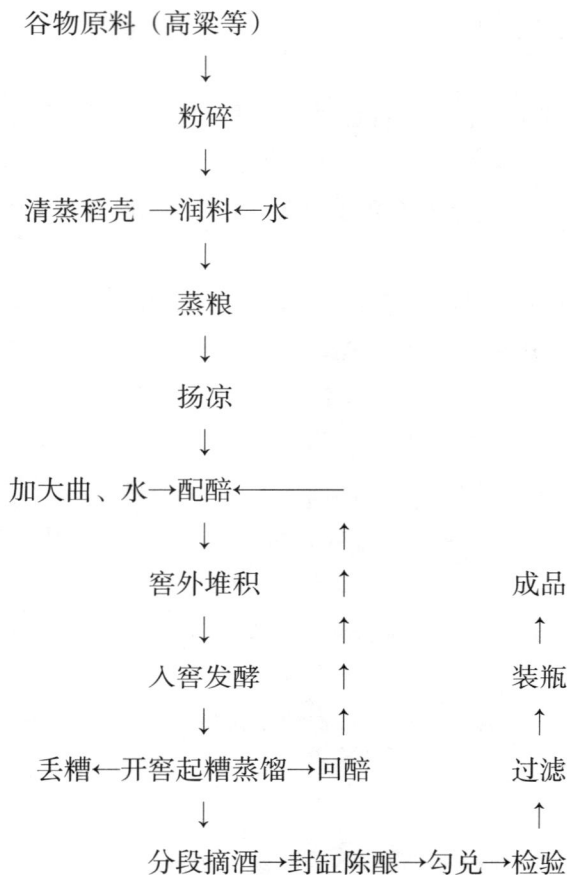

辽一酒酿造工艺流程图

（八）工艺条件

1. 原料处理

（1）原料高粱破碎，采用对辊粉碎机，细面<20%。

（2）润料，用90℃以上热水润料，拌匀放置12小时以上。

2. 大曲使用量35%左右。

3. 回醅发酵，回醅量1：3左右。

4. 入池条件

（1）水分54%~58%。

（2）淀粉浓度17%~20%。

（3）酸度0.8~1.5。

（4）入池温度（堆积温度>42℃）18℃~30℃。

（5）发酵期30~45天。

5. 蒸馏原酒流酒温度>30℃，酒度低于40%vol（转入酒尾），保证原酒酒度和风味符合要求。

（九）原酒主要指标要求

1. 原酒入库酒度不低于60%vol。

2. 原酒感官要求。

（1）色泽、清洁度：无色、清亮透明、无悬浮物。

（2）香气：酒香纯正、自然特别烧酒香。

（3）口味：醇厚、各味协调醇甜、香味适中、不得有苦味。

（4）酒体：诸味协调，无明显缺陷。

（5）特征理化指标：己酸乙酯≤0.6g/l。

（十）工艺控制

1. 保证原料质量，不得使用霉变的原材料，大曲不得霉变，达到质量要求指标，防止和减轻虫害。

2. 保证与半成品成品酒接触的仪器设备、管道、容器、阀门的清洁卫生，采用有效的防污染措施。

3. 车间场地应保持清洁，残存物料应及时清理干净，不得滋生细菌，防止杂菌侵染。

4. 人员操作应做到配料准确，入池条件符合季节变化要求，实现稳、准、细、净，调整入池条件的变化来控制发酵过程、控制出酒率、控制原酒质量。

5. 原酒贮存

（1）原酒贮存期：优级三年以上，一级一年以上，分级分缸存储。

（2）容器以陶坛为主，辅以不锈钢罐，木酒海、内涂料容器。

（3）勾调灌装

（4）勾调加浆用水贮存前加入调好封存最好，也可出厂前勾兑。

（5）不得使用香味添加剂，做到出厂的是原生态原酒。

（6）灌装应检验合格后进行，灌装设备清洗后使用，防止污染，冲瓶机良好，冲水洁净，滴水彻底，防止产生杂质。

（十一）质量管理

1. 检验要求：生产企业应具备产品、半成品、原料的检验能力，设备仪器符合要求，配备合格的检验人员，实行科学指导生产。产品检验方法符合国标和企业标准的要求。

2. 严把产品质量关，辽香酒贮存期至关重要，保证产品品质的优良。长期贮存是关键，质量管理应做好贮酒的管理基础工作，对每缸（罐）原酒进行明码编号、记清楚生产日期、批次、等级、数量、酒度、酒质（附主要理化指标检验记录更好）。确保贮存期准确，各种风味酒准确区分。做到生产班组入库的每缸酒都有原始的生产记录档案，实现从原料、发酵、原酒的系统控制。

3. 感官指标的控制，原酒转入成品酒应组织人员进行感官鉴定，感官风味符合辽香酒要求的才可出厂，辽香酒的感官风味特点：无色（微黄）清亮透明，清香带有酱香的复合香气，纯正自然，柔和醇厚，酒体协调，回甜尾净，典型风格突出。

（十二）辽香型白酒名称使用

1. 只有感官和理化指标均符合辽香型白酒以上要求的才可以使用辽香型名称。
2. 辽香型白酒只限于省内白酒企业产品符合以上辽香型规范要求的产品使用。

（辽宁省白酒工业协会发布　辽一酒厂起草）

六、辽宁陈香型白酒工艺

辽宁陈香白酒从生产工艺、原料选择、制曲、酿造、储存勾兑、包装出厂等环节严格执行GB/T19329标准，保证了产品质量。

（一）生产工艺流程

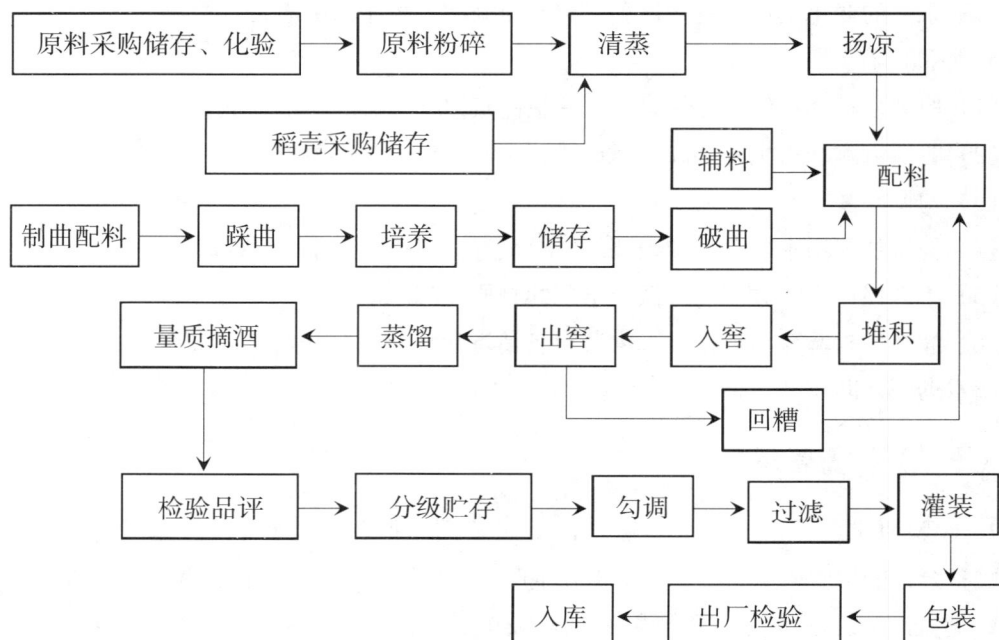

```
原料采购储存、化验 → 原料粉碎 → 清蒸 → 扬凉

稻壳采购储存 ────────────┘

                                        辅料 → 配料

制曲配料 → 踩曲 → 培养 → 储存 → 破曲

量质摘酒 ← 蒸馏 ← 出窖 ← 入窖 ← 堆积

                           回糟

检验品评 → 分级贮存 → 勾调 → 过滤 → 灌装

入库 ← 出厂检验 ← 包装
```

（二）生产工艺描述

辽宁陈香白酒产品特色鲜明，采用中国唯一满族传统工艺酿造，来源于满族先祖山林文化的木石崇拜习俗，其中包含着珍贵的山林人民药食同源的文化传统，可谓是天地同萃水木菁华。

辽宁陈香白酒继承满族传统生产工艺和采用现代生物技术的优良纯菌种培育的麸曲相结合的独特工艺，以高粱、薏米、稗谷为原料，使用大曲、麸曲分别发酵。酿酒采用高温润料，晾堂堆积，砖窖发酵，窖泥封顶，出窖酒赔分层缓慢蒸馏，分段量质摘酒，分三种典型酒入鹿血、香油裱糊的松木酒海贮存三年以上，从原酒中挑选出基础酒、调味酒、精华酒，经分析、尝评、勾兑、调味、陈酿、包装检验出厂。

辽宁陈香白酒的品质特色充满了传统的满族风格和浓郁的地方特色：酒色微黄、酒体陈香典雅、醇厚绵柔、香味谐调、后味悠长，具有满族酒独特的风格。辽宁陈香白酒的独特香气为陈香，是清、酱、药三种典型体经贮存而形成的复合香气，是自然界优良菌种对独特的制曲、酿酒过程进行复杂生化作用的结果，也是中国唯一满族传统工艺白酒的鲜明个性，它具有浓郁的地方特色。

（道光廿五供稿）

第三章　辽宁白酒装备影响和推动全国行业发展

一、白酒设备图片集锦

世界上有酒的出现，就有造酒设备装置呈现。从古至今白酒各种蒸馏装置、窖池、储酒容器、机械化设备等的传承、更新换代，是一种白酒文化的演绎，也是一种白酒文化的承载。

这里介绍一下目前白酒界储存容量最大的100吨柳条酒海：酒海外面是柳条手工编制，内以自制树皮纸加花泥、蛋清、鹿血糊制而成，每天糊一层，干了之后再糊第二层，共糊千余层，历时六年，现已入选吉尼斯纪录。

民间土法蒸馏酒装置

川东直式蒸甑　蒸酒锅

贵州民间蒸馏烤酒装置
（上口小下口大蒸甑）

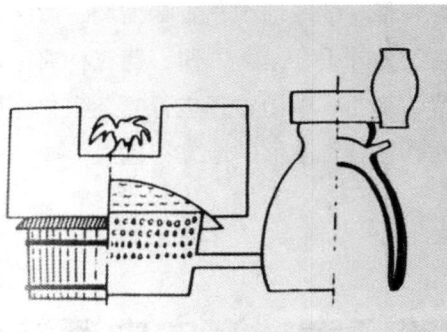

民间分体式蒸馏器示意图

出土汉代青铜蒸馏器（上海博物馆）

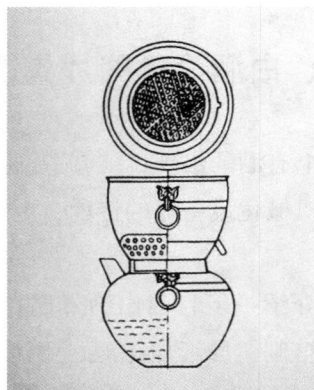

汉代青铜蒸馏器剖面

　　说明：汉代青铜蒸馏器，甑体釜体组合而成，甑体下部是收集蒸馏液的导流管和釜体上部加注蒸馏水的注液管。甑体底部有网格形箅，箅的上面与内壁连铸成一周略呈凹弧形的边与箅之间形成一个特殊空间，这一空间的作用使蒸发的气体通过箅孔，在甑壁冷凝成液体后，集流于甑壁下的槽道，通过导流管排出甑外。釜体上方的注液管可向釜内加注补充蒸馏液体，管口加塞即可密封蒸馏。釜外底部遗留有大片烧黑的煤炙，说明已多次使用。有实验证实此器的蒸馏作用是多方面的，既可蒸馏出酒，提供酒精含量，又可用于提取花露或某些药物的有效成分等。实验证明，中国有蒸馏技术和应用蒸馏技术不是通常所认为的唐宋时期或元明时期，而是在公元1世纪左右的两汉之交。

三沟酒业石料甑

辽中直径4.2米中国最大蒸甑，
装甑得用抓斗进行，全国之最

千山酒业老酒坊　蒸馏酒锅

千山酒陶坛

三沟酒业推酒醅小车

启运千台春酒业果松木板发酵池

121

国内最大不锈钢白酒储酒罐5000吨

爱新觉罗祖家坊100吨树条大酒海，全国之最

三沟酒业老厂房

20世纪70年代三沟酒业老车间

道光"文革"时的酒厂设备

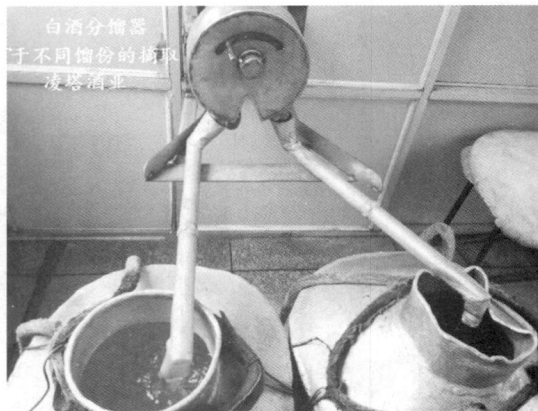

凌塔酒业白酒摘酒分馏器

老龙口老窖池

铁刹山出土的清代窖池

御林酒业木酒海

大凌河酒业酒海群

凌塔酒业工匠创新之一轻便吊车

凌塔酒业工匠创新之二椭圆蒸料釜

朝阳凤凰洞藏酒业酒海

朝阳凤凰洞藏酒业藏酒洞

木甑

凌塔酒地藏

二、机械化设备创新发明

辽宁白酒工业机械设备制造的发展，从酿酒机械化到智能自动化领先全国，辽宁辽中华莱威智能自动化酿酒设备就是颠覆传统性的创新发明。

华莱威公司坐落在沈阳市的辽中县区。这里土地肥沃、商贸发达、酒业兴旺。二十多年时间，这里从畜牧养殖带动酒业发展。现在辽中酒旗林立，白酒形成产业链，是我国北方重要的酿酒基地。南有酒都、酒城，辽宁有辽中妈妈街、铁岭亮中桥粮食白酒集中区。辽中白酒以酿造为主，产量多，开了全中国最大的蒸甑、用大抓斗装甑的先河。辽中白酒业正在培育品牌、从卖基酒到品牌策划营销，出现质的飞跃，正走向规范化，形成了辽中白酒综合发展市场集散地，辽中白酒正在走向健康发展之路，这是当地政府的宏观引导、合理管理、支持发展的结果。

华莱威的白酒装备创新对中国白酒的影响：

第一，颠覆性、突破性的发明创造。在白酒传统蒸馏上打破了几千年甑桶蒸酒的神话，让坚守中国白酒传统工艺的工匠们感到惊讶，是不可思议的重大变革，在国内外都具有里程碑的意义。

第二，目前实验来看，在蒸馏提取上完全好于传统的甑桶，尤其香味成分物质的提取优于传统甑桶，理化检测、感官品尝明显优于甑桶蒸馏的酒。

第三，实现智能自动化，提高生产效率，智能设备代替了人员的劳作，操作控制条件稳定，质量控制优于人工操作，这是白酒行业工业革命产业升级的奇迹。

第四，实现了洁净生产，传统车间开放生产，管理困难的状态将成为历史。

第五，实现了节能减排，解决了酒厂环保难题，占地少、用人少，摆脱了中国白酒繁杂的劳动过程，传统产业走向现代化。

华莱威公司研发的智能化自动酿酒设备，是白酒行业装备科技革新，是工业革命取得的具有颠覆性的创新发明。是"大众创业，万众创新"的典型。

第四章　三沟酒业王志海技能大师工作站

王志海技能大师工作站成立于2011年10月，现有成员9人。工作站依托辽宁三沟酒业有限责任公司，工作站在王志海同志的带动下，紧密围绕公司发展战略，发挥高技能人才作用，提高技师队伍的技术业务水平，积极推进技师队伍建设，为创建高技能人才高地，解决公司生产技术难题、开发新品、技术改造、工艺攻关等，为公司经济发展做贡献。

一、工作站人员简介

王志海

国家级白酒品酒委员、中国高级品酒技师、阜新市优秀专家、辽宁省技术能手；阜新市有突出贡献的优秀专家；享受国务院政府特殊津贴；辽宁省百千万人才工程百人层次人才；辽宁省有突出贡献高技能人才。多年来一直从事白酒的品评、勾调与新产品研发工作。

王继涛

高级工程师、辽宁省白酒评酒委员、中国高级酿酒品酒技师、该同志从事酿酒科研和酒类新产品的研发、新工艺路线的探索工作。

赵宁

工程师、中国高级酿酒品酒技师、高级食品检验技师。该同志多年从事酿酒科研和酒类新产品的研发、检测工作。

王立国

中国高级品酒技师、高级食品检验技师。该同志多年从事酿酒科研和酒类新产品的研发、检测工作。

王世伟

王世伟同志本科学历，教授级高工，高级品酒师。1967年参加工作，2007年12月被中华人民共和国人事部授予"全国轻工行业劳动模范"荣誉称号。多年来连续几次被评为阜新市有突出贡献的优秀专家，并享受市政府津贴，多次获得阜新市科技进步先进工作者的荣誉称号，2008年国务院为表彰王世伟同志为辽宁省酿酒技术事业做出的突出贡献，特颁发政府特殊津贴并颁发证书。2009年底由王世伟同志主持研发的新项目"应用多种微生物参与发酵酿酒新工艺"通过了省级科研成果鉴定，项目中有三项科学技术创新为国内首创，最后鉴定结论为：立项正确，技术路线可行，工艺先进、科学合理，经检索查新，三项创新技术方法属国内首创，是一项综合的生物工程技术创新独有，达到国内领先水平。2010年该项目获得了"阜新市科技进步一等奖"。2011年该项目获得了第五届"中国食品工业协会科学技术二等奖"，并在此次会议上王世伟同志获得了"全国食品工业科技进步先进科技带头人"称号。

张立兵

中国高级品酒技师。该同志多年从事酿酒科研和酒类新产品的研发、酒类勾调工作。

柴秋章

中国高级品酒技师。该同志多年在白酒酿造一线车间，从事白酒生产酿造工作，有着丰富的生产实践经验。

王明武

中国高级酿酒技师。该同志多年在白酒酿造一线车间从事白酒生产、酿造生产管理工作，生产实践经验丰富。

阚亚东

高级工程师、中国高级酿酒技师。该同志多年在白酒酿造车间、灌装车间一线从事生产管理工作。

二、工作站布局

工作站在原有"研发中心"的基础上设站，其布局为：常规化验室、无菌室、微生物检测室，品评室、色谱室、气质联谱室及劳模创新工作室。2008年中心购进一台国产华爱GC9560毛细柱色谱仪，2008年10月末又购进了一台美国安捷伦6820毛细柱色谱仪，加强了检测力量，提高了检测精度，新增了微生物检测项目。2013年公司又购进了岛津气质联谱仪，完成了白酒塑化剂自检工作。改建了一整套的营养黄酒生产线，在三沟园区筹建了年产万吨的黄酒生产基地，为黄酒自行发酵生产做好准备，并与绍兴会稽山酒业达成协议，委托其对我公司黄酒生产人员进行培训工作。

三、工作站宗旨

工作站遵守国家法律、法规和政策，遵守社会道德风尚，遵守公司的各项规章制度，紧密围绕公司人才战略中心，坚持服务社会、服务企业的原则，团结组织公司广大技师、各技能岗位的骨干和能工巧匠等高技能人才，反映技师愿望，维护技师权益，发挥技师作用，提高技师队伍的技术业务水平，积极推进技师队伍建设，为创建高技能人才高地，解决公司生产技术难题、开发新品、技术改造、工艺攻关等，为公司经济发展做贡献。

四、工作站任务

1. 采取以老带新的工作方式，结合集团生产实际开展职业技能培训，多渠道加快培养高技能人才。

2. 组织高技能人才，整合技术力量，发挥专长，开展技术攻关、技术改造和技术创新等活动，解决关键性生产难题，推广新技术、新工艺，加强技术交流，提升本企业劳动者的职业技能水平和竞争力。

3. 参与组织开展多种形式的职业技能竞赛活动，选拔具有潜质的后备高技能人才或紧缺的高技能人才。

4. 充分发挥成员的技能专长，组织技术咨询，举办专题讲座等活动。

5. 总结推广技师培养经验和较为成熟的技术技能及操作方法，普及应用生产技能。

6. 开展信息交流活动，加强同国内外有关部门、行业、学术团体及培训机构、企业的联系、交流与协作。

7. 承接上级有关部门及集团交办的工作和任务。

五、工作站近几年的创新工作与成绩

公司每年对新产品研发，新项目技术改进都投入大量资金，2012年科研项目"应用多种微生物参与发酵酿酒新工艺"荣获中国食品工业协会科技进步奖二等奖。

新项目"应用有效微生物研制北方芝麻香型白酒"就是立足于企业现有基础，研发一款适合消费者饮用的新型白酒。在当前国内白酒行业中，白酒已基本确定了十大香型，除"浓""清""酱""米"四大香型之外，其他香型也是百花齐放。如馥郁香型的"酒鬼酒"，以兼香型为主打的"口子窖"，几年来在国内市场上都是异军突起，并且占有一定的市场份额。这其中犹以芝麻香酒越来越受到业内人士的青睐。该项目在2014年获"辽宁省优秀新产品三等奖"。

2009年由王世伟主持的课题"应用多种微生物参与发酵酿酒新工艺"，工艺先进、科学合理，三项创新技术方法属国内首创，达到国内领先水平。该项目获得2010年度"阜新市科技进步一等奖"，2011年度"中国食品工业科学技术二等奖"，2015年1月18日，由中国食品工业协会白酒专业委员会召开的"第二届中国白酒科学技术大会"在北京举行，此次大会对2004年以来的10年间中国白酒科技工作发展的总体情况进行总结和表彰，我公司的科研项目"应用多种微生物参与发酵酿酒新工艺"获得"第二届中国白酒科学技术大会优秀科技成果"，东北三省唯一一项科研成果获此殊荣。

2015年王志海技能大师工作站开发的有影响力的新产品有：40.8度、45度三沟小窖酒；38度老窖酒；42度"枸杞"营养露酒。均为三沟酒业低端系列白酒，产品上市后，市场反应良好，受到消费者欢迎，销量呈上升趋势，经济效益明显。

工作站对"创新型黄酒在白酒中的应用"进行研发。该项目利用黄酒香气浓郁，甘甜味美，风味醇厚，并含有氨基酸、糖、有机酸和多种人体所需微量元素。该项目应用北方大黄米与糯米相结合作为发酵原料，应用啤酒酵母作为发酵剂生产新型黄酒。再用该黄酒与优质三沟白酒相结合，生产一种具有黄酒与白酒共同特色的饮料酒。该项工艺申报的发明专利已于2016年5月正式授权，专利名称"多粮黄酒配制低度白酒的工艺"，专利号：ZL 2014 1 0149781.0。

2015年王志海同志在辽宁省白酒行业品酒师技能竞赛中获得第一名，辽宁省总工会授予"辽宁省五一劳动奖章"称号。

工作站将制订人才培训计划，定期或不定期进行学术、技术交流及人员培训，培养行业领域内需要的高质量工程技术人才和工程管理人才，广泛开展行业内的合作与交流。在人才培养方面，公司每年都要派出人员参加国家举办的"食品发酵""食品卫生检测"等专业培训学习班，这对提高企业科技队伍建设，提高科技人员专业业务能力都起到了重要作用。同时我公司是辽宁工程技术大学的教学实习基地，接收辽宁工程技术大学的毕业生实习，共同指导大学生的毕业论文。在每年暑期，由公司组织相关人员，主要是技术人员、酒班操作人员、勾兑人员等，进行学习培训。近几年我们工作室分别举办了"白酒发酵机理""中国白酒发展史""白酒酿造关键控制点""白酒检测分析""白酒勾调要点""中国白酒各香型的品评"等各种学习培训班与专业课程。这些对于提高企业科技队伍的水平和专业能力都起到了重要作用。

工作站工作主要致力于白酒各香型发酵机理以及主体香气成分的研究；克服东北不利于酿酒的自然条件，实现各香型白酒在北方的生产；做好我国传统黄酒的创新与推广工作。使北方酒品质突破到一个新高度。实现突破阜新、走出辽宁、达到国家名优白酒的水平，改变我国酒行业"南强北弱"的局面，为企业创造更为可观的社会效益与经济效益。

第五章　铁刹山酒业梁薇劳模创新工作室

2007年辽宁铁刹山酒业（集团）有限公司总工程师梁薇被授予全国轻工行业劳动模范，为弘扬劳模精神，发挥劳模先锋模范带头作用，推进公司技术人才培养，提升创新能力，不断进行工艺创新及产品创新，增强企业技术竞争力，在公司的大力支持下2008年9月16日组建了梁薇劳模创新工作室，劳模创新工作室主任由梁薇担任，工作室拥有1名国家白酒评委、7名国家高级酿酒技师、6名国家酿酒技师、3名国家注册高级品酒师、2名国家注册品酒师为主的创新团队，拥有756平方米的办公场地，建立健全各项管理制度，有针对性地开展创新工作，为公司生产经营提供技术保障。由于工作室工作成效显著，2012年被本溪县总工会授予本溪县首批劳模创新工作室，2015年被省总工会授予省级劳模创新工作室。

辽宁白酒产品篇

第一章　辽宁纯粮固态好酒标准样纪念酒展示

辽宁纯粮固态好酒标准样纪念酒外包装

辽宁纯粮固态好酒标准样纪念酒内盒

一、三沟老窖——浓香经典

三沟老窖酒采用传统浓香老泥窖发酵工艺，多粮配料，多种微生物共同发酵，匠心酿造，大师之作，自成辽酒绵劲浓香白酒独特风格。企业秉承"酒品如人品，做酒先做人"的核心价值观，用心酿好酒，以诚报社会。

三沟酒业是辽宁白酒的领军企业，目前已经发展成为由辽宁三沟酒业有限责任公司、阜新三沟酒业销售有限公司、内蒙古三沟酒业有限责任公司、阜新蒙古贞酒业有限责任公

司、阜新瑞应酒业有限责任公司、阜新市三沟职业培训学校、三沟工业园、三沟酿酒基地等组成的集团公司。企业现在拥有纯粮固态发酵老窖泥池1000余个、现代化灌装生产线20条，总资产6亿元，员工1100人。

三沟酒业具有超强的研发能力和酿造能力，拥有"辽宁省省级企业工程技术研究中心"和"中国食品发酵工业研究院东北酿酒试验基地"。近几年先后获得"全国食品工业科技进步优秀企业奖""全国食品工业科技进步二等奖"及多项国家专利。2009年，三沟酒在辽宁省白酒行业率先荣获中国驰名商标；2014年，科研项目"应用有效微生物参与发酵酿酒新工艺"被评为东北地区唯一"第二届中国白酒科学技术大会优秀科技成果"；2015年，三沟酒业经营生产的"三沟老窖雪兰酒"被评为中国白酒区域历史标志性白酒产品。

全体三沟人在董事会的坚强领导下，牢固践行"聚焦资源，跟踪管理，渠道下沉，打造团队"的主导思想，稳步实施品牌战略，强力优化产品结构，积极创新营销模式，注重酒品研制开发，为百姓酿好酒，让消费者喝放心酒。

二、朝阳凌塔酒——辽宁清香之花

百年凌塔酒业，老国优酒再度辉煌。企业转制后坚持清香工艺，不断改革创新，完善提高，扩大产能，采用大曲，延长发酵，天窖地藏。酒质好，销量多。

凌塔酒清香纯正、入口柔顺、酒体丰满、余味爽净。被誉为辽酒清香之花。

三、凤城老窖——辽酱（麸曲酱）典范

辽宁凤城老窖酒业有限责任公司有百年历史的中华老字号企业，其酿酒技艺列入辽宁省非物质文化遗产名录。

企业产品采用纯粮清蒸混入老五甑工艺，取凤凰山优质泉水与东北优质红高粱为原料，用砖泥窖长期发酵，木制酒海长期贮存，精心勾调而成。在品味凤

城老窖酱酒香醇、幽雅、绵甜、味长之时，也能感受到其温唇、爽口、益香之美。

四、龙吐天浆——老龙口浓香优质酒

"老龙口"始建于明末清初的1662年，至今已有三百多年的酿酒历史，是中华老字号企业。

老龙口白酒为中国地理标志保护产品。老龙口白酒传统酿造技艺被列为中国非物质文化遗产。

厂内有古井一眼，地占其灵，素称"龙潭水"，水质清澈甘洌，宜于酿酒，所酿白酒窖香浓郁、绵甜爽净、余味悠长。清初，所酿白酒多贡奉朝廷与军队，享有"大清贡酒"之美誉。

五、辽代千山酒——辽酒酱香老字号

辽阳地区酿酒兴盛于辽代，千山白酒酿造技艺和辽阳地区酿酒技术一脉相承。到1658年，桂中园始创"玉昇涌"烧锅，千山白酒酿造技艺被世代传承，现已被评为辽宁省非物质文化遗产保护项目。

千山白酒，红高粱酿造，多微共酵、高温堆积，连续使用百年老窖发酵，清蒸混烧老五甑工艺，酒海贮存三年以上，形成了色泽微黄、酱味突出、酒体醇厚，空杯留香持久的特点，荣获中华老字号，中国驰名商标称号。

六、铁刹山——浓香风范经典

辽宁铁刹山酒业（集团）有限公司坐落于东北道教发祥地——九鼎铁刹山脚下，傍辽东秀水——太子河，其前身"永隆泉烧锅"始建于1807年，是一个拥有二百余年历史的"中华老字号"企业。

铁刹山酒以东北优质高粱为原料，以"永隆泉"水为酿造用浆，结合百年传统工艺与现代科学技术精酿而成。

产品香气幽雅、绵甜圆润、香味谐调、回味悠长，具有传统的民族特色和独特的地方品位。

七、大凌河酒——辽酒酱香之星

大凌河酒业是东北地区一流的酱香白酒生产基地，文化底蕴深厚，具有百余年历史。

古老的酿酒工艺，以东北红高粱为主要原料，以天泉"大凌河"之水，集五谷之精华，采用高温大曲，多种产酯酵母发酵的先进技术，经过分层发酵、分质接酒、分级贮藏等最新工艺酿制而成。

产品酱香突出、入口绵甜、空杯留香，赢得广大消费者的赞誉。

八、酱香绥中老窖——航天英雄家乡美酒

辽宁忠华酒业始建于清光绪三十一年（1905）的"同源成烧锅"，已有110余年的酿酒史，是辽宁名优酒厂，辽宁省酿酒行业的骨干企业。

绥中特酿酒以优质红高粱为原料，以酱香大曲为糖化发酵剂，多轮发酵酿造，长期贮存而成，酒液清澈，酱香幽雅，酱味纯正，丰满圆润，回味悠长，空杯留香的典型酱香酒风格。历获辽宁名酒和辽宁名牌殊荣。

九、辽一酒——辽香典范

辽香以稀为贵，辽一物有所值。正宗辽香酒，地道辽宁味。辽一酒传承北方烧酒传统工艺，实行好粮、好水、好曲、好工艺、好环境的五好酿酒之道。

辽一酒厂坐落在山清水秀的太阳谷，环境幽雅，水质优良，酿酒条件得天独厚。坚持长期窖藏，定格高端酒质。

辽一酒大师之酿、工匠之作。著名白酒专家中国白酒大师王贵玉指导生产工艺。辽一是辽香型白酒地方标准起草单位。

辽一酒香气清香纯正、自然；入口醇厚、丰满；余味回甜、悠长；辽香风格独特。

辽一牌辽一酒获得东三省传统工艺传承奖，2014全国创新白酒评选特别奖。

十、香洲坊酒——辽酒芝麻香新秀

大连香洲坊酒业生产的芝麻香型白酒，是在传统工艺的基础上与现代生物技术相结合，精选高粱、小麦、大米、小米为原料，以麸曲、细菌曲、中温大曲、高温大曲为糖化发酵剂，高温堆积、高温发酵、高温馏酒、长期贮存（三年以上）。

其风格集酱香、浓香、清香型白酒之特点于一身，具有"幽雅纯正、醇和细腻、香味谐调、余味悠长"特点。

十一、辽阳铧子白酒——东北纯粮固态烧

辽阳灯塔市铧子酒厂始建于清代光绪十五年（公元1889）的涌兴源烧锅，是"中华老字号"企业。百年的窖池得以保存和修缮，百年古法得以传承和发展。铧子白酒传统酿造工艺，被辽宁省列为非物质文化遗产保护项目。

历史的积淀和岁月的磨砺，让铧子白酒彰显：幽雅细腻、绵甜醇柔、回香持久、玉液醇芳。铧子白酒——滴滴醇酒香，杯杯续友情。

十二、金石滩酒——辽酒川味浓香精英

金石滩酒业集团是大连金玛集团旗下全资子集团。酒业集团研发生产的"金石滩"系列产品主要以浓香型白酒为主，清香型白酒为辅。浓香原酒出产于中国白酒"金三角"的泸州，秉承中国浓香白酒延续百年的传统生产工艺，酒度适中，酒色清亮，口味甘鲜醇厚，柔和爽口，确保金石滩品牌产品每一滴酒都是真正的传统纯粮固态发酵而成。

公司拥有较少见的天然大型洞藏酒库，大连因海洋性气候早晚温差小，洞内四季恒温恒湿，加速了酒的老熟和陈藏，令金石滩酒的酒体更加醇厚和绵柔。为谋求长远可持续发展战略，金石滩酒业集团与中国国家酒检中心专家组达成长期战略合作，由行业顶级的专家把脉金石滩酒业的酿造技术与工艺，从原料选取到酒体设计等多个环节把控金石滩品牌产品的品质，让消费者明明白白消费，明明白白喝酒。

十三、陈香型白酒国家标准样

道光廿五贡酒传承于清嘉庆六年同盛金烧锅，采用古老的满族传统酿酒技艺酿制，是专为清王室酿制贡酒的皇封烧锅。1996年，在同盛金烧锅原址出土了封存于道光廿五年的木酒海和储藏于木酒海的陈酿老酒，专家命名为"道光廿五贡酒"。

道光廿五贡酒是中国唯一一个以君主年号命名的白酒品牌，酿造采用小凌河谷锦州盆地水源，原料为高粱、薏米、稗谷，加入满族酒曲发酵，入鹿血、香油裱糊的松木酒海贮存三年以上，酒色微黄，陈香典雅，绵柔醇厚，具有独特的满族酒陈香风格。2003年、2008年被中国标准样品开发中心吸纳为"国家标准样品酒"。

第二章　辽宁白酒荣耀

辽宁白酒经过多年的实践、创新、发展，在不同时期分别荣获国家优质酒、驰名商标、老字号、非物质文化遗产、原产地地理保护标志产品等多项荣誉称号，这些成绩的取得是辽宁白酒行业品牌价值和荣耀的充分体现。

一、辽宁白酒获得的国家质量奖

1. 朝阳凌塔酿造科技开发有限公司　凌塔白酒荣获1984年、1989年国家优质酒、凌塔白酒荣获1988年国家食品博览会金奖

2. 辽宁道光廿五集团满族酿酒有限责任公司　凌川白酒荣获1963年、1984年、1989年国家优质酒称号

3. 大连酒厂　大连老窖酒荣获1984年、1989年国家优质酒称号

4. 大连市金州酒厂　金州曲酒荣获1984年、1989年国家优质酒称号

5. 沈阳老龙口酒厂　陈酿头曲酒1984年荣获国家轻工部银杯奖、陈酿酒荣获1990年轻工部优质产品称号

6. 大连龙泉酒厂　龙泉老窖酒荣获1985年农牧渔业部名酒称号

二、辽宁白酒的中国驰名商标

1. 辽宁三沟酒业有限责任公司"三沟"牌
2. 朝阳凌塔酿造科技开发有限公司"凌塔"牌
3. 辽宁道光廿五集团满族酿酒有限责任公司"道光"牌
4. 辽宁千山酒业集团有限公司"千山"牌
5. 辽宁铁刹山酒业（集团）有限公司"铁刹山"牌
6. 盘锦市盘山酒业有限责任公司"盘锦"牌
7. 辽宁望儿山酒业有限公司"望儿山"牌

三、辽宁白酒的中华老字号

1. 辽宁道光廿五集团满族酿酒有限责任公司
2. 辽宁凤城老窖酒业有限责任公司
3. 沈阳天江老龙口酿造有限公司
4. 辽宁铁刹山酒业（集团）有限公司
5. 辽宁千山酒业集团有限公司
6. 灯塔市铧子酒厂
7. 盘锦市盘山酒业有限责任公司

四、辽宁白酒的国家非物质文化遗产名录

沈阳天江老龙口酿造有限公司

五、辽宁白酒的中国地理标志产品

1. 朝阳凌塔酿造科技开发有限公司
2. 辽宁道光廿五集团满族酿酒有限责任公司
3. 辽宁凤城老窖酒业有限责任公司
4. 沈阳天江老龙口酿造有限公司
5. 朝阳思源酒业有限公司

六、辽宁白酒的国家工业旅游典范

1. 大连酒文化博物馆
2. 沈阳天江老龙口酿造有限公司
3. 沈阳爱新觉罗祖家坊酒业有限公司
4. 辽宁望儿山酒业有限公司

七、辽宁白酒的辽宁老字号

1. 辽宁三沟酒业有限责任公司
2. 辽宁忠华酒业有限责任公司
3. 大连长兴岛酒业有限公司
4. 沈阳爱新觉罗祖家坊酒业有限公司

八、辽宁白酒的辽宁非物质文化遗产名录

1. 辽宁三沟酒业有限责任公司
2. 朝阳凌塔酿造科技开发有限公司
3. 辽宁道光廿五集团满族酿酒有限责任公司
4. 辽宁凤城老窖酒业有限责任公司
5. 辽宁铁刹山酒业（集团）有限公司
6. 辽宁千山酒业集团有限公司
7. 大连辽一酒厂
8. 灯塔市铧子酒厂
9. 抚顺启运千台春酒业有限公司

九、辽宁白酒的辽宁省著名商标企业名录

1. 辽宁三沟酒业有限责任公司
2. 辽宁道光廿五集团满族酿酒有限责任公司
3. 朝阳凌塔酿造科技开发有限公司
4. 辽宁凤城老窖酒业有限责任公司
5. 辽宁凌海市凌河酿酒有限责任公司

6. 辽宁忠华酒业有限责任公司

7. 辽宁千山酒业集团有限公司

8. 抚顺启运千台春酒业有限公司

9. 盘锦市盘山酒业有限责任公司

10. 辽宁北票市华溢酒业有限公司

11. 灯塔市铧子酒厂

12. 辽宁望儿山酒业有限公司

13. 沈阳爱新觉罗祖家坊酒业有限公司

14. 朝阳思源酒业有限公司

15. 营口张兄弟酒酿造有限公司

十、辽宁白酒向新中国成立十周年敬献国宴酒

1. 锦州凌川酒厂　　凌川白酒

2. 辽阳千山酒厂　　千山酒

3. 法库桃山酒厂　　桃山白酒

第三章　全国标准样品技术委员会
酒类标样技术委员会秘书处设在辽宁技术监督局

全国标准样品技术委员会酒类标样技术委员会简介

白酒作为我国传统饮料酒，随着市场和消费者需求的增加其产量亦逐年增加，给白酒生产企业提供良好发展机遇的同时也推动了白酒质量水平日趋提升。为了规范市场、扶优治劣、维护生产者和消费者权益，规范酒类标准样品的研制和文字标准贯彻实施的需要，1997年，在国家标准化管理委员会的指导下，全国标准样品技术委员会成立了全国标准样品技术委员会酒类标样技术委员（以下简称"酒标样委"），目前为第四届委员会，共有来自全国18个名优白酒企业、2个省级白酒行业协会的23名委员及由沈怡方、高景炎、高月明、周恒刚、曾祖训五位泰斗级白酒专家和知名色谱专家金佩璋组成的顾问团。酒标样委秘书处设在辽宁省标准样品开发中心。辽宁省标准样品开发中心是经辽宁省机构编制委员会批准成立的全国质量技术监督系统中唯一专业研制国家标准样品的处级事业单位。酒

标样委作为国家局批准成立的专业技术委员会，在白酒地理标志保护，提高白酒质量水平，品牌优势的提升，以及传承和弘扬我国白酒文化等方面都做了大量而高效的工作。

酒标样委在国标委及全国标样委的指导下，先后研制了贵州茅台酒系列、五粮液酒、水井坊酒系列、中国名特白酒荟萃、剑南春酒系列、古井贡酒系列、全兴大曲系列、宝丰酒系列、口子窖酒系列、道光廿五贡酒系列、王朝葡萄酒等20余种酒类国家标准样品。受国家标准化管理委员会的委托，分别组织进行了贵州茅台酒、五粮液酒、国窖1573、泸州老窖特曲酒、水井坊酒、剑南春酒、古井贡酒、口子窖酒、互助青稞酒、西凤酒、道光廿五贡酒、牛栏山二锅头酒、玉泉酒、洋河大曲酒、酒鬼酒、景芝神酿酒，共16项国家标准的制定、修订工作。通过二十年来的积极努力和扎实工作，已经形成了比较完整的白酒标准化研制体系，而且研制的酒类标准样品已受到了各级政府、白酒生产企业、科研和执法部门等单位的认可和肯定。酒类标准化工作不但能够保护消费者利益，维护企业合法权益，确保白酒国家标准的贯彻实施，对防止、打击假冒伪劣白酒的生产和销售，为质量仲裁和监督提供科学依据，对提高产品质量、提高产品的知名度以及产品的销售有着积极的推动作用。

实践证明，由于酒类标准化工作的推广和开展，不但给国家及企业带来巨大的社会效益，而且也带来了可观的经济效益。例如，贵州茅台酒厂从2001年实施标准化的5年间，市场销售额以平均每年10%的速度增长，增长额度在1.5亿至2亿元之间。由于标准化工作的开展，出口产品的限制减少，使得茅台酒的出口覆盖面扩大，大大加强了贵州茅台酒在国际上的知名度和影响力，由此可见，标准化工作的开展，不但拉近了中国企业与世界的距离，而且提高了民族工业的国际竞争力。再如，辽宁道光廿五集团满族酿酒有限责任公司在2003年至2005年开展标准化工作的两年间，平均每年以25%的增长率持续稳步增长，2005年销售额突破两亿元，且道光廿五贡酒的知名度和影响力也有了很大的提升。国内市场的覆盖面和市场占有率也有了较大的增长。因此可见，标准化工作的开展不但保护了本国企业的知识产权，而且又提高了企业的管理水平，使其生产更规范化、系统化，使民族工业有更强的国际竞争力，加快了整个行业的发展壮大。不但带动了全国白酒企业的发展，也为中国企业走向世界搭起了桥梁。

多年来，酒标样委一直致力于酒类标准化研究及探索标准化领域发展建设的新需求；为酒类标准化管理的政策制定和决策提供研究支持；结合产业结构调整和升级，增强企业竞争力的标准化需求，开展产业、行业和企业发展的标准化规划措施研究服务提供技术保障。

第四章　辽宁名优白酒

一、1965 年辽宁省名优白酒产品名单（排名不分先后）

序号	企业名称	产品名称
1	沈阳老龙口酒厂	陈酿白酒
2	法库桃山酒厂	桃山白酒
3	锦州凌川酒厂	凌川白酒
4	开原酒厂	玫瑰白酒
5	朝阳酒厂	凌塔白酒
6	西丰酒厂	鹿茸白酒
7	大连酒厂	陈曲
8	抚顺酒厂	抚顺大曲

二、1973 年辽宁省名优白酒产品名单（排名不分先后）

序号	企业名称	产品名称
1	沈阳老龙口酒厂	陈酿白酒
2	法库桃山酒厂	桃山白酒
3	锦州凌川酒厂	凌川白酒
4	开原酒厂	玫瑰白酒
5	朝阳酒厂	凌塔白酒
6	西丰酒厂	鹿茸白酒
7	大连酒厂	陈曲
8	抚顺酒厂	抚顺大曲

三、1976 年辽宁省名优白酒产品名单（排名不分先后）

序号	企业名称	产品名称
1	沈阳老龙口酒厂	陈酿
2	鞍山曲酒厂	鞍山大曲

序号	企业名称	产品名称
3	抚顺酒厂	抚顺大曲
4	丹东酒厂	大曲
5	朝阳酒厂	凌塔白酒
6	法库桃山酒厂	桃山白酒
7	锦州凌川酒厂	凌川白酒
8	开原酒厂	玫瑰白酒
9	西丰酒厂	鹿茸白酒

四、1986 年辽宁省名优白酒产品名单（排名不分先后）

序号	企业名称	产品名称
1	沈阳老龙口酒厂	陈酿头曲
2	沈阳酒厂	诗仙醉
3	抚顺酒厂	抚顺大曲
4	开原酒厂	玫瑰白酒
5	铁岭酒厂	铁岭老窖
6	朝阳酒厂	凌塔白酒
7	锦州凌川酒厂	凌川白酒
8	凤城酒厂	凤城老窖
9	辽阳千山酒厂	千山白酒
10	营口酒厂	迎宾酒
11	法库桃山酒厂	桃山特曲
12	阜新县酒厂	三沟特曲
13	阜新一酒厂	特酿
14	锦县酒厂	大凌河白酒
15	北镇酒厂	甘泉酒
16	义县酒厂	老窖酒

五、1987 年辽宁省名优白酒产品名单（排名不分先后）

序号	企业名称	产品名称
1	沈阳老龙口酒厂	陈酿

序号	企业名称	产品名称
2	凤城酒厂	凤城老窖
3	鞍山曲酒厂	鞍山大曲
4	辽阳千山酒厂	千山白酒
5	朝阳酒厂	龙城白酒
6	沈阳酒厂	诗仙醉
7	阜新县民族酒厂	三沟白酒
8	锦县酒厂	大凌河白酒
9	大连龙泉酒厂	龙泉白酒
10	抚顺酒厂	抚顺大曲
11	丹东酒厂	丹东大曲
12	法库桃山酒厂	桃山白酒
13	大连白酒厂	陈曲
14	朝阳酒厂	凌塔白酒
15	锦州凌川酒厂	凌川白酒
16	大连白酒厂	老窖
17	金州酒厂	金州曲酒

六、1990年辽宁省名优白酒产品名单（排名不分先后）

序号	企业名称	产品名称
1	沈阳老龙口酒厂	陈酿
2	锦州凌川酒厂	凌川白酒
3	金州酒厂	金州曲酒
4	朝阳酒厂	凌塔白酒
5	大连酒厂	大连老窖酒
6	法库桃山酒厂	桃山白酒
7	鞍山酒厂	鞍山大曲
8	阜新县酒厂	三沟特曲
9	朝阳酒厂	龙城白酒
10	沈阳酒厂	诗仙醉
11	阜新酒厂	特酿
12	绥中酒厂	特酿

续表

序号	企业名称	产品名称
13	凤城酒厂	凤城老窖
14	辽阳千山酒厂	千山白酒
15	沈阳老龙口酒厂	老龙口大曲
16	抚顺酒厂	抚顺大曲
17	铁岭酒厂	铁岭老窖
18	丹东酒厂	丹东特曲
19	本溪酒厂	辽溪特曲
20	沈阳老龙口酒厂	精制特曲
21	沈阳酒厂	小金斗
22	阜新市酒厂	阜新白酒
23	阜新县酒厂	三沟白酒
24	盘山县酒厂	盘锦白酒
25	大连酒厂	陈曲
26	开原酒厂	玫瑰白酒

七、1995年（期）辽宁省白酒行业产品质量鉴评结果（排名不分先后）

序号	企业名称	产品名称	酒度	荣誉称号
1	沈阳市老龙口酒厂	绿磨砂	38	名牌白酒
2	沈阳市老龙口酒厂	白磨砂	38	名牌白酒
3	沈阳市老龙口酒厂	老龙口白酒	35	名牌白酒
4	朝阳酒厂	凌塔老窖	38	名牌白酒
5	大连市金州酒厂	金州王牌	38	名牌白酒
6	大连市金州酒厂	金州曲酒	38	名牌白酒
7	大连市金州酒厂	金州曲酒	54	名牌白酒
8	朝阳酒厂	凌塔酒	53	名牌白酒
9	大连龙泉酒厂	龙泉老窖头曲	38	名牌白酒
10	凤城老窖酒厂	老窖酒	38	名牌白酒

序号	企业名称	产品名称	酒度	荣誉称号
11	凤城老窖酒厂	贵族老窖	40	名牌白酒
12	盘山县酒厂	盘锦白酒	38	名牌白酒
13	绥中县酒厂	绥中特酿	50	名牌白酒
14	本溪酒厂	老窖酒	39	名牌白酒
15	沈阳市老龙口酒厂	老龙口曲酒	42	名牌白酒
16	辽阳千山酒厂	千山白酒	50	推荐白酒
17	辽阳千山酒厂	红梅	53	推荐白酒
18	沈阳市老龙口酒厂	陈酿凤尾瓶	38	推荐白酒
19	鞍山市酿酒总厂	陈酿窖	50	推荐白酒
20	绥中县酒厂	绥中特酿	38	推荐白酒
21	锦州凌川酒厂	东北小高粱	40	推荐白酒
22	阜新民族酒厂	东藏春	52	推荐白酒
23	辽阳千山酒厂	千山醇	35	推荐白酒
24	鞍山市酿酒总厂	特液	38	推荐白酒
25	沈阳酒厂	皇家玉液	38	推荐白酒
26	抚顺酿酒总厂	千台春特酿	38	推荐白酒
27	盘山县酿酒厂	盘锦白酒	47	推荐白酒
28	锦州凌河酒厂	大凌河	38	推荐白酒
29	绥中县酒厂	绥中老窖	35	推荐白酒
30	大连市金州酒厂	金州老窖	53	推荐白酒
31	沈阳市桃山酒厂	桃山白酒头曲	47	推荐白酒
32	丹东酒厂	特曲	53	推荐白酒
33	辽宁间山酒厂	矿泉相思酒	38	推荐白酒
34	沈阳市锶泉酒厂	锶泉老窖	39	推荐白酒
35	阜新民族酒厂	三沟特曲	45	推荐白酒
36	沈阳市新城子酒厂	中国大高粱	40	推荐白酒
37	阜新民族酒厂	特酿	50	推荐白酒
38	凤城老窖酒厂	陈年老窖	40	推荐白酒

八、1998 年（期）辽宁省白酒行业产品质量鉴评结果（排名不分先后）

序号	企业名称	产品名称	酒度	香型	荣誉称号
1	朝阳酒厂	凌塔白酒	45	清香	名优酒
2	朝阳酒厂	凌塔白酒	53	清香	名优酒
3	朝阳酒厂	凌塔大团圆	45	浓香	名优酒
4	朝阳酒厂	凌塔老窖	35	浓香	名优酒
5	朝阳酒厂	凌塔老窖	41	浓香	名优酒
6	大连金州酒厂	金州王牌	38	浓香	名优酒
7	大连金州酒厂	金州王牌	46	浓香	名优酒
8	大连金州酒厂	金州酒	46	兼香	名优酒
9	抚顺千台春酿酒有限公司	千台春特酿	38	浓香	名优酒
10	抚顺千台春酿酒有限公司	千台春精品	43	浓香	名优酒
11	抚顺千台春酿酒有限公司	千台春大曲酒	38	兼香营养型	名优酒
12	锦州凌川酒业有限责任公司	凌川白酒	45	酱香	名优酒
13	阜新三沟酒业有限责任公司	三沟白酒	40	清香	名优酒
14	绥中县酒厂	绥中特酿	45	酱香	名优酒
15	辽宁铁刹山酒厂	铁刹山老窖酒	39	浓香	名优酒
16	辽宁凤城老窖酒厂	凤城老窖酒	40	酱香	名优酒
17	昌图县制酒一厂	山雁王白酒	46	浓香营养型	名优酒
18	东港市安民酒厂	酒千岁白酒	48	兼香	名优酒
19	抚顺千台春酿酒有限公司	抚顺白酒	40	浓香	优质酒
20	东港市安民酒厂	酒千岁	39	浓香	优质酒
21	昌图县制酒一厂	山雁王酒	38	浓香营养型	优质酒
22	阜新市制酒二厂	海泉醇	51	浓香	优质酒
23	阜新市制酒二厂	海泉白酒	38	浓香	优质酒
24	辽宁铁刹山酒厂	铁刹山特液	39	浓香	优质酒
25	辽宁凤城老窖酒厂	鸿祯一品酒	42	浓香	优质酒

序号	企业名称	产品名称	酒度	香型	荣誉称号
26	大连金州酒厂	酒友	44	浓香	优质酒
27	锦州凌川酒业有限责任公司	王牌凌川酒	39	兼香	优质酒
28	锦州凌川酒业有限责任公司	满洲里高粱酒	45	兼香	优质酒
29	锦州凌川酒业有限责任公司	丰产酒	46	兼香	优质酒
30	丹东酒厂	国门宴	42	兼香营养型	优质酒
31	盘山县酒厂	盘锦佳酿	35	浓香	优质酒
32	海城市天成酿酒集团	天成绿泉王	45	兼香	优质酒
33	阜新三沟酒业有限责任公司	三沟特曲	35	浓香	优质酒
34	阜新三沟酒业有限责任公司	三沟特曲	45	浓香	优质酒
35	葫芦岛市虹螺山酒厂	虹螺村白酒	50	兼香	优质酒
36	灯塔市铧子酒厂	铧子陈曲	53	浓香	优质酒
37	灯塔市铧子酒厂	铧子佳酿	42	酱香	优质酒
38	灯塔市铧子酒厂	铧子佳酿	53	酱香	优质酒
39	大洼县酒厂	大米王酒	36	兼香	优质酒
40	大连长兴食品技术开发有限公司	仙酒	40	兼香	优质酒
41	建平县红山酒厂	红山老窖	38	浓香	优质酒
42	阜新市北茅酒厂	北茅酒	48	酱香	优质酒
43	阜新清河酒厂	清河特曲	38	浓香营养型	推荐品牌
44	海城市天成酿酒集团	天成尊	45	兼香	推荐品牌
45	海城市天成酿酒集团	天成酒	42	浓香	推荐品牌
46	辽宁铁刹山酒厂	老窖酒	39	浓香	推荐品牌
47	东港市安民酒厂	小窖酒	39	浓香	推荐品牌
48	朝阳酒厂	高粱白酒	45	清香	推荐品牌
49	沈阳思源酒业有限公司	思源酒	39	浓香	推荐品牌
50	沈阳思源酒业有限公司	思源酒	52	浓香	推荐品牌
51	大洼县酒厂	康海王	38	浓香	推荐品牌
52	丹东酒厂	辽宁醇	40	浓香营养型	推荐品牌

序号	企业名称	产品名称	酒度	香型	荣誉称号
53	绥中县酒厂	绥中老窖	43	兼香	推荐品牌
54	沈阳十里香酿酒厂	十里香酒	52	其他	推荐品牌
55	盘山县酒厂	盘锦白酒	42	清香营养型	推荐品牌
56	辽宁凤城老窖酒厂	凤城老窖酒	42	酱香营养型	推荐品牌
57	沈阳桃山酿酒有限责任公司	桃山白酒	43	其他	推荐品牌
58	铁岭市龙山酒厂	铁岭老窖	38	浓香营养型	推荐品牌

九、2001年（期）辽宁省白酒行业产品质量鉴评结果（排名不分先后）

序号	企业名称	产品名称	酒度	香型	荣誉称号
1	朝阳凌塔酿酒有限责任公司	凌塔大团圆	45	浓香	名酒
2	朝阳凌塔酿酒有限责任公司	凌塔白酒	53	清香	名酒
3	朝阳凌塔酿酒有限责任公司	凌塔纯净酒	32	其他香型	名酒
4	辽宁凤城老窖酒厂	红梅牌凤城老窖酒	42	酱香	名酒
5	辽宁凤城老窖酒厂	凤山牌凤城老窖酒	42	酱香	名酒
6	辽宁凤城老窖酒厂	鸿祯一品酒	42	浓香	名酒
7	大连金州酒厂	金州王牌	46	浓香	名酒
8	大连金州酒厂	金州老窖	43	浓香	名酒
9	沈阳天江老龙口酿造有限公司	老龙口二十年陈酿	54	兼香	名酒
10	沈阳天江老龙口酿造有限公司	精品陈酿	38	浓香	名酒
11	抚顺千台春酿酒有限公司	千台春特酿	38	浓香	名酒
12	抚顺千台春酿酒有限公司	千台春精品	43	浓香	名酒
13	抚顺千台春酿酒有限公司	精酿抚顺白酒	38	兼香	名酒
14	盘锦鹤乡酒业集团有限公司	锦鹤福酒	43	浓香	名酒
15	盘锦鹤乡酒业集团有限公司	精品鹤乡王	42	浓香营养型	名酒
16	盘锦鹤乡酒业集团有限公司	鹤乡王	35	浓香营养型	名酒
17	盘锦鹤乡酒业集团有限公司	鹤乡王	38	浓香营养型	名酒

序号	企业名称	产品名称	酒度	香型	荣誉称号
18	锦州凌川酒业有限责任公司	道光廿五	39	陈香	名酒
19	辽宁铁刹山酒厂	铁刹山佳酿	39	浓香	名酒
20	辽宁铁刹山酒厂	铁刹山福酒	36	浓香	名酒
21	辽宁铁刹山酒厂	铁刹山陈年窖	48	兼香	名酒
22	阜新三沟酒业有限责任公司	三沟特曲	45	浓香	名酒
23	阜新三沟酒业有限责任公司	三沟老窖	35	浓香	名酒
24	辽宁忠华酒业—绥中县酒厂	绥中特酿	45	酱香	名酒
25	辽宁忠华酒业—绥中县酒厂	绥中老窖	45	兼香	名酒
26	辽宁山雁王酒业有限公司	山雁王	38	浓香	名酒
27	辽宁山雁王酒业有限公司	山雁王牌	38	浓香	名酒
28	盘锦市盘山酒业有限责任公司	盘锦佳酿	35	浓香	名酒
29	丹东市安民酒厂	酒千岁	35	浓香	名酒
30	丹东市安民酒厂	酒千岁	39	浓香	名酒
31	丹东市安民酒厂	酒千岁	48	兼香	名酒
32	大连龙泉股份有限公司龙泉酒厂	龙酒	44	浓香	名酒
33	辽阳千山酒厂	千山白酒	50	酱香	名酒
34	盘锦大米王酒业有限公司	大米王酒	36	兼香	名酒
35	西丰县御林酒厂	鹿茸酒	42	清香营养型	名酒
36	抚顺千台春酿酒有限公司	抚顺白酒	40	浓香	优质酒
37	沈阳天江老龙口酿造有限公司	老龙口酒	42	浓香营养型	优质酒
38	辽宁凤城老窖酒厂	凤城老窖佳酒	45	兼香营养型	优质酒
39	辽宁铁刹山酒厂	铁刹山老窖酒	39	浓香	优质酒
40	锦州凌川酒业有限责任公司	酒中仙	32	浓香	优质酒
41	盘锦市盘山酒业有限责任公司	关东醇	38	浓香营养型	优质酒
42	盘锦市盘山酒业有限责任公司	鸿运白酒	36	兼香	优质酒
43	盘锦大米王酒业有限公司	宴王特酿	35	浓香	优质酒
44	沈阳市新民酒厂	玉米香	48	兼香	优质酒

续表

序号	企业名称	产品名称	酒度	香型	荣誉称号
45	沈阳市新民酒厂	辽河大曲	38	浓香	优质酒
46	大连金州鑫醇酒厂	金九福	52	浓香	优质酒
47	大连长兴葡萄酒有限公司	大连仙酒	45	兼香营养型	优质酒
48	灯塔市铧子酒厂	铧子佳酿	45	酱香营养型	优质酒
49	灯塔市铧子酒厂	铧子白酒	38	酱香营养型	优质酒
50	建平县红山酒厂	红山老窖	38	浓香	优质酒
51	北宁闾山酒业有限责任公司	甘泉白酒	38	浓香	优质酒
52	沈阳大龙酒业有限公司	马三白酒	38	兼香	优质酒
53	辽宁红梅盛京酒业有限公司	诗仙醉	46	酱香	优质酒
54	喀左塔城陈醋酿造有限公司	特制凌峰玉液	39	清香	优质酒
55	西丰县御林酒厂	御林春酒	38	兼香营养型	优质酒
56	阜新茅台分厂	一九一五醇	45	酱香	优质酒

十、2004 年（期）辽宁省白酒行业产品质量鉴评结果（排名不分先后）

序号	企业名称	产品名称	酒度	香型	荣誉称号
1	朝阳天江老龙口酿造有限公司	凌塔白酒	53	清香	名酒
2	辽宁道光廿五集团满族酿酒有限责任公司	道光廿五贡酒	43	陈香	名酒
3	辽宁凤城老窖酒业有限责任公司	三星凤城老窖酒	40	酱香	名酒
4	辽宁忠华酒业绥中县酒厂	绥中特酿	45	酱香	名酒
5	辽宁凤城老窖酒业有限责任公司	红梅牌凤城老窖酒	42	酱香	名酒
6	辽阳千山酒业责任有限公司	陶瓷千山酒	50	酱香	名酒
7	辽宁忠华酒业绥中县酒厂	绥中老窖	38	兼香（营养型）	名酒
8	灯塔市铧子酒厂	铧子佳酿	45	酱香（营养型）	名酒
9	大连长兴葡萄酒有限公司	大连仙酒	45	兼香（营养型）	名酒
10	辽宁铁刹山酒业有限责任公司	铁刹山二十年陈酿酒	36	兼香	名酒
11	丹东市安民酒厂	酒千岁	48	兼香	名酒

序号	企业名称	产品名称	酒度	香型	荣誉称号
12	辽宁山雁王酒业有限公司	山雁王牌	38	浓香（营养型）	名酒
13	辽宁盘锦鹤乡酒业集团有限公司	鹤乡王三星白酒	42	浓香（营养型）	名酒
14	大连格林酒业有限公司	格林龙草	46	浓香（营养型）	名酒
15	辽宁省铁岭市御林酒厂	御林鹿茸酒	42	营养型	名酒
16	朝阳天江老龙口酿造有限公司	凌塔纯净酒	32	其他	名酒
17	朝阳神爽酿酒有限责任公司	金朝阳纯净酒	32	其他（营养型）	名酒
18	辽宁凤城老窖酒业有限责任公司	凤城老窖陈酿酒	36	浓香	名酒
19	盘锦市盘山酒业有限责任公司	盘锦佳酿300年酒	33	浓香	名酒
20	阜新三沟酒业有限公司	三沟老窖	36	浓香	名酒
21	朝阳天江老龙口酿造有限公司	凌塔百年酒	39	浓香	名酒
22	辽宁铁刹山酒业有限责任公司	铁刹山酒（珍品）	36	浓香	名酒
23	丹东市安民酒厂	酒千岁	39	浓香	名酒
24	大连金州酒业有限公司	金州王牌原浆酒	46	浓香	名酒
25	沈阳天江老龙口酿造有限公司	老龙口黄金御酒	42	浓香	名酒
26	抚顺启运千台春酒业有限公司	千台春启运酒正红旗	42	浓香	名酒
27	阜新三沟酒业有限公司	三沟老窖	36	浓香	名酒
28	大连金州酒业有限公司	金州王牌	46	浓香	名酒
29	辽宁凤城老窖酒业有限责任公司	金窖1950	50	浓香	名酒
30	沈阳天江老龙口酿造有限公司	老龙口青花龙酒	45	浓香	名酒
31	辽阳千山酒业责任有限公司	二十年陈酿千山酒	52	浓香	名酒
32	大连金州酒业有限公司	金州王牌二十七年陈酿	53	浓香	名酒
33	抚顺启运千台春酒业有限公司	抚顺白酒	38	浓香（营养型）	优质酒
34	抚顺启运千台春酒业有限公司	抚顺白酒	40	浓香	优质酒
35	大连金州酒业有限公司	金州王牌大英雄酒	69	清香	优质酒
36	辽阳千山酒业责任有限公司	千山佳酿	45	酱香	优质酒
37	灯塔市铧子酒厂	铧子白酒	38	酱香（营养型）	优质酒
38	盘锦市盘山酒业有限责任公司	盘锦老窖	38	兼香（营养型）	优质酒

序号	企业名称	产品名称	酒度	香型	荣誉称号
39	辽宁铁刹山酒业有限责任公司	铁刹山酒精品	42	浓香（营养型）	优质酒
40	阜新蒙古贞酒业有限责任公司	金蒙贞酒	38	浓香（营养型）	优质酒
41	辽宁省铁岭市御林酒厂	御林鹿鞭酒	39	营养型	优质酒
42	朝阳神爽酿酒有限责任公司	神爽纯净酒	36	其他（营养型）	优质酒
43	北宁闾山酒业有限责任公司	甘泉酒	38	浓香	优质酒
44	大连格林酒业有限公司	响泉酒	38	浓香	优质酒
45	辽阳谷泉酒厂	襄平王酒	38	浓香	优质酒
46	大连金州酒业有限公司	金州老窖	43	浓香	优质酒
47	凤城市英华酒厂	凤城红高粱酒	42	浓香	优质酒
48	沈阳天江老龙口酿造有限公司	老龙口白龙酒	42	浓香	优质酒
49	丹东市好邻居食品有限公司	丹东特曲	45	浓香	优质酒

十一、2007年（期）辽宁省白酒行业产品质量鉴评结果（排名不分先后）

序号	企业名称	产品名称	酒度	香型	荣誉称号
1	辽宁铁刹山酒业有限责任公司	铁刹山珍品	36	浓香	名酒
2	辽宁铁刹山酒业有限责任公司	铁刹山老窖酒	52	兼香	名酒
3	辽宁铁刹山酒业有限责任公司	铁刹山精致白酒	42	浓香（营养型）	优质酒
4	阜新蒙古贞酒业有限责任公司	世纪原浆酒	38	浓香（营养型）	名酒
5	阜新蒙古贞酒业有限责任公司	世纪原浆酒	35	浓香（营养型）	优质酒
6	盘锦市盘山酒业有限责任公司	盘锦佳酿300年酒	33	浓香	名酒
7	盘锦鹤乡酒业集团有限公司	鹤乡王	42	浓香（营养型）	名酒
8	抚顺启运千台春酒业有限公司	抚顺白酒	40	浓香	优质酒
9	辽宁忠华酒业有限责任公司	绥中特酿	45	酱香	名酒
10	辽宁忠华酒业有限责任公司	绥中老窖	38	兼香（营养型）	名酒
11	灯塔市铧子酒厂	铧子佳酿	45	酱香	名酒
12	灯塔市铧子酒厂	铧子白酒	38	酱香（营养型）	优质酒

序号	企业名称	产品名称	酒度	香型	荣誉称号
13	沈阳天江老龙口酿造有限公司	老龙口哥窑瓷酒	48	浓香	名酒
14	沈阳天江老龙口酿造有限公司	老龙口七彩龙酒	52	浓香	名酒
15	沈阳天江老龙口酿造有限公司	老龙口青花龙酒	45	浓香	名酒
16	辽宁千山酒业集团有限公司	陶瓷千山酒	50	酱香	名酒
17	辽宁千山酒业集团有限公司	十五年陈酿千山酒	45	浓香	名酒
18	辽宁道光廿五集团满族酿酒有限责任公司	道光廿五贡酒	52	陈香	名酒
19	朝阳凌塔酿造科技开发有限公司	凌塔酒	53	清香	名酒
20	朝阳凌塔酿造科技开发有限公司	纯净酒	32	其他	名酒
21	铁岭市西丰御林鹿业集团	御林鹿茸酒	42	特殊营养型	名酒
22	铁岭市西丰御林鹿业集团	御林鹿鞭酒	32	特殊营养型	优质酒
23	辽宁三沟酒业有限责任公司	三沟老窖	45	浓香	名酒
24	辽宁三沟酒业有限责任公司	三沟老窖	36	浓香	名酒
25	沈阳市老顺口酒坊	老顺口	53	清香	名酒
26	丹东市安民酒厂	酒千岁	48	兼香	名酒
27	大连长兴酒庄有限公司	海参三宝酒	45	兼香（营养型）	名酒
28	大连长兴酒庄有限公司	老大连烧锅酒	45	兼香（营养型）	名酒
29	凤城市真童老窖酒业有限公司	凤城九年窖酒	50	浓香	优质酒
30	凤城市真童老窖酒业有限公司	凤城珍品老窖	45	兼香	优质酒
31	凌海市凌河酿酒有限责任公司	大凌河酒	52	酱香	名酒
32	大连格林酒业有限公司	格林龙草	46	浓香（营养型）	名酒
33	大连格林酒业有限公司	格林白酒	50	浓香	优质酒
34	沈阳大龙酒业有限公司	马三白酒	50	浓香	优质酒
35	大连金州鑫醇酒厂	内部特供酒	52	兼香	名酒
36	辽宁凤城老窖酒业有限责任公司	三星凤城老窖酒	40	酱香	名酒
37	辽宁凤城老窖酒业有限责任公司	凤城老窖鸿祯酒	40	浓香	名酒
38	辽宁凤城老窖酒业有限责任公司	凤城老窖酒	40	酱香	名酒
39	凤城市英华酒厂	凤城原浆老窖酒	42	浓香	名酒
40	凤城市英华酒厂	凤城古镇老窖酒	42	浓香	优质酒

序号	企业名称	产品名称	酒度	香型	荣誉称号
41	辽阳市辽东酒厂	蛋宝酒	42	其他（营养型）	优质酒
42	大连第二酒厂	大连陈酿	52	浓香	名酒
43	辽宁葫芦岛富都酒业有限责任公司	金麦坊精品酒	52	浓香	名酒
44	辽宁葫芦岛富都酒业有限责任公司	金麦坊精品酒	38	浓香	优质酒
45	凤城市凤山酒厂	凤城特供老窖酒	45	浓香	优质酒
46	凤城市天香老窖酒业有限责任公司	凤城天香老窖	40	清香	优质酒

十二、2010 年（期）辽宁省白酒行业产品质量鉴评结果（排名不分先后）

序号	企业名称	产品名称	酒度	香型	荣誉称号
1	大连长兴岛酒业有限公司	龙泉 50 年头曲酒	50 度	浓香	名酒
2	辽宁道光廿五集团满族酿酒有限责任公司	道光廿五贡酒	52 度	陈香	名酒
3	盘锦鹤乡酒业集团有限公司	35 度鹤乡王	35 度	浓香营养型	名酒
4	沈阳天江老龙口酿造有限公司	老龙口四龙酒	42 度	浓香	名酒
5	沈阳天江老龙口酿造有限公司	十五年陈酿酒	52 度	浓香	名酒
6	盘锦市盘山酒业有限责任公司	盘锦佳酿三百年酒	33 度	浓香	名酒
7	葫芦岛市九江酒业有限责任公司	九门口酒（九天）	52 度	浓香	名酒
8	沈阳市老顺口酒坊	老顺口酒坊酒	53 度	清香	名酒
9	朝阳凌塔酿造科技开发有限公司	凌塔百年酒	48 度	浓香	名酒
10	朝阳凌塔酿造科技开发有限公司	凌塔百年（红百年酒）	35 度	浓香	名酒
11	朝阳凌塔酿造科技开发有限公司	凌塔酒	53 度	清香	名酒
12	朝阳凌塔酿造科技开发有限公司	凌塔陈酒	45 度	清香	名酒
13	辽宁忠华酒业有限公司	绥中特酿	45 度	酱香	名酒
14	辽宁忠华酒业有限公司	绥中老窖	38 度	兼香营养型	名酒
15	辽宁千山酒业集团有限公司	陶瓷千山酒	50 度	酱香	名酒
16	辽宁千山酒业集团有限公司	十五年陈酿千山酒	45 度	浓香	名酒
17	辽宁铁刹山酒业（集团）有限公司	铁刹山百年酒典酒	50 度	浓香	名酒

序号	企业名称	产品名称	酒度	香型	荣誉称号
18	辽宁铁刹山酒业（集团）有限公司	铁刹山红色经典酒	48度	兼香	名酒
19	辽宁凤城老窖酒业有限责任公司	凤城老窖冰梅花酒	45度	酱香	名酒
20	辽宁凤城老窖酒业有限责任公司	40度凤城老窖酒	40度	酱香	名酒
21	辽宁凤城老窖酒业有限责任公司	凤城老窖御酒	42度	浓香	名酒
22	大连长兴酒庄有限公司	大连海参酒	40度	兼香营养型	名酒
23	大连长兴酒庄有限公司	大连烧锅酒	45度	兼香营养型	名酒
24	大连长兴酒庄有限公司	大连老黄酒	10度	干型	名酒
25	辽宁凤城市英华酒厂	凤城原浆老窖酒	42度	浓香	名酒
26	抚顺启运千台春酒业有限公司	千台春酒（镶红旗）	39度	浓香	名酒
27	抚顺启运千台春酒业有限公司	千台春特酿酒	38度	浓香	名酒
28	灯塔市铧子酒厂	铧子佳酿	45度	酱香	名酒
29	凌海市凌河酿酒有限责任公司	大凌河酒	52度	酱香	名酒
30	铁岭市西丰御林鹿业集团鹿茸酒制造有限责任公司	御林鹿茸酒	35度	其他香型	名酒
31	阜新蒙古贞酒业有限责任公司	世纪原浆酒	38度	浓香营养型	名酒
32	大连格林酒业有限公司	格林龙草酒	46度	浓香营养型	名酒
33	大连第二酒厂	棒棰岛酒	42度	浓香	名酒
34	大连第二酒厂	棒棰岛酒	46度	浓香	名酒
35	大连第二酒厂	棒棰岛酒	52度	浓香	名酒
36	大连金州鑫醇酒厂	内部特供酒	52度	兼香	名酒
37	辽宁三沟酒业有限责任公司	三沟老窖酒	38度	浓香	名酒
38	辽宁三沟酒业有限责任公司	三沟老窖酒	45度	浓香	名酒
39	辽宁三沟酒业有限责任公司	三沟百年窖白酒	42度	兼香	名酒
40	沈阳大龙酒业有限公司	马三红宝石酒	52度	浓香	名酒
41	辽宁东港市安民酒厂	酒千岁	48度	兼香	名酒
42	凤城市大清罕王酒业有限公司	大清罕王酒	42度	浓香	名酒
43	沈阳天江老龙口酿造有限公司	小赤龙酒	42度	浓香营养型	优质酒
44	朝阳凌塔酿造科技开发有限公司	凌塔纯净酒	32度	其他香型	优质酒

序号	企业名称	产品名称	酒度	香型	荣誉称号
45	辽宁朝阳思源酒业有限公司	泉盛河迎宾酒	48度	清香	优质酒
46	辽宁铁刹山酒业（集团）有限公司	铁刹山佳酿酒	46度	浓香	优质酒
47	辽宁北票市华溢酒业有限公司	村井坊酒（35度青花瓷）	35度	浓香	优质酒
48	辽宁北票市华溢酒业有限公司	村井坊酒	52度	浓香	优质酒
49	辽宁凤城市英华酒厂	凤城二十年老窖酒	40度	兼香	优质酒
50	辽宁凤城市英华酒厂	凤城百年窖酒	42度	浓香	优质酒
51	葫芦岛市九江酒业有限责任公司	九门口酒（特供精品红坛）	39度	浓香	优质酒
52	灯塔市铧子酒厂	铧子白酒	38度	酱香营养型	优质酒
53	灯塔市铧子酒厂	铧子老窖	55度	酱香	优质酒
54	灯塔市铧子酒厂	张书老窖酒	52度	酱香	优质酒
55	铁岭市西丰御林鹿业集团鹿茸酒制造有限责任公司	御林鹿鞭酒	35度	其他香型	优质酒
56	阜新蒙古贞酒业有限责任公司	金蒙贞原浆酒	35度	浓香营养型	优质酒
57	凤城市映山红老窖酒业酿造厂	凤城醇酒	42度	兼香	优质酒
58	凤城市映山红老窖酒业酿造厂	凤城十年陈酿酒	38度	浓香	优质酒
59	辽宁昌图县昌图镇山雁酒厂	山雁王酒（精品）	38度	浓香	优质酒
60	大连格林酒业有限公司	格林白酒	46度	浓香	优质酒
61	大连市金州区格林酒类营销中心	槐乡情酒	42度	浓香营养型	优质酒
62	凤城市大清罕王酒业有限公司	哈不倒酒	42度	浓香	优质酒
63	辽宁凤城市城东酒厂	凤城三十年老窖酒	40度	兼香	优质酒
64	辽宁凤城市城东酒厂	凤城红高粱老窖酒	42度	兼香	优质酒
65	三沟酒业集团阜新瑞应酒业有限责任公司	东藏贡酒	52度	清香	优质酒
66	凤城市乾窖酒业有限公司	凤城乾窖酒	40度	浓香	优质酒
67	凤城市乾窖酒业有限公司	凤城原浆老窖酒	42度	兼香	优质酒
68	凤城市大梨树酒业有限责任公司	凤城五加醇酒	42度		优质酒
69	凤城市大梨树酒业有限责任公司	凤城好百年玉液酒	42度		优质酒
70	辽宁凤城市时代老窖酒业饮品有限公司	凤城方瓶老窖酒	40度	浓香	优质酒

序号	企业名称	产品名称	酒度	香型	荣誉称号
71	辽阳县寒岭镇梨庇峪酒厂	梨庇峪原浆酒	51度	清香	优质酒
72	辽阳县寒岭镇梨庇峪酒厂	瑰花酒	51度	清香	优质酒
73	辽宁本溪南甸才窑酒厂	八宝泉酒（八年陈酿）	38度	浓香	优质酒
74	沈阳市兴盛泉酒业有限公司	小福贵酒	50度	清香	优质酒
75	大连金州鑫醇酒厂	内部特供酒	42度	兼香	优质酒
76	大连金州鑫醇酒厂	内部特供酒	48度	兼香	优质酒
77	大连金州鑫醇酒厂	内部特供酒	50度	兼香	优质酒

十三、2013年（期）辽宁省白酒行业产品质量鉴评结果（排名不分先后）

序号	企业名称	产品名称	酒度	香型	荣誉称号
1	辽宁三沟酒业有限责任公司	三沟雪兰老窖	38	浓香	名酒
2	辽宁三沟酒业有限责任公司	三沟青花老窖	45	浓香	名酒
3	辽宁三沟酒业有限责任公司	三沟百年窖	42	兼香	名酒
4	辽宁道光廿五集团满族酿酒有限责任公司	新凌川白酒	45	酱香	名酒
5	辽宁道光廿五集团满族酿酒有限责任公司	道光廿五贡酒	52	陈香	名酒
6	沈阳天江老龙口酿造有限公司	青花龙酒	45	浓香	名酒
7	沈阳天江老龙口酿造有限公司	七彩龙酒	52	浓香	名酒
8	沈阳天江老龙口酿造有限公司	白龙酒	42	浓香	优质酒
9	辽宁铁刹山酒业（集团）有限公司	铁刹山百年传奇	36	浓香	名酒
10	辽宁铁刹山酒业（集团）有限公司	铁刹山青瓷典藏	50	浓香	名酒
11	辽宁铁刹山酒业（集团）有限公司	铁刹山味道酒	39	清香	优质酒
12	朝阳凌塔酿造科技开发有限公司	凌塔红百年	39	浓香	名酒
13	朝阳凌塔酿造科技开发有限公司	45度凌塔盛世清云	45	清香	名酒
14	朝阳凌塔酿造科技开发有限公司	凌塔天韵	42	浓香	优质酒
15	辽宁凤城老窖酒业有限责任公司	45度冰梅花凤城老窖酒	45	酱香	名酒
16	辽宁凤城老窖酒业有限责任公司	50度百年庆典凤城老窖酒	50	酱香	名酒

序号	企业名称	产品名称	酒度	香型	荣誉称号
17	抚顺启运千台春酒业有限公司	千台春镶红旗	39	浓香	名酒
18	抚顺启运千台春酒业有限公司	千台春正红旗	42	浓香	名酒
19	辽宁忠华酒业有限责任公司	绥中老窖酒	38	兼香	名酒
20	辽宁忠华酒业有限责任公司	绥中特酿	45	酱香	名酒
21	朝阳凌塔酿造科技开发有限公司	凌塔银百年	48	浓香	名酒
22	朝阳凌塔酿造科技开发有限公司	凌塔金百年	52	浓香	名酒
24	盘锦市盘山酒业有限责任公司	盘锦佳酿300年酒	33	浓香	名酒
25	大连辽一酒厂	大连老黄酒	16	干型	名酒
26	大连辽一酒厂	海参酒	40	兼香营养型	名酒
27	大连辽一酒厂	辽一酒	53	辽香	名酒
28	辽宁千山酒业集团有限公司	十五年陈酿千山酒	45	浓香	名酒
29	辽宁千山酒业集团有限公司	千山白酒	50	酱香	名酒
30	阜新蒙古贞酒业有限责任公司	38度世纪原浆酒	38	浓香营养型	名酒
31	阜新蒙古贞酒业有限责任公司	35度金蒙贞原浆酒	35	浓香营养型	优质酒
32	灯塔市铧子酒厂	铧子佳酿	45	酱香	名酒
33	灯塔市铧子酒厂	铧子老窖	55	酱香	名酒
34	丹东酒千岁酒业有限公司	45度酒千岁酒	45	浓香	名酒
35	瓦房店香洲坊酒业有限公司	香洲坊酒	52	芝麻香	名酒
36	瓦房店香洲坊酒业有限公司	香洲坊特曲酒	50	浓香	优质酒
37	大连市金州大元酒厂	老鳌湾窖藏酒	46	浓香	名酒
38	大连市金州大元酒厂	老鳌湾窖藏酒	52	浓香	名酒
39	大连市金州大元酒厂	大元原浆酒	52	兼香	名酒
40	大连市金州大元酒厂	人参酒	45	营养型	优质酒
41	凌海市凌河酿酒有限责任公司	大凌河酒十年	52	酱香	名酒
42	凌海市凌河酿酒有限责任公司	大凌河酒金牌	38	兼香	优质酒

序号	企业名称	产品名称	酒度	香型	荣誉称号
43	大连长兴岛酒业有限公司	大连味道酒	52	浓香	名酒
44	大连长兴岛酒业有限公司	龙泉50年酒	50	浓香	优质酒
45	三沟酒业集团阜新瑞应酒业有限责任公司	东藏贡酒	52	清香	优质酒
46	沈阳市老顺口酒坊有限公司	老顺口盛世清香	53	清香	名酒
47	沈阳市老顺口酒坊有限公司	老顺口酒坊酒	53	清香	优质酒
48	北票市华溢酒业有限公司	村井坊52度珍藏版	52	浓香	名酒
49	北票市华溢酒业有限公司	村井坊至雅	43	浓香	优质酒
50	铁岭市西丰御林鹿业集团鹿茸酒制造有限责任公司	御林鹿茸酒	35	其他	名酒
51	铁岭市西丰御林鹿业集团鹿茸酒制造有限责任公司	御林鹿鞭酒	35	其他	优质酒
52	辽宁山雁王酒业有限公司	山雁王蓝色典范	38	浓香	名酒
53	辽宁山雁王酒业有限公司	山雁王	52	浓香	优质酒
54	沈阳大龙酒业有限公司	盛京百年	50	浓香	名酒
55	沈阳大龙酒业有限公司	马三红宝石	52	浓香	名酒
56	沈阳大龙酒业有限公司	马三白酒	50	浓香	优质酒
57	辽宁凤城市古镇老窖酒厂	凤城湖老窖酒	42	浓香	名酒
58	辽宁凤城市古镇老窖酒厂	辽凤百年窖酒	40	浓香	优质酒
59	大连格林酒业有限公司	格林龙草	42	浓香营养型	名酒
60	大连格林酒业有限公司	格林白酒	46	浓香	优质酒
61	辽宁朝阳思源酒业有限公司	泉盛河	46	清香	名酒
62	辽宁朝阳思源酒业有限公司	泉盛河	42	清香	优质酒
63	辽宁朝阳思源酒业有限公司	泉盛河	42	浓香	优质酒
64	大连市金州大元酒厂生产制造大连聚品堂酒业有限公司总经销	大连星海陈酿	52	浓香	名酒
65	大连市金州大元酒厂生产制造大连聚品堂酒业有限公司总经销	星海	52	浓香	优质酒

续表

序号	企业名称	产品名称	酒度	香型	荣誉称号
66	凤城市大清罕王酒业有限公司	大清罕王酒	50	浓香	名酒
67	凤城市大清罕王酒业有限公司	哈不倒酒	42	浓香	优质酒
68	凤城市天香老窖酒业有限公司	天香古酿	50	浓香	名酒
69	凤城市山东沟老窖酒厂	山东沟老窖酒	42	浓香	名酒
70	凤城市山东沟老窖酒厂	三星老窖酒	42	浓香	优质酒
71	凤城市山东沟老窖酒厂	老窖典藏酒	52	浓香	优质酒
72	凤城市乾窖酒业有限公司	凤城原浆老窖酒	42	兼香	优质酒
73	凤城市乾窖酒业有限公司	凤美老窖	50	浓香	优质酒
74	凤城市盛龙老窖酒厂	凤窖酒	38	浓香	优质酒
75	凤城市盛龙老窖酒厂	原浆老窖	42	浓香	优质酒
76	凤城市大梨树酒业有限责任公司	凤城好百年玉液酒	42		优质酒
77	凤城市大梨树酒业有限责任公司	凤城五加醇酒	42		优质酒
78	辽宁省凤城市映山红老窖酒业酿造厂	凤香老酒坊	40	兼香	优质酒
79	辽宁省凤城市映山红老窖酒业酿造厂	千年凤酿老窖王	42	兼香	优质酒
80	辽宁凤城市时代老窖酒业饮品有限公司	凤城老陈年	40	浓香	优质酒
81	辽宁本溪满族自治县南甸镇才窖酒厂	本溪福酒	43	浓香	优质酒
82	辽宁本溪满族自治县南甸镇才窖酒厂	本溪老窖（八年窖藏）	43	浓香	优质酒
83	凤城市兴华老窖酒厂	陈年老窖	39	浓香	优质酒
84	凤城市兴华老窖酒厂	百年好合	42	浓香	优质酒
85	凤城市兴华老窖酒厂	百年老窖	42	浓香	优质酒
86	辽阳县寒岭镇梨庇峪酒厂	瑰花酒	51	清香	优质酒
87	辽阳县寒岭镇梨庇峪酒厂	梨庇峪原浆酒	51	清香	优质酒

十四、辽宁省第八届（2016期）白酒产品感官尝评结果（排名不分先后）

序号	企业名称	产品名称	酒度	香型	荣誉称号
1	辽宁铁刹山酒业（集团）有限公司	铁刹山百年传奇酒	36%vol	浓香型	名酒
2	辽宁铁刹山酒业（集团）有限公司	铁刹山百年窖龄（20）	40%vol	浓香型	纯粮固态好酒
3	辽宁忠华酒业有限责任公司	绥中特酿	43.8%vol	酱香型	纯粮固态好酒
4	辽宁忠华酒业有限责任公司	绥中老窖	38%vol	兼香型配制酒	名酒
5	营口碧泉酒业有限公司	碧泉	52%vol	清香型	优质酒
6	灯塔市铧子酒厂	铧子佳酿	45%vol	酱香型	纯粮固态好酒
7	灯塔市铧子酒厂	铧子老窖	50%vol	酱香型	优质酒
8	灯塔市铧子酒厂	铧子特酿	53%vol	酱香型	名酒
9	沈阳市桃仙府酒坊有限公司	桃仙府酒坊酒	53%vol	清香型	名酒
10	凌海市凌河酿酒有限责任公司	大凌河酒龙凤呈祥	42%vol	清香型	优质酒
11	凌海市凌河酿酒有限责任公司	大凌河酒20年陈酿	52%vol	酱香型	纯粮固态好酒
12	沈阳天江老龙口酿造有限公司	青花龙酒	45%vol	浓香型	纯粮固态好酒
13	沈阳天江老龙口酿造有限公司	龙香酒	42%vol	浓香型	优质酒
14	丹东酒千岁酒业有限公司	45度酒千岁酒	45%vol	浓香型	名酒
15	辽宁凤城老窖酒业有限责任公司	凤城老窖精品百年庆典酒	50%vol	酱香型	名酒
16	抚顺启运千台春酒业有限公司	千台春特酿（磨砂）	38%vol	浓香型	名酒
17	抚顺启运千台春酒业有限公司	清酿抚顺白酒	43%vol	清香型	优质酒
18	朝阳凌塔酿造科技开发有限公司	凌塔盛世清云	53%vol	复合清香型	纯粮固态好酒
19	朝阳凌塔酿造科技开发有限公司	凌塔百年	48%vol	浓香型	名酒
20	朝阳凌塔酿造科技开发有限公司	凌塔名仕	42%vol	复合清香型	名酒
21	金石滩酒业集团有限公司	金石滩·金石之信	50.8%vol	浓香型	纯粮固态好酒
22	金石滩酒业集团有限公司	金石滩酒（金石福）	50.8%vol	浓香型	名酒
23	大连长兴岛酒业有限公司	龙泉50年窖藏白酒	50%vol	浓香型	名酒

序号	企业名称	产品名称	酒度	香型	荣誉称号
24	葫芦岛市九江酒业有限责任公司	大辽壹号·九门口酒	38%vol	浓香型	名酒
25	辽宁道光廿五集团满族酿酒有限责任公司	道光廿五贡酒	52%vol	陈香型	名酒
26	辽宁道光廿五集团满族酿酒有限责任公司	凌川白酒	45%vol	酱香型	名酒
27	辽宁千山酒业集团有限公司	千山白酒	50%vol	酱香型	纯粮固态好酒
28	辽宁千山酒业集团有限公司	千山陈酿	45%vol	浓香型	名酒
29	辽宁三沟酒业有限责任公司	三沟老窖酒	38%vol	浓香型	纯粮固态好酒
30	辽宁三沟酒业有限责任公司	三沟私酿酒	52%vol	浓香型	名酒
31	辽宁三沟酒业有限责任公司	三沟百年窖酒	42%vol	兼香型	名酒
32	阜新蒙古贞酒业有限责任公司	蒙贞黄原浆酒	35%vol	浓香型	优质酒
33	阜新蒙古贞酒业有限责任公司	蒙贞世纪原浆酒	38%vol	浓香型	名酒
34	凤城市大清罕王酒业有限公司	大清罕王	50%vol	浓香型	名酒
35	凤城市大清罕王酒业有限公司	哈不倒	42%vol	浓香型	优质酒
36	辽宁德润白酒制造有限公司	德润酒坊	42%vol	清香型	优质酒
37	凤城市天香老窖酒业有限公司	凤城天香	50%vol	浓香型	名酒
38	凤城时代老窖酒业饮品有限公司	时代蓝淡雅酒	40%vol	浓香型	优质酒
39	北票市华溢酒业有限公司	村井坊尊雅	42%vol	浓香型	名酒
40	北票市华溢酒业有限公司	村井坊至雅	43%vol	浓香型	优质酒
41	大连金州鑫醇酒厂	金普酒	46%vol	复合香型	名酒
42	辽阳正香醇酒业有限公司	河澜醇	52%vol	清香型	优质酒
43	辽宁山雁王酒业有限公司	山雁王（1948）	52%vol	浓香型	名酒
44	辽阳县吉洞畅泉酒业	畅泉白酒	50%vol	清香型	优质酒
45	辽阳市宏伟区龙鼎山酒厂	龙鼎王白酒	52%vol	清香型	优质酒
46	辽阳市宏伟区龙鼎山酒厂	龙鼎王白酒	52%vol	酱香型	名酒
47	凤城市兴华老窖酒厂	烧酒	42%vol	浓香型	优质酒
48	沈阳大龙酒业有限公司	马三白酒	50%vol	浓香型	优质酒
49	沈阳大龙酒业有限公司	红宝石	52%vol	浓香型	名酒

序号	企业名称	产品名称	酒度	香型	荣誉称号
50	沈阳大龙酒业有限公司	黑瓷	46%vol	浓香型	优质酒
51	凤城市盛龙老窖酒厂	原浆老窖	42%vol	浓香型	名酒
52	凤城市盛龙老窖酒厂	陈年老窖	42%vol	浓香型	优质酒
53	凤城市盛龙老窖酒厂	五星窖	36%vol	浓香型	优质酒
54	凤城市古镇老窖酒厂	凤城湖原浆老窖酒	42%vol	浓香型	名酒
55	凤城市古镇老窖酒厂	辽凤原浆老窖酒	42%vol	浓香型	优质酒
56	凤城市古镇老窖酒厂	辽凤百年窖酒	42%vol	浓香型	优质酒
57	朝阳思源酒业有限公司	乾隆醉	46%vol	清香型	名酒
58	辽宁凤城老窖酒业有限责任公司	凤城老窖冰梅花酒	45%vol	酱香型	纯粮固态好酒
59	沈阳市御清泉酒厂	御清泉酒	53%vol	清香型	优质酒
60	沈阳兴盛泉酒业有限公司	厚德煮酒清香大曲	43%vol	清香型	名酒
61	沈阳兴盛泉酒业有限公司	厚德煮酒八年泥窖	52%vol	浓香型	优质酒
62	大连香洲坊酒业有限公司	芝麻香白酒	52%vol	芝麻香型	纯粮固态好酒
63	大连辽一酒厂	辽一酒	48%vol	辽香型	纯粮固态好酒
64	凤城市乾窖酒业有限公司	凤城老牛背老窖酒	52%vol	浓香型	名酒

辽宁白酒市场篇

白酒市场经过多次调整，产业增速趋向合理，消费需求更个性化、多样化、理性化。产品销售传统渠道、移动互联网、个性定制、博物馆展示多渠道并存。白酒产业已进入现代化发展阶段，在"一带一路""大众创业、万众创新"的大道上，辽酒定能走出适合自己发展的特色之路。

第一章　辽宁白酒市场销售格局

长期以来，我省企业根据现阶段自身实力和特点，确立了以本地为核心的经营发展战略，并将其产品定位为区域性地方品牌，致力于当地的市场建设及品牌的培育和打造。目前，省内有近80%的中低端产品市场份额已由地产酒掌控。各企业在巩固和扩大现有市场的同时，还积极向省外市场延伸，取得了较好的业绩，创出历史辉煌。

第二章　白酒市场供求结构

多年来，辽宁白酒产品结构及质量不断优化。随着人们饮酒习惯的转变和国家产业政策的倾斜，使产品结构发生变化，更趋向市场和消费者需求。目前，我省行业呈现高度酒比例持续下降，降度酒、低度酒比例不断上升；高档酒走精品化、多样化，普通酒采用固液结合，走优质化、低度化、系列化的整体发展趋势。同时企业重视酿酒生产及自主创新产品的研发，适应了优质、安全、健康的多元市场消费需求。

第三章　辽宁白酒行业销售模式

一、传统销售模式

中国从春秋时期到明、清的许多朝代，曾对盐、铁、酒、茶、醋、矾等产品实行过专卖。民国初期，对烟、酒有管督商销的公卖制度，对烟酒的产销数量进行管制，并征缴一定比例的公卖费，实际也是一种变相的专卖形式。1941年国民党政府确定对食糖、烟类、火柴、食盐等物品进行专卖，由国家垄断经营，带头涨价。

1949年中华人民共和国成立前后，东北各省、晋冀鲁豫地区和内蒙古等地区人民政权，曾对卷烟和酒类实行专卖。1951年5月财政部发布了《专卖事业暂行条例草案》，规定对酒类、卷烟两类产品在全国范围实行专卖，由中国专卖事业总公司及所属各级专卖机构经营管理，以利于增加国家收入，调节生产与消费，并配合对粮食和卷烟的管理。经营方式有国营、公私合营，特许私营及委托加工等四种。

辽宁各市县的白酒厂多为地方国营企业。原料由当地粮库按计划调拨平价粮。酒厂只管多出酒，出好酒。产品由当地烟酒公司统一接受，定期付款。烟酒公司派驻厂员监督、管理白酒的销售。

1963年8月和1978年4月国务院又两次发布关于加强酒类专卖管理工作的通知，强调继续酒类专卖。按酒类专卖的方针，指导酒类生产，调剂供求，节约粮食，防止私酿、私卖，保证国家收入。

因此在那计划经济时期，白酒生产企业的原料，由粮食部门供给平价粮，酒由糖酒公司销售，不用建庞大的仓库，只做好生产环节的工作就算完成任务。

十一届三中全会后，改革开放，建立市场经济，国家放开了酒类专卖工作，放开了名酒价格经营。白酒生产原料，由国家统一供应平价粮，开始走向双轨制，即平价粮和议价粮，以平价粮部分生产的产品，由各级糖酒公司收购，议价粮生产的产品，由企业自行销售。

1987年以后，全部取消了平价粮的供应，白酒生产原粮全部用议价粮。1990年之后，各白酒生产企业全面走向市场，自产自销。辽宁白酒企业开始大规模增加产量，组建销售队伍。沈阳老龙口酒厂，首先"冲出"辽宁向全国销售。年销售额达到3.5亿元。大连酒厂紧随其后，销售额达到了3.3亿元。接着大连"金州王"、盘锦的"鹤乡王"在辽宁全省热销。

辽宁各白酒企业由计划经济时期只会制酒，被推向市场，开始学营销，增强广告意识，组建销售队伍。在这个蜕变升华过程中，各个酒厂发生了许多有趣的故事，值得回味和记忆。

例如朝阳的凌塔酒厂，1984年凌塔白酒获国家优质银牌奖前，销售市场只是限于朝阳当地。到90年代初，该厂领导层开始认识到"酒香也怕巷子深"。于是开展了全方位的广告宣传，在辽西创立许多第一次。

1. 第一个把"凌塔酒给您香醇与甘甜"的大字横幅广告架到朝阳市最高建筑——商业城顶部，把大屏幕镶在商业城正面墙上，一时引起广大市民关注。

2. "凌塔老窖酒"上市，朝阳火车站前广场，第一次出现硕大的热气球广告。

3. 1992年朝阳酒厂建厂40年厂庆，辽宁经济广播电台、辽宁摄影家协会用飞机空运二十个鲜花花篮，第一次出现在朝阳市，引起人们围观。

4. 在朝阳首次举办"鸡尾酒会",实行"自助餐"。

5. 第一个和体育界联合,支持体育活动,以扩大凌塔酒的知名度。

一是辽宁女子自行车队,以"凌塔"冠名。二是"凌塔乒乓球俱乐部"第一个出现在朝阳市,倡导"喝凌塔酒、打乒乓球,走健康路",并且承办了辽宁省职工乒乓球赛、辽宁男子篮球赛、凌塔杯全国围棋赛。此外,还特别值得记忆的是赞助了"辽宁明星(企业明星PK演艺界明星)足球赛",正值凌塔酒的销售打"辽沈战役",当时的企业法人(女性)站在沈阳体育场上,为比赛开球。并在场上实现了准确无误的传球。全场七万五千观众轰动。有一位青年跑到场边好奇地问:"阿姨,你在哪儿学的踢球?"女厂长回答:"从前没学过,临阵磨枪,是上场前体委一个女副主任告诉我,踢球时,不要用脚尖。"

这一脚球,为在沈阳市场卖酒开了路。每到一个门店,老板说:"噢,是在场地上踢球的那位女厂长的酒吗?留几箱……"同时也在全国白酒行业传为佳话。

6. 是朝阳市第一个在《朝阳日报》上设专栏的企业,每天连载凌塔酒的故事。

7. 辽宁经济广播电台,每天早6点播报:"天气有变,凌塔酒的质量不变。"

8. 中央电视台早7点新闻,播报朝阳天气预报,也是凌塔酒厂第一个投入的。

这一系列的广告活动,使凌塔酒的认知度大增,销售额倍增。同时也得到省领导的重视。主管工业副省长陈素芝亲临朝阳参加酒厂40年厂庆,并讲话。省长闻世震参观了朝阳酒厂在辽宁大厦举办的产品展示会,并在酒瓶上亲笔签上"更上一层楼"的题词。

(宋玉华)

二、互联网销售兴起

从产业发展角度来看,每一个营销时代都有它的个性。而意识超前的企业在每一个营销时代到来时,都会抓住时代个性的命脉,跟上时代步伐,为企业、为品牌带来新的生机和命运转折点。随着社会进步、行业发展,这些年白酒领域也发生了时移俗易的变化,企业、经销商在寻求新的行业方向。互联网成为目前最受厂商接受的酒类发展平台。

1. 限制三公、政务消费,高端白酒消费一路持续下滑,市场逐步回归理性、回归稳定、回归自然、回归大众消费,辽宁酒企由实体售酒逐渐转向互联网营销,减少环节,方便大众。

2. 传统媒体广告宣传费用越来越高,企业本身增长乏力,负担加重,区域品牌生存日益严峻,产品市场和营销等企业发展瓶颈需要借助互联网渠道获得突破和提升。

3. 依中国国情结合传统酒文化,中老年人是白酒消费的固定群体。80后、90后将作为新生代的消费者,他们生活方式时尚超前,接受新事物快,互联网营销模式是年轻人群首选平台。

4. 随着人们对互联网认识的不断提高,网络技术在更新发展,网民数量也在节节攀升。白酒企业借助网络开展市场营销是"正在进行时"。辽宁白酒更是借助自身多年的品牌优势与高人气的互联网相结合，实现自己的最大促销目标。

三、传统与互联网销售模式的融合

白酒是我国传统文化的奇葩，如何传承和发扬祖先留下的宝贵财富，如何让白酒在市场占有重要份额，赢得消费者，这是摆在传统产业面前亟须解决的问题。辽宁白酒历史渊源，文化底蕴浓厚，品牌信誉度高，风格独特，曾创下不同时期的辉煌。辽酒要发展复兴，应审时度势，根据市场需求，创新发展，创立传统营销与互联网营销模式相融合渠道，制定传统营销与互联网共同发展措施，促进新时代信息、技术和产业的恰当融合。这种创新销售方式也是酒类零售、实体走向、创新理念与互联网的融合。新型的营销模式顺应市场发展，给企业带来回报，给行业注入生机，给社会带来效益。

四、依托博物馆、酒史展，开创酒庄体验营销模式

白酒博物馆建设是一个以酒庄为主体、集白酒酿造、产品销售、酒庄主体旅游联动的经济体系。结合博物馆酒庄终端互动体验、特色酒庄产品定制、参观博物馆了解酒文化、旅游纪念产品留存，形成全方位的博物馆酒庄营销模式，为酒业发展带来新的机遇和活力。

博物馆酒庄建设属于前店后厂，既保留了传统酿酒生产模式，又把现代参观旅游主题切入进去；既让消费者领略古老的酿酒文化，又让消费者感觉自己是在欣赏、体验酒的内涵。企业找到了卖点，消费者主动购买，带动产品驱动。依托博物馆建设的酒庄营销模式是自主品牌的出路，也是活路。

博物馆建设要有企业文化内涵，要有看点，要吸引人眼球。辽宁白酒一些企业已建立酒文化博物馆，可谓百家争鸣，百花齐放。大连酒文化博物馆是在全国建立最早的酒庄，爱新觉罗皇家博物院更具满族风格。宏伟的仿古建筑，满族独特的酿酒工艺，当年的石臼、石碾、石磨、石锅、石窖、泥窖、采曲、春醅、秋酿……尽收眼底；展馆内的酿酒器件、酒篓、酒具、书画墨宝仿佛都飘着酒香，向参观者诉说着酒的起源，酒的故事，使消费者感觉到喝酒喝到了内容，旅游游到了文化。企业搭建的集品牌直观、亲身体验、品酒、旅游为一体的博物馆酒庄平台是白酒发展的新路径，辽宁白酒正迈向一个全新的营销模式——依托博物馆建设的酒庄营销时代。

第四章　辽宁白酒市场回望

一、外埠酒冲击辽宁市场的"五朵金花"现象的影响

　　提起五朵金花，全国"老人"都会想起电影《阿诗玛》。然而，在东北三省，特别是沈阳市，五朵金花则是五种酒的代称。

　　提起秦池，几乎无人不晓它是中央电视台的标王，1995年首夺标王6666万元，1996年二夺标王3.2亿元。而秦池酒，则是1994年诞生在沈阳市的五朵金花之一。

　　1994年，沈阳市大东副食商场的经理王德芙，将其总代理的江苏"双洋"、山东临朐"秦池"、贵州"习酒"、山东烟台"金奖白兰地"、河南"中国宋河"，五种价位不同、风格不一的酒整合起来包装宣传，营销创意为：五朵金花。

　　为进行大规模宣传，五家酒厂投入巨额广告费，其中双洋500万元，秦池500万元，习酒300万，金奖白兰地180万元，中国宋河100万元，共计1500多万元人民币。

　　快、准、狠的广告策略：在电视、报纸上进行高密度、大覆盖的广告轰炸，展销会上用飞艇在空中打出广告。

　　新颖别致的广告创意：电视广告采用了小品的形式，并起用了赵本山、孙飞虎等演艺明星。

　　多样化的宣传手段：举办品酒大赛；联办白兰地知识讲座和知识竞赛，设立高额奖金；限量免费发放"迷你试用装"；第一次将绿色环保理念引入白酒业。

　　有计划、有步骤的营销策划，使五朵金花产生了巨大的市场效应，一时席卷辽沈大地。

　　江山代有新酒出，各领风骚两三年。五朵金花在市场上度过了它四载的青春年华后，最终难逃凋谢的命运。

二、辽宁产品市场销售的反思

　　老龙口绿磨砂、金州王、鹤乡王这是20世纪最后十年，辽宁白酒市场出现的三个里程碑式的产品，就是沈阳老龙口酒厂的绿磨砂（陈酿）、大连金州酒厂的金州王和盘锦鹤乡酒业的鹤乡王。

（一）老龙口绿磨砂

　　38度、48度老龙口陈酿酒（绿磨砂），出名于它荣获1991年第三十届布鲁塞尔世界精

品博览会金奖。洋气的绿磨砂瓶，久负盛名的老龙口酒，国际金奖，三个卖点，一时轰动辽宁省白酒市场。厂家不断增加产量、不断涨价，还是供不应求。

这时，出现两种现象：一方面，批发商堵上门口，开票难、提酒更难，甚至出现保管员"索贿"。另一方面，有门路的掮客开始倒票（退货单），加价销售。几个月下来，正规渠道的糖酒公司提不到货，掮客成了气候。市场上绿磨砂价格混乱，消费者真假不辨，逐步丧失对老龙口酒的信任。正是内部因素造成销售渠道丧失，价格混乱，从而老龙口绿磨砂产品市场，尚未成熟就夭折了。

绿磨砂的"先发优势"，被金州酒厂的金州王后来居上。

（二）金州王

就在此时，大连金州酒厂在辽宁省优质产品、国家优质酒金州曲酒的基础上，推出绿磨砂包装的金州王牌酒（市场称为金州王）。

在沈阳，几十名金州酒厂的销售人员开始了"地毯式"直销，短期内金州王遍布沈阳市大小饭店和商店。之后不久，金州王就以包装新颖、口感适路、价格合理、购买方便而畅销沈阳，不久遍布辽宁各地，扭转了金州曲酒"叫好不叫座"的局面，一举成为辽宁省白酒的排头兵，连续三年为白酒盈利大户。1995年，金州王牌获得辽宁省名牌产品称号。

（三）鹤乡王

到了1996年，市面上出现了鹤乡王酒，随后它以不可思议的速度，占领盘锦并畅销辽宁市场，很快打入黑龙江、吉林、河北和北京等地区。仅仅两年，不出名的鹤乡酒业公司累计实现产量1.1万吨，实现销售收入2.9亿元，上缴税金7650万元，一跃成为辽宁市场白酒的龙头品牌。

鹤乡王出自中国著名的酿酒专家、辽宁省高级工程师周绍春之手。他在白酒行业中率先提出了"喝营养，喝健康"的理念，在纯粮酒中加入了枸杞、桂圆等营养浸出液。鹤乡王营养型系列白酒，在省级鉴定会上，被业界专家誉为"中国白酒的换代产品"。

鹤乡王营养型白酒打出"安全、放心、营养、健康"四张王牌，唤起了消费者共鸣，掀起了白酒消费的新理念。正是这种新理念，取代了金州王的优势。

不知什么原因多方渠道传出诋毁"鹤乡王"的流言，使企业产品形象急剧下降，市场严重萎缩。渐渐地，鹤乡王摘下了它的王冠。

三家王牌产品从开始创立品牌走向市场、走向辉煌到谢幕退出，时间不是很长，这其中留给我们的经验教训值得总结、深思。不是没有适合自己的路，关键是找到路、找对路，如何披荆斩棘走下去！

祝愿辽酒独辟蹊径开拓进取，依托产业政策，着眼行业未来，走向辉煌的明天！

第五章　白酒相关产业链的发展概况

辽宁白酒相关产业健康发展，平稳有序，各有千秋。酿酒原料种植、酿酒设备加工、包装装潢、电子信息、分析检测等方面都为辽宁白酒发展提供有力支撑。

一、原料基地建设

东北是祖国的粮仓，国内众多白酒企业酿酒原料都使用东北高粱。辽宁无霜期时间长，高粱是东北产量高、质量好的酿酒优选原料。辽宁省多数企业为保证酿好酒，在酒业变革、市场竞争、消费者需求、实施供给侧改革的背景下，不断推动自有化原料基地建设，与合作种植原料地域达成协议，确保企业酿酒用粮优质安全，同时促进了区域经济稳步发展。

二、酿酒设备加工

辽宁的酿酒设备制造一直走在全国前列。沈阳、抚顺、本溪、辽阳、凤城、朝阳和辽中等地酿酒设备企业已形成产业规模，既为酒厂提供所需设备，也为酒厂提供包括建厂安装、教授企业简单维修等一条龙服务。有的设备厂还给小酒厂传送酿酒技术服务，帮助企业解决技术难题。

目前，沈阳华莱威公司研发的智能自动化酿酒设备获得重大发明，是颠覆传统性的创新发明，其中蒸馏新技术在国内外具有里程碑意义。对解决白酒的节能减排，提高生产率，稳定提高产量，具有竞争优势，国内领先。在当今工业化、信息化、产业化、自动化相结合的时代，华莱威为辽宁白酒行业发展、为全国白酒行业发展开创了又一新天地。

三、包装设计制作

白酒是中国的传统饮品，有着悠久历史，酒体包装装潢对销售起着重要作用。辽宁白酒企业根据不同的企业文化、企业市场定位、产品品质等因素将中国传统文化与白酒设计理念有效结合，从材质、造型、色彩、典故、装潢等方面研究设计白酒包装。赋予包装新的理念，体现企业、体现产品、体现文化，通过会"意"及造"型"，设计出令消费者喜爱、令大众爱不释手的优秀酒包装。辽宁白酒企业大多有自己的设计团队，省内有专业制作厂商。创新思想、多元化包装设计，全方位满足酒的文化传承，给人以和谐美的享受。让人觉得品尝美酒的同时，也在鉴赏着博大精深的民族文化。

四、白酒的分析检验管理机构

随着社会发展，科技进步，生活水平提高，人民越来越重视自己的身体健康。我国酿造的白酒世界闻名，适量饮用安全白酒，有益健康。因此，产品的质量指标已成为越来越受消费者关注的焦点。这就需要白酒制造企业通过分析检测把合格达标的产品销售到市场、销售给人民大众。

辽宁省食品检验检测院、辽宁省进出口检验局、沈阳食品检验院、沈阳通正检验院等省市或县均有检验所等专业检测机构，为白酒企业提供分析检测服务。相关检测机构配有高端检测设备，保证检测的精度；具有一流的技术团队，经验丰富的高学历专业人才，确保实验检测室处于国内先进行列；精准的数据分析，有效解决成分分析技术难题，为企业产品质量跟踪提供依据；最短的检测周期，为企业迈向市场开辟绿色通道。

省内白酒企业都装备生产许可证基本要求的理化分析室和相应仪器设备，配备专业人员。骨干企业配备了更先进的仪器进行白酒食品安全的监控，白酒中基本风味成分物质、塑化剂、重金属、甜味剂等可进行控制检测。

白酒的检测分析是企业赖以生存的根本，是消费者饮用放心酒的镜子，是行业创新持续发展的基石。

（一）辽宁省食品检验检测院

根据《辽宁省人民政府关于改革完善省级食品药品监督管理体制的实施意见》（辽政发〔2013〕35号），辽宁省食品检验检测院于2013年11月组建，人员来自原辽宁省药物研究院、原辽宁省食品药品检验所、辽宁省产品质量监督检验院、辽宁省疾病预防控制中心，隶属于辽宁省食品药品监督管理局，为财政全额补助、具有独立法人资格的事业单位。

内设有理化、微生物、毒理等3个检验部门，专业技术人员占90%。本院占地面积为7000平方米，建筑面积5100平方米，实验用房面积约2300平方米。

拥有高效液相质谱联用仪、气相质谱联用仪、电感耦合等离子体质谱仪、电感耦合等离子体发射光谱仪、离子色谱、原子吸收分光光度计、原子荧光分光光度计、高效液相色谱仪、气相色谱仪、荧光分光光度计、酶标仪、水分活度测定仪、测汞仪、实时荧光定量PCR检测系统、核酸蛋白分析仪、全自动定氮仪、辐照食品热释光检测系统等大型精密分析仪器。

（二）辽宁通正检测有限公司

辽宁通正检测有限公司坐落于国家级服务业聚集区——沈阳金谷科技园内，是东北地区最具综合实力的独立第三方检验检测机构，专注于食品安全、农产品安全、环境领域、认证（体系认证、有机产品认证）、产品质量追溯体系、培训等的综合性服务机构。公司成立于2015年5月13日，注册资金4500万元人民币，总占地面积6600多平方米，服务于流通领域的一、二级批发市场、农贸市场、大型综合商超、星级酒店、大型社区连锁便利店、公共食堂、生产企业等。

公司配备国际一流的检测仪器设备，包括液相色谱串联质谱仪、气相色谱质谱仪、原子吸收分光光度计、原子荧光分光光度计、ICP-MS等各种设备360余台套。公司承担了国家、辽宁省及各市县级食品安全监督抽检任务，在全国已具有一定的知名度。

公司具备酒精度、总酸、总酯、固形物、乙酸乙酯、己酸乙酯、乳酸乙酯、丁酸乙酯等50余个酒类项目的检测能力，满足白酒等发证检验、型式检验、出厂检验等需求。

通正检测以诚信、公正、热情、责任为导向，将竭诚为客户提供检测、认证、培训、质量溯源等专业技术服务，为有理想的企业走向世界保驾护航。

检验检测机构资质认定证书

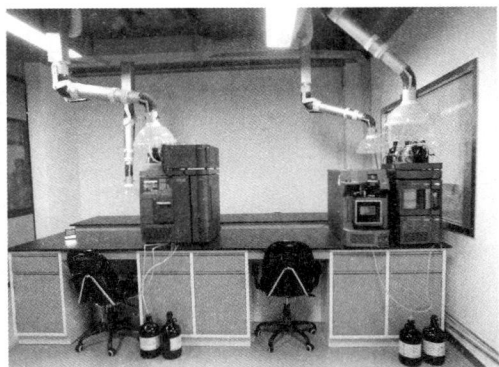

先进的检测设备

五、其他方面

辽宁白酒的发展离不开相关产业的帮助与支持。大专院校、科研院所、机械设备加工等都为企业进步添砖加瓦。曾经的沈阳凸版印刷厂、沈阳砂山玻璃厂、大连玻璃瓶厂、香精香料生产厂商在不同时期也为辽宁白酒做出贡献。现更有众多的相关产业为辽酒发展助力。

沈阳市岩胜不干胶印刷厂

沈阳市岩胜不干胶印刷厂是一家专业生产印制不干胶的专业生产厂家，成立于1999年。我厂以现代化的机器设备和高素质的专业人才，以科学的管理赢得客户的信赖。公司拥有先进的印刷设备，多台标签印刷机、模切机、分条机等，完成不干胶标签的一次性印刷。

沈阳市岩胜不干胶印刷厂以各种高端，特种材料为主营方向。包括彩色不干胶印刷、高档白酒标签、红酒不干胶标签、涂层防伪不干胶标签、可变信息印刷、食品标签、不干胶标签烫金、自动机器标贴、药品不干胶标签、化妆品标签、玩具标签、条码流水号标签、温变标签、滴塑标签、易碎纸、瓶贴标、透明不干胶标签、激光标签、服装标签、条码不干胶标签、空白可打印标签等各类卷装不干胶标签。

辽宁白酒管理篇

辽宁省政府在酒类行业不同发展时期，都会做出针对性的政策调整和指导意见，省轻工业厅设立酒管理处，省商业厅有酒类事业管理局，统管全省酿酒生产和糖酒公司酒类专卖体系。20世纪90年代针对外来酒类充斥辽宁市场时期，也就是时称"五朵金花"畅销辽宁之时，时任辽宁省省长闻世震提出发展辽宁酒等饮料业，实施"北水南调"工程，保护了自家市场。在改革开放初期，成立了食品工业协会，高级别配置协会领导层，促进了酒业等食品工业的发展，后来又提出保护地方消费产品等多种举措，这就有了辽宁白酒辉煌的过去和未来。

1996年6月6日辽宁省白酒工业协会以"白酒工业发展规模经济已经成为明显的大趋势"向各级领导做了汇报。闻世震省长阅后做了批示，并予以转发。这是省主要领导对白酒行业的关心和支持，"批示"既指明了方向，又有具体要求，对我省白酒业是巨大的鼓舞和鞭策。批示文如下：

全国白酒产量超万吨，利税超亿元的企业52家，我省只有一家列41位，可见规模普遍较小。要抓三五个名牌，提高质量，加强销售，开拓市场，搞好改造，经过三五年努力，在全国小有名气，树立辽宁白酒行业新形象。

第一章　实施"北水南调"工程

进入90年代以来，我省在食品市场日益活跃的大环境下，曾经出现生产经营低迷的状况，一度"南水""南粮"（即啤酒、白酒、饮料及其他食品等）充斥辽宁市场，作为白酒产销大省的辽宁，在一场的"白酒大战"中败北。这个残酷的事实使辽宁人感到震惊，引起社会各界和各级领导的关注。在全省开展的加快进入市场经济轨道讨论中，省经贸委以酒出题，借酒反思，从市场经济的高度引导企业大做辽宁地产白酒的文章，唤起了企业经营者的市场经济意识。为扭转"南水北调""南粮北运"的被动局面，推动辽宁食品工业的发展，充分发挥辽宁食品工业良好的技术、人才、资源和市场优势，力求通过打造品牌，优化市场，扩大宣传，联合作战，主动出击，强化自身来夺回失地。按照 "北水南调"工程的要求，确立守好家门，占领辽宁，开拓 "三北"，面向全国的市场战略方针。我省白酒行业重点从以下几方面着力：一是发挥地产名优酒优势，强化本地酒占有率。二是通过送货下乡，积极扩大农村市场。三是全面开展多种形式的促销活动。

历时半年之久的我省"北水南调"工程，通过各方努力初见成果。1996年全省白酒产量比上年增加5%，实现产值比上年增加13%，销售收入比上年增加7%，全行业减亏1200万元；另一方面本省的饮料行业生产也有明显增加。我省酒水市场由外来产品占主导地位的局面开始有所改变，同时本省自主品牌产品也逐步延伸和辐射到省外其他市场。

这虽然是个特殊时期，是公平竞争的普通商战实例，但值得我们思考和学习的东西很多。一是要努力做强做大自己，才能赢得市场，赢得主动；二是兄弟省在产品品牌营销等方面的智慧和方式不失为一个成功的案例。尽管后来受到了一些指责，但精心、科学、新颖的市场营销策划，尤其是广告策划，还是有其特点和值得借鉴的。

第二章　辽宁省酒类流通行业常规工作

一、辽宁省酒类流通市场管理工作

（一）辽宁省酒类管理机构职能的基本情况

我省是酒类产销较大的省份，产销量约占全国的5%，全国排序第六位（山东、四川、广东、河南、江苏）。据辽宁省酒类流通信息系统数据显示：2012年，全省有生产许可证酒类生产企业697家（其中白酒657家、啤酒18家、果酒19家），酒类批发企业7431家。零售企业12.04万户，从业人数24万人，缴纳税金56亿元，利润额26亿元。酒类生产量322.82万千升，酒类销售量302.51万千升。我省酒类流通管理工作得到商务部认可，2005年和2008年获得全国酒类管理工作先进单位称号（商务部仅评两次），并多次在全国酒类管理工作会议上介绍经验。

（二）机构设置情况

我省各级酒类管理办公室隶属各级服务业委，是负责酒类流通监督管理的酒类执法单位，机构与职能多次调整，但属性与隶属关系始终未变，酒类管理机构，2001年3月根据省政府第257次省长办公会精神，按照省编委、省财政厅《关于加强全省酒类商品流通市场管理的紧急通知》的要求，名称统一为辽宁省酒类管理办公室，人员编制为财政全额拨款的事业单位。2006年经国务院批准各省酒类管理机构转为参公单位。全省共有酒类管理机构67个，编制621人，实有人员749人。

（三）职能任务情况

我省酒类管理办公室根据《辽宁省酒类管理办法》（辽政令［2001］126号）（辽政令［2007］204号）和《辽宁省酒类管理办公室职能配置、内设机构和人员岗位设置方案》（辽酒管发［2001］8号）确定承担六项职责8项任务。

1. 贯彻实施国家有关酒类行业的发展方针、政策和法律、法规，依据《辽宁省酒类管理办法》，负责全省酒类流通的监督管理；研究制定促进全省酒类流通发展的政策措施，拟定规范酒类流通秩序和市场规则的法规与行政规章并组织实施。

2. 研究拟定酒类商品市场准入制度，审定酒类批发企业经营资格；拟定散白酒上市贴标、包装管理办法，提出逐步取消散白酒上市的具体措施；负责印制、核发、保管酒类批发经营许可证；具体办理中、省直酒类经销单位申领酒类批发经营许可证业务。

3. 依法规范酒类经营主体，查处违法、违规经营行为；会同有关部门联合执法，打击制售假冒伪劣酒类商品等不法行为，打破地区封锁，维护酒类市场公平竞争秩序。

4. 负责全省酒类市场重大问题的调查研究，提出政策建议；开展酒类市场分析预测；组织信息发布，提供咨询服务。

5. 指导各地加强酒类执法队伍建设，负责酒类行政执法人员、酒类经营企业管理人员培训，组织法规宣传，承担行政复议与应诉工作。

6. 承办省服务业委交办的其他事项。

我省酒类管理办公室根据《辽宁省酒类流通管理实施细则》（辽商发〔2001〕70号）和商务部《酒类流通管理办法》（商务部长令〔2005〕25号）承担8项任务：

1. 负责酒类流通行政执法工作。重点对节假日酒类流通市场组织大检查，日常对酒类经营者经营行为实施稽查与管理；会同工商、质监和公安部门查处假冒伪劣酒类商品，打击制假、售假违法和违规经营行为，处罚无证酒类经营者。

2. 负责组织实施酒类批发经营许可证制度工作。负责承办省商业厅统一制定的酒类批发经营许可证印发工作；负责监督检查各市、重点县酒类批发经营许可证审批核发和年检工作；负责承办中、省直酒类经营者酒类批发许可条件的勘察、年检和日常管理工作。

3. 负责组织建立与实施酒类流通随附单制度工作。负责承办商务部统一制定的"随附单"印发工作；负责监督检查全省"随附单"制度执行情况。

4. 负责组织建立与实施酒类经营者备案登记制度。负责承办商务部统一印制的"酒类经营者备案登记表"和"酒类经营者备案登记证"印发工作；负责监督检查全省酒类经营者备案登记制度执行情况。

5. 负责建立与完善酒类信用经营体系建设。（1）组织全省酒类企业建立信用档案；（2）建立酒类企业信用评价机制；（3）制定企业酒类诚信经营信用保障制度，并组织实施；（4）树立酒类企业诚信经营形象。

6. 负责酒类产品质量认证工作。负责组织开展创建辽宁酒类名牌产品和企业活动；参与辽宁酒类产品质量认证受理、检查和评定工作。

7. 指导各地加强酒类执法队伍建设，负责全省酒类流通行政执法人员、酒类经营企业管理人员培训，组织法规宣传，承担行政复议与应诉工作。

8. 承办省服务业务委交办的其他事项。

二、辽宁省酒类流通制度法规建设工作

（一）制定《辽宁省酒类流通管理条例》的必要性

1. 制定《辽宁省酒类流通管理条例》是整顿和规范我省酒类流通秩序的需要。酒类商品是含有酒精成分且事关消费者身体健康和生命安全的特殊商品，也是一种高利、高税的特殊食品。加强酒类流通管理是加强食品安全，关注民生，维护消费者权益的需要，也是各级政府的重要职责。自2001年《辽宁省酒类流通管理办法》颁布以来，我省酒类流通管理工作机制已经形成，并取得了显著成效。但是，我省酒类流通管理工作中深层次的矛盾仍然存在，酒类市场的安全形势依然严峻，进一步加强酒类流通管理的任务还十分艰巨。一是无证经营现象严重干扰酒类流通秩序。目前我省酒类获准许可的批发经营企业3994家，但还有众多无证批发企业或个人从事酒类经营活动，导致酒类来源难以溯源，酒类商品质量难以保证。二是假冒伪劣酒类屡禁不止，严重侵害消费者的身心健康和生命安全。据统计，近十多年来，全国共发生重大劣质毒酒死人案件12起，死亡114人，700余人致残致伤。今年11月份国家公安部指挥12省市打掉19个制售假酒团伙，打掉犯罪黑窝点97个，抓获犯罪嫌疑人184名，查获茅台、五粮液、剑南春、洋河蓝色经典系列、郎酒等国家名酒品牌假酒1.4万瓶，市值超过30亿。我省虽未发生假酒毒酒死人案件，但酒类市场以假充真、以次充好现象在一些地区比较严重，仿国家名酒和畅销酒案件时有发生，屡打不断，屡禁不止，不问来源，只要有利可图就承销，致使假酒泛滥，破坏市场秩序，损害消费者权益。近几年，仅省内各级酒类管理办公室开展的执法检查，就查出假冒伪劣酒20多万瓶，取缔无证经营场所2000多个，捣毁酒类生产黑窝点155个，行政处罚金额525万元等等。三是酒类商品质量安全难以保证。由于酒类产品，特别是白酒生产制作工艺简单，除正规生产厂家外，还存在众多小酒厂，产品质量难以保证，并通过各种渠道流入市场，严重影响人们的饮酒安全。另外，进口酒类商品在流通环节上如何加强管理，缺乏法律依据。

2. 制定《辽宁省酒类流通管理条例》是人大代表、政协委员的强烈要求。近年来，在我省人大、政协会议上，都有人大代表、政协委员呼吁加强酒类流通管理，尽快制定辽宁省酒类流通管理的地方法规。

3. 制定《辽宁省酒类流通管理条例》是解决《辽宁省酒类流通管理办法》层级低难以适应现实酒类流通管理工作的需要。加强酒类管理的治本之策是实行依法管理。目前，我省酒类流通管理主要依据两个规章，即：2001年省政府出台的《辽宁省酒类流通管理办法》和2005年商务部颁发的《酒类流通管理办法》。虽然在维护我省酒类市场流通秩序中发挥了重要作用，解决了无法可依的问题，但因规章法律层级低，处罚力度轻，很难适应

目前酒类流通市场的管理要求。迫切需要专门制定出台酒类流通地方性法规，加大处罚和打击力度，确保人民群众喝上"放心酒"。

（二）制定《辽宁省酒类流通管理条例》的可行性

1. 省人大、省政协非常重视酒类流通立法。2001年省政府出台了《辽宁省酒类管理办法》；2007年为了适应《行政许可法》规定，又以辽宁省人民政府令［2007］204号修改了《辽宁省酒类管理办法》，保障了酒类流通监督管理市场的合法性。2007年省政府办公厅《关于印发辽宁省人民政府2007年立法计划的通知》（辽政协［2007］8号），将《辽宁省酒类流通管理条例》列为地方法规草案论证计划。2008年，省委转发省人大党组关于《辽宁省第十一届人大常委会立法规划》的请示。经省委批准的省人大本届立法规划中列出的立法项目48件，分两类。《辽宁省酒类流通管理条例》为第一类项目，即要求在本届任期内提请省人大常委会审议的31件立法项目之一。今年主管副省长邴志刚还就加快酒类立法做出重要批示：要求省政府有关部门"抓紧研究出台《辽宁省酒类流通管理条例》，依法加强酒类市场监管，保障消费者权益"。

2. 条例草案已经过充分的调研和论证。省服务业委按省政府立法计划要求，从2007年到目前五年时间，对《辽宁省酒类流通管理条例》进行了两轮比较充分的论证。成立了由主要领导挂帅，相关部门参加的《辽宁省酒类流通管理条例》草案起草工作领导小组，下设办公室具体负责立法及论证工作。5年来，在省法制办的指导下，调研和论证工作取得了可喜的成效。

3. 酒类流通实行许可证管理制度符合相关法律规定。目前，我国酒类生产领域依据《工业产品许可证管理条例》（国务院440号令），已经实行许可证管理制度。酒类流通领域也应当实行许可证管理制度。酒类流通实行许可证管理制度不仅是我省经济社会发展的需要，也符合国家的相关法律。

4. 加强酒类立法是兄弟省（市）及国外通行的做法。近几年，国内许多省（自治区、直辖市）对依法进行酒类管理都非常重视。据了解，目前我国很多省市都出台了酒类管理的地方性法规。另据国家发改委、财政部酒类立法调查统计，目前世界上包括美国等发达国家在内，有70多个国家和地区对酒类商品的管理制定了以许可证制度为基础的法律法规。我们在起草论证《辽宁省酒类流通管理条例（草案）》过程中借鉴了相关的经验和做法。

5. 我省已组建一支省、市、县三级酒类流通的管理专业队伍。目前，全省有酒类管理机构67个、人员739人，其中，有行政执法资格的人员638人。为今后进一步加强全省酒类商品流通市场的监督管理工作，提供了机构和人员保证。

（三）《辽宁省酒类流通管理条例（草案）》的主要内容

1. 酒类商品的范围

《辽宁省酒类流通管理条例（草案）》第二条规定：本条例所称的酒类是指酒精度（乙醇含量）大于等于0.5%（体积分数）的含酒精饮料，包括发酵酒、蒸馏酒、配制酒、食用酒精以及其他含酒精成分的饮料（药酒除外）。这与商务部《酒类流通管理办法》第二条的规定是一致的。

2. 实行酒类经营许可证制度

《辽宁省酒类流通管理条例（草案）》第六条规定：酒类流通实行经营许可证制度。未取得酒类经营许可的不得经营酒类。酒类经营许可分为酒类批发许可和酒类零售许可。酒类经营许可证由省级酒类流通行政部门统一样式、统一印制。

3. 实行酒类流通溯源制度

根据商务部《酒类流通管理办法》，《辽宁省酒类流通管理条例（草案）》实行酒类流通溯源制度。酒类流通随附单（以下简称"随附单"）是溯源制度的核心，随附单随附于酒类商品流通的全过程，详细记录酒类商品的流通信息，是酒类商品的身份证。

4. 加强对进口酒类的管理

《辽宁省酒类流通管理条例（草案）》规定，经营进口酒类商品应当索取海关出具的完税证明；索取国家出入境检验检疫部门核发的进口食品卫生证书和进口食品标签审核证书。销售进口酒类商品应当有中文标签、中文说明书。以加强对进口酒类的管理。

5. 规范散装酒类的管理

《辽宁省酒类流通管理条例（草案）》根据国家有关法规及规定，禁止流动销售散装酒类，禁止出售自制的各种保健酒和浸泡的药酒，试行散白酒统一包装销售，逐步取消散白酒流通。

6. 禁止向未成年人售酒

根据商务部《酒类流通管理办法》，《辽宁省酒类流通管理条例（草案）》规定：酒类经营者不得向未成年人销售酒类，并应当在经营场所显著位置予以明示。这已是全国通行的做法。

辽宁省服务业委

2011年11月6日

三、辽宁省酒类流通协会工作创新管理

（一）开展辽宁省"放心酒示范店"创建活动

1. 活动宗旨

深入贯彻落实《酒类流通管理办法》和商务部《关于"十二五"期间加强酒类流通管理指导意见》精神，以确保酒类消费安全为核心，按照"标本兼治、治本为主，以点带面、突出重点"的工作思路，建立统一、开放、竞争、有序的酒类市场秩序，规范经营行为，推进以"真品售酒、实价售酒"等为基本要求，以"放心酒"示范创建为主要内容的诚信服务体系建设，实施示范企业动态管理，建立进入退出机制，构建诚信建设长效机制。

2. 评选范围

酒类管理工作包括生产和经销两个领域。为突出工作重点，从省酒协的现状出发，这项评比仅限于全省境内合法从事酒类经销企业，主要包括酒类专营店、经营酒类生产的商场、超市、宾馆、饭店和歌舞厅等。

3. 评选时间和内容

整个评选活动从6月10日起到12月31日为止，历时7个月。主要分为四个阶段，即宣传发动、整改提高、总结评比和检查管理。

（1）第一阶段

即宣传发动阶段。主要是省酒办、酒协通过多种方式向酒类流通企业以及全社会进行宣传，提高商家自律意识和消费者的维权意识，为开展活动创造社会氛围。

（2）第二阶段

即整改提高阶段。主要是酒类流通企业对照商务部《酒类商品批发经营管理规范》《酒类商品零售经营管理规范》等有关法规和标准进行自我规范。在此基础上，省酒办、酒协根据有关法律、法规及对酒类企业进行检查，对存在问题的企业提出整改意见，规范从业行为，为开展活动奠定基础。

（3）第三阶段

即总结评比阶段。按照工作程序，对参加活动的单位和个人进行评比，对于那些遵纪守法、诚实守信、科学经营、注重效益的企业，由省酒协授予辽宁省"放心酒示范店"牌匾。这项工作8月底前完成，这是评比活动最关键的实质性阶段。

（4）第四阶段

即检查管理阶段。就是对获得示范店称号的企业进行监督检查，对违背评选标准弄虚作假，或以"示范店"为招牌欺骗消费者的企业，要予以整治和处罚，以维护放心酒示范店的社会声誉。

（二）开展辽宁省"放心酒示范店"认定活动实施方案

为确保人民群众的饮酒安全，使广大消费者喝上放心酒，根据《中华人民共和国食品卫生法》、商务部《酒类流通管理办法》及有关行业管理规范等要求，结合我省的实际情况，经省酒类管理办公室同意，委托省酒类协会在全省开展"放心酒示范店"创建活动，现制订本实施方案。

1. 指导思想

以科学发展观为指导，以深入贯彻落实《酒类流通管理办法》和商务部《关于"十二五"期间加强酒类流通管理指导意见》为重点，以确保酒类消费安全为核心，以市场准入、市场整顿、市场调控为手段，按照"标本兼治、治本为主，以点带面、突出重点"的工作思路，建立统一、开放、竞争、有序的酒类市场秩序，规范经营行为，推进以"真品售酒、实价售酒"等为基本要求、以"放心酒"示范创建为主要内容的诚信服务体系建设，实施示范企业动态管理，建立进入退出机制，构建诚信建设长效机制。

2. 工作目标

（1）严格落实国家商务部《酒类流通管理办法》，规范酒类流通秩序，维护酒类消费者食品安全和合法权益；

（2）建立健全酒类产品生产经营长效管理机制，促进我省酒类流通领域健康发展；

（3）大力推广现代流通管理方式，最大限度满足人民群众对酒品的消费需求。

3. 主要措施

（1）构建行业诚信体系，开展诚信体系工程。积极指导、广泛开展"放心酒示范店"创建活动，推荐、创建一批诚信经营的"辽宁省放心酒示范店"，树立行业诚信榜样，引导企业"依法经营、诚实守信、惠民便民"，确保舌尖上的安全。倡导以"科学饮酒、理性饮酒、文明饮酒"等为基本理念的酒类消费文化，营造文明消费的良好社会风气。

（2）严格按照商务部酒类批发零售行业规范的标准，对酒类批发、零售实行备案登记制度，为实现酒类科学化、规范化、法制化管理打好基础。

（3）完善随附单溯源制度，加强随附单使用管理。按照"企业主导、政府推动、品牌示范、科技领先、便捷溯源"原则构建电子追溯标准体系和管理系统。酒类商品自出厂到销售终端的全过程必须详细填写酒类流通随附单，要求单随货走，单货相符。

（4）建立以"酒类流通随附单""酒类经营采购信息管理台账"和"酒类批发销售信息管理台账"为主要内容的酒类经营购销台账，并保留三年以上。

（5）通过新闻媒体广泛宣传《酒类流通管理办法》，宣传相关业务知识，提高消费者的辨假、识假能力和维权意识。各酒类经营场所必须悬挂"不得向未成年人销售酒类产品"警示牌。

（6）对酒类流通环节开展常规性监管，对违反《酒类流通管理办法》《酒类商品批发经营管理规范》《酒类商品零售经营管理规范》等违法行为，依据相关法律法规，给予从严惩处。

（7）扩大酒类流通监管面，在巩固城区监管成果的基础上，向农村延伸，全面推行农村酒类经营备案登记制。

（8）加强社会监督工作机制，设立公开举报电话，接受全社会监督。

4. 时间安排

第一阶段宣传发动阶段（6月10日—6月30日）

省酒办、酒协和酒类流通企业通过多种方式向酒类流通企业（个体）和全社会进行宣传，加强与新闻媒体的合作，定期在媒体上宣传酒类安全知识，增强法律知识宣传，提高商家自律意识和消费者的维权意识。发动广大人民群众积极参与，引导和鼓励消费者对制销假冒伪劣酒品的违法行为进行举报。

第二阶段检查创建阶段（7月1日—7月30日）

酒类流通企业针对国家商务部发行的《酒类流通管理办法》《酒类商品批发经营管理规范》《酒类商品零售经营管理规范》等有关法律法规和标准进行自我规范；省酒办、酒协根据有关法律法规对酒类流通企业进行检查，对存在问题的单位提出整改意见，规范其从业行为，为"放心酒"工程打下良好的基础。

第三阶段总结表彰阶段（8月1日—8月31日）

对能够遵纪守法、诚实守信、科学经营、注重效应的企业，推荐、评比为辽宁省"放心酒示范店"，通过报刊、网络等媒体公布，并予以表彰鼓励。

第四阶段检查验收阶段（9月1日—12月31日）

按照商务部的要求，加快建立酒类流通管理长效机制，提升酒类监管执法服务水平，促进酒类流通管理工作的提高。定期对已获评的辽宁省"放心酒示范店"进行监督检查，对违背评选标准、弄虚作假或以"示范店"为招牌欺骗消费者的企业，要坚决予以整治和处罚，以树立辽宁省"放心酒示范店"的良好声誉和影响。

辽宁省酒类行业协会

2013年5月26日

（三）辽宁省"放心酒示范店"认定活动实施办法（2015年1月14日）

1. 认定范围

辽宁省酒类行业协会会员单位及理事单位推荐的酒类经营企业。

2. 认定条件

（1）批发、零售企业在经营活动中，严格遵守国家法律、法规，依法纳税，重合同守信用，无不良记录。

（2）经营的酒类产品符合国家标准，无假冒伪劣产品，没有客户或消费者投诉案件。

（3）批发企业年销售酒类商品金额在500万元以上，零售企业年销售额在50万元以上的。

（4）在酒类流通市场中具有较大的影响力，并积极参与酒类行业协会组织的各项活动及社会慈善活动。

（5）对下列企业不予以参加：

• 未在酒办备案登记的酒类批发、零售企业，未能100%使用"随附单"和建立购销台账的企业，没有在显著位置张贴"不得向未成年人出售酒类商品"的企业；

• 年度内受到酒类管理行政部门罚款行政处罚或拒不接受行政处罚的企业；

• 年度内受到酒类管理行政部门三次以上限期整改的企业；

• 企业法定代表人受到刑事处罚的企业；

• 近两年内出售过假冒伪劣酒的企业。

3．申报材料

（1）酒类流通批发、零售企业"酒类流通备案登记表"、工商营业执照、税务登记证、卫生许可证复印件；

（2）上年度企业销售报表；

（3）企业纳税完税证明；

（4）辽宁省"放心酒示范店"申报表

（5）自查表。

4．创建程序

（1）提交申请

申报企业向省酒类行业协会提交申报表及相关书面材料。

（2）签订承诺书

申报企业须与省酒类行业协会签订不销售假冒伪劣酒类商品承诺书。

（3）考核办法

省酒类行业协会依托各市理事单位（酒管办），按照《辽宁省"放心酒示范店"认定标准》，组织认定组进行初审，对申报的酒类经营企业进行现场检查和打分，并将符合要求企业名单推荐到省酒类行业协会，经审批同意后，向社会公示（公示时间为七天）。

（4）总结授牌

对在公示期内未收到公众不良反映的酒类经营企业，由省酒类行业协会颁发辽宁省"放心酒示范店"标识牌。

（5）推荐时间

每年10月1日—10月31日，认定上一年度的"放心酒示范店"。

5. 其他事项

（1）创建活动坚持"企业自愿和公平、公正、公开"的原则。

（2）首次创建认定的"放心酒示范店"原则上不超过20户，并对首批认定的示范店实行动态管理，每年对获牌企业进行复审。

（3）辽宁省"放心酒示范店"认定后，在报刊、网络等媒体向社会公布，并接受媒体、网络和公众的监督。

（4）健全动态监管机制。获认企业凡经举报或发现查实，确有经销假冒伪劣酒、欺骗消费者行为和不依法经营的，通过媒体、网络曝光，并撤销辽宁省"放心酒示范店"资格，收回标识牌，同时依据有关规定从严进行相关处罚。

（省酒类管理办公室　刘福善）

第三章　2013年白酒食品安全划归辽宁省食品药品监督管理局管理，各市县由其直属系统统一全面管理

辽宁省食品药品监督管理局主要职责

1. 贯彻执行国家食品（含食品添加剂、保健食品，下同）安全、药品（含中药、民族药，下同）、医疗器械、化妆品监督管理的法律、法规和规章，组织起草相关地方性法规、省政府规章草案和政策规划并监督实施。推动建立落实食品安全企业主体责任、地方政府负总责的机制和食品药品重大信息直报制度，并组织实施和监督检查，防范区域性、系统性食品药品安全风险。

2. 依法监督实施食品行政许可，建立食品安全隐患排查治理机制，制定全省食品安全年度计划、重大整顿治理方案并组织落实，负责建立全省食品安全信息统一公布制度，公布重大食品安全信息，参与制定食品安全风险监测计划、食品安全地方标准，组织开展食品安全风险监测。

3. 依法监督实施药品、医疗器械、化妆品行政许可，监督实施国家药品、医疗器械标准和分类管理制度，颁布实施地方中药炮制规范，监督实施药品和医疗器械研制、生产、经营质量管理规范，按权限负责药品和医疗器械注册并监督检查，建立药品不良反应、医疗器械不良事件监测体系并开展监测和处置工作，配合有关部门实施国家基本药物制度，组织实施执业药师注册工作。

4. 负责制定全省食品、药品、医疗器械、化妆品监督管理稽查制度并组织实施，组

织查处重大违法行为，建立问题产品召回和处置制度并监督实施。

5. 负责药品、医疗器械、保健食品广告内容审查工作。

6. 负责全省食品药品安全应急体系建设，组织和指导食品药品安全事故应急处置和调查处理工作，监督事故查处落实情况，负责开展食品药品安全宣传、教育培训，推进诚信体系建设。

7. 负责制订全省食品药品安全发展规划并组织实施，组织推动食品药品检验检测体系、追溯体系和信息化建设。

8. 指导和监督各市食品药品监督管理工作，规范行政执法行为，完善行政执法与刑事司法衔接机制。

9. 承担省政府食品安全委员会日常工作，负责食品安全综合协调，推动健全协调联动机制，督促检查有关部门和市级政府履行食品安全职责并负责考核评价。

10. 承办省政府和省政府食品安全委员会交办的其他事项。

辽宁省卫生监督局支持白酒标准建设，为白酒企业创新提供法律依据。以窦局长为首的各位专家，在保证食品安全前提下，方便企业标准的备案创立，提升了我省白酒企业标准化水平和地方特色产品的开发。对行业的发展给予了积极的推动。

第四章　辽宁省总工会财贸轻纺金融工会支持我省白酒发展

辽宁省总工会财贸轻纺金融工会多年来对白酒行业及协会工作给予大力支持和帮助。工会相关领导多次参加协会有关会议和活动，肯定协会工作，为行业工作指明方向，推动行业前行。

2016年省财贸轻纺金融工会与协会共同组织举办了"辽宁白酒品酒、酿酒"技能大赛，大赛第一名获得省五一劳动奖章。本次大赛是对我省白酒行业举办的大练兵、大比拼盛会，也是对白酒行业从业人员专业技能水平提高的重要举措，更是让酿酒人感受到了只要我们有技能、有水平、有创新，同样可以获得产业工人的最高、最好荣誉。让广大产业工人感受到劳动光荣、技能宝贵、创造伟大。大赛同时体现了省政府职能部门对白酒行业及协会工作的扶助和重视。

工会是培养、储备高技能人才的工人组织，搭平台、建舞台、设擂台拓宽技术工人发展空间，畅通技术工人流通渠道。崇尚技能、鼓励创造，调动产业工人积极性，孵化拔尖技能人才，让我们的大工匠在人生的舞台谱写最美好的篇章。

第五章　辽宁省白酒工业协会

一、辽宁省白酒工业协会建设

辽宁省于1985年成立了辽宁省白酒专业协会。其协会章程规定了协会的工作职能，即为政府和企业服务，对行业进行规划并指导和协调，组织技术培训及信息交流，开展质量检评及产品评优，出版行业刊物等工作。

1995年4月原白酒专业协会经辽宁省经济委员会（原名）批准，辽宁省民政厅登记注册成立，正式更名为"辽宁省白酒工业协会"。新的协会为一级协会，是由具有合法资质的白酒企业及相关企事业单位、科研院所等机构和个人组成的全省性行业管理组织，财务独立，具有独立法人资格。

协会遵守国家宪法及法律、法规和相关政策，遵守社会道德准则，适应社会主义市场经济需要；以服务为宗旨，传达和落实国家方针政策，反映行业情况和意见，协调企业生产经营需求，贯彻食品安全法，加强行业自律和管理，维护企业合法权益；推动行业生产、流通、管理、科技水平优化升级，促进全行业健康可持续发展，做好企业与政府间的桥梁和纽带。

协会遵循党和国家总体要求，结合我省行业实际，研究行业发展规划，开展行业调研及统计和信息分析，向政府提出发展建议；配合政府对行业产品质量及消费市场实行监督，维护合理竞争，抵制违法行为；参与或组织行业科技成果评价，推广应用新工艺、新技术、新设备等，促进行业科技进步和技术创新；组织行业技术培训、咨询、专业技能教育、技术交流和表彰等服务；节约粮食，降低能耗，开展资源利用和环境保护工作；组织开展本行业及社会公益事业活动，承担政府或相关机构委托任务及事项。

辽宁省白酒工业协会的最高权力机构是会员代表大会，其日常执行机构是理事会。

二、辽宁省白酒工业协会常规工作

协会的职能和任务

1. 针对白酒行业结构、产品、技术、经营、市场等方面开展调研工作，并就全省白酒行业发展方针、规划及政策法规等有关问题向政府提出建议。

2. 调查收集行业相关技术资讯；组织新技术开发、推广和应用；开展行业生产技术、产品开发、企业管理等工作的技术论证和咨询服务。

3. 收集行业情报，分析行业动态，宣传行业政策，传递生产、科研、技术、管理、品牌、市场等相关信息。

4. 支持和促进企业体制、机制、观念的改革与创新，总结并推广先进企业的成功经验。

5. 根据政府和企业委托及行业发展需要，组织和开展相关的科技鉴定、标准修订、行业统计、人员培训、产品鉴评、行业竞赛、资格审查、产品推介、市场准入，以及对优秀成果、先进企业或个人表彰及申报、推荐等工作。

6. 组织制定并监督执行行规行约，维护会员合法权益，协调会员关系，反映企业意见和诉求，加强行业自律，树立诚信理念，创造和维护公平竞争环境。

7. 加强与国内外、省内外行业组织及相关机构的联系。积极组织参与每年一度的"东北三省白酒企业联席会"活动，为东北酒业发展起到推动作用。适时举办和参与报告会、研讨会、经验交流会及产品展览、展示会等有益行业发展的活动，促进彼此间学习与交流。

8. 积极参与行业生产、经营许可证的发放、监督和管理工作。

9. 承担政府和有关单位委托的与行业发展有关的其他工作。

10. 发展白酒行业的公益事业，加强自身建设，增强服务能力。

三、辽宁省白酒新技术新工艺推广及法规建设

（一）组织编制营养型复制酒地方标准及规范

20世纪90年代，我省营养型复制酒处于起步阶段，受省经贸委委托，1996年由辽宁省白酒工业协会组织有关白酒专家及部分企业负责人到山东、黑龙江、吉林等地进行考

察，了解兄弟省营养型复制酒的开发工作，同时又对我省部分酒厂研制的营养型复制酒其生产特点、工艺流程、检测方法及感官、理化、卫生指标进行研讨，做了大量试验数据分析，找出了制定该酒标准的依据。其间，得到了省有关部门的大力支持。在做了充分的前期准备工作后，最终决定由多名专家组成起草小组，承担起草该标准工作。

该标准的制定和实施，使我省此类酒有了标准可依，做到了规范生产及管理，此举为调整产品结构，增强产品竞争力及提高企业经济效益发挥了重要作用。

（二）确立"辽香型"白酒标准及规范

长期以来，尽管辽酒有诸多天然优势，但还没有确立起具有北方酒特点的代表性香型，这都直接影响了辽酒优势的发挥和行业发展。

为此，前些年，由全国著名白酒专家、中国白酒大师、大连辽一酒厂总经理王贵玉牵头，联合省内阜新三沟酒业、锦州道光廿五集团、沈阳天江老龙口酒业、丹东凤城老窖酒业、朝阳凌塔酿造科技公司、本溪铁刹山酒业、绥中忠华酒业、抚顺千台春酒业、盘锦盘山酒业等多家重点骨干企业，积极总结辽酒生产工艺特点，挖掘传统历史技艺，为该标准的出台做了大量的前期准备工作。其间，有多位专家和十多名企业总工，代表行业直接参与了辽香型白酒企业标准的起草工作。

本标准的确立和实施坚持先进性、独特性和实用性的原则，体现了客观、科学、创新的发展理念，同时也符合全国白酒香型个性化创新发展趋势，它真实反映了我省的行业实际和需求。事实证明"辽香型"是辽酒历史及酒史文化演绎而生的；是辽酒发展的必然和市场的呼唤；是辽酒独特的地域环境、酿造工艺、风味特征、理化指标所决定的。

为了更好地贯彻执行"辽香型"白酒企业标准，省白酒协会特组织"辽香型"白酒企业标准起草单位、起草人员又制定了"辽香型白酒生产工艺技术规范"，以确保执行"辽香型"白酒企业标准技术的先进性和"辽香型"白酒质量的高水平，以确保"辽香型"白酒产品始终在优质酒质量标准以上运行。

"辽香型"白酒具有无色（微黄）清亮透明，清香带有酱香的复合香气，纯正自然，柔和醇厚，酒体谐调，回甜尾净，典型性突出的个性感官风味特点，他真正称得上是原生态的，原汁原味纯粮酿造酒。辽酒有了适合地区优势的自主香型，他的确立不仅对辽宁白酒业意义重大，而且也是对我国白酒业的一大贡献。

四、辽宁省白酒各类专业人员培训

自 2005 年以来，我省白酒协会按照国家人力资源和社会保障部"从业人员持证上岗"及"食品安全法"的有关要求，持续开展国家职业资格技能培训及鉴定活动。在中国酒业协会直接指导下，由国家轻工行业职业技能鉴定中心，对我省行业生产技术岗位人员进行了持续多年的分工种、分系列、分等级、分批次的岗位技能培训及鉴定考核。通过此项活动达标者均获得了国家职能部门颁发的包括酿造工、酿酒师、品酒师、检验员等资格证书。

通过开展此项工作，不仅落实了国家相关规定，规范了从业者岗位技术等级，同时也进一步提高了企业职工素质，促进了员工学知识、学技术，争优创新的积极性。这些都为企业提质增效创造了条件。

截至目前，协会已累计组织此类活动十余次，培训及获证人员达700余人次。这些训练有素的员工在各自的工作岗位上发挥着重要作用。

五、辽宁省白酒评委队伍建设

辽宁省级白酒评委考核现为五年一届，目前已有100多人取得辽宁省白酒评委资格；协会每年召开一次产品质量鉴评会，搭建企业学习交流平台；辽宁骨干白酒技术人员、酿酒师、品酒师等近700人考取了国家职业资格证书。

白酒品酒员作为我国传统白酒业的生产技术人员，由于工作性质的特殊性和岗位的重要性，因此该岗位的人员培养一直受到业界的普遍重视。

实际上，我省行业在这方面从历史看是一直走在全国前列的。特别是早期的前五届全国评酒会，尤其是三、四、五届我们不仅有产品参与并获奖，而且在其专家组及评委中就不乏我省的技术人员，其比例之高，影响之大，这在全行业中是鲜见的，足以看出我省的基础和实力。

正是基于这样优良的传统和对该项工作重要性的认识，自1988年以来，我省协会在历届全国评酒会和评委换届，以及新国家评委培训考核及推荐工作中，都积极配合国家酒业协会和国家食协白酒协会开展工作力争有更多、更优秀的国家级人才脱颖而出。与此同时，我们把更多的时间和精力是放在省级评委的培养和队伍建设上，因为这是基础，需要做更多的工作。

几年来，我们首先进一步完善了培训的师资队伍，邀请了一批德艺双馨的专家参与教学指导，使其质量得到了保障；同时结合国家品酒师鉴定工作，重新设置了省级评委系列，即省级评委、资格评委、见习评委和特邀评委。使其组织更规范；另外，在换届和选聘制度上，改三年为五年一届，并与国家一致，保持了队伍稳定性。

在大家的通力支持下，通过不懈努力，这些年我省不仅为企业培养了各级的省级评委，还不断为国家评委组织培养和推荐了数量不菲的优秀品酒人才，有力促进了行业技术队伍建设和企业技术进步及产品升级。

到目前为止，我省已有新老国家级评委累计30余人；省级各级评委70余人；国家注册各级品酒师100多人；酿酒师30余人；辽宁骨干企业白酒技术人员近200人。他们在自己的企业，以及我省或全国行业中都发挥了重要作用，做出了突出贡献。

六、辽宁省白酒创先争优评比和技能竞赛

（一）持续开展行业产品鉴评工作

白酒尝评实际上是我国传统白酒生产中的重要工序，它直接关系到产品的质量走向，因此对白酒生产而言十分重要。随着社会的进步，以及企业生产能力的提高，规模的扩大和新技术、新工艺、新设备的应用，产品品评已从封闭的生产车间，扩展到开放的行业交流平台，这不仅改变了人们的观念，也改变了生产方式，对企业及产品的影响意义重大。

就我省而言，行业性的产品鉴评活动早期就有，而且不乏人才，只是形式和规模不能和今天同日而语，应该说有一定基础。但具有规模和影响的还是改革开放以后，特别是1995年和1998年开展的由上级主管部门省经贸委和监管部门省技术监督局，具体指导和直接参加的全省白酒行业质量检评近20年。这一时期，该项行业技术性活动得到全新和快速发展，并愈加规范和成熟，成为每年的行业例行活动。

每年的活动都是协会组织，参与人员由我省的全国著名白酒专家具体指导，由省内的国家级评委、省级评委及注册品酒师执行鉴评。在产品报审上协会及专家都严格按国家行业标准执行，包括对产品申报企业资质、产品理化指标、卫生指标等的审核。在鉴评形式上，按行业规范进行。即分香型、分酒度、分糖化剂、分价位、密码编号、统一标准、百分制、现场暗评。在综合评价方面，产品按色、香、味、格感官打分结果，以及参考产品产量、企业规模、影响力和市场占有率、效益等因素来确定产品排序及是否获奖（包括省行业名酒、优质酒、推荐产品）。

通过多年精心培育和努力，重点骨干企业获得荣誉称号居多，为企业品牌塑造和科技进步发挥了独特作用。综观持续多年的行业鉴评工作有如下收获：一是促进了行业技术进步与创新，丰富了产品品种，提高了产品质量；二是培育和锻炼了一大批企业技术人才，为企业后续发展创造了条件；三是推动了产品品牌效应，提高了产品知名度和市场占有率；四是促进了企业间技术和信息的交流。

（二）举办白酒品酒、酿酒技能大赛，从业人员获五一劳动奖章等各种奖励，提高了产业技能和从业人员技术水平。

为落实国家提出的全面实施人才强国战略，充分发挥职业技能竞赛在推动高技能人才建设中的重要作用，促进传统酿酒业持续健康发展，近年，辽宁省白酒工业协会和辽宁省财贸轻纺金融工会相继联合举办了全省白酒行业"品酒技能大赛"和"酿酒技能大赛"活动，在业内产生积极影响。

活动先进行赛前培训，然后是实际考核，两者均有理论和实践两部分，全程由专家按行业规范程序进行，先培训再考核。活动的各项议程落下帷幕。随后，根据考核成绩和国家级专家组评审，为优胜者申报省"十大品酒师及辽宁白酒品酒标兵"和"十大酿酒师及辽宁酿酒标兵"荣誉称号。大赛第一名获得省五一劳动奖章，这是多年来省评委队伍取得的最高荣誉，也是工匠精神完美的展现。

活动期间，省财贸轻纺金融工会、省工信委、省卫计委、省药监局、省食品办等领导还专门到会表示祝贺，并就各自主管业务结合行业实际及本次活动发表讲话。说明政府职能部门对我省白酒业相当重视，进一步增强了大家的责任感和使命感。

实际上，活动不仅仅是单纯比赛，重要的是通过这种形式来为行业从业者定方向、树榜样，鼓励大家学先进，钻业务，弘扬工匠精神，争优创新，加快我省酿酒队伍建设。肯定说活动达到了预期目的。

（三）举办全省白酒行业科技交流大会

2012年4月，协会在沈阳举办了全省白酒行业科技交流大会，有来自省内的企业领导、专家、行业技术人员共七十余人出席了本次会议。

这次会议内容，主要是行业技术人员结合近年来企业的科技成果及技术实践作现场交流；同时行业专家做有关技术报告和现场点评；另外活动还邀请与会企业领导就相关话题做指导和演讲。

本次会议，科技气氛浓厚，交流内容全面、务实、新颖，对促进企业技术进步，科技创新十分有益，达到了互相学习，共同提高的目的。

会议期间，来自全省三十多个单位的技术人员，共三十余篇技术论文进行了现场交流。这些资料都是在生产实践中形成的，质量普遍较高，有些还获得过各级奖项。他们代表了我省行业目前的最新技术水平，某些方面甚至已处于国内行业前沿。这些凝聚了广大技术人员智慧和汗水的成果，标志着我省行业生产技术能力已进入了一个新高度。另外，专家的专题报告及针对性点评和企业领导高视野的指导性发言，都极具价值和意义，给与会者留下了深刻印象和启发。最后，协会还为本次技术交流人员颁发了奖励证书。

七、辽宁省白酒工业协会工作创新成果

（一）举办"辽宁知名白酒品牌风采"宣传活动

随着白酒产销市场同质化趋势日渐明显，产品特点和质量差异正在逐步缩小，这对企业决策提出了新的要求。如何突出个性，展示优势，推介品牌，引领消费就显得越来越重要。

2001年元月，协会举办了"辽宁知名白酒品牌"宣传活动。本次活动以推动我省白酒工业发展，扶持知名白酒品牌为宗旨，通过企业参与，协会把关，媒体配合形式，在辽宁电视台定时展播。本次共十二家省内重点骨干企业的23个系列产品参与近一个月时段的集中展示。活动不仅提高和延伸了企业及品牌的知名度、美誉度，也为大众消费提供了正确导向。

（二）通过《辽宁日报》连续开展全省行业名优酒宣传活动

协会从1995年开始通过《辽宁日报》等省内权威媒体，开展对荣获全省行业名优酒的企业及产品进行集中公告和宣传活动。

公告以《展示名优产品风采，正确引导市场消费》为通栏标题，并附有组织者辽宁省白酒工业协会的公告序言和荣获本期省行业名优酒称号的产品及企业相关信息。飘红版面，权威大气，真实资讯，引人注目。

公告将权威性的行业产品检评信息及时、完整地通过公共媒体直接传达给社会和广大消费者，对扩大名优产品的公众认知度、美誉度，正确引导大众消费，促进企业加快名牌战略实施都具有重要影响和意义。

此后协会还相继在2004年、2007年、2010年、2013年、2016年多个例行的产品检评年里，以同样的方式扩大和延续了这项工作，都收到了很好的社会效果。

（三）推出"辽宁纯粮固态好酒标准样纪念酒"

2016年辽宁省白酒工业协会为推动我省传统自酿酒业发展，向社会推荐辽宁纯粮固态名酒品牌，展示辽酒风采，特从众多会员企业中优选出十二家企业的精华产品，共十二个，125ml/瓶；同时特配定制十二生肖锡合金玻璃酒具一套，两者同装一精美包装礼盒，尽显高雅、珍贵、华美。

该款绝佳组合是宣传、馈赠、收藏及封坛配套的珍藏精品；是我省业界联手同行的集中体现；也是辽酒向社会展示的精品代表。其纪念意义和商业价值巨大。

该项工作无论在我省行业历史上、规模上、影响力上，还是在创意上都开了业界的先

河，具有里程碑意义，堪称完美。不仅受到了参与企业的一致称赞，也得到了广大会员单位的好评。它带来的效果已不只是物体本身，更多是潜在的力量。

八、辽宁省白酒食品安全

（一）向政府提出取缔无包装白酒上市销售的建议

2002年协会根据《辽宁省酒类管理办法》有关散装酒类实行贴标包装销售及各级酒类管理部门应采取措施，逐步取消散装酒上市的规定，并结合我省白酒生产和销售的实际情况，向政府主管部门领导刘国强副省长反映了存在问题和治理意见。

1. 产销散装白酒带来的危害，其主要表现为：

（1）非正规企业生产恶性膨胀，导致产量全面过剩，市场混杂；

（2）税收征管困难，偷漏税现象得不到惩罚，国家税收流失严重；

（3）地方保护主义及不公平竞争使规范企业面临困境；

（4）假冒伪劣猖獗，劣酒伤害事件时有发生，消费者没有安全感；

（5）资源浪费，环保恶化。

由此给我省税收和正规企业发展及消费者自身健康等方面带来严重危害。

2. 取消散装白酒的重要性

散装白酒的泛滥已造成严重的负面效应，禁止其产销有如下重要意义：

（1）有助于增加国家税收；

（2）可逐步清除非法企业实现市场的规范化；

（3）可为正规企业发展创造有利条件；

（4）可为消费者提供安全放心商品；

（5）有利于国家各项政策的贯彻落实。

3. 取消散装白酒要有有效措施和方法

（1）建议各职能部门按《办法》要求，明确产销时间，并依法监督管理，包括对违规企业停发或吊销生产许可证、批发许可证，以及禁止零售业务。

（2）号召全省规范企业加强自律，不生产和销售散装白酒，以符合形势要求，更好地服务于消费者。

（3）建立必要的举报制度。

总之，只要政府重视，职能部门深化管理，加大执法力度，并常抓不懈，以及广大骨干企业积极参与，该项工作就一定能取得成效，并促进我省行业稳定健康发展。

（二）统一定制全省白酒行业名优产品防伪标识

2003年，协会为落实国务院【376】号令和省政府"关于整顿规范市场经济秩序"会议精神，经上级职能部门同意，决定从本年起，对已获得全省行业相关荣誉称号产品（包括名酒、优质酒、推荐产品），统一实行由行业协会发行的防伪标识。以改变目前我省白酒，特别是名优产品产销领域的混乱状况。

结合目前行业实际，本次具体实施方案仅限以下几类产品，其他类产品随后将酌情实行。

（1）辽宁名牌。凡经省名牌战略推进委员会批准申报，并由省食品办、省白酒协会等机构审查通过获得该称号的产品。

（2）辽宁省行业名酒、优质酒、推荐产品。凡在有效期内并通过年度行业产品质量检评获得上述称号的产品。

该项工作的实施对强化白酒产销市场管理，杜绝假冒伪劣产品滋生，消除食品安全隐患，正确引导市场消费，保障消费者健康和安全，以及在推动行业法制化、规范化建设方面都具有重要意义。

（三）落实新《食品安全法》与省食药监局座谈

2015年上旬协会与省食药监局在沈阳举办了"辽宁省白酒行业贯彻落实新《食品安全法》座谈会"。本次会议无论是参会职能部门数量，还是参会骨干企业数量都是前所未有的。座谈的内容也更全面、更贴近实际、更富有操作性和权威性。

通过学习新法，以及监管者与生产者间的沟通和交流，企业对"新法"有了更全面的理解，进一步增强了法律赋予的责任意识。

会上，各企业纷纷表示从自身做起，恪守商业道德，加强企业自律，规范经营行为，树立诚信风尚，争做道德楷模。同时坚决抵制商业欺诈行为，积极维护行业利益，用真诚去赢得市场和消费者。

会上，上级领导希望企业要认真履行生产经营主体责任，严格质量管理，强化食品安全，提升产品信誉，满足市场需求。以敬畏之心为社会提供优质、健康、放心的产品和服务，维护好消费者的合法权益。

本次会议，上级领导部门也了解到了一线企业，在生产经营中遇到的一些实际问题，听到了来自基层的意见和建议，了解了白酒行业在市场和产品等方面的一些特点，这对监管和执法，对企业和消费者都十分有益。

省食药监局相关领导对白酒行业给予大力支持和帮助，对协会工作予以充分肯定，希望与会同人继续努力共创辽酒辉煌。

辽宁白酒企业篇

辽宁白酒企业规模在全国白酒行业虽排不到前列，但也创下历史辉煌，白酒产量曾多次进入全国前十名。辽宁白酒行业资产总规模240000万元（2009年），企业（规模以上）数量107家（2010年），年产白酒总产量63万千升（2012年），销售收入超过100亿大关（2013年），利税447361万元（2013年）。继往开来，开拓创新，辽宁白酒坚持科技进步，弘扬传统工艺酿酒，走辽酒复兴发展之路，重振辽酒辉煌。

辽宁三沟酒业有限责任公司

始建于1862年的辽宁三沟酒业有限责任公司，坐落于人杰地灵的阜新蒙古族自治县。阜新是拥有8000年历史和文明的北方名城，被誉为"玉龙故乡，文明发端"。八千年前的阜新地区不仅是中国龙文化的起源地，也是中国谷物酿酒的起源地，更是中国白酒文化的起源地。

三沟酒业与著名的红山文化源头查海遗址仅距9公里。令人感叹的是，8000年前的查海部落已经掌握了比较成熟的白酒酿造技艺，并形成了痛快直爽、豪情万丈的北方游牧部落特有的饮酒风格，而这亦是百年三沟坦荡文化的渊源所在。阜新还是"三丰故里"。三沟酒业与著名的张三丰故居仅距39公里。张真人创立的中国太极功夫特点是绵中带劲，柔中带刚，因而强身健体，长盛不衰。三沟白酒的绵劲与太极功夫的精髓一脉相承，尽显厚积薄发、强身健体之神韵，入口绵甜，落口爽劲，被誉为"绵劲型白酒典范"。

"酿造酒中珍品，成就东北荣耀"。1862年，邱美、邱焕兄弟二人，在瑞应寺活佛的帮助下，于土默特左旗细河塔拉（1903年成为阜新县）境内建一酒厂，名曰"胜泉涌"烧锅，俗称"邱家烧锅"，前店后厂，这就是辽宁三沟酒业有限责任公司前身。至今在阜新蒙古族自治县仍有"先有邱家店，后有阜新县"的说法。1911年，"邱家烧锅"代表直隶省参加巴拿马万国博览会，其高粱酒荣获大奖。1948年3月18日，阜新县解放，邱家烧锅被民运部接收，改名为"胜利酒厂"，此后，又几易其名——阜新蒙古族自治县制酒厂、阜新民族酒厂、辽宁三沟酒业有限责任公司。其传统酿造工艺十代传承，流传至今。

三沟品牌，在独有的东北生态环境中诞生，充溢着浓浓的环保情愫与和谐理念。1964年，阜新蒙古族自治县保护环境，治理生态成绩斐然，其中，七家子乡的毛岭沟封山育林、蜘蛛山乡的塔子沟河边造林、招束沟乡的拉各拉坡耕地治理经验更是闻名长城内外，被时任国务院副总理谭震林命名为"三沟经验"，在全国推广。为了纪念三沟经验，实现科学发展，阜新蒙古族自治县制酒厂在同年申请注册了"三沟"白酒的商标。

"白山黑水天地间，一杯坦荡三沟情"。自阜新经济转型十余年来，三沟人创新求进，科学发展，在广袤的白山黑水天地间，唱响了一首坦荡的三沟交响曲，并成为阜新经济转型的一面旗帜。如今，三沟酒业拥有东北地区规模较大的纯粮酿酒基地、规模较大的白酒工业园，产量、销量、纳税额、品牌影响力在辽宁白酒行业名列前茅。2015年，由中国酒类流通协会和中华品牌战略研究院联合举办的第七届华樽杯中国酒类品牌价值200强隆重发布：三沟品牌价值达41.31亿元，位列东北白酒行业第1位，中国白酒第47位。

三沟酒业目前已经发展成为由辽宁三沟酒业有限责任公司、阜新三沟酒业销售有限公司、内蒙古三沟酒业有限责任公司、阜新蒙古贞酒业有限责任公司、阜新市三沟职业培训学校、三沟工业园、三沟酿酒基地等组成的集团公司。企业占地面积700亩，拥有纯粮固态发酵老窖泥池1000余个、现代化灌装生产线20条，总资产6亿元，员工1500人。

三沟酒业拥有"辽宁省省级企业工程技术研究中心""辽宁省博士后创新实践基地"和"中国食品发酵工业研究院东北酿酒试验基地"，标志着三沟酒业在白酒酿造、产品研发、工艺创新以及综合科研水平上，均达到了全国酒类行业的先进水平。2011年，三沟酒业荣获"全国食品工业科技进步优秀企业奖"，其发酵酿酒新工艺项目荣获"全国食品工业科技进步二等奖"；董事长吴铮和总工程师王世伟分别获得了"全国食品工业科技进步先进科技带头人"称号。2012年，三沟酒业"多粮浓香型白酒加工工艺"获得了国家专利。2014年，"应用有效微生物参与发酵酿酒新工艺"被评为"第二届中国白酒科学技术大会优秀科技成果"，王世伟被评为"中国白酒工艺大师"。2016年，多粮黄酒配制低度白酒的工艺又获得了国家专利。

三沟系列白酒以当地的红高粱为原料，采用传统的老五甑工艺，沿用百年窖池进行发酵，并利用传统的老熟工艺和现代的过滤灌装技术，形成了独具匠心的工艺特色，体现了酒香浓郁、入口绵甜、谐调丰满、落口爽劲、余味悠长的特点。三沟系列产品有浓香型、兼香型、清香型、芝麻香型等五大系列。作为绵劲型白酒典范，无论是以三沟老窖为代表的浓香型系列酒，还是以百年窖为代表的兼香型系列酒，每一滴三沟美酒都浓缩着百年老窖的酿造精华。近年来，又倾情推出具有传奇色彩的火狐狸酒、应用三项国内创新技术研发的私酿酒、芝麻香酒，以及尽显祖宗范和原生态的红山酒祖酒，更有集三沟美酒与玛瑙精品两大辽宁特产于一身的三沟红玛瑙酒和三沟德增兴酒，堪称展现东北酒独有韵味的集大成之作。2016年，中国食品工业协会白酒专业委员会在北京举行成立30周年座谈会，表彰了30家1985—2015年中国白酒（区域性）历史标志性产品，其中三沟老窖雪兰酒排名第21位，位列东北第一位。

目前，三沟销售网络以东北三省为主，覆盖全国24个省、市、自治区。自2014年开始，三沟白酒出口韩国，在首尔设立旗舰店，在韩国各大城市开设专卖店，并进入韩国商超渠道，为中国白酒行业争了光。

建设绿色三沟园，打造东北第一酒。三沟工业园位于阜新民族工业发展园区北端，总投资4.5亿元，占地500亩。三沟园一期工程，包括原酒贮存车间、包装生产车间、动力车间、综合楼及配套设施等，占地面积达200亩，已于2010年10月23日盛大开业并高效投产；二期工程包括微生物系统工程项目、原酒生产基地项目、高蛋白饲料项目、5万亩绿色原料生产基地项目等；三期工程包括彩印包装厂、瓶盖生产厂、研发中心、博物馆、办公大楼等。三沟园的兴建，将有效保障三沟酒业实现"十三五"规划目标。届时，三沟酒业将年产原酒12000余吨，年产商品酒25000余吨，年销售总收入超过10亿元，年上缴税金超过1亿元，年利润总额6000万元以上，提供就业岗位2500个，并能有效拉动和促进地区种植业、物流业、畜牧业发展。而且，三沟作为国内绵劲型白酒典范，其品牌形象、企业规模、生产能力、产品质量、市场覆盖率、商品销售额、利润额、上缴税金等硬性指标，均会在东北白酒行业名列前茅，并且要跻身全国白酒企业50强。

三沟酒业在做大做强的同时，也不断回报着家乡父老乡亲的厚爱。近年来，三沟酒业为慈善及各类公益事业贡献的资金总额超过了3000万元。

三沟系列酒从1998年开始，连续19年蝉联"辽宁名牌产品"，并在1994年通过了中国方圆委质量体系认证和产品质量认证。三沟酒业曾先后获得"全国少数民族先进企业""国家二级企业""中国质量体系认证合格单位""中国食品行业质量效益先进企业""全国守合同重信用单位""中国食品安全示范单位""全国食品行业科技进步优秀企业""全国食品工业优秀龙头食品企业""中国酒业文化百强企业""中国企业培训示范基地""中国企业教育先进单位百强""全国轻工业先进集体""全国模范职工之家""辽宁省文明单位标兵""辽宁老字号""辽宁省非物质文化遗产""辽宁省科技先导型企业""辽宁省用户满意单位""辽宁省连续十年守合同重信用单位""辽宁省诚信示范企业""辽宁省希望工程突出贡献单位""辽宁省体育运动特别贡献奖"等荣誉称号。

自2004年以来，三沟酒业先后成为中国男篮甲A联赛赞助商、中国女篮甲级联赛合作伙伴，三沟酒成为联赛总冠军指定庆功酒；2009年，三沟酒成为中国十运会辽宁代表团指定庆功酒；2010年，三沟酒业成为辽宁省第十一届运动会顶级合作伙伴，三沟酒成为辽宁省第十一届运动会指定用酒；2010年以来，三沟酒成为中国食品安全年会指定用酒。

新时期新阶段，拥有155年历史的三沟酒业将继续彰显坦荡雄风，优化营销模式。目前，三沟酒业的营销战略经过科学调整，已呈精耕细作、欣欣向荣之势；产品研发与检测亦达到国内先进水平，实现多项国内创新。这些都让三沟酒业完全具备了弯道超车、锐意进取的动力源。不久的将来，三沟酒业将与黄河以南的著名酒企相媲美！

辽宁道光廿五集团满族酿酒有限责任公司

辽宁道光廿五集团满族酿酒有限责任公司位于历史名城锦州，前身为"同盛金"烧锅，始创于清嘉庆六年（1801），是锦州城北罗台子屯满人显贵高士林创办的，因为他开的烧锅有"龙票"，属皇封烧锅，是用满族传统工艺专为清王室酿制贡酒的烧锅，其产品被尊为宫廷宴酒。

民国十五年（1926），少帅张学良曾督建葫芦岛军港，督办交通大学，孟积善带人奉送数坛同盛金烧酒慰问将士。张少帅饮后连声赞美同盛金白酒，并亲题"酒中仙"三字雅签。

1948年锦州解放，"同盛金"烧锅由人民政府接管，更名为"地方国营锦州制酒厂"。1954年，朱德同志题词盛赞凌川白酒"南有茅台，北有凌川"。1959年，锦州凌川酒被国家指定为"十年大庆"献礼酒、国宴酒送至京城，送到人民大会堂，凌川白酒一时间声名鹊起。1960年，经省政府批准，企业更名为"锦州凌川酒厂"。1963年，国家轻工业厅在凌川、茅台、汾酒组织试点，使原有的工艺更加完善。1963年全国白酒评比，凌川白酒荣获国家优质白酒称号。1984年、1988年、1994年又连续三次荣获国家优质白酒称号，享有较高的声誉。

1996年6月酒厂搬迁时，在老作坊原址，锦城人称"烧锅大坑"，偶然发现距地80厘米处有一密穴，穴藏4个木酒海，酒海内藏酒4吨有余，2个保存完好。酒海呈长方形，木质红松，八字原始铆，箱角铁镶，箱内宣纸裱糊。毛笔写的满、汉文字为"大清国""同盛金""封于道光乙巳年"（1845），字迹依稀可见。同年，中国白酒专业协会、锦州市人民政府联合主办了"百年穴藏贡酒研讨会"，全国著名酿酒专家、著名文物考古界专家学者和领导参加了此次研讨。经过了一个半世纪的穴藏，这批贡酒香气更加浓郁怡人，专家命名为"道光廿五"。

1998年，经吉尼斯总部认定，1996年发掘出土的道光廿五贡酒以其是世界上目前发现的窖贮时间最长且可饮用的穴藏白酒列入吉尼斯世界之最。1999年12月，道光廿五贡酒木酒海及定量原酒，作为20世纪的最后一件稀世国宝被收入中国历史博物馆。2001年9月，道光廿五贡酒被世界名酒名饮协会、中国食品工业协会白酒专业协会、中国企业文化促进会评为"中国十大文化名酒"；2003年5月，辽宁道光廿五集团成为国家原产地域保护企业。2003、2008年，道光廿五贡酒被中国标准样品开发中心吸纳为国家标准样品酒。2006年，道光廿五白酒传统酿制技艺被辽宁省人民政府评为首批省级非物质文化遗产。2009年"道光"商标荣膺中国驰名商标。2010年"道光"商标被国家商务部认定为"中华老字号"。2015年12月，道光廿五贡酒产品被中国食品工业协会评选为中国白酒历史标志性产品。道光廿五贡酒多次荣获辽宁名牌产品、辽宁名酒称号。

道光廿五贡酒的生产一直传承着传统的满族酿造技艺，其中包含着珍贵的山林人民药食同源的文化传统，可谓是天地同萃水木菁华。道光廿五白酒的酿酒原料，严格挑选满族传统酿酒技艺所需的高粱、稗谷、薏米。制曲的菌种为百年老曲种，制曲时添加人参、鹿茸、松花粉等26味中草药。用木酒海贮酒是道光廿五贡酒储藏工艺和品质控制的关键环节。木酒海用松木制作，内壁以鹿血、香油、生石灰、桑皮纸裱糊而成。贮存后的酒酒色微黄，陈香典雅，绵柔醇厚，独具陈香特色的道光廿五贡酒在中国酒业协会评选中荣获"2015年度青酌奖酒类新品TOP10（白酒类）"荣誉称号。

现在，这个有着二百多年酿酒历史的企业，不但是道光廿五贡酒的生产基地，也是非物质文化遗产的传承基地，企业一直不断致力于陈香型白酒的研究与开发，为提高中国白酒的酿造技艺，提供了宝贵独特的经验。

道光廿五集团的发展离不开社会各界的关爱与支持，我们将加倍努力，不断提升与创新，生产出更优质的白酒，为社会奉献满意的产品。用质量铸造独特的品牌，用服务赢得顾客的满意，用文化丰富企业的形象，用创新求得持续的发展，为祖国的民族工业做出我们应有的贡献。

辽宁朝阳凌塔酿造科技开发有限公司

朝阳凌塔酿造科技开发有限公司（简称凌塔酒业）位于"世界上第一只鸟飞起，第一朵花开放"的三燕古都朝阳市，始建于明万历三十一年（1603），是东北三省白酒行业历史最悠久的企业，辽宁省白酒行业重点企业之一。

追史溯源，风雨沧桑。四百多年前山西太谷人氏曹三喜携带祖传酿酒秘方举家来到塞外营州三塔村（现在的朝阳市），依古塔傍凌水开建了凌塔酒的前身"三泰号"酒烧锅。一直延续了349年，直到1952年，曹三喜第十三代孙媳将"三泰号"酒烧锅赠送给朝阳县人民政府，成立了地方国营朝阳酒厂，2005年企业改制为股份制民营企业，成立了朝阳凌塔酿造科技开发有限公司。

凌塔酒业在四百年的漫漫历史长河中，积淀了深厚的酒文化内涵，孕育了许多神奇而美丽的传说。如"九凤朝阳酿甘露、康熙醉饮朝阳府、柳姑插柳引清泉、曹家敕建关帝庙"等，为凌塔酒文化增添了许多传奇的色彩。

百年酒坊，代代传承。凌塔酒业从明万历三十一年（1603）曹三喜创立"三泰号"酒烧锅至今已传承了二十四代。此后经曹凤祥又延续了十三代传承人。人民政府接管成立国有企业，又历经梁泽民、齐爱民、王连生、李伯馨、乔树生、张海峰、易广家、王宗潼、宋玉华、张书印，到2005年企业改制为民营公司，姜淑秋担任公司领导人，成为凌塔酒业第二十四代传承人。

遵循古法，工艺独特。凌塔白酒的传统酿造工艺可以从粮、艺、藏三个字来概括。粮：凌塔白酒所用原料均取自辽西优质红高粱，另外还有大麦、小麦、豌豆、麦麸等原料。艺：凌塔白酒在整个生产过程中采用"清蒸二次清"的传统酿酒工艺，铸石窖池低温固态发酵。藏：凌塔白酒采用"天窖地藏"的储藏方式。所谓天窖就是在地上空气流通的自然环境中用陶质酒坛（瓮）储酒的过程。即原酒一经酿造，即被封存入陶坛。所谓地藏就是将经过天窖储存的酒放到地下酒窖木制酒海中储存的过程。经过天窖地藏储藏的酒，风味独特，口感醇厚，饮后不上头。

革故鼎新，谋求发展。1952年人民政府接管了"三泰号"酒烧锅，当时只有工人十几个人，年生产能力只有2吨多酒，年利润4600元。生产小打小闹，始终徘徊不前，发展缓慢。"七五"期间，企业确立了"依靠科技进步，振兴朝阳酒厂"的发展长期战略，坚持开展"科技日"活动，采用现代化管理方法和手段，促进了企业发展。到1990年企业发展到年产万吨白酒。白酒品种从单一品种增加到两个系列八个品种，同时增加了酒精、蛋白饲料、饮料、二氧化碳等多种系列。产品质量不断提升。经济效益逐年提高。从1952年的利润4600元，发展到年上缴利税超千万元，成为地方财政支柱。"七五"期间取得了35项科研成果，并通过省级技术鉴定。企业管理水平明显提高。实现了质量管理、标准化管理、计量管理、能源管理、档案管理升级。能源管理通过国家一级管理验收；档案、计量通过国家二级管理验收、标准化通过国家三级管理。是全国白酒行业首批通过"方圆标志"认证的企业之一。企业跨入了国家大二型企业行列。

砥砺奋斗，再攀高峰。2005年改制后，企业步入民营企业时代，通过深化改革，加强管理，深入挖潜，经济效益显著提高，企业驶入了发展的快车道。目前朝阳凌塔酿造科技开发有限公司占地面积100余亩。员工369人，技术力量雄厚，有国家评委3人、省级评委2人，高级酿酒师7人，酿酒师30人。年生产能力白酒2万吨、大枣酒5000吨。主要产品有凌塔白酒系列和凌塔大枣酒系列产品。白酒分清香、浓香、兼香和其他四大香型。品种有六大系列180多个品种，即原浆系列、纯净系列、窖酒系列、定制酒系列、礼品酒系列等。年上缴国家税金从2005年的300万元达到最高年上缴税金2000万元，改制后的短短十年时间效益增长了近7倍。成为朝阳的纳税大户，为朝阳经济的发展做出了贡献。

保持荣誉，再接再厉。凌塔酒业在发展中不断进步，取得了诸多奖项。企业生产的凌塔白酒1984、1988年连续两届荣获国家优质产品，蝉联银质奖，1986年获首届中国食品博览会金奖，是辽宁省名牌产品、辽宁省"非物质文化遗产""辽宁老字号"，被誉为朝阳市市酒，列为辽宁省政务接待专用酒和人民大会堂专供酒。在辽宁省首家研制出21世纪新型白酒——凌塔纯净酒，专家称之为"国内首创，风格独特"，在北京召开的"21世纪饮酒与人类健康高层研讨会"上得到国家领导人和全国著名酿酒专家们的高度评价，位居国家质检总局全国名酒"红榜"第四名。产品多次被评为省、市消费者满意商品。企业得到社会普遍认可，获得了国家和省市诸多荣誉。曾荣获了国家轻工部科技进步先进集体、全国"模范职工之家"，东三省"百年文化传承"企业，省文明单位、省效益杯优胜单位、省质量管理先进企业、省科技先导型企业荣誉称号。连续多年被评为"省级守合同重信用单位"、市纳税功勋企业、市诚信维权优秀企业、市AAA级诚信企业，被朝阳市政府授予先锋企业称号。

前景展望，再铸辉煌。凌塔酒业走过了漫长而辉煌的历程，然而，时代在召唤，历史赋予企业新的使命和责任感。我们一定要认真践行企业的核心价值观：诚信、敬业、感恩、创新。不忘初心，奋勇前行，实现我们的凌塔梦："让凌塔酒成为越来越多消费者的首选。让企业实现跨越式可持续发展，让员工生活达到小康。"向着梦想，努力拼搏，再铸凌塔酒业新的辉煌。

辽宁铁刹山酒业（集团）有限公司

辽宁铁刹山酒业（集团）有限公司坐落于东北道教发祥地——九鼎铁刹山脚下，傍辽东秀水——太子河。它隽永多彩的身姿犹如一颗璀璨的明珠镶嵌在群山怀抱之中。

铁刹山酒业集团的前身"永隆泉烧锅"始建于1807年，距今已有200余年的历史，公司已由一家名不见经传的手工酒作坊一跃成为辽宁省知名的民营企业。

铁刹山系列白酒均以东北优质高粱为主要原料，以永隆泉水为酿造用浆，以中高温大曲为糖化发酵剂，采用百年泥窖固态发酵，传承传统工艺结合现代科学技术精酿而成，具有传统的民族特色和独特的地方品位。多年来经过不断地传承与创新，公司产品形成了以铁刹山百年传奇为代表的浓香型白酒；以铁刹山味道酒为代表的浓酱兼香型白酒；以铁刹山谷酒为代表的清香型白酒；以十年老酒为代表的年份典藏酒；以铁刹山槐花香为代表的露酒五大系列80余种产品。其中主导产品特制铁刹山酒为"中国白酒质量优秀产品""东北三省白酒创新产品"；铁刹山百年传奇酒为"辽宁名酒""本溪市优秀新产品"；铁刹山槐花香酒为"辽酒创新金奖"；刺五加露酒为辽宁省首批"国家原生态保护产品"。铁刹山系列白酒先后获得"国际博览会金奖""辽宁地方精品""辽宁名优食品""辽宁人民最喜欢的十大地产白酒""辽宁名牌产品""辽宁人民喜爱的健康酒"、辽宁省"专、精、特、新"产品等荣誉称号。2006年，铁刹山特制酒、铁刹山老窖酒于人民大会堂被授予"中华文化名酒"荣誉称号。2007年被省、市人大政协选为两会指定用酒，2011年1月26日，铁刹山酒业被中华人民共和国商务部认定为"中华老字号"，2011年5月27日"铁刹山"商标被国家工商行政管理总局认定为"中国驰名商标"。企业连续多年被评为"省级文明单位""省先进企业""省守合同重信用企业""辽宁十大名酒生产厂家""辽宁知名企业""本溪市5A级诚信企业""本溪市质量效益型企业"、中国酒业"文化百强"企业、"本溪市市长质量奖"企业。2013年公司被中华人民共和国人力资源和社会保障部、中国轻工业联合会、中华全国手工业合作总社联合授予"全国轻工行业先进集体"荣誉称号。一个个奖牌像一座座丰碑记录了铁刹山酒业经历风雨而不断创造的辉煌。

铁刹山酒被称为当代中国酒业"活化石"的秦含章老先生被赞誉"酒中无名匹、袖内有暗香"，中国白酒专家组组长沈怡方也称誉铁刹山酒为"中国白酒一流水平"。

为了让消费者喝到优质、安全的产品，从企业内部管理入手，对影响产品质量的各个过程严格把关，从原辅料采购、生产过程、产品出厂、售后服务等层层监控保证产品出厂合格率100%。实施严格的现场质量管理，不断进行技术创新、工艺创新，目前铁刹山酒业技术中心为"省级企业技术中心"，高素质的人才队伍、先进的检验仪器设备为铁刹山酒提供了强有力的技术支撑。公司质量管理体系、食品安全管理体系健全，管理严谨，2000年公司通过了ISO9001国际质量管理体系认证，2007年通过了ISO9001国际质量管理体系及HACCP食品安全管理体系的双认证，由于产品优质、安全被中国食品工业协会认定为"安全优质食品承诺单位"。

实施名牌战略，实现产品创新。市场是变化的市场，产品是不断升级的产品。随着社会的进步，人们喝酒也追求个性化、时尚化、讲究营养保健，铁刹山酒业根据消费者的需求，不断推陈出新，从早年的铁刹山牌天桥窖酒、粮食白干、老窖酒到近年开发上市的铁刹山"百年"系列、铁刹山"道"系列、铁刹山"枫情"系列、铁刹山"窖龄"系列、铁刹山"典藏"系列产品、铁刹山"露酒"系列等，满足了不同消费者饮酒需求，增强了产品市场竞争力，靠这些耀眼的产品上市，铁刹山酒业成了白酒品牌创新的先进企业，品牌知名度和美誉度不断提高。

"雄关漫道真如铁，而今迈步从头越。"承袭百年文化的精髓，吮吸当代文明的雨露，在市场经济的大潮中，铁刹山酒业必将在辽宁老工业基地的振兴中再立新功，再创辉煌。

沈阳天江老龙口酿造有限公司

沈阳天江老龙口酿造有限公司（以下简称"老龙口"）始建于公元清朝康熙元年（1662），坐落于盛京（沈阳）城东内治门（小东门）外，古时皇城东门乃龙城之口，因而御封（历朝历代不是御封民间不得带龙字）得名"老龙口"。厂址在沈阳市大东区珠林路一号，厂区占地1.8万平方米，拥有员工500余人，其中，中高级酿酒师30余人，国家级白酒评委3人。体制属非公企业，隶属沈阳市大东区工业总公司。

老龙口白酒以东北红高粱为主要原料，产品为浓香兼芝麻香型，有五大系列：青花龙酒系列、御酒系列、纯原酒系列、陈酿酒系列、龙香酒系列，200余个品种。产品曾荣获"第29届布鲁塞尔国际精品博览会金奖""全国国货精品消费者最满意奖"等和辽宁省、沈阳市名牌产品等称号。2008年，青花龙酒和45度一帆风顺酒被确定为沈阳供奥食品；2009年，青（红）花龙酒、52度雕花龙酒被确定为全国十一运会辽宁体育代表团专用酒；2010年，十五年、三十年和五十年陈酿酒被确定为辽宁省和沈阳市政府系统商务接待用酒；2011年，产品被沈阳市工商局确定为"沈阳特产"；2013年，产品被确定为全国十二运会专用酒；2015年，由辽宁省服务业委员会和各市（县）人民政府主办的"铭品大辽——消费者喜爱的十大品牌&消费者喜爱的八大名酒评选"活动中，产品被评为辽宁"八大名酒"。

老龙口产品销售市场以沈阳为重点，产品销量在沈阳市内排在首位，辽宁省内市场延伸到各市、县。辽宁省外市场已辐射到哈尔滨、长春、天津、河南各地、山东各地、深圳、兰州、广州、承德和新疆等地。产品远销香港、澳门等地区以及韩国、朝鲜、日本、俄罗斯等国家。

老龙口酿酒历史渊源悠久。所酿白酒清朝多贡奉朝廷，曾为康熙、乾隆、嘉庆、道光四帝十次东巡盛京御用贡酒，素有"大清贡酒"之称；老龙口白酒曾作为清朝征战时期清兵的壮行酒、出征酒，当时流传"飞觞曾鼓八旗勇"之说；据光绪三十三年《奉天商务总会卷宗》记载，万隆泉等烧锅代表奉天省内十四城为感恩光绪皇帝减捐贡酒税；民国时期，老龙口白酒作为东北大帅张作霖及东北军的征用酒，民间盛传"一盘童子鸡，一杯老龙口"的佳话；抗日战争和解放战争时期，东北爱国将士和人民解放军，把老龙口白酒作为庆功酒、英雄酒；1950年，老龙口60吨白酒发往朝鲜，支援抗美援朝；1959年，新中国成立十周年大庆，老龙口10吨白酒调入北京人民大会堂作为国宴招待用酒。

老龙口酿酒文化积淀厚重。老龙口有三个国字号的美丽光环，一是国家级非物质文化遗产，二是中华老字号，三是国家地理标志保护产品。老龙口有"三宝"即老水井、老窖池、老工艺。老水井——古有"万隆泉""龙潭水"之美誉，水源充沛，百年不竭，水质清澈透明，甘洌爽净，宜于酿酒；老窖池——（仅存54个）是中国白酒行业建造最早、现存规模最大、保存最完整、连续酿酒时间最长的窖池群，被认定为辽宁省和沈阳市文物保护单位；老工艺——（白酒传统酿造技艺）是东北高寒地区典型的酿酒工艺，被国家文化部列入国家级非物质文化遗产名录。老龙口白酒被国家质检总局认定为"中华人民共和国地理标志保护产品"。老龙口酒博物馆是沈阳工业旅游十大景点、全国工业旅游示范点、国家级AAA旅游景区。

老龙口曾荣获"国家大型一级企业""国家一级档案管理企业""国家一级设备管理企业""东北三省白酒行业十强企""全国饮料制造业500强""中国轻工总会200家最大企业"和"全国企业文化建设优秀单位"等称号。

辽宁凤城老窖酒业有限责任公司

辽宁凤城老窖酒业有限责任公司位于辽宁省凤城市，坐落在风景秀丽的国家重点风景名胜区凤凰山脚下。公司原系国有中二型企业，1998年5月转为民营企业。公司占地面积

6万余平方米，建筑面积3万平方米，拥有固定资产1亿元，年白酒生产能力12000吨。企业拥有良好的酿造设备，先进的工艺技术，齐备的检测仪器，雄厚的技术力量，优秀的管理团队和员工队伍，是中国食品骨干企业，辽宁名优白酒主要生产厂家之一。

清光绪三十一年（1905），孙新武接管谦隆泉，更名字号为乾德泉，任命薛竹铭为掌柜即厂长经营"乾德泉"酒厂。1931年九一八事变，字号"乾德泉"更名为"乾德泠"，一直使用到1945年。1945年10月凤城县政府接管"乾德泠"酒厂，改称"裕民造酒厂"。1949年后，厂名几经变更，字号也不确定。1971年酒厂工程技术人员和工人群策群力，一起开发新的产品，这个新产品叫"凤城老窖"，1973年推向市场。正是凤城悠久的历史、发达的经济、先进的文化，为凤城老窖150多年老字号的诞生和发展提供雄厚的基础，使凤城老窖成为长盛不衰的品牌。

企业曾连续数年获得"省级先进企业"和"省级文明工厂"光荣称号。凤城老窖采用麸曲酱香传统技术，以优质红高粱、纯正凤凰山水为主要原料，用河内白曲与多种生香酵母为糖化发酵剂，使用老五甑、清蒸混入，百年砖泥窖长期发酵，长期贮存的工艺；2005年又投入资金在汤河建设红高粱生态基地，在张家堡建立原酒生态园，直接利用凤凰山天然泉水生产原酒。目前，产品已形成酱香型老窖、兼香型老窖、浓香型白酒、保健型营养白酒，总计100余个品种。

辽宁千山酒业集团有限公司

辽阳古称襄平、辽东城，位于辽宁省中部，是沈阳经济区副中心城市，新兴的现代石化轻纺工业基地，中国优秀旅游城市，矿泉水之乡。辽阳是东北地区最早的城市，是一座有着2400年历史的文化古城。从公元前3世纪到17世纪前期，一直是中国东北地区的政治、经济、文化中心、交通枢纽和军事重镇。悠久历史、繁荣昌盛必然促使各行各业的发展，各行各业发展的同时，酒文化当然是必不可少的，酒文化的发展伴随着历史的发展。

据辽阳文史载，早在清顺治年间（1658），辽阳的酿酒作坊"玉昇涌"最早采用蒸馏及窖池发酵。清太祖努尔哈赤建都于辽阳东京城（今新城遗址），曾多次兴饮辽阳"白干酒（千山酒）"。1948年冬，辽阳残存下几家烧锅作坊被解放军辽南支队接收，以"普全常"烧锅为主，成立了新东酒厂，1949年辽阳市人民政府派员接管新东酒厂，又以"玉昇涌"烧锅为主体组建了辽阳市酿酒厂。建厂初期，职工60余人，大锅6口，厂房十余间，马车两套，固定资产2万元，日产白酒近千斤，1953年与辽阳县新生酒厂（原庆德隆烧锅）合并，改厂名为地方国营辽阳酿酒厂，职工265人，年产白酒634吨，这就是千山酒厂的前身。通过对多家烧锅的酿酒技艺挖掘、整理，到目前经过300多年，形成了辽阳白酒（千山酒）独特的沿用至今的千山白酒酿造技艺（麸曲酱香酿酒法）。

千山白酒酿造技艺（麸曲酱香酿酒法）的主要特点是，采用汤河优质水源，其中富含锶、氡、硒等多种微量元素，非常适合酿酒微生物的繁殖；使用东北红高粱为酿酒原料，粉碎成4~6瓣，采用白曲、生香酵母、多微强化混合菌种培制高温曲，高温堆积酱香白酒工艺，可以自然网罗更多有益的酿酒微生物。其酿酒的窖池为几百年来连续使用的砖窖、窖底为老窖泥，砖缝间用香泥勾抹，其中富集了霉菌、酵母菌、细菌等多种微生物菌群。采用清蒸混烧，续糟配料，传统老五甑操作法，将百年老窖中的有益菌种、香味成分全部融合到千山白酒中，蒸馏过程中，采取分质接酒的办法，将发酵过程中不同糟别、不同口味的千山酒分别贮存。酿酒操作过程做到稳、准、细、净。采用麸曲酱香酿酒法酿出的千山白酒贮存在"酒海"中，酒海是木制容器（原始的贮存办法），内部用50多层的宣纸加鹿血、香油、石灰等裱糊而成。千山白酒贮存期必须达到三年以上才可以出厂，形成了色泽微黄，酱味突出、酒体醇厚，空杯留香持久的特点，保持了东北酱香型白酒的独特风格。

千山酒植根在这个具有如此优越的自然环境和重要的战略地位的辽阳，半个世纪以来，千山酒殊荣连连，捧奖多多。

在全国第一届酒类专业评比会上被评为第二名；

1958年、1965年先后被省政府命名为辽宁省名酒；

在新中国成立十周年庆典上作为国宴指定用酒进京；

1960年参加省轻工业展览会被评为一等奖；

1978年被评为省优质酒；

1984年被辽宁省百种产品万家评委会授予第二届最佳产品；

1987年获省美食杯奖。

20世纪70年代，产品开始远销日本、欧美、东南亚各国家地区，"红梅牌"53%vol千山酒被日本福协贸易株式会社评为中国名酒。

1991年至今，在辽宁省行业专业评比中千山酒一直是辽宁名酒；

2006年被辽宁省政府评为"辽宁省名牌产品"；

2007年被辽宁省工商局评为"辽宁省著名商标"；

2010年千山白酒传统酿造技艺被评为"辽宁省非物质文化遗产保护项目"；

2010年被国家商务部认定为"中华老字号"；

2010年5月千山酒成功入选上海世界博览会；

2010年被世界女子九球锦标赛认定为专用酒；

2012年获得中国驰名商标。

从"玉昇涌"至今，300多年的酿酒历史让千山酒不断传承，历久弥新。随着企业不断地发展，原来企业所占用的土地已经不能满足发展需要，为保证企业持续稳步发展，

2013年新扩征土地400亩，进行扩建。扩建投资近6.8亿元，扩建完成后具备年生产白酒万余吨，储存能力3万吨，窖池1000个。

不管世事如何变幻，千山酒人将始终秉承一个理念："自信、公信、人品、酒品"。并用这个理念将千山酒传统酿造技艺世代传承下去，以工匠精神为辽酒的发扬光大做出贡献。

凌海市凌河酿酒有限责任公司

凌海市凌河酿酒有限责任公司地处山清水秀、人杰地灵的辽宁省凌海市大凌河畔，其前身是具有百年历史的"聚发泉"，民国四年（1915），余积聚发泉烧锅开业，几经兴衰一直维持到1951年县政府企业科接管了濒临倒闭的烧锅，投资扩建改为国营新华制酒厂，1953年改名为锦县第二制酒厂，1954年4月改名为锦县制酒厂，1958年锦县制酒厂从余积迁往大凌河镇在新址建厂，1970年开始用凌河牌商标生产瓶酒，1980年试制酱香型优质大凌河白酒获成功并成批生产。2003年凌海电力实业集团有限责任公司在购买原锦州凌河酒厂后，为发展地方经济，安置地方失业人员就业，决定对原锦州凌河酒厂进行改造，建设年产1000吨大凌河酒生产线。工程于2003年5月开始启动，投资近2400万元，先后完成旧厂改造、车间新建和设备安装，新建办公楼1476平方米，辅助车间1208平方米、酒库3410平方米，改造车间3990平方米，同时组织专家技术队伍，改进酿酒工艺，于9月29日正式投产，达到了建厂快、投产快、质量高的要求。公司投产后，注重生产管理，生产运转正常，保证了白酒质量和产量，到2004年底，共生产优质酱香型白酒438吨。

2005年8月，酒厂二期扩建工程开始。这次扩建共投资193万元，新建酿酒车间534平方米，扩建工程于10月竣工。扩建后，公司在生产优质白酒的同时也生产普通白酒，产量明显增加，到2005年底，年产酱香型优质白酒1047吨。

2009年5月18日，酒厂迁址新建工程一期开工，新址位于凌海市区新庄子镇曹家村，占地面积162亩，总投资3000余万元。经过6个月紧张建设，全部工程及设备安装于11月18日竣工。二期工程在2012年5月18日开工，投资2000余万元，在10月份完成基建及设备安装调试。酒厂移址经一期、二期建设后，建筑面积达20000余平方米，建有酿酒车间两个、制曲车间、装瓶车间、酒库、办公楼、锅炉房等，现代化的灌装生产线，齐全的质量检测设备，雄厚的技术力量，科学的质量管理体系，通过了ISO9001国际质量体系认证，成为东北地区较大型的现代化白酒生产基地，年产白酒规模可达2000吨。

1984年大凌河白酒被辽宁省食品工业协会评为优质产品，同年荣获锦州市人民政府优质产品称号，1985年被辽宁省人民政府评为省优质产品，2007年起"凌河"牌白酒被辽宁白酒工业协会连续授予"辽宁名酒"产品。2009年被中国食品工业协会授予"食品工业科技进步奖",多次获得锦州市和辽宁省著名商标。

公司秉承"质量为生存之本,信誉为发展之道"的企业精神,力求将纯粮酿造的品质保证和民众的口碑作为企业的核心竞争力。在众多白酒专家的悉心指导、省白酒协会的鼎力支持、企业上下的共同努力下,凌河酒业带着新风貌、新气象,竭力开辟出白酒行业的全新天地。

抚顺启运千台春酒业有限公司

抚顺启运千台春酒业有限公司始于后金天命四年(1619)的"李记烧锅",满洲镶黄旗牛录额真李巴库(巴库阿)在抚顺赫图阿拉城北门外创建的。

"李记·龙泉海烧锅"的酿酒工艺十分考究,酿酒用水取自高尔山辽代古塔下泉井,用木锨、簸箕、木甑桶等,贮酒木酒海是由果松木板制成,内壁用鹿血加石灰与桑皮纸表糊,一层干了再糊下一层,共糊120层。

1924年,"李记·龙泉海烧锅"迁至粮栈路(街)1号。酿酒用水,由马车载大木桶,取自高尔山辽代古塔下泉井,这一做法延续到1978年末。

民国十五年(1926)日本人野村龙次郎以3万块大洋购入80马力蒸汽机等先进设备,入股合资经营"李记·龙泉海"烧锅。

1932年5月,野村龙次郎在日本官方支持下将"抚顺龙泉海烧锅本店"更名为"合资株式会社龙泉海烧锅本店"。

1933年10月,日本人将"合资株式会社龙泉海烧锅本店"改为"满洲造酒株式会社抚顺工厂",成为日本人占领东三省酿酒总部。

生产高粱酒、绍兴黄酒、日本清酒、葡萄酒等,系综合性酿造企业。

1937年4月,日本微生物技术专家黑松丰治任满洲造酒株式会社抚顺工厂经理。

1943年7月,哈尔滨工业大学应用化学系毕业生周恒刚,因踢一脚好球被满洲造酒株式会社抚顺工厂录用。与哈尔滨工业大学导师黑松丰治(满洲造酒株式会社抚顺工厂经理)一起进行"麸曲菌种"的研究工作。

1952年,改"抚顺市新华酿造厂"为"地方国营抚顺市酿造厂" 兼并了四家酒厂和一个酱油厂为五个车间。

1953年,抚顺市第一瓶瓶装白酒" 抚顺白酒"面市。"抚顺白酒"是"麸曲白酒工艺"的代表。

1961年,"地方国营抚顺市酿造厂"改为"抚顺市酿造厂"。

1978年，为纪念毛泽东主席1958年2月13日视察抚顺二十周年，抚顺市酿造厂研制生产酱香型大曲酒，取名为"千台春"。

千台春酒上市就为"非卖品"，靠"领导批条"才能买到两瓶。

2002年8月15日，抚顺启运千台春酒业有限公司成立。

2006年5月，千台春系列酒被授予"中国十大历史文化名酒"；

2008年10月16日，产品定位修正为"中国满族酒之根"；

2013年10月29日，新抚区千台街一号的抚顺满族传统酿酒车间酿造出第一瓶白酒；

2015年6月15日，抚顺启运千台春酒业有限公司生产许可证获准迁移；

2015年8月6日，"抚顺千台春白酒传统酿造技艺"入选辽宁省级非物质文化遗产名录；

2015年9月22日，中国白酒泰斗——周恒刚纪念馆落成！东北三省第十九届白酒行业重点企业联席会议在我公司召开！

2016年2月23日（丙申年正月十六日），抚顺满族酒文化博物馆首次免费开馆。

抚顺启运千台春酒业有限公司悠悠四百年的满族酿酒历史，深深映射满族人心，作为满族发祥地——抚顺的酒业公司，我们有责任和义务将满族酒文化发扬光大。我们建立的"抚顺满族酒文化博物馆"便是满族酒文化更加饱含深厚的满族人自信！

辽宁忠华酒业有限责任公司

辽宁忠华酒业有限责任公司坐落于美丽的渤海滨城——绥中，是中国航天第一人杨利伟的家乡。绥中县位于辽宁西南部，地处辽西走廊西端，东临兴城、西接山海关、南临渤海、北枕燕山，素有"辽宁西大门"之称。地理位置非常优越，交通便利。公司占地32000平方米，建筑面积34000平方米，现有固定资产8000万元，年可生产白酒6000吨，2012年公司投资5000万元，选址筹建了酿酒生态园，新址占地16000平方米，年可生产高度酱香原酒近千吨。公司拥有各类专业技术人员23名，国家级白酒评委1名，国家注册高级品酒师、高级酿酒师、高级检验师多人，中级职称12名。

辽宁忠华酒业酿酒历史可追溯到清光绪三十一年（1905），据1988年辽宁人民出版社出版的《绥中县志》记载，1905年绥中县城内"同源成""福兴和""永盛泉"烧锅先后开业，1946年以后县内酿酒业得到复苏，以"同源成"烧锅为代表，年产白酒约为200吨，1948年后，中国共产党领导的人民新政府接管了三个烧锅，在"同源成烧锅"厂址，正式建立了绥中县酒厂。1998年改制为民营企业，2000年成立辽宁忠华酒业有限责任公司。

公司1980年3月开始试制绥中特酿酒，1982年通过鉴定并开始批量生产，绥中特酿白酒选用优质高粱为原料，经麸曲糖化，生香酵母等多微共酵，具有茅香纯正，醇厚绵甜，幽雅细腻，余香较长的风味，产品曾于1982年、1983年两次被评为辽宁省酱香第一名，1983年被省食协命名为行业优质白酒，1984年荣获锦州市人民政府颁发的优质产品证书。

营养型复制酒的试制是在1996开始的，在1997年通过鉴定，营养型复制酒的试制是按照当时的白酒市场对优质、低度、营养、经济的需求，面向大众消费开发的产品，符合行业内提出的 "双增双节" 的要求，吨酒耗粮低，经济效益可观，吨酒创税1877元，吨酒创利211元，年销量在1000吨左右。

2003年公司决定对生产工艺进行改革，在对比麸曲酱香酒与大曲酱香酒的风味特征和生产工艺特点后，以高温大曲、麸曲为糖化发酵剂，窖内材料分大糙、小糙、底糟、香糟、丢糟，增加发酵轮次，利于滚醅生香，香糟加粮粉提高了出酒率，丢糟串蒸最大限度提取糟醅中的香味物质，即吃透榨尽，提高窖外堆积温度和回香醅，为美拉德反应产物的累积创造有利条件。2003年试产，2005年推出产品，市场反响非常好，当年就售出100余吨，新品酒液清澈，酱香幽雅，醇厚绵顺，诸味协调，回味绵长，空杯余香。以后产销量逐年递增，创造了很好的效益。

辽宁忠华酒业从一个手工作坊发展壮大成为当地民营企业利税第一大户，是全市食品行业和全省白酒行业的骨干企业。先后获得省级先进企业、辽宁省先进集体、省级文明单位、省安全生产达标单位、辽宁省诚信企业、辽宁名优酒厂、辽宁省食品工业科技进步优秀企业、全省食品放心工程示范企业等荣誉称号。公司董事长、总经理田中华女士是辽宁省连续四届省人大代表，辽宁省劳动模范，辽宁省优秀女企业家，辽宁省三八红旗手。

公司生产绥中特酿、绥中老窖两大主打品牌，酱香、浓香、配制酒三大系列几十个品种的产品，多年来经省、市、县历次监督抽查合格率达100%。绥中特酿、绥中老窖从1999年起连续六届被评为辽宁名牌产品，绥中特酿、绥中老窖连续被评为辽宁名酒。"六股河"牌注册商标从1999年起连续被评为辽宁省著名商标，是辽宁的老字号。

盘锦市盘山酒业有限责任公司

盘锦市盘山酒业有限责任公司，坐落于双台子北岸的城市——盘锦市双台子区。据《盘山县志》《盘锦市商业志》等文史资料记载，盘山酒业有限责任公司是由老字号"永顺泉"私人烧锅发展而来的，至今已有三百余年的历史。

1998年9月19日，企业性质由国营转变为股份制，董事长兼总经理周中志，2002年12月盘锦市盘山酒业公司国有股完全撤出，股权实行股东内部转让，企业性质完全转变为民营股份制。

早在永顺泉烧锅建立伊始至公私合营，永顺泉烧锅因为主要销售散白酒，因此没有一个统一的品牌。1966年6月，盘山制酒厂向当时的中央工商行政管理提出"盘锦"商标的注册申请，至1983年7月5日盘锦牌商标注册成功，自此盘锦白酒这一传承者历史工艺与文化，代表一方地域的老品牌终于有了消费者的认可和国家保护这两重荣誉。目前，盘锦牌白酒已形成了四大系列，三十多个品种，形成高、中、低、档价格，高、中、低度数齐全的中型白酒生产企业。品牌成长之路载满掌声与荣誉。

企业研制开发的以高粱、小麦为主要原料，经过90天的固态发酵蒸馏酿制，35度浓香型白酒"盘锦佳酿"，上市仅一个月，就迅速占领了当地80%的市场份额。日销售额多达8万元，最高达15万元，创造了该厂销售史上的奇迹。

几年来，富于创新意识的盘山酒业人接连开发出佳酿精品、三星佳酿、佳酿50度、佳酿300年、52度陈酿，精品300年、佳酿瓷坛等不同层次、规格的产品。每个品牌的白酒都是不同时期的佼佼者，酒品既保留了"永顺泉"烧锅老酒历史品牌的传统工艺，又采用现代化科技手段将其创新糅合，成功地将300多年的文化传统白酒提升到中、高档次，也满足了雅俗共赏的市场需求。

2002年，公司又把科研的眼光投向新的营养型产品——蜂蜜酒。公司组织科研攻关小组，采用高科技生物发酵技术，结合蜂蜜与白酒自身的特点，精酿而成的蜂蜜酒——麦斯格林，其口味纯佳，具有幽雅清新的特点，国际化的口感，典雅而流畅，是自然和人工最完美的结合。

盘山酒业始终以"老老实实做人，踏踏实实酿酒"为原则，弘扬"敬业、诚实、创造、献身"的企业精神，实实在在地为社会提供服务，为企业创造诚信。

历史是让人回味不已的美酒，盘山酒业盛产的美酒中就有这令人回味不已的历史。

灯塔市铧子酒厂

在燕州大地磨齐山脚下，盛开着一支绚丽的奇葩——灯塔市铧子酒厂。在历史长河的更迭与演变中，磨齐山下的铧子佳酿不但没有因为岁月的洗礼而褪色，而且愈加酒质甘美、酒花飘香，散发着强大的生命活力。

燕州历史上的"涌兴源"烧锅，人称老烧锅，在当时名噪一时。老烧锅始建于清代光绪十五年（1889），烧锅的原创者为沈阳蛤蟆塘人孟昭仁，当时有诗人饮酒作赋，盛赞"涌兴源"烧锅："一滴甘露落入口，千粒珍珠滚上喉，三两沽来兴源酒，襄平不知有杜康。"

九一八事变以后伪满洲国时期，由于连年战乱，"涌兴源"烧锅便转于本家李光远经营，字号由"涌兴源"改为"永盛源"，成为东北地区红极一时的烧锅美酒。

1949年后，由永盛源烧锅，永兴源油坊，玉成华、玉成庸商号，铁木器厂等几家商号进行公私合营，在政府领导下，组建成辽阳县铧子油酒加工厂。

1956年酒厂由于公私合营，将老字号永盛源改为磨齐山。1968年和1973年，铧子酒厂两次对厂内基础设施进行了较大的改建，发酵池由过去的14个增至55个，在成功培养出麸曲的同时，又引进了酱香高温大曲作为糖化发酵剂，产品也由过去的单一品种发展为多个品种，高、中、低档齐全，深受各层次广大消费者喜爱。1970年2月，当时的铧子油酒厂向国家工商总局申请"磨齐山"注册商标，当年瓶装铧子白酒走向市场，并远销至北京，深受各地广大消费者欢迎。1999年"磨齐山"注册商标被评为辽阳市著名商标，2002年至今一直被评为辽宁省著名商标。

多年来，成绩和荣誉纷至沓来。铧子酒厂连续多年被辽阳市政府评为"明星式企业"。1999年10月，企业被国家食品工业协会评为"全国食品工业科技进步优秀企业"。1986年至今，一直荣获"辽宁省守合同重信用企业"的称号。2001年，荣获国家农业部"全面产品质量达标生产企业"的称号。2011年，被国家商务部认定为"中华老字号"企业。2012年，被辽阳市政府评为辽阳市百强民营企业。企业信用等级被东方安卓（北京）国际信用评估中心评为AAA等级；铧子白酒系列产品被评为辽阳市名牌产品，被省政府评为"优质产品及用户满意产品"及"消费者满意放心食品"和"辽宁省放心食品"，被国家评为"全国安全优质承诺食品"。铧子佳酿等产品荣获辽宁省"名优食品奖"及辽宁省"优秀新产品金奖"和"辽宁省名酒"的称号。2005年，铧子佳酿在东北三省质量评比会上评为东北三省创新产品；2015年，传统手工酿造工艺被辽宁省列为非物质文化遗产保护项目。

十年磨砺，终可玉成。铧子酒厂在厂长孟祥明的带领下，以"传承百年技艺，弘扬百年品牌，树立百年丰碑，保护百年遗产"为己任，经过不懈的努力奋斗，取得了良好的企业效益和社会效益。未来铧子酒厂人要以更大成绩回报家乡、回报社会！

大连辽一酒厂

塞北太阳谷，辽南杏花村。这是诗人对大连瓦房店太阳谷温泉小镇辽一酒厂的赞美。辽一烧锅号称辽南第一烧。采五谷之精华、吸大地之灵气、汇山野之甘泉、集南北之技艺酿造出辽香辽一酒。

辽一烧酒项目，从选址条件，包括气候、土壤、降水量、光照、大气温度、水域地质地貌、周边环境自然状态、微生物的微环境，都做了周密的选择，符合生态酿酒要求。大连辽一酒厂有着良好的酿酒水源和生态环境，水秀松翠、温泉香馨。重点投资打造的优秀酿酒基地，具有得天独厚的自然条件，先进的生产工艺设备，人才济济的管理团队，技术先进的科技人才和经验丰富的员工队伍。中国的酒，具有特别的生态魅力，对生态环境有极强的依赖性，它要求山清水秀、气候宜人、体现出"天人合一"，让人愉悦，陶冶情趣，实现生态与健康的融合。

辽一酒是中国白酒大师、总工程师王贵玉先生潜心研制而出，研究传承和创新发展了辽一酒，创出了独特的"辽香"型风格，深得消费者的欢迎，辽香辽一酒曾获省瓦房店名牌产品、辽宁名酒称号，获东北传统工艺传承奖、辽香典范、辽酒创新金奖等称号。

辽一酒酒香纯正自然、谐调；入口醇厚、回甜；余味悠长，辽香型酒风格独特。辽一酒在北方烧酒工艺基础上做了突破性的研究和实践，证明北方烧酒也能酿出消费者欢迎的优质酒品，创新使北方烧酒质量升级，为打造区域化特色酒类型闯出了新路，为总结创新北方烧酒奠定了基础，为使东北乃至北方烧酒能独树一帜找到了依据，为确立辽酒典型风格进行了卓有成效的探索实践。

辽一酒工艺上严格遵循传统工艺要点，实现传统工艺的传承与现代技术的创新，在品质上追求原生态的酒、无公害的酒（不用香味添加剂），长期储存，让生命之水睡成美酒。为消费者酿出真正的好酒，原汁原味的传统工艺的原生态酒。

辽一酒是好粮、好水、好微生物（曲）、好容器、好工艺、好酒窖、好生态、好酒师（8A级原浆酒）酝酿的纯粮固态原汁原味原生态白酒。

辽一酒——酒香纯正、自然，入口醇厚、丰满，余味回甜、悠长，辽香风格独特。

辽一酒采纳了名优酒生产工艺之长，我们总结为"三高二长"工艺，即高温大曲、高温堆积（发酵）、高温馏酒、长期发酵、长期储存的独特工艺。我们将"辽一牌"辽一酒打造成"辽香"典范、地区及中国驰名商标。

辽一，并非辽宁第一之意，而是指将北方传统烧酒最简便的普通酒工艺（习称"小烧"）向相对复杂，档次提高，优质酒工艺的率先转变和创新。因此命名为"辽一"。并将"辽一"在国家工商局申请注册为33类（酒类）注册商标（10030464号）。我们将加强保护和扩大宣传，成为市场知名品牌，消费者喜爱的驰名酒品。

辽一物有所值、辽香以稀为贵。辽一酒名优酒的原料和工艺，彰显高贵品质。您可现场实地考察，身临其境感悟原生态酿酒原汁原味的美妙。

大连金州鑫醇酒厂

大连金州鑫醇酒厂成立于1992年。位于辽宁省大连市金普新区辽南沿海地区。地域辽阔、沃野千里、地下水资源丰富。为白酒制造企业的发展提供了优越的自然地理条件，大连金州鑫醇酒厂选北方盛产的优质红高粱、玉米及各种杂粮作为酿酒原料，加之甘甜爽净、富含有益矿物质的地下矿泉水，才酿造出令消费者一饮钟情，拍案叫好的高品质白酒。

大连金州鑫醇酒厂经过几年科学系统的规划与发展，具有很大规模。酒厂现占地面积1万平方米，建筑面积5000平方米，固定资产1000万，在职员工30人，其中专业技术和管理人员6人，是一家集白酒酿造、灌装等为一体的私营企业。公司生产的金普酒、省府内部特供酒牌系列瓶装白酒、坛装白酒、桶装白酒、壶装白酒、散白酒达30余个品种，（给辽宁省政府生产的内部特供酒至今已合作了15个年头，并且受到省府大院全体员工和领导的好评）这些酒品不仅在本地区有较高的市场占有率，而且还远销其他省市，市场销售前景广阔，品牌知名度、美誉度愈来愈高。

公司建有大型的粮食储存库，机械化的酿酒车间，有储酒能力达500吨的原酒储存库，现代化的灌装车间，安装全自动灌装生产线2条，年产优质白酒可达1万吨。

质量第一，诚信为本的经营理念，注重质量管理体系的完善，强化产品质量管理和市场营销，不断开发新产品，始终靠品质和良好的信誉赢得客户，拓展市场，谋求发展，朝着远大的宏伟目标勇往直前。

辽宁北票市华溢酒业有限公司

北票市华溢酒业有限公司成立于1993年，组建于2008年。位于辽西古镇——北票市黑城子镇。华溢酒业有限公司选用黑城子镇当地盛产的优质红高粱、玉米及各种杂粮作为酿酒原料，加之甘甜爽净、富含有益矿物质的地下矿泉水，才酿造出令消费者一饮钟情，拍案叫好的高品质白酒。

根据在黑城子镇出土的金朝少监张雄墓志铭所载，黑城子镇在宋金时期就是远近闻名的"酒城"。而关于华溢酒业的由来更是有一段令人热血澎湃的传说。相传在清朝嘉庆年间，一贝勒欲弑君谋反，谎奏辽西川州（今北票市）大黑山铁树开花，请嘉庆帝前来观赏，暗中在半路设下伏兵，嘉庆人马刚进山口便遭遇伏击。拼杀中，嘉庆帝幸得白大将军换装救驾，飞马逃脱。嘉庆帝和几个侍卫逃到白川州（今北票市黑城子镇）附近的一个小山村，人困马乏，随从四处找水，喜见石井，取水便饮，顿觉甘甜爽口，如饮琼浆玉液。嘉庆帝龙颜大悦，手指石井连叹道：小村乃平安之地，井水乃吉祥之水。此后，井水从未干涸，小村自此更名为平安地村。嘉庆帝班师回朝后，派大臣寻访此地，以石井水酿酒，香飘十里，享誉塞外。历经数代努力，终于发展成今天的华溢酒业。

北票市华溢酒业有限公司经过近几年科学系统的规划与发展，规模在辽西地区已位居前列。公司现占地面积3.5万平方米，建筑面积2.6万平方米，固定资产1.6亿，在职员工180人，其中专业技术和管理人员36人，是一家集白酒酿造、灌装、工业旅游为一体的省级农业产业化龙头企业。公司生产的村井坊牌系列瓶装白酒、坛装白酒、桶装白酒、壶装白酒、散白酒达30余个品种，并适时推出婚宴定制酒、工艺定制酒、绅士封坛酒的创新型产品，这些酒品不仅在朝阳地区有较高的市场占有率，而且还远销河北、内蒙古和天津、沈阳等地，市场销售前景广阔，品牌知名度、美誉度愈来愈高。正因如此，村井坊牌系列白酒先后荣获了"辽宁八大名酒""辽宁省著名商标""辽宁省名牌产品"等多项荣誉。并且，华溢酒业有限公司还被评为"辽宁省农业产业化重点龙头企业""辽宁省守合同重信用企业""辽宁省3A级企业"等称号。

公司建有大型的粮食储存库，机械化的酿酒车间，储酒能力达3000吨的原酒储存库，现代化的灌装车间，安装全自动灌装生产线4条，年产优质白酒可达5万吨。

公司恪守"以人为本，开拓创新，追求卓越，诚信永恒"的经营理念，注重质量管理体系的完善，强化产品质量管理和市场营销，不断开发新产品，做到"生产一代，储备一代，研发一代"。靠品质和良好的信誉，赢得客户，拓展市场，谋求发展，向着"打造辽西最大的红高粱酒酿造基地，争创国家名牌"的宏伟目标不断努力。

沈阳市桃仙府酒坊有限公司

清朝顺治年间，清政府迁都北京，以盛京沈阳为陪都。在沈阳设立奉天府，梁进与其舅舅（山西人）于清德宗光绪八年（1882）来到关外盛京南的桃仙村。梁进的舅舅在山西就懂酿酒技艺。为了谋生，选择了盛京古都的桃仙村。桃仙村，有一桃仙府，桃仙府内有一酒坊，梁进与其舅舅，因懂酿酒技艺，被桃仙府酒坊重用。当时酒坊生意兴隆，梁进与其舅舅雇了不少伙计，其中就有同宗盛京人梁文茂。梁进的舅舅去世后，梁进与梁文茂共同打理，共同经营桃仙府酒坊。

辛亥革命后，梁进故去，桃仙府酒坊由梁文茂及其子梁巨发共同打理，并将传统的酿酒工艺发展传承于桃仙府酒坊。

1949年后，历经变革，代代先人故去，梁巨发之子梁凤祥在耳濡目染、言传身教中挖掘并整理了桃仙府酒坊酿酒技艺。在改革开放后，历经坎坷的桃仙府酒坊及其酿酒技艺，终于以"桃仙府酒坊"的名称得以恢复。酒坊生产产品相继多次荣获"辽宁名酒""辽宁优质酒"等荣誉称号。

在保证酿酒质量，保证酿酒工艺的同时，在酿酒车间旁建一个酒文化博物馆，全面介绍中国酿酒文化，包括酒具、酒器的介绍，古今名人与酒有关的酒诗、酒歌及与酒有关的名人故事……游客可以在此隔窗观看酿酒车间的酿酒过程，更多地了解酿酒工艺、中华博大精深的酒文化。

桃仙府酒坊目标：打造现代化信息产业园区，保持传统酿酒工艺，建成具有现代化的酿酒工业园区，以及酒文化产业，藏酒文化，饮食文化，建筑文化，旅游文化等综合性的具有民族特色的桃仙府酒坊。充分体现出桃仙府文化特点，让其成为沈阳、辽宁乃至东北地区的独特风景线。

大连长兴岛酒业有限公司

大连长兴岛酒业有限公司始于1908年，原名为龙口酒坊，酒坊地处龙口甘泉，水质清澈、甘甜，酿酒得天独厚。1958年龙口酒坊被人民政府接收，更名复县横山酒厂，1964年复县横山酒厂更名为复县龙泉酒厂，1978年更名为大连龙泉酒厂，1998年由于企业上市，大连龙泉酒厂更名为大连龙泉股份有限公司龙泉酒厂，2001年根据企业发展需要，更名为大连长兴岛酒业有限公司，总占地面积52000平方米、建筑面积33000平方米、固定资产1.2亿元并具有万吨以上的生产能力。

长期以来，企业坚持以质量求生存、以品种求发展的经营理念，依靠科学技术不断进行开发、研制新工艺、新品种、新包装，使产品始终保持了旺盛的销售势头和较高的市场声誉。如今龙泉产品规范为四大类：山枣蜜酒、黄酒、白酒、起泡酒等数十个品种，山枣蜜酒、黄酒、龙泉老窖酒、大香槟酒均获得国家食品行业名牌产品、省和部优质产品等称号，其中龙泉山枣蜜酒1985年获国家银质奖牌并保持至今。产品不仅畅销全国各地，而且出口加拿大、日本、新加坡、韩国等国家和我国台湾地区。本公司曾连续多年荣获辽宁省文明工厂、农业部大型二档企业、大连市明星企业、大连市著名商标等称号。

辽宁山雁王酒业有限公司

　　辽宁山雁王酒业有限公司是原昌图县国营制酒原一厂改制扩建成为辽北一家大型酒厂。前身昌图国营制酒一厂的酿酒历史始于光绪二十年（1894）的烧酒作坊，经过几代人百余年的努力，这一酿酒技术和酿酒文化传承至今。由最初的公营大河烧锅到昌图制酒一厂，经历了时间的考验与历练，成功蜕变成为如今具有先进科学酿酒技术和丰富酿酒文化的山雁酒厂。企业秉承山雁白酒的酿造传统，聘请专业的白酒酿造专家，注入新的科研成果，经过不懈的努力使老品牌焕发了新的勃勃生机。

　　山雁酒厂坐落于铁岭北部昌图县境内风光秀丽的天桥山脚下，占地三万多平方米。山雁系列白酒，以东北特产红高粱为主要原料，经陈年老窖发酵，独有的传统工艺、最新科学配方和国家级优质天然矿泉"乡锶泉水"精酿调制而成，采用古老的存酒方法使生产的原酒在窖藏过程中得以净化。

　　山雁独有的传统工艺：采用"跑窖循环""固态续糟""双轮发酵""低温入窖"等工艺。

　　现代先进的发酵技术：采用"分层起糟""分层蒸馏""按质并坛""分级入库"等国内酒行业中独特的酿造工艺。

　　陈酿调制是采用一定的原理配置，利用物理、化学、菌群环境和原酒的不同风格，有针对性地按比例实施组合和调味。

　　乡锶泉是酿造优质独特口味白酒的水，聘请水利专家钻透岩石层1000多米深时出水。水质甘甜，清凉透彻，并含有人体必需的微量元素"锶"，故命名为"乡锶泉"。

　　古老窖藏采用：木制酒海、柳编酒篓，以特殊工艺和材料加以密封用来存放原酒和陈酿，能使原酒、陈酿在液态环境下继续发酵，增加酒里的营养成分和酒香，提高原酒的品质。

　　山雁酒以优异的品质独特的口味曾多次被评为"名优白酒"。在2010年荣获"辽宁名酒"称号、2013年获得辽宁省著名商标称号。被推荐为铁岭市2013—2014年度诚信单位。

　　山雁系列白酒有"山雁""山雁老窖""罕王醉""山雁王""关东神"五大系列百余个品种，我们将根据市场需求不断研发新产品，为"山雁"的腾飞做出贡献。

沈阳大龙酒业有限公司

沈阳大龙酒业有限公司（原名教养院酒厂）是国有司法系统企业，创建于20世纪50年代末。沈阳大龙酒业有限公司位于"一朝发祥地，两代帝王都"——辽宁省沈阳市北郊的浦河河畔。沈阳大龙酒业有限公司隶属辽宁省马三家子劳动教养管理所，系省政法委特批司法企业。在我国经改革浪潮中，继承了国有企业的光荣传统，运用先进的管理理念，使企业得到了良性的发展。先后获得辽宁省著名商标，沈阳市著名商标，守合同重信用单位，辽宁地区优选推广品牌，辽宁名酒等荣誉。

1959年，马三家子教养院教养酒厂（现沈阳大龙酒业有限公司）通过整理酿造马三酒的传统工艺技术，终于使马三酒重回世间。1983年，生产出"全粮液"瓶白酒。在市场的不断扩大与需求的浪潮中，企业在原"教养酒厂"的基础上，改建成立了"沈阳大龙酒业有限公司"，并注册"马三"品牌。

沈阳大龙酒业主导产品有四大系列：国有农场系列、马三精品酒系列、马三坛装系列、马三光瓶系列，30余个品种，属浓香型白酒。沈阳大龙酒业营销市场以沈阳为中心，白酒销量名列前茅。近年来沈阳大龙酒业有限公司在传统白酒研发的基础上，也研制开发出了有别于传统的几大香型白酒——营养型"马三"白酒，被辽宁省白酒协会列为推荐产品。"马三"白酒（兼香、38°）在2001年被评为"辽宁优质酒"称号。1999—2005年荣获"辽宁省消费者信得过产品"称号。此外"马三"坛酒已获国家包装设计专利，实现了我国市场只有瓶装酒的一大突破。铸就了"马三"酒特有的风格和不凡的质量。

经过大龙酒业人的努力，"马三"白酒作为"辽宁名酒"走进了千家万户，"马三"白酒也将走进全国白酒市场，传承白酒文化。

大连酒厂有限公司

大连酒厂有限公司（前身为大连酒厂），始建于1913年，是大连市最早最大的酒厂。公司占地面积3万余平方米，建筑面积1.8万平方米。主要产品有白酒、药酒、保健酒、烧酎酒、牛蒡酒、味素等六大类，上百个品种规格。

我公司始终以人民群众健康为己任，以食品安全为宗旨，遵循"老老实实做人，规规矩矩做酒"的企业理念，在市场经济大潮中成长壮大。公司曾多次荣获辽宁省文明单位，省五一劳动奖状，大连市先进单位等荣誉。公司的产品也多次荣获国家质量银奖、辽宁名优产品、大连市名牌产品等殊荣。"辽海"牌商标也被评为大连市著名商标。雄蚕蛾养生酒1998年获国家卫生部保健食品证书，并于2005年10月通过国家保健食品GMP认证。"国药准字"号产品参茸多鞭酒于2005年1月通过了国家药品GMP认证。公司于2008年通过了ISO9000国际质量体系的认证。

2004年，大连酒厂由国有企业改制为股份有限责任公司，这为企业的发展注入了强大的活力。

2007年，公司由大连市区搬迁到金州经济开发区，这使公司实现了跨越式的发展。公司投入巨资建了现代化的新厂区、新厂房，并引进了具有国内一流水平的药酒、保健酒生产线和百余台先进设备，这为公司生产高质量的产品奠定了雄厚的基础。近年来，公司先后向日本、意大利、等国家和我国台湾地区出口了几千吨酒类产品，在辽宁省酒类产品出口企业中名列前茅。

公司本着以诚求成，以信交友的经营原则，诚邀各界有识之士，与我们共同携手，共谋发展大计。

沈阳东润（桃山）酒业有限公司

沈阳东润（桃山）酒业有限公司，位于沈阳市法库县桃山脚下，始建于公元1639年，清太宗年间。桃山"美酒"因"桃山"而得名，"桃山"因"美酒"而闻名，三百年传承，三百年积淀，缔造了桃山白酒的传奇。2011年，东润集团出巨资收购桃山酒业，成立了沈阳东润（桃山）酒业有限公司，使得这个百年历史的酿酒企业重新焕发勃勃生机。

百年风雨，百年传承，见证了桃山白酒悠久的光辉历史。桃山白酒久负盛名，历经辽、金、元、明、清、民国等不同朝代的相传经营。桃山白酒曾为辽宁省白酒行业四大家之一，从20世纪50年代开始，先后出口到日本、苏联、新加坡、菲律宾、赞比亚、加纳等20多个国家和我国香港、澳门地区，深受国内外消费者的认可与好评。曾多次荣获国家、省、市名牌优质产品称号。

东润（桃山）酒业现厂区占地面积8万多平方米，总建筑面积约23000多平方米，恢复传统白酒酿造窖池千余个，厂区绿化面积超过4万平方米，厂区整体按辽、清两代建筑风格进行仿古装饰，引进现代化包装生产线，新安装锅炉、水处理设备等配套设施并购买了国际先进的检测仪器设备。公司以生产浓香型和清香型白酒为主，年生产白酒能力达万余吨。目前生产的主要产品有：桃山大典、桃山洞藏、桃山窖藏、百年桃山、桃山小红梅、桃山老酒六个系列产品多款产品，投入市场效果良好，获得了经销商的广泛认可及消费者的一致好评。

桃山原浆酒储存于"酒海"之中,"酒海"为木质,已连续沿用三百多年。"酒海"藏酒严格遵循古法工艺,并一直予以恪守。

桃山白酒以高粱大曲为主要酿酒原料,古泥窖池发酵,传统固态工艺精心酿制,巨型木质酒海窖藏多年方灌装出厂。桃山白酒香味浓度有着绝对的指标,协调性上有着绝对的标准,绝不夺酒之本香,使桃山白酒酒体具有"清澈透明、窖香浓郁、绵甜醇厚、诸味协调、尾净香长"之特点。

未来三年,桃山酒业将成为年生产能力超过5万吨的大型酒业集团,打造成为辽宁省酒水、饮料行业的龙头企业。

盘锦鹤乡酒业有限公司

盘锦鹤乡酒业有限公司始建于1993年,前身是盘锦永顺泉酒厂。公司占地面积5万平方米,建筑面积1万平方米,年生产优质白酒2万吨。设有纯净水、灌装、酿造、粉碎等四大生产车间,公司管理层设综合、财务、生产、销售、市场开发、供应、技术、人力资源、企划等九大管理部门。公司成立20多年,收获了各种荣誉,被评为全国食品工业名牌、中国消费者协会推荐产品、辽宁省科技进步奖、辽宁省著名商标、辽宁名酒、盘锦市名牌产品等多项殊荣。

2007年,企业进行了改制重组,成立了盘锦鹤乡酒业有限公司。公司组织多次赴重庆、哈尔滨等地参加全国白酒展销会,学习名优酒厂营销经验,潜心研究酿造工艺和白酒的文化。筹集资金近千万元用于企业的设备更新和技术改造,并从四川泸州老窖酒厂聘请专家和技术人员亲临厂内指导,组成了年轻的营销队伍,使企业增添了新的活力。

为了提升鹤乡王酒的文化内涵,我们将鹤文化和酒文化有机地结合起来,提出了做"中国人的吉祥酒"这一理念,适时地推出了鹤乡王吉祥系列白酒。吉祥系列白酒上市以来,深受广大消费者和经销商的好评,销量实现了跨越式的增长。

年轻的鹤乡酒业有限公司正以安全、放心、营养、健康为主题,开创酒业新天地,再创酒业新辉煌!

大连香洲坊酒业有限公司

2005年,大连香洲集团投资4700余万元在大连瓦房店市谢屯镇香洲田园城依山傍水之地建起了占地12万平方米、拥有400个发酵池的大连香洲坊酒业有限公司。

"自古甘泉酿美酒"。为了酿得好酒，大连香洲坊酒业有限公司将五指山下的一眼古井加深到120米，又利用现代水处理设备进行三级过滤、二级反渗透等处理，得到口感甘洌、富含对人体有益的微量元素、最适宜酿酒的优质水。

主要酿酒原料高粱是来自环境无污染的内蒙古大草原，而占比例较小的小麦和大米，分别是从山东和黑龙江采购的品质优良、绿色有机无公害的好粮。

好水好粮，结合一支由总工程师廉永贵带领的由国家注册的一级品酒师、高级酿酒师和高级检验师组成的技术团队，在继承传统工艺的基础上，结合现代生物科学技术研发了新产品 "芝麻香型白酒"。不仅使本公司产品具有独特的风格，而且填补了东北白酒产品的一个空白。

它是在传统酿酒工艺基础上与现代生物技术相结合的产品，用精选高粱、小麦、大米、小米为原料，以白曲、细菌曲、高温大曲、中温大曲作为糖化发酵剂，采用独特的生产工艺，经高温堆积、高温发酵、高温馏酒、长期贮存，其风格集酱香、浓香、清香型白酒之特点于一身，口感和香气具有 "幽雅纯正、醇和细腻、酒体丰满、芝麻香突出" 的特点。同时，由于芝麻香型白酒酿造技术难度大、工艺要求复杂且难以控制，使它在众多的白酒产品中具有先天的 "贵族品质"。

香洲坊人经过艰苦的努力，用我们的心血和精湛技艺，让东北大地上飘逸出浓郁的酒香。与此同时，香洲坊利用芝麻香型白酒这一具有独特风格的产品，获得了进军中高端白酒市场的 "通行证"。在东北白酒生产企业第一个掌握 "芝麻香型" 白酒生产工艺的企业。享有 "东北第一香" 的美誉。

2010年企业再一次投入资金进行了第二轮技术改造。

（1）在原来基础上新增酒车间6000平方米，使窖池总数达700个，年产芝麻香型白酒1000吨、浓香型白酒2000吨。

（2）增加5000吨半成品酒储存库。

（3）新建地下储酒库（山洞）1000平方米，使年份酒的储存量达到400吨。

（4）增加原料库7000平方米。

（5）自行设计并制造了移动式甑锅和自动凉糟机。一改过去白酒生产笨重的体力劳动，降低工资成本，减轻制酒工人的劳动强度，从根本上改变了制酒车间的环境，这一项目在省内目前也是仅有的。

优良的产品也给企业带来了殊荣，2009年第一次在大连召开的世界经济论坛 "夏季达沃斯年会" 上选为会议专供白酒，在648位海内外宾客品尝到的各种各样的 "大连味道"。其中 "香洲坊牌" 芝麻香型白酒也摆上了这个世界级经济论坛年会的餐桌，通过夏季达沃斯年会的平台，提升了企业的品牌知名度。

2011年10月在中国轻工联合会主办的第三届中国轻工商品博览会上荣获 "创新产品

金奖";

2012年获得大连市"食品安全示范企业"称号;

2013年度获得"辽宁省名牌产品"称号;

2013—2015年度连续三年省白酒协会行业鉴评会上,被评为"辽宁省优质酒"。

2015年度获得"辽酒创新金奖"称号。

2016年度获得"辽宁省纯粮固态好酒典范企业"称号。

金石滩酒业集团有限公司

金石滩酒业集团隶属于大连金玛集团,坐落于大连金石滩,主要从事"金石滩"品牌系列白酒的研发、生产和销售。自1996年金石滩酒厂建立以来,金石滩酒业集团始终把白酒的质量和企业的诚信视为企业的核心竞争力。经过20年的拼搏,目前已发展成为拥有大连金石滩生产基地、大连金石正和贸易有限公司、大连金石滩益康食品有限公司、大连金正和酒业销售有限公司、泸州八仙液酒业有限公司、泸州纳溪高德豪斯贸易有限公司、泸州仙江贺酒类有限公司、绥滨金正和酒业销售有限公司等10余家分子公司的大型产业集团。注册资金1亿元,生产经营用地20余万平方米,厂房面积8万余平方米,窖池628口,其中176口获得"非物质文化遗产",年生产能力6000多吨。

金石滩酒业集团自成立以来,把经营理念定位在酿"健康酒""良心酒""诚信酒"上,严格按程序标准抓落实,确保老百姓真正能喝上"顺心酒""放心酒"和"开心酒"。在近期举办的辽宁省白酒品评会上,金石滩酒业集团的多粮复合浓香型白酒,在数百款产品中分数名列前茅,是辽宁纯粮固态好酒代表之一。

金石滩酒业心系食品安全,多次举办酒业质量与食品安全论坛。中国著名白酒专家、国家名优白酒评选组长、行业泰斗沈怡方,中国食协白酒委员会副会长高景炎,国家酒检中心专家顾问钟杰等国内外专家一致认为,金石滩系列白酒无色透明、窖香幽雅、陈香舒适、香味谐调、酒体丰满、醇厚绵柔、余味悠长、多粮浓香、风格典型,已经达到了国家高端白酒的品质。

金石滩酒业集团董事长王彦顺一直致力于落实质量安全管理工作,在经济发展新常态和白酒行业发展调整期的大背景下,把经营理念始终定位在酿健康酒、良心酒、诚信酒上。在他的领导下,金石滩酒业集团可谓是硕果累累,成绩斐然。金石滩酒业集团连续多年被大连市及开发区消费者协会评为消费者满意单位,大连市酒业协会会长单位、辽宁省白酒工业协会副会长单位,先后被评为中国名优品牌,辽宁省著名商标,大连市著名商标,白酒文化传承典范企业,2016年被辽宁省白酒工业协会评为辽宁名酒、辽宁纯粮固态好酒，辽宁省第八届白酒品评分数名列前茅，2016年中国第十届品牌节"金谱奖"，2015全国帆船接力锦标赛、2016彩虹梦想音乐节、第15届中国大连国际冬泳节、中国第十届品牌节等指定用酒。

在新的机遇和挑战面前，随着金石滩白酒品牌的广泛推广，金石滩酒业一定能够为中国白酒行业的复苏，注入新的生机与活力；一定能够为推动东北白酒的稳步发展，推波助澜、大显身手；一定能够为助力大连白酒冲出辽宁、走向全国，做出新的更大的贡献！

辽宁厚德煮酒酒业有限公司

辽宁厚德煮酒酒业有限公司，位于古盛京沈阳南部近海经济区肖寨门白酒产业园。成立于2015年，注册资金1000万元，隶属辽宁奉京酒业有限公司旗下全资子公司，负责"厚德煮酒"品牌系列酒在全国市场的运营、推广、销售等工作。

辽宁奉京酒业有限公司，起源于20世纪80年代初期以清香型酒而闻名全国的辽宁省辽中县白酒酿造产业，占地面积39000平方米，注册资金1500万元，于2014年通过国家检验检疫局核准获得中国白酒出口资质。

2014年厚德煮酒全国连锁运营模式率先转型，产品由单一的白酒系列六种香型，新增了营养型酒系列、红酒系列、黄酒系列。包装形式也由原来的塑料桶升级为出口食品级铝箔包装，安全卫生、保真防伪；店面陈列容器由大酒坛升级为橡木桶、纸桶配合展架等形式陈列。外形精致美观，提升档次，能够吸引中、高端人群的参与，引领时尚消费观念。销售渠道采用跨界合作营销模式，以连锁超市、生鲜水果超市、熟食连锁店、粮油店、饭店、酒店等多种渠道立体交融、相互依托，在全国形成了独特的首创运营模式。厚德煮酒销售网络现已覆盖全国十八个省、市、自治区、直辖市，其中连锁超市（店中店）及形象店1500家，终端零售连锁店2万余家。2016年厚德煮酒系列产品的清香大曲和八年泥窖被辽宁省白酒工业协会分别评为"辽宁名酒"和"辽宁优质酒"。

厚德煮酒人谨遵祖训："以德制酒，良心酿酒"，采用石锅、泥窖，地下窖藏等传统方式，还原古方酿造工艺。公司始终坚持以弘扬中国传统酒文化，引领行业健康发展为己任，积极响应国家"全民创业、万众创新"的号召，致力于构筑"千县万镇"工程。

厚德煮酒竭诚欢迎全国各地有识之士到公司参观考察、共襄大业！

辽宁望儿山酒业有限公司

辽宁望儿山酒业有限公司坐落在辽南古镇熊岳望儿山脚下，"望儿山"母盼子归的感人传说，感动了一代又一代中华儿女。望儿山酒业秉承"以酒为载体、传承母爱文化"的品牌理念，致力将母爱亲孝文化与中华酒文化相融相合，励志五十年只做一件事：为家乡父老酿一世好酒！

望儿山酒业是一个集生产、研发、销售与旅游观光于一体的酒企。开放式的生产环境每年接待大量的游客观光，因独有的文博院馆工厂模式，望儿山酒文化博物馆被国家旅游局评为AAA级旅游景区。

望儿山酒业建筑面积1万余平方米，拥有传统的清香窖池与芝麻香小窖窖群，古法技艺酿造，力争打造本地区行业品质、评誉俱佳的酿造酒企！望儿山酒业先后荣获辽宁著名商标、辽宁名牌产品、辽宁放心名酒、辽宁放心优质酒、辽宁农业生产化重点龙头企业、中国文化名酒、中国驰名商标⋯⋯

望儿山酒原料以本土大米、玉米和吉林红高粱为主，汲望儿山脉220米深岩甘泉复式蒸轮，特定产区的绿色粮食，低温小窖发酵工艺，弱酸性陈年窖池，自然老熟，保证了望儿山酒的典型风格和独特口感。酿出的酒清澈透明如水晶，黏稠挂杯，香气如幽兰，入口醇和，浓郁甘润，回味悠长！

2016年望儿山酒业延伸扩建地下千平方米酒居洞藏！"百斤粮，十斤酒，三年洞藏，一瓶精华"。望儿山洞藏桑皮老酒，岁月积淀，弥留沉香。像泉、像露，酒香溢满开来，未喝心已先醉。

望儿山酒业·酒文化博物馆之酒器收藏馆已成为望儿山酒业厂区中一道亮丽的风景！馆中陈列着中华文化瑰宝，近万种明清近代、国内国外的各式酒器。望儿山人集己微薄之力将厚重的民族文化和传统的酿酒文化与母爱文化相融，将白酒行业博大精髓力求展现得尽致淋漓！

玉液琼浆，望儿山下流淌，甘甜纯绵渤海湾里日夜香。福禄寿喜天下宴，春夏秋冬映桃妆。老友亲朋斟满杯，望儿山酒传四方。相逢知己千杯少，美了心情醉了家乡！望儿山人本着"学习、合作、分享、诚信、创新、感恩"的企业文化，孜孜以求，不断开拓创新，以营口好酒款待四方宾客，以望儿山感人故事传播八方！

沈阳清王酒业有限公司

沈阳清王酒业有限公司坐落于远近闻名、美丽富饶的鱼米之乡"辽中区肖寨门镇"。因古时候位于辽郡以西、辽水以东、宛在中央，因此而得名。辽中酒厂始建于20世纪70年代中期，原名寨寨春酒厂。2011年改制后更名为"沈阳清王酒业有限公司"。

现公司占地2万余平方米，拥有精英团队100多人，企业投资引进国内先进酿造设备和科学技术，优化现代的管理模式，酿造固态酒的过程中采用传统酿酒工艺，使用大曲、白曲、麸曲、酵母曲、芝麻香曲为多菌种，以优质红高粱、小麦、大麦、豌豆和古井水为原料进行窖池内固态发酵，目前拥有清香大曲高粱酒/投料12吨窖池84个、清香麸曲高粱酒/投料4吨窖池32个、浓香型白酒/投料1.6吨泥窖21个和芝麻香型白酒/投料1.6吨泥窖35个。年设计生产能力14000余吨，出品的芝麻香型原酒因采用独特的酿造工艺，使其兼有"浓、清、酱"三种香型白酒之所长，故有"一品三味"的美誉。具有"清澈透明、芝麻焦烟香突出、香气幽雅、丰满细腻、回味净爽、余味悠长"之特点。

现企业拥有2条白酒灌装生产线、2条桶装酒生产线、2条袋酒生产线、1条封坛酒生产线。

现在企业的原酒、包装酒及散白酒系列，已销售省内及全国各地，深受消费者的爱戴和喜欢。公司以"追求卓越无止境，与时俱进创未来"的经营理念为广大百姓酿造优质的纯粮放心酒。

辽宁铁岭亮中酒业集团公司

白酒目前作为亮中桥镇的支柱产业，对于亮中桥的经济和社会发展起到了举足轻重的作用，亮中白酒始于1987年，在1998年代达到顶峰，当时共有酒厂32家，经过十多年市场整合，如今亮中桥较大规模酒厂7家，铁岭国兴酒业、铁岭圣母酒业、铁岭一元酒业、铁岭亮泉酒业、铁岭市关东泉酒业、昌图县老孟头酒业、昌图宾圆酒业。年产白酒预计3万吨，年产值将近2亿元，散白以清香型为主，瓶酒以浓香型白酒为主，产品覆盖内蒙古、吉林、黑龙江、河南、河北、山东、陕西等省市。

亮中白酒以东北玉米、高粱为主要原料，采用优质矿泉水，用传统发酵工艺酿制而成，实属纯粮矿泉白酒。它具有酒质透明，味道纯正，清香适口，回味绵长等特点。享有

"纯粮佳酿""矿泉玉液"之美誉,产销曾居东北首位,深受消费者青睐。

一、亮中白酒产业发展存在的主要问题

(一)生产、销售方面

白酒行业产品生产能力水平大于市场需求。啤酒、果酒、葡萄酒等酒类产品的发展,进一步挤占白酒的市场份额。目前亮中白酒以散白酒为主,亮中缺少在市场上有竞争力的瓶装白酒,未形成具有较高知名度的白酒品牌,同时缺少专业的销售人才。

(二)政府扶持方面

由于白酒属于粮食消耗型产业,加上产能过剩,近些年国家对白酒产业是限制性发展,造成对于白酒行业缺少相关的扶持配套政策。对于亮中白酒企业发展壮大形成一定的制约。

(三)缺少水源地保护的规划

亮中白酒企业集中在亮中街内,采用抽取地下水生产。亮中白酒在北方具有一定的知名度,伴随着市场对亮中白酒的认可,在不久的将来亮中白酒必将有一个大的发展,在此基础上,应对白酒企业进行合理规划,对酿酒的水源进行保护,对于在规划区范围内的养殖及其他生活生产废水垃圾等需要进行无公害处理,但目前由于缺少资金,缺少对水源地保护的相应措施。

亮中桥白酒产业经过二十多年的发展,在白酒行业打出了一定的知名度。当年,以圣母酒业和国兴酒业为龙头的亮中酒业集团是国家白酒百强企业,辽宁只有两家。2004年、2005年分列88位和66位。酒业集团年产值35亿元,纳税780万元,安排2000人就业,实现劳动力转值5000万元,农副产品增值20000万元,是亮中桥镇的龙头企业。这与亮中地区的资源优势是分不开的

二、优势

1. 粮食连年增产,昌图是全国的产粮大县,同时相邻吉林、黑龙江重要产粮大省,为白酒酿造提供了充足的原料,相对于其他地区在原材料方面具有一定的价格优势。

2. 交通优势,亮中距离高速21公里,102国道20公里,302省道、新三线从亮中通过,交通便利。

3. 优质的水资源,经水质测试,亮中桥地下水属于低钠偏硅酸性矿泉水,偏硅酸对

人体心血管具有保健功能。有关资料报道：硅能增强血管的弹力纤维强度，特别是内膜弹力层，可构成一道屏障以阻碍脂质内侵。故对动脉硬化、心血管和心脏疾病能起到明显的缓解作用。水中硅含量高低与心血管病发病率呈负相关。

4. 人力资源优势，昌图地区人口104万，能够为企业提供充足的劳动力，人力成本给企业减轻了负担，进一步增加了企业的竞争力。

依靠亮中的各种资源优势，亮中白酒产业在未来必将有一个大的飞跃，亮中白酒企业经过多年的发展逐渐树立起自己的品牌，目前省市著名商标有：裕和盛、福香居、天桥山等一系列品牌白酒。

三、对于亮中白酒行业的发展提出如下建议

1. 未来亮中的白酒企业必将扩大规模，用地增加，需要提前为这些企业考虑到这个现实问题，目前上述7家酒厂平均占地面积为4亩，已经无法满足企业扩大生产规模的需求，必须想办法解决企业用地问题，最好能形成以亮中桥白酒加工为核心，与老城构建一条食品加工工业带。

2. 政府加大扶持力度，给予无息或贴息贷款，帮助企业解决融资问题，同时给企业提供一个展示平台，免费参加各类展销会。

相信在不远的将来亮中酒业一定会创造辉煌。

沈阳爱新觉罗祖家坊酒业有限公司

沈阳爱新觉罗祖家坊酒业有限公司位于古盛京沈阳市北部——法库县大孤家子镇半拉山村，占地面积6万平方米。这里古井甘泉，从辽代起就是皇室酿酒作坊，后金天聪九年（1635）更名为"祖家坊烧锅"，所酿"祖家坊白酒"为清廷特供御酒；后经历代经营者的不断发展壮大，尤其是改革开放后该产业又回到满族传承人手中，并恢复老字号"祖家坊酒厂"；2002年祖家坊酒厂更名为"沈阳爱新觉罗祖家坊酒业有限公司"。

厂区内草舍泥墙，曲香缭绕，青砖青瓦，清风满韵，吸口气酒香浓郁，喝口井水清凉甘冽，世袭几代酿造技术，被誉为满族酿造第一坊。至今保留的民国时期的局照和地契、县志上记载的三百多年历史的古井（八旗井）、柳条边、地面通道上铺设的百年历史的青石、磨盘都记载着酒坊的沿革，至今还生产并畅销的爱新觉罗系列美酒，长达1公里的地下酒窖、窖壁上的满族源流图文壁画，亦展示酒文化和清朝文化的精髓。

公司本着"以德治酒，良心酿造"的家坊祖训，传承并发扬古法酿酒的精髓，注重工

艺技术、管理方法和营销模式上的创新，企业先后通过ISO9001：2000质量管理体系认证、ISO14001：2000环境管理体系认证；公司及其生产的产品先后获"辽宁老字号""省著名商标""市级非物质文化遗产"等多项荣誉称号。企业LOGO已在83个国家和城市注册。企业创始人爱新觉罗祖忧先生亦获得唯一"满族酿酒传人""中国御酒酿造大师""中国御酒酿造技艺传承人"等荣誉称号。在2017年2月正式被旅游景区质量等级评定委员会评定为国家AAAA级旅游景区。

今逢和谐盛世，爱新觉罗酒业继承祖传家族酒坊，传承中国皇家文化，谨遵祖训，以德治酒，良心酿造，以帝王般的仁德，再现宫廷御酒的皇家风范。秉承历史，传承未来，爱新觉罗酒业必将承先祖之风华，向世人展示东方帝王的品位之尊及东方皇室的格调之美，让文明得以传承，文化得以延续！

辽宁昌图县古城酒厂

昌图县古城酒厂位于昌图县八面城镇古城路、辽代（韩州治）、金代（柳河县治）古城遗址北50米。

八面城酿酒产业源自光绪年间，由山西巨商乔家创办烧锅；商号为"巨源溢"。到光绪二十年（1894）发展到5家分号。新中国成立后公私合营（投股）经营后分别叫昌图制酒一厂和昌图制酒二厂，昌图制酒二厂商标取名"八面城"。八面城位于北纬43°境内地势平坦，土质肥沃盛产五谷尤其是高粱与玉米，为八面城地区酿造优质白酒琼浆创造了得天独厚的条件。十里古香镇，一路酒旗风。虽然历经了百年的历史变迁及发展，这个水中亦有三分酒的古镇仍然由古城酒厂延续着传统的酿造工艺；在生产浓香型大曲酒、清香型大曲酒及各种原料的原浆酒。

八面城酒坊为全国统一连锁散白酒加盟机构、八面城酒坊采用原产地统一配送、全国统一价格、统一酒质的原则。酒坊产品有原浆酒系列、浓香型大曲酒系列、清香型大曲酒系列、茅台镇酱香系列、葡萄酒系列、黄酒系列、配制营养酒系列、婚庆酒系列、鸡尾酒系列及商企私人定制白酒等9大系列80多个品种，产品遍布全国各地。其中八面城牌5斤青花瓷珍藏酒是辽宁省东北亚经济促进委员会冯会忠会长2010年6月访问韩国青羊郡时作为中方礼品酒，赠送给了韩国政界及各界友人！

斗转星移，沧海变迁，一直在变的是昌图县古城酒厂"八面城"牌白酒越传越响的品牌口碑，不变的是这至真至醇的陈年酒香。如今千年古镇八面城举传世美酒诚邀八方宾朋共享这辽北大地的豪情浓香！

沈阳市御清泉酒厂

沈阳市御清泉酒厂，坐落在东北政治、经济与文化的中心——沈阳。公司下设原酒生产基地、市场营销中心、产品研发中心、仓储配送中心及酒坛酒具销售中心。

御清泉酒业是以经营自酿纯粮白酒为主，产销一体化的白酒企业。经过多年的发展壮大，如今已成为白酒行业的知名品牌。目前企业员工109人，300多家加连锁加盟店，解决近千人就地就业，近万家终端店。"御清泉"被评选为沈阳市著名商标。继承发展传统酿酒工艺，弘扬白酒文化，打造中国白酒著名品牌，御清泉酒以卓越的品质赢得了广大消费者的一致好评。袁文涛曾先后被评选为沈阳市优秀青年致富带头人，获得沈阳市五一劳动奖章等荣誉。

"酿良心酒，创放心店"，御清泉酒坊是以经营自酿纯粮白酒为主，产销一体化的大型白酒企业。经过多年的发展壮大，如今已成为白酒行业的知名品牌。授权连锁专卖店，遍布全国各地。

多年来公司秉承"诚实做人、诚信创业"的经营理念，坚持走"质量、品牌、效益之路"。以质量占领市场，以品牌取胜市场。继承发展传统酿酒工艺，弘扬白酒文化，打造中国白酒著名品牌。"御清泉"白酒以卓越的品质赢得了广大消费者的一致好评。

御清泉酒业——中国放心酒倡导者，致力打造中国白酒放心连锁店的典范。

辽阳市宏伟区龙鼎山酒厂

辽阳市宏伟区龙鼎山酒厂坐落于龙鼎山风景区，占地面积3000平方米，地处辽化医院西200米，南临辽南高速公路，交通便利。是辽阳市宏伟区立项企业。

2016年辽宁省纯粮好酒品酒会，龙鼎王酒被誉为辽宁名酒。

酒厂前身为弓长岭区汤河白云山烧酒坊，始建于清朝，于1896年7月13日一把大火，烧成一片废墟。为了弘扬祖业，王世凯先生将酒厂重建在龙鼎山风景区山脚下。酒厂继承和发扬光荣传统，坚持诚信为本的经营理念，励精图治，务实创新，与时俱进，跨越发展，在源远流长的中华酒文化的历史长河中写下了辉煌篇章。

酒厂现有员工32名，其中专业技术人员6名，具有年产白酒600吨的生产能力。同时还生产经营配制滋补酒，逐步向多元化发展。

酒厂采用传统酿酒工艺，固体发酵，纯粮酿造，原料精选优质的高粱、玉米、大麦、小麦、豌豆，汲取龙鼎山地下山泉水酿酒。

酒好喝，口不干，不上头。

公司经营理念：遵循仁者之风，酒品重于泰山。

营口碧泉酒业有限公司

营口碧泉酒业有限公司坐落于盖州市万福镇苇塘村，毗邻赤山旅游景区，依山傍水，环境幽雅，交通便利。

本公司生产的清香型白酒，营养型白酒获得辽宁省优质酒称号，采用得天独厚的地下145米深优质矿泉水、北方特产红高粱、小麦、豌豆制成的大曲。黄酒采用北方糯大黄米，优质小麦大曲，具备出厂检测分析能力，主要销售地区：辽宁各地、广州、上海、南京。

产品种类

白酒：主要有42度、48度、52度碧泉原浆，酒体清香幽雅，醇甜爽净。

黄酒：主要有传统型黄酒、清爽型黄酒、特型黄酒，外观琥珀色，米香突出，入口绵甜，余味悠长。

发酵容器、工艺

白酒：食品级不锈钢地下窖池，采用传统清蒸混入，续糟发酵，热水润料，合理配料，低温发酵，缓慢流酒，分级储存。

黄酒：传统优质陶缸，润料、煮米、降温、加曲、前发酵、开耙、后发酵、开耙、压榨、巴氏杀菌、入库储存。

经营理念

质量第一位，服务到家，网络和实体店配合销售，客户可以现场参观、接酒、存酒，让顾客喝得明白，买得放心。

近期规划内容

将万福镇地区的农业地全部种植红高粱，采用科学化种植管理，保证粮食质量。公园式厂区，旅游、观光、度假一体的经营模式，打造原生态企业，进一步扩大企业影响力，成为营口东部山区带头企业！

辽宁德润白酒制造有限公司

辽宁德润白酒制造有限公司始建于20世纪70年代，其前身为凉泉镇酒厂。公司位于千年扶余古城——城子山脚下，碾盘河畔的生态山水小镇——凉泉镇。

公司秉承以质量求生存，以信誉求发展的经营理念，追求卓越品质，严把原辅材料进货关，生产工艺流程关，坚持传统工艺，长窖发酵，手工精酿，确保生产出优质白酒，口感醇香、绵软。酿德润美酒，铸诚信品牌，交天下朋友。

公司先后获得辽宁省食品行业颁发的兴食杯奖，省文明工商户、铁岭市文明私营企业、民营科技企业及守合同重信用先进私营企业等荣誉称号。

文化美酒，纯粮典范，是我公司的美誉。

厚德润酒，诚实守信，是我公司的灵魂。

知心知己德润酒，共生共赢共辉煌。公司以脚踏实地、诚实待人、持之以恒的姿态，以高度的责任心为客户及消费者提供高质量的纯粮白酒，为经销商提供创新、务实的营销理念和品牌运作规划，与合作伙伴共创共赢、和谐发展。向着百年企业，百年品牌的目标，大步朝前迈进。

贵州茅台集团健康产业有限公司

一、企业简介

贵州茅台集团健康产业有限公司坐落于拥有"中国鹿乡""东北中草药材之乡"等美誉的辽宁省铁岭市西丰县。企业于2017年9月21日正式投产，以研发生产酱香白酒、保健酒、养生白酒、保健品为主营业务，是中国贵州茅台酒厂（集团）有限责任公司下属的核心子公司。这也是党中央、国务院为支持东北老工业基地的振兴出台若干重大政策后的重要战略部署。

企业以茅台品牌为背书，依靠得天独厚的品牌优势、酿酒技术、自然环境等资源，为以后的发展创造有利条件。目前已确立"以开发自主品牌为主，品牌运营商为辅"的品牌策略，在恪守茅台集团坚实品质为保障的前提和秉承"传承与创新促发展"的理念下，贵州茅台健康产业有限公司必定能够为广大消费者朋友生产出上佳的产品，为西丰县健康产业蓬勃发展插上腾飞的翅膀，助推茅台集团迈进"千亿"集团企业行列。

二、企业愿景

贵州茅台集团健康产业有限公司将全面贯通"大健康"产业链，使企业获得稳定且可持续的产业增长，坚持以提供高品质的产品和优质的服务，赢得社会与消费者的尊重与信任。在保证企业拥有持续领先的核心竞争力的前提下，推动地方经济社会和中国大健康产业的持续发展。

三、企业设施

贵州茅台集团健康产业有限公司总投资10亿元，一期完成投资3亿元，占地460亩，绿化面积7.2万平方米，道路及给、排水等基础设施5万平方米。

厂区的设施条件达到设备控制、过程控制、生产控制之间的"管控一体化"，对基酒的贮存、匀化、勾调、计量、过滤、输送、灌装等进行实时的检测和控制。在贮存方面，公司建设42个酒罐，最大容积为500吨，能同时储存6000吨酒。酱香基酒全部由贵州茅台集团酒厂酿造提供。在勾调方面，车间采用的是现代化科技车间，对于酒类厂家来讲，勾调是白酒酿造的一项非常重要、非常神秘而且必不可少的工艺，公司已从茅台集团聘请了首席调酒师彭茵作为我们公司的技术总监，调酒技术的团队在茅台集团大都是顶级的技术人员。

公司拥有保健酒GMP车间、精加工GMP车间、中药饮片GMP车间等。保健酒GMP车间，也是公司的核心板块业务，建筑面积6000平方米，严格按照GMP标准设计建设的，厂房共有三条生产线，年产3000吨保健酒。目前，公司重点产品保健酒"茅鹿源"就是在GMP车间生产加工。精加工GMP车间，建筑面积12640平方米，是在企业一期项目成熟后，开展保健品市场时，是对保健品进行深加工的车间。中药饮片GMP车间，建筑面积6000平方米，是对鹿茸进行处理和深加工的车间，严格按照GMP标准进行建设，为保健酒提供优质的原材料。

四、企业品牌

经贵州茅台集团授权，健康产业公司拥有"黔茅""茅韵""致柔"商标使用权，并拥有企业自己的自主品牌"茅鹿源"。

黔茅："黔茅"市场定位为中高端酱香产品。由公司聘请的茅台集团调酒专家、中国首席品酒师、高级勾调师彭茵精心调制而成。首批上市的黔茅柔雅系列产品，以登峰造极之艺，力达酱香极致，再造白酒鉴赏巅峰。饮后有入口甘醇浓郁，酱香陈曲浓郁，回味悠长的感觉。

茅韵："茅韵"市场定位为中档、中低档酱香产品。茅韵酒，酱香品质佳酿，百年传承技艺。基酒和勾调技术团队，由集团总部支持。产品酒体丰满醇厚，挂杯留香，入口之后，口感细腻优雅，回味悠长。

致柔："致柔"市场定位适合大众消费群体的酱香型产品。致柔，取自道德经，"专气致柔，能如婴儿乎？"意为专守精气使不乱，则形体应之而柔顺。其原料优选当地小产区高粱，留其饱满，去其干枯，保证所酿之酒成分纯净；使用的酒曲达到最佳发酵程度，保证其中微生物的活性及多样性；贮存选用陶土烧制的陶坛，因陶土质地极佳，可促进酒液的陈化老熟；产品遵循自然酿造之道，经时间晕染，口感淡雅清爽，柔顺平和。

茅鹿源："茅鹿源"系列产品，是以酱香型酒为基酒，添加西丰天然的马鹿茸、人参、淫羊藿、黄精、枸杞子、韭菜籽进行浸泡、再次勾调而成；成品酒体色如琥珀、口感柔和、顺喉养身，具有抗疲劳、提高免疫力等普世健康的功效，打造全国第一款以酱香型酒为基酒的保健酒。

朝阳凤凰洞藏酒业有限公司

朝阳凤凰洞藏酒业有限公司是以白酒生产、洞储、销售为主，以农业、贸易、旅游、文化等多元发展为辅的综合生产服务型企业。凤凰洞藏酒业地处东北佛教祖庭圣地的凤凰山脚下，大凌河畔，是秉天地灵韵，集山水精华的风水宝地。公司所属的凤凰洞充满传奇色彩，有着许多优美的神话故事和传说，也是太岁"肉灵芝"在其内生存的有着仙灵气韵的宝洞，其主洞和支洞纵横交错，绵延几千米，是钟天地灵秀的石质山洞，常年恒温恒湿，通透润泽，极适合储物和藏酒。正是利用凤凰洞得天独厚的白酒存储条件，朝阳凤凰洞藏酒业采用古法精酿清香型纯粮中段基酒，同时与茅台镇酱香型和四川浓香型白酒生产企业合作生产纯粮中段基酒于洞中存储老熟，酿制成高品质凤凰洞藏酒。凤凰洞藏酒的洞藏文化与传统国学的和润文化同根同源，一脉相承，历史文化底蕴深厚，在白酒行业独树一帜，这也是凤凰洞藏酒独具的特有内涵。

由于本书篇幅所限，记载时间跨度较长，企业变化较大，有的企业不再做单独介绍。本篇所述企业内容反映了辽酒总体现状，不是很全面，脱漏之处，敬请谅解。感谢为《辽宁白酒志》提供资料的企业。

辽宁白酒文化篇

辽宁白酒企业传承和弘扬酒文化，挖掘历史文化资源，推动酒文化普及，带动了辽宁白酒的发展。以道光、三沟为行业引领打造酒文化品牌，更有多家企业开始了酒博物馆、工业旅游、科普基地建设，并获得了历史文化名酒荣誉称号。涌现出以介绍酒的有关常识、酒诗、酒画、酒故事等文化形式来传播、宣传辽宁酒，促进了名酒向历史文化名酒的转化。

第一章　白酒香型与品评常识

一、白酒香型介绍

（一）酱香型

酱香型白酒最大的特点是，色泽有些微黄（那些人为添加色素的除外），闻起来有一种类似豆类发酵时的酱香、焦香、煳香味。分辨酱香型白酒品质有一个小秘诀：将一小杯酒敞开放置一天时间，然后再闻一闻，优质的酱香型白酒香味依旧，没有杂味，这就是空杯留香。

感官评语：微黄透明、酱香突出、幽雅细腻、酒体醇厚、回味悠长、空杯留香持久。

（二）浓香型

优质浓香型的白酒，闻起来有一种泥窖香。不过浓香型白酒也分派系，有浓香中带有陈味的四川派系，还有以口味纯、甜、净、爽为特点的江淮派系。总体来说，浓香型的酒，入口通常比较绵甜，香味很协调。

感官评语：无色透明（允许微黄）、窖香浓郁、绵甜醇厚、香味协调、尾净爽口。

（三）清香型

清香型白酒，顾名思义，闻起来很清纯。在专业术语里，叫一清到底、清香纯正。清香型的白酒，闻起来没有太多复杂的香味，有些会有类似酒精的香气，但细细闻起来，并没有酒精的刺鼻，而是会觉得很幽雅、舒适。

感官评语：无色透明、清香纯正、醇甜柔和、自然协调、余味净爽。

（四）米香型

米香型白酒以大米为原料，用的可是非常特别的小曲。因此这种香型的酒，闻上去有一种特别的蜜香，口味偏甜且柔和，刺激性小。

感官评语：无色透明、蜜香清雅、入口绵甜、落口爽净、回味怡畅。

（五）凤香型

凤香型白酒是浓香型与清香型的结合，既有浓香的特点，又有清香的风味，被誉为酸、甜、苦、辣、香五味俱全而各不出头。所以，凤香型白酒兼具浓香与清香的特色，又没有冒尖，这就是它最大的特点。

感官评语：无色透明，醇香秀雅、甘润挺爽，诸味协调、尾净悠长。

（六）药香型

药香型白酒，又称董香型。主要是看酒的浓郁香气中是不是带有药香。药香型白酒在酿制过程中，采用大小曲，这大小曲中加入了十几味中药材，因此它既有大曲的浓香，又有小曲的柔甜，而且又带有淡淡的药香。

感官评语：清澈透明、浓香带药香、香气典雅、酸味适中、香味协调、尾净味长。

（七）兼香型

兼香，即两种香味兼而有之。通常兼香都是浓香、酱香的结合。要么闻起来以酱香为主、略带浓香；要么以浓香为主，闻起来又有酱香的风味。兼香型的酒，浓酱协调，所以口感也非常丰满，回味较长。

（八）特香型

清香带有浓香，细细闻起来，还有一丝酱香的焦烟香。特香型的酒品尝起来口味柔和，且绵中带甜味，有时还会品尝出糟味。所以，也有人评论特香型白酒"浓、清、酱三香兼备而不靠"，这应该是对这个类型的白酒最好的总结了。

感官评语：酒色清亮、酒香芬芳、酒味纯正、酒体柔和、诸味协调、香味悠长。

（九）豉香型

豉香型白酒闻起来有豆豉香味，还会有一点儿油哈味（就是油脂味）。这种酒，采用大米为原料，因此口感醇厚甘润，后味爽净。

感官评语：玉洁冰清、豉香独特、醇厚甘润、余味爽净。

（十）芝麻香型

既有清香型白酒的清净典雅，又有浓香型白酒的绵柔丰满，并具有酱香型白酒的幽雅细腻，闻起来还有极为浓烈的焙炒芝麻的香气，芝麻香型的白酒口味比较醇厚，但后味有丝丝苦味。

感官评语：清澈透明、香气清冽、醇厚回甜、尾净余香，具有芝麻香风格。

（十一）老白干香型

老白干香型白酒与清香型白酒比较接近。不过，它闻起来香气很清雅，清香之余还带有一些浓香型白酒的香气。它口感浓郁，与清香型白酒相比，老白干香型白酒更醇厚、香味更大，入口以后还有回甜和回香。

感官评语：无色或微黄透明，醇香清雅，酒体谐调，醇厚挺拔，回味悠长。

（十二）馥郁香型

馥郁香型的白酒特点简而言之就是"前浓、中清、后酱"。事实上，馥郁香型和老白干香型一样，都属于小香型，简而言之，它们的香型特征与主流香型比起来并不明显，更多的是某个品牌为了找到自己产品的特色，而追加的一种香型。

感官评语：芳香秀雅、绵柔甘冽、醇厚细腻、后味怡畅、香味馥郁、酒体净爽。

二、品酒常识

（一）白酒尝评

尝评又称为品评、品鉴、鉴评，利用人的感觉器官（视觉、嗅觉、味觉）来鉴别酒类质量优劣的一种快速、准确的方法。

通过眼观其色，鼻闻其香，口尝其味，综合色香味，确定其风格及评语，是目前国内外普遍用于检测，控制酒类质量的重要手段。迄今为止，还未出现任何仪器设备能够取代人的感官品评功能作用。

（二）尝评的意义和作用

1. 尝评是确定质量等级，评选优质产品的重要依据。
2. 通过尝评，了解酒质存在的缺陷指导勾调工作。
3. 通过尝评，发现基酒缺陷，指导生产工艺改进。
4. 运用品评，鉴别假冒伪劣商品。

（三）白酒品评方法

1. 一杯品评法：两个酒样两次评，找出差异，考察尝评员的基本功，训练尝评员的记忆力和再现性。

2. 二杯品评法：同时出两杯，一杯是标准样，另一杯是检测样，找出异同点。可以提高评酒员对质差判断力，常用于审批出厂酒，也称为对标法。

3. 三杯品评法：同时倒出三杯酒样，其中有两杯是相同样，要求找出差异，用于训练评酒员准确性和辨别能力。

4. 顺位品评法：密码编号暗评、质差排序。培训尝评人员质差分辨能力，企业中适用于选拔基础酒和调味酒。

5. 记分品评法：编码暗评，打分写评语。主要用于评酒活动、日常检评酒质、优选勾调酒样。

（四）白酒尝评步骤

1. 眼观其色

白纸做底，举杯对光观察白酒色泽、透明度、清亮度、有无沉淀、悬浮物。也可轻晃酒杯观察、正视和俯视观察。对于瓶装白酒则应轻轻倒置观察，不能振动。

白酒国家标准规定，"无色或微黄、清亮透明、无悬浮物、无沉淀"。低于10℃时，允许出现白色絮状沉淀或失光，但恢复到10℃以上时应逐渐恢复正常。

2. 鼻闻其香

闻香时必须保持每杯酒酒量一致，鼻子与酒杯距离1~3cm，对酒吸气，吸气量一致（不能呼气），按顺序嗅闻，仔细辨别酒香是否纯正、有无异香，是否符合该产品香气标准，以及香气大小、强弱等，做好记录，然后反顺序嗅闻一次，即可确定香气评语。若香气相近的酒样可稍事休息片刻再闻一次比较。一轮酒嗅闻次数不超过三次。

3. 口尝其味

酒液入口慢而稳、平心静气地吸入2~3ml酒液，入口时先接触舌尖，慢浸两侧，后入舌根，均匀平铺在整个舌面，用舌头接触上颚，反复咂辨滋味，用秒持值法计算香味的长短、浓厚，随后吐出酒液或下咽三分之一量，边尝边做记录，然后适当加大酒量，评定酒体回味长短、后味是否干净、是回甜或是后苦、是否净爽、有无余香、刺喉和不快之感等。最后写出细腻、醇厚、绵甜、柔顺之评语。

尝味时注意进口量保持一致，低度酒可入口2~4ml，同时注意按闻香浓淡、好坏顺序，先从闻香淡的品尝，由淡到浓，再由浓到淡品尝，并注意将暴香和异香的留到最后尝评，以防止对味觉的干扰。酒液在口中保留时间5秒钟左右，吐出酒液后闭口呼气，体会酒的后味、回味，每杯酒品尝次数不超过三次。（酒液在口中停留时间过长，会因唾液量增加影响结果）

4. 综合判断，确定风格

风格又称酒体典型性，是色、香、味的综合表现，是由原料、工艺、勾兑、贮存相结合创造出来的。各厂都有自己的风格、自己的个性，七分工艺、三分技艺。由勾调人员掌握、控制把关好产品风格，保持质量稳定。

（五）影响品评结果的因素

1. 顺序效应：先入为主、产生偏爱、认为甲比乙好。（对比现象）

克服办法：先顺尝、后逆尝，喝完一杯漱口清除。

2. 后效应：前一杯酒的香味影响后一杯。（变味现象）

克服办法：适当休息、清水漱口、消除残味。

3. 顺效应：味觉疲劳、迟钝，前后味差不变。（无觉现象）

克服办法：适当安排每组酒样数量，一般不超过5个。

4. 评酒环境：温度、湿度、噪声影响结果。

要求：无噪声、恒温恒湿、无异香、邪杂味。

5. 评酒容器：酒杯大小、形状、颜色、盛酒量影响结果。

要求：无色、无花透明、大肚、口小高脚杯、容量50ml。盛酒量2/3~3/5，每杯一致。

6. 评酒时间安排：根据人们的生活习惯、工作经验，结合国外评酒灵敏度的研究，一般认为每天上午9~11点；下午3~5点较好。每周评酒工作经验总结：周二最佳、周五次之，其次是周一、周三和周四。

7. 评酒温度：温高感觉香大、刺激、甜味重；温过低或舌头麻痹、放香不出、微苦涩感。评酒温度以20℃~28℃为宜。

8. 酒样编组：从无色到有色、低度到高度，清、米、浓、兼、酱、药顺序安排；同轮次质差鉴别应等级较明显，评优编组应是相同香型、质差相近为一组，每组一般五杯，最多不超过6杯。

（六）品评注意事项

1. 评酒前不喝酒，更不能醉酒。

2. 评酒前避免吃辛辣、酸甜、油腻食品。

3. 进入评酒室不擦脂抹粉，不带入香精香料。

4. 尝完一杯应稍事停顿、尝完一轮休息10分钟、漱口。

（七）尝评技巧、体会

1. 闻香标准：香气协调、愉快、无异香，同时检测酒的溢香、喷香、留香性。

应高度重视第一印象，即时记录下香气特征，因第一印象较灵敏、准确。闻第二遍时，可转动酒杯、急速呼吸、用心辨别气味。应注意闻完一轮酒再品尝。

2. 滤纸浸湿闻香、放置5分钟左右再闻、可区别放香大小及浓淡、保持时间，此方法区别酒质相似酒有效。

3. 利用体温，手心手背滴酒闻香，可辨别香气浓淡及固、液酒的区别。

4. 空杯留香，对酒质优劣，特别是鉴定酱香型白酒效果较好。

5. 尝味时应按香气淡浓顺序品尝、酒液入口慢而稳，铺满舌面。尝味时除了味的基本情况外，更要注意味的协调、刺激强弱、柔顺、柔和、有无杂味外，还要分辨出味的绵甜和醇甜、有无回味、净爽等。（因为它是区别固态法、液态法酒的标准尺度）

6. 风格界定。风格又称酒体、典型性、个性风味。除了按色、香、味的综合评价得出风格结论外，风格更注意香气的优雅、舒适、悦人、空杯留香、饮后舒适的感觉。

（八）评酒师应具备的条件

1. 具有较高的品评能力及尝评经验。嗅觉、味觉正常灵敏。品评技术是集知识性、专业性、趣味性为一体的艺术学科、任何酒类企业都十分重视尝评勾调技术人员的培养、提高甚至不惜重金招聘集合人才，评酒员是各个企业质量风格的代表，是宝贵的财富。评酒员自身必须努力学习、刻苦钻研、善于思考、发挥悟性、总结积累，充分掌握那些只能意会不能言传的技巧、要领。不断提高检出力、识别力、记忆力、表现力。

2. 学习掌握酿造工艺，影响质量的因素，熟悉本企业基础酒、成型酒、成品酒的生产工艺流程、质量特性，同时也应更多地学习、了解中国白酒十二种香型酒的工艺特点、香味特征及品评要点。广泛接触、了解同行业产品质量状况。

3. 学习掌握白酒相关国家法律法规、产品标准、企业标准，特别是国家控制的食品安全卫生标准，确保食品质量和食品安全。

4. 要有健康的身体、保持感觉器官的灵敏性。评酒员特别应注重加强体质锻炼，预防疾病，保护好自身。

5. 评酒员必须大公无私、坚持原则、严格标准、秉公执法，公正公平地履行质量执法、安全执法。

第二章　辽宁酒文化博物馆建设

一、周恒刚纪念馆落成

中国白酒泰斗——周恒刚纪念馆落成

2015年9月22日，中国白酒泰斗周恒刚纪念馆落成仪式在辽宁抚顺启运千台春酒业隆重举行。

纪念馆落成仪式由中国食品工业协会白酒专业委员会副会长、专家组组长、著名白酒专家高景炎主持。抚顺启运千台春酒业总经理李红军介绍了创建纪念馆过程。建馆期间，为充实纪念馆展示题材，周恒刚生前所有资料、手稿及生活用品，其子女都无偿捐赠给了抚顺启运千台春酒业，感谢周老家人对创建纪念馆的全力帮助和支持。中国食品工业协会白酒专业委员会副会长、著名白酒专家沈怡方，周恒刚生前老战友、老同事、著名白酒专家高月明，周恒刚家属等都做了重要讲话。东北三省酒业协会主要领导、业界同人、相关新闻媒体参加了纪念馆落成仪式。沈怡方、高月明为中国白酒泰斗——周恒刚铜像揭幕。

中国白酒泰斗周恒刚纪念馆成功落成时，中国酒业协会理事长王延才亲笔写下《伟大的精神》一文："毛泽东说过，人是要有一点精神的。只有精神的支撑才使人的努力达到一个光辉的顶点。"周恒刚生前就是凭着一种忘我执着的精神勤奋耕耘着"中国酒"这片沃土。

在周恒刚的人生字典里，责任、敬业、执着和勤奋尤为醒目，也正是这些词汇勾画出他辉煌的一生！

二、酒文化博物馆名录

（一）大连酒文化博物馆

（二）辽宁道光廿五集团满族酿酒有限责任公司

（三）朝阳凌塔酿造科技开发有限公司

（四）沈阳天江老龙口酿造有限公司

（五）辽宁千山酒业集团有限公司

（六）辽宁凤城老窖酒业有限责任公司

（七）辽宁铁刹山酒业（集团）有限公司

（八）抚顺启运千台春酒业有限公司

（九）辽宁望儿山酒业有限公司

（十）大连市酒厂

（十一）沈阳爱新觉罗祖家坊酒业有限公司

三、酒文化博物馆图片

大连酒文化博物馆全景

大连酒文化博物馆展厅

道光廿五酒文化博物馆落成仪式

道光廿五酒文化博物馆内景

凌塔酒文化馆白酒产品大家族

凌塔酒文化馆内部全景

千山酒文化博物馆历史资料

千山酒文化博物馆酒海

铁刹山酒文化博物馆"鼎盛"之鼎

铁刹山酒文化博物馆展厅

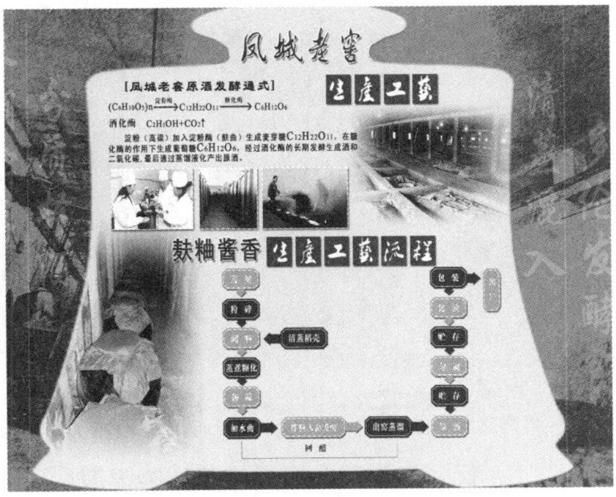

凤城老窖酒文化博物馆展示图片

凤城老窖酒文化博物馆展示图片

大嘴子遗址陶器酒具

吊酒图

老龙口酒博物馆古石磨展区

老龙口酒博物馆正门

抚顺启运千台春酒文化博物馆牌匾

抚顺启运千台春酒文化博物馆展厅

望儿山酒文化博物馆展厅

望儿山酒文化博物馆展馆

爱新觉罗祖家坊酒文化博物馆

爱新觉罗祖家坊酒文化博物馆展厅

大连酒厂博物馆展示区

大连酒厂博物馆老照片

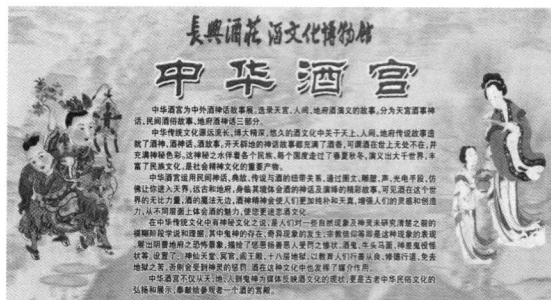

中华酒宫1

中华酒宫2

中华酒道

中华酒魂牌坊

仙酒烧锅图

千山酒业前身玉昇涌烧锅遗址

文君当垆

大连酒文化博物馆醉仙亭

第三章　酒文化故事

自从先人造出美酒，中国的酒文化，演绎出诸多美丽的故事与传说，正是：微醺人生，有酒有故事。酒诗传情，人生几何！

一、闲酒

据说刘伶喝的酒叫闲酒，也就是功夫酒，也是大多数中国人喝的酒，是侃大山的酒。你别小看刘伶，不喝则罢，一喝，居然醉了三年。中国人的闲酒都是这样喝的，大山也是这样侃的，要不那关公怎么会去战秦琼呢？都是酒话罢了。

二、文酒

李白先生，只要是喝醉了酒，最好是喝得烂醉，就能写出很好的诗来，而且越醉就写得越好。所以说李白要是没酒，大概他写的诗也就没什么味道。

三、武酒

却说武松一下子喝了十八碗酒，径向景阳冈走去，竟然碰到了那只可怜的大虫，三两下就把它打趴下了。所以这酒也叫英雄酒。武松不喝这酒，也就不会醉，不醉的话也就不会在大青石上睡着了，不睡着的话也就过了景阳冈了，断然碰不到什么老虎，也就没有武松打虎。

四、疯酒

黑三宋江虽然为人仗义，但却是个规矩人，心里只有朋友和那小官帽儿，虽然做得不大，但也很实在。要不是那一壶疯酒，他就不会在浔阳江酒店的墙壁上写下："心在山东身在吴，飘蓬江海谩嗟吁。他时若遂凌云志，敢笑黄巢不丈夫。"这首诗，不也说明你想造反？那你宋江不是疯子才怪呢！所以当他酒后醒来时，居然吓得装疯卖傻了。

五、壮胆酒

汉高祖胆子也并不大，当然他能够挥剑斩白蛇，靠的就是那口酒气。所以《史记》上说："高祖醉，曰：'壮士行，何畏！'乃前，拔剑击斩蛇。"要知道蛇生来怕酒，这蛇让高祖的一身酒气一熏，自然就动弹不得，任凭发落了，因此高祖借酒壮胆，当作一条死蛇，一剑下去，切成两段，成就了他汉家基业。所以，要想成就一番大事业的人，就要有点儿酒气豪肠，否则遇到力所不能及的时候，又该怎么办呢？

六、权贵酒

听说当年宋太祖为了江山稳固，一把鼻涕一把泪地在大将面前哭着，别人不明白他的意思，要不是那一杯酒，看来是没辙了！他说："当时你们把黄袍加在我身上，说不定哪天，别人也把黄袍加在你们身上，你们不想做皇帝才怪呢！"自古皇帝老儿至高无上，但你的官不让人做也要有理由。有了酒，再给以钱财，就说明你是哥们儿，讲义气！所以这酒就叫权贵酒，外加一点儿好处，你不喝也得喝呀！知趣地喝了自己走一边，要不知趣，那可有身败名裂的危险！

七、阶级斗争酒

当年项羽在鸿门，那是什么居心哪，是明显的阶级斗争立场。他项羽会那么好心请你喝酒吗？请你来，肯定是要算计你，要你的人马，要你的财权，要你的地盘，甚至要你的命。结果把刘邦吓得去上了茅房，然后叫张良转送上一对玉璧，一双玉斗跑了。气得那范增把送给他的玉斗摔碎，切齿咬牙。

八、愁酒

屈子大夫大概不怎么会喝酒，所以他才会说出"众人皆醉我独醒"的话来。他要走的时候，怕沉江不死，还自己抱着一块大石头跳了下去，这是何等的壮烈呀！据说当时还有位老医者，往江中倒入雄黄酒，想要醉晕江龙，以保这位爱国诗人的身体。想想看，这是何等的悲苦所致。所以每年的端午，喝点儿雄黄酒，那叫闷酒、愁酒和苦酒。不过老实说，现代医学证明，雄黄酒有毒，最好是不要再喝了。

九、快活酒

只有像孙猴子那样，大闹蟠桃宴的时候的那种喝法，才叫快活酒。有句歇后语说了"孙悟空赴蟠桃会——不请自到"。"大圣却拿了那些百味八珍，佳肴异品，走入长廊里面，就着缸，挨着瓮，放开里痛饮一番。"孙猴子在那种腾云驾雾的地方醉了，要吃就吃，想喝就喝，吃喝不完，还带下山来给他的猴子猴孙一起快活，那才真的叫快活呢！

十、浪漫酒

卓文君和司马相如私奔，放着富家小姐不做，跑去开了一家酒店，那是有原因的。小夫妻掏点儿自家水酒，双坐对饮，弹琴嬉笑，吟诗作赋，真是叫不羡鸳鸯不羡仙呢！你说说，这小夫妻的日子，岂不是过得很有情调，很浪漫吗？

第四章　酒诗酒画

一、《酒德颂》魏晋诗人刘伶

有大人先生者，以天地为一朝，万朝为须臾，日月为扃牖，八荒为庭衢。行无辙迹，居无室庐，幕天席地，纵意所如。止则操卮执觚，动则挈榼提壶，唯酒是务，焉知其余？

有贵介公子，缙绅处士，闻吾风声，议其所以。乃奋袂攘襟，怒目切齿，陈说礼法，是非锋起。先生于是方捧罂承槽，衔杯漱醪。奋髯箕踞，枕麹藉糟，无思无虑，其乐陶陶。兀然而醉，豁尔而醒。静听不闻雷霆之声，熟视不睹泰山之形，不觉寒暑之切肌，利欲之感情。俯观万物，扰扰焉如江汉三载浮萍；二豪侍侧焉，如蜾蠃之与螟蛉。

（一）《酒德颂》白话译文

有一个大人先生，他把天地开辟以来的漫长时间看作是一朝，他把一万年当作一眨眼工夫，他把天上的日月当作是自己屋子的门窗，他把辽阔的远方当作是自己的庭院。他放旷不羁，以天为帐幕，以大地为卧席，他自由自在。停歇时，他便捧着卮子，端着酒杯；走动时，他也提着酒壶，他只以喝酒为要事，又怎肯理会酒以外的事！

有尊贵的王孙公子和大带的隐士，他俩听到我这样之后，便议论起我来。两个人挽起袖子，撩起衣襟要动手，瞪大两眼，咬牙切齿，陈说着世俗礼法，陈说是非，讲个没完。当他们讲得正起劲时，大人先生却捧起了酒器，把杯中美酒倾入口中，悠闲地摆动胡子，大为不敬地伸着两脚坐地上，他枕着酒母，垫着酒糟，不思不想，陶陶然进入快乐乡。他无知无觉地大醉，很久才醒酒，静心听时，他听不到雷霆的巨声；用心看时，他连泰山那么大也不看清；寒暑冷热的变化，他感觉不到；利害欲望这些俗情，也不能让他动心。他俯下身子看世间万事万物，见它们像江汉上的浮萍一般乱七八糟，不值得一顾；公子处士在他身边，他认为自己与他们更像蜾蠃和螟蛉一样。

（二）作者简介

作者刘伶（生卒年不详），字伯伦，西晋沛国（今安徽宿县西北）人。"竹林七贤"之一。曾为建威将军王戎幕府下的参军 。晋武帝泰始初，对朝廷策问，强调无为而治，以无能罢免。崇尚老庄无为，自云"天生刘伶，以酒为名"。酒德即饮酒的品德，"颂""赋"通用。酒德颂即歌颂饮酒的品德。

二、爱酒

爱　酒

进入校门酒经念，踏入酒坊结酒缘；
曲房酵母蒸甑旁[①]，爱酒不怕多流汗。
拜师学艺酒海间[②]，须知窖池糖酒酸[③]；
巧用生物酒艺好，爱酒酿出酒仙欢。
杰出技艺酒醇甜，古法老酒天公献；
酒好喝得刘伶醉，爱酒酿者杜康赞。
酒神酒旗今又现，天地皆爱酒星泉；
真经实艺传承好[④]，爱酒匹夫不愧天。
贵在弘扬酒诗篇，玉器藏酩酒史展[⑤]；
酒器酒具千秋照，爱酒诗画谱酒篇。
烧锅酒香诱众仙，金樽对月共婵娟；
酒俗酒令故事多，爱酒人生须尽欢。

注：

①曲房：指酒厂培养微生物、制作酒曲、酒母的场所。蒸甑是指酒厂酿造酒发酵蒸馏的车间。

②酒海：盛酒的容器。泛指勾调、储存酒的车间，具备品尝、勾兑技艺。

③窖池：酒发酵容器的统称；糖、酒、酸指酒发酵酝酿的重要技术指标，能熟知和掌握酒的酿造技艺条件。

④真经实艺：指中国白酒的传统技艺。

⑤指酒器酒具收藏展示。

（王贵玉）

三、三沟赞

三沟酒业——辽宁白酒的荣耀

三沟是从一个辽宁边陲的少数民族的县酒厂发展起来的白酒龙头企业。他们创出了辽酒辉煌，赢得多个全国唯一和辽宁之最。在企业经营上，他们创新发展；在工艺技术上，他们始终如一的追求工匠精神；在质量风格上，他们坚持自酿的三沟个性化风味；在企业文化建设上，他们从传承与发展创新出发，极大地提升企业综合竞争力和品牌价值。

我从事酒业已四十多年，亲眼见证了三沟的发展历程。三沟成为辽酒一颗璀璨的明珠，是辽宁白酒在全国白酒行业的荣耀，三沟成为全国区域品牌，正走向国际市场。感叹之，写了个顺口溜《三沟赞》。以表对三沟酒业的敬仰之情。

（王贵玉）

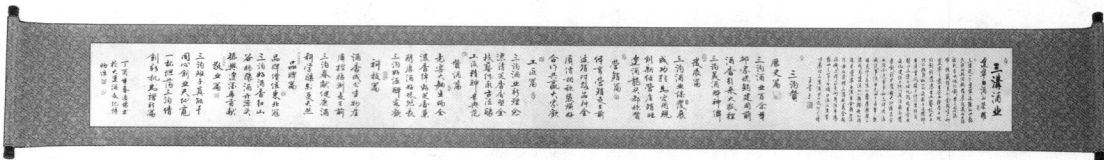

三沟赞

历史篇

三沟酒业百余年，
邱家烧锅建国前。
酒香引来火狐狸，
三沟美酒醉神仙。

发展篇

三沟酒业谋发展，
成功转制宏图现。
创新经营产销旺，
辽酒龙头都称赞。

营销篇

体育营销走在前，
适销对路品种全。
质价相称装潢好，
合作共赢大家欢。

工匠篇

三沟酒业新理念，
浓清芝香香型全。
技艺传承古法酿，
工匠精神是典范。

赞酒篇

老窖大曲生物全，
浓香绵劲芝香兼。
醇厚酒好味悠长，
三沟好酒醉客欢。

科技篇

酒香成分生物产，
质控检测走在前。
三沟奉献健康酒，
科学酿制更天然。

品牌篇

品牌价值东北冠，
三沟好酒香红山。
谷物酿酒开源头，
振兴辽酒再贡献。

敬业篇

三沟班子真能干，
同心创业天地宽。
一杯坦荡三沟情，
创新机制谱新篇。

四、道光——中国白酒北方明珠

辽宁道光廿五酒业集团历史悠久，千年酿酒史谱写出辽酒新篇章。成为中国白酒的北方明珠。

道光廿五集团是由原凌川酒厂转制而来的。道光凌川白酒试点的经验和技术工艺影响了中国白酒行业60多年，它的试点经验成为中国白酒试点的楷模，开创了中国白酒技术发展的新纪元。这是对共和国的贡献。

道光凌川试点是在我国经济困难、粮食短缺的年代进行的。总结推广麸曲酿酒经验，麸曲酱香白酒是在全国开先河之举，得到国家轻工业部的肯定，并在全国推广。道光的凌川酒又蝉联两届全国优质酒称号，因此道光在全国有很高的知名度。

道光酒业集团在发掘历史文化、振兴东北酒的过程中，创造出多个国内唯一、第一的新篇章。出土的道光年间木质酒海是国家级文物，出土的酒被国家博物馆收藏为活文物。也属全国首例。道光酒的拍卖成为中国白酒第一拍，并创出了令业界惊讶的价格纪录，是东北白酒轰动全国的大事件。

道光的领头人张广新，临危受命，在凌川最困难时期接管了，用他的睿智之举拯救了凌川酒厂，在他的带领下，道光酒业创出了很多酒的奇迹，如：满族酿酒工艺的挖掘总结传承与实践、陈香型白酒的创新、原产地技术标准的建立、酒文化的宣传展示、营销上的创新之举，都为道光酒技术质量的提高、市场开拓、营销网络的建立，表现出一个企业的创造活力。所以才发展成为中国白酒的北方明珠。

道光酒因有张广新先生而荣耀，他为辽宁酒业创造出辉煌，为地方社会经济做出贡献，成为行业的领导人物。获得多项殊荣。他撰写多篇酒业影响深远的论文和学术文章，是一位难得的酒业思想活跃的企业家。为传承道光企业文化，弘扬满族酿酒技艺，培养酒二代，张慧就是出类拔萃的年轻酿酒技艺传承者和优秀企业管理者。在张广新先生的运筹下，道光酒业集团在行业深度调整酒类产销下降的困难期，道光表现出极强的抗风险能力，质量稳中有升，市场销售表现良好，企业经营稳定，品牌价值提升，将会迎来新的扩大发展期，道光再创辉煌！

（王贵玉）

五、领导、书法家有关辽酒的书画展示

愿辽宁酒业整合资源，再创辉煌。

祝《辽宁白酒志》编辑出版。

中国酒业协会理事长

2017.10.9

中国食品工业协会白酒委员会秘书长马勇题字

书法家杨柳题字

祝《辽宁白酒志》出版

辽宁黑土酿玉液　兹普民生铭酒志
满郁春乡送醇馨　酒业兴隆在泡章

辽宁酒类流通办公室主任　刘福善
丁酉年秋于沈阳

白酒是中华民族的瑰宝。回顾历史，白酒行业为辽宁轻工业的发展做出了不可磨灭的贡献；展望未来，希望白酒行业传承历史、开拓创新、再造辉煌！

辽宁省工信委轻工处处长　谭绍鹏

书法家吴井峰题字

恭贺辽宁白酒谱业版发行

酒液明珠

黑龙江省酒业协会

春至雅韵

丁酉月明 栗来清 林志昌 於丁酉之秋

黑龙江酒业协会领导、专家题字

丁酉夏月錄李白诗一首 宋玉华

天若不爱酒　酒星不在天
爱酒地应　地若不爱酒
爱酒不愧天　已闻清比圣
浊如贤　圣既已饮
仙三橘通大道一斗合自然
得酒中趣　勿为醒者傳

白酒专家宋玉华书法

1994年辽宁省原省委书记闻世震为三沟酒业题词

百年三沟自然本色

2004年全国人大常委会原副委员长布赫为三沟酒业题词

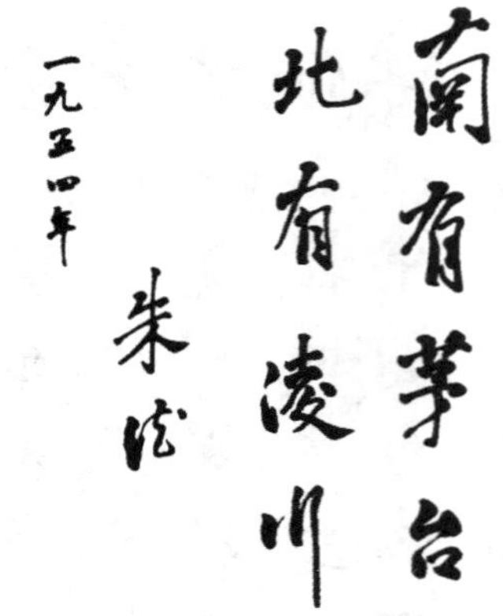

南有茅台
北有凌川

一九五四年

朱德

朱德总司令为凌川（道光）题词

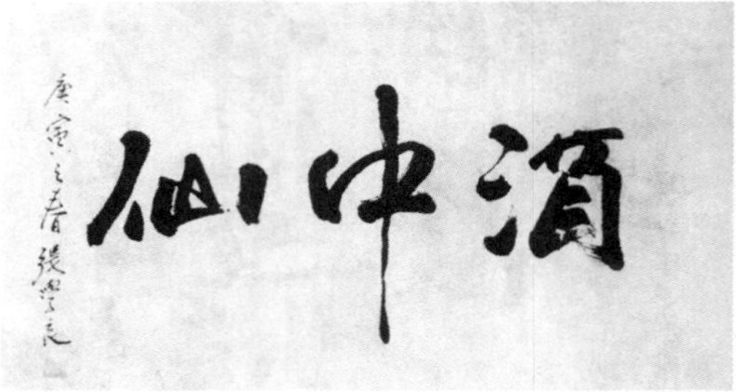

酒中仙

张学良将军为同盛金（道光）题词

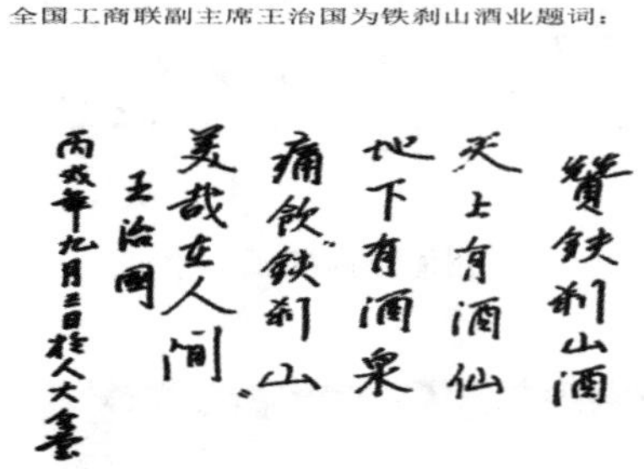

全国工商联副主席王治国为铁刹山酒业题词：

赞铁刹山酒

天上有酒仙
地下有酒泉
痛饮铁刹山
美哉在人间

王治国

全国工商联副主席王治国为铁刹山题词

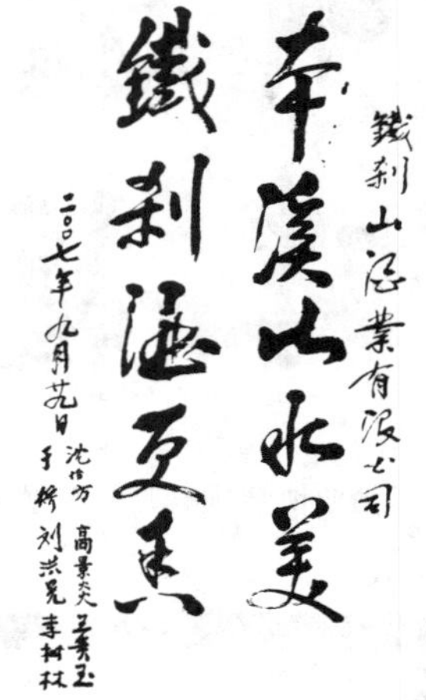

本溪山水美
铁刹醉叉美

专家为铁刹山酒业题词

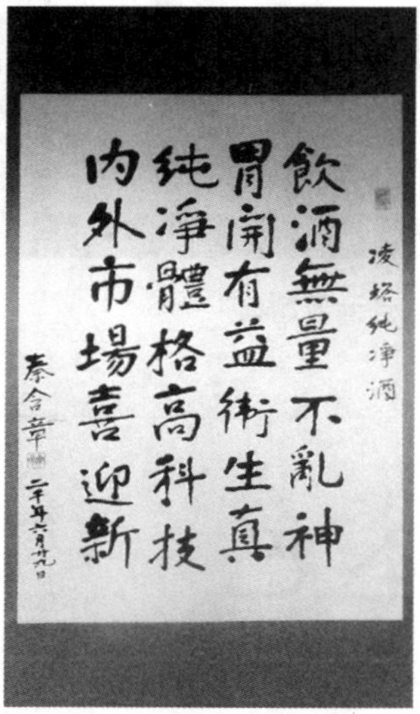

饮酒无量不乱神
胃开有益卫生真
纯净体格高科技
内外市场喜迎新

秦含章

凌塔纯净酒

秦含章为朝阳凌塔纯净酒题词

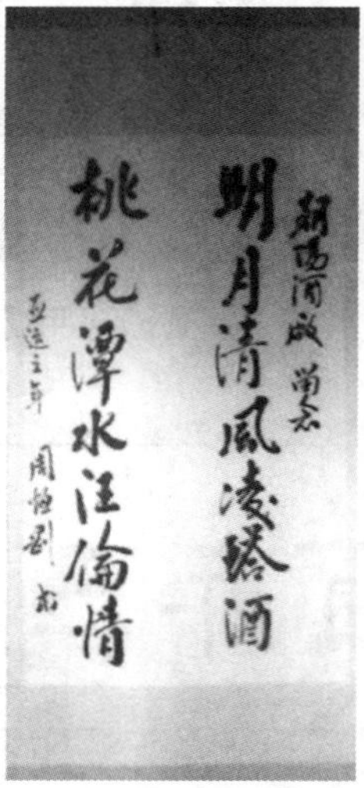

明月清风凌塔酒
桃花潭水汪偏情

周恒刚

周恒刚为朝阳凌塔酒厂题词

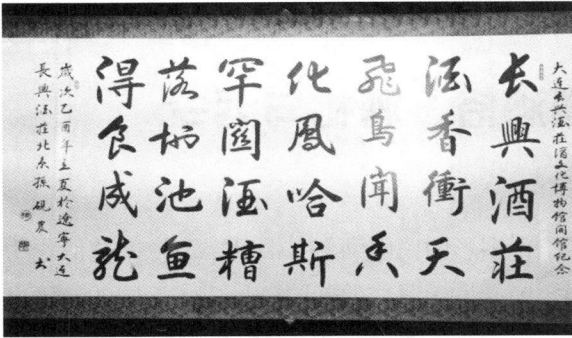

书法家为大连酒文化博物馆题词

书法家为千山酒业题词

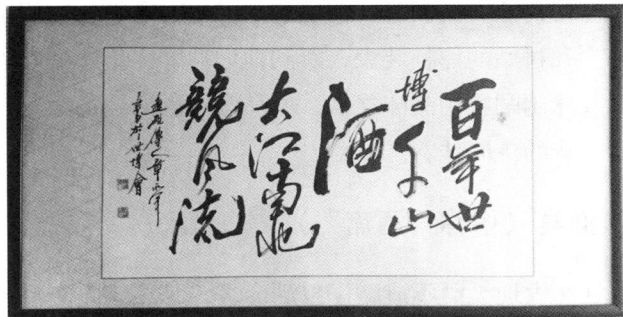

书法家为大连酒文化博物馆题词

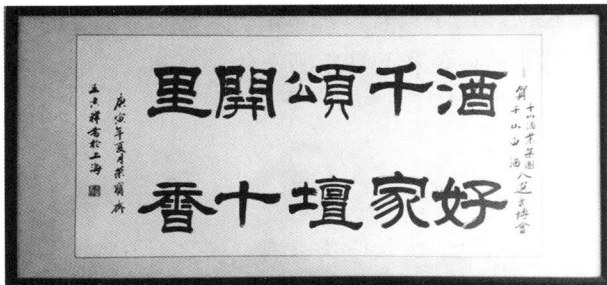

书法家为千山酒业题词

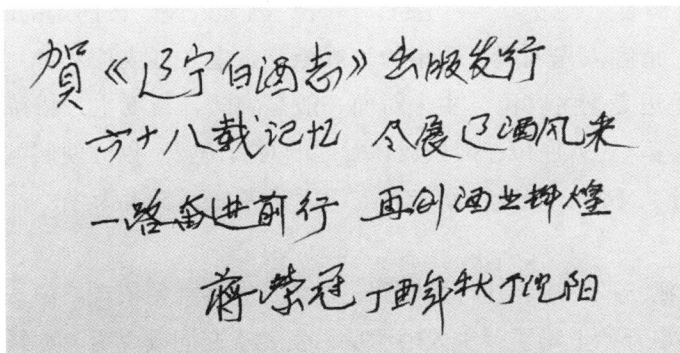

辽宁省白酒协会原秘书长蒋荣冠为《辽宁白酒志》题字

第五章　辽宁白酒酒俗、酒礼与酒令

我国悠久的历史、灿烂的文化，孕育了丰富多彩的民间酒俗、酒礼、酒令。饮酒作为一种饮食文化，源远流长。由于地域的不同，民族生活习惯的不同，形成了不同的饮酒风俗和各具特色的酒文化。

辽宁地区在历史上曾经历了多次的朝代变迁。女贞、高丽、契丹、蒙古族相继都在历史舞台上有过跌宕起伏、波澜壮阔的篇章，也演绎出了具有传统习俗、又有民族特色风情的酒文化。由此也就形成了别具风格、带有鲜明地域色彩的辽宁酒文化。

一、辽宁饮酒习俗礼仪

辽宁人豪爽义气、好客善饮，尤其喜欢大碗喝酒、大块吃肉，有豪侠之习气，有蒙满之遗风。辽宁人饮酒之习俗已成为当地民俗风情的一道亮丽的风景。至今在盛京沈阳、古城朝阳、辽都辽阳、老城锦州、蒙城阜新、清祖抚顺、滨城大连等大小城市和古镇乡野、市井渔村仍能看到具有明清风韵的酒楼、酒馆，在飘扬着酒旗、酒幌，可看到古时的跑堂店小二和村姑的淳朴装束，听到他们迎客、上菜的吆喝声，在古色古香的餐厅中领略大碗喝以及休闲酌雅的品味之饮。能品尝丰盛的蒙汉大宴，也能领略到美味可口的风味小吃等山珍海味的佐酒佳肴。

酒宴（俗称"酒席"）

辽沈大地无酒不成席。以酒会客，是辽宁人热情待客必不可少的。如预设酒宴应事先约请宴请的客人、亲戚朋友，约好时间、确定地点，并告知酒宴主题内容等。

辽宁人饮酒的习俗表现在酒宴上礼节多、喝法也多。先说酒宴入座。按约定的时间，迎接客人是不可或缺的程序。请客人先入座，圆桌的"规矩"是主人（或长辈者）为主座，主人右边是主客位，左手边是副主客位，主人对面一般是副陪，帮助主人招待侍酒等。其他宾客可在两侧依次落座。主人座位一般摆放在餐厅的对门位置。以方便照顾到全部宾客。安排座位一般依辈分、年龄、职级、新老客人等因素考虑，长者为先。八仙桌（方桌）宾客对坐而饮。

然后是酒品的开启或从大酒坛取酒应当让客人看到，之后从主客开始依次斟酒，一般应斟满。待斟满酒，同时菜肴也开始上桌了，主人酹酒后，发表欢迎词或说明酒宴缘由致谢等，然后会客气地请宾客开始饮用，这标志着酒宴的开始。

这是主人第一次敬酒，招呼大家吃菜，然后敬第二次、第三次酒。三次全体都得喝。这时其他主人方的陪从也可适时单敬客人酒，客人也开始了回敬主人或主人方全员，出现互敬的场面。酒宴气氛轻松而热烈。敬酒时也有要求喝干杯的，也有每次跟着少喝不干杯的，但不能不随着喝，不喝会冷落敬酒者。

敬酒仪式也有向尊者双手抱杯（左手在前，右手在后），躬身姿势敬酒，并先喝为敬，这样敬酒多为干杯。敬酒者喝干杯后才能再给对方加酒，以示敬意。

敬酒礼仪还有与被敬者碰杯，这样也是得喝干杯。席间每次加酒须经得饮者同意，不可强行敬酒，做到侑酒有度，适可而止，免得因酒伤情、伤身，做到既讲义气又重友情。因人酒量"群饮"的人员喝酒多少不同。酒宴中也有行"酒令"的游戏喝法。酒令、酒词多种多样，形式也多。例如酒约干杯而未喝干、说错话的，偷着把酒倒出来的，以水充酒的，一经发现会被罚饮一杯或补满酒，这是善意的惩罚。辽宁也有猜拳行令、掷骰子等行酒令的喝法，但有些特别酒宴是不允许娱乐的。

当酒至微醺，在适时不扫兴的情形下，主人会招呼大家共同干一杯，也是酒宴将要结束的信号，这时转入吃主食阶段。酒宴结束后，主人送客人到餐厅门外，一一道别。如发现客人中有喝过量者出现醉酒现象时，要留客人醒酒或派人员送客人到家中，交代清楚。

酒宴酒杯选择也有讲究：饮用烧酒（白酒）一般用装一两酒（50ml）的，喝黄酒用碗或大杯（100ml~200ml），还要配上温酒器具，饮酒环境温度低时，白酒也要加温饮用。

二、醊酒习俗

民间饮酒开始，不论群饮还是独自饮酒，都有醊酒的习俗，即饮酒前，用筷子在杯中蘸一滴酒，然后再将酒点到地上，连点三次，释义即一次的敬天、二次的敬地、三次的敬先祖，之后还将酒呈弧形倒在地上的叫敬鬼神。

醊酒图

三、满族饮酒习俗

满族，中国少数民族之一，多生活在东北地区，由于特殊的生存环境，而且好客好饮，甚喜烈性白酒，酒量颇大。客人登门到家，通常由长辈陪同，晚辈不同席，年轻媳妇斟酒点烟，端菜盛饭。由主人给客人斟第一杯酒，喝酒用小盅，客人喝酒要杯杯留底儿，寓意"留福底"，祝福主客富足美满有余。

酒过三巡，菜过五味，主人家男女欢歌起舞，一人唱酒歌，众人附和。主人敬酒时，如客人比主人年长，主人长跪进酒，客人饮毕，主人方起身；反之，主人站着敬酒，客人微屈膝而饮。妇女敬酒，礼节相仿，客人可以象征性表示即可；酒如果沾唇，必须一饮而尽，否则妇女长跪不起，直到客人饮完。好客的满族人往往喜欢叫妇女出来敬酒，使客人一醉方休以至尽兴。

满族寿酒，是满族祝寿或寿宴所用之酒。取"酒"与"久"谐音，"祝酒"也就成了"祝久"的意思，象征长寿。以酒祝寿，在我国已有数千年的历史，可谓历史"酒"远。

满族过去议亲，更是离不开酒。媒人每次提亲至少要带一瓶酒，更有媒人必须到女家连续去三次之说，女家方肯表态，故有"成不成，三瓶酒"的典故，以示"好事多磨""贵人难求"。

满族在孩子满月之后，择日为孩子起名。当天，有钱人家要摆酒设宴，款待宾朋；没钱的人家，也得简单聚餐小酌。孩子周岁生日时，举行"抓周"仪式，家人欢宴畅饮。女儿长大出嫁，生了头胎后，抱孩子回娘家，把锁带解下来，叫作"改锁"。回娘家改锁时，婆家要送两头猪，两坛酒，两斗黄米。

满族建房，在上最后一根大梁时，房主要往大梁上浇酒，以示吉祥吉利。

女真人是满族人的祖先，每天一项日常事务就是喝酒，每喝必劝，尽醉而归。景祖乌古乃时，女真人酗酒成风，世祖颏里钵曾醉后骑驴入定。他们喝酒的办法豪放到不用杯子，而共用一只酒桶，大家依次舀酒痛饮。每逢婚嫁，夫婿和亲戚到女家，要抬上许多酒菜待客，酒用金银瓦器盛装。将士出征，全军会饮，此时将官招人献计，共议长短。

四、民间各种习俗

（一）婚礼席上的交杯酒

为表示夫妻相爱，白头偕老，婚礼上夫妻各执一杯酒，手臂相交各饮一口，以示吉祥。

（二）寿酒

中国人有给老人祝寿的习俗，一般在老人过60、70、80、90岁等生日时，称为大寿，由儿女等晚辈出面举办，邀请亲朋好友参加庆寿，也称为大寿。

（三）壮行酒

古代统治者在将士出征之前，用酒为出征的将士壮行以激励斗志，争取胜利。

（四）祭祀酒

古时人们奉祀天地鬼神、祖先灵位，并为在世之人祈福祛灾，插上蜡烛，摆上杯酒，放上碟菜的一种习俗。

（五）回门酒

女子结婚的第三天，新婚夫妻要回到女方娘家探望长辈，娘家要设宴款待，俗称"回门酒"。

（六）满月酒

生了孩子满月时，摆上几桌酒席，邀请亲朋挚友共贺的习俗。

（七）上梁酒和进屋酒

在农村盖房是大事，盖房上梁又是最重要的一道工序，故在上梁这天要办上梁酒席；人们举家迁到新屋时，要办进屋酒席。一是庆贺新家落成，乔迁之喜；二是祭祀神仙祖宗，以求保佑家人健康平安。

（八）丧葬酒

旧时有为死者在阴间也能享受到人间饮酒的乐趣，在逝者入葬时在墓内置酒的习俗，现在延续下来是葬礼后举办酒席，用以答谢亲朋好友对故人的追思。

五、酒令

酒令是中国文化的一种特色，是酒文化的表现形式。反映出中国人的聪明、智慧和幽默，通过酒进行社交、沟通娱乐的活动。酒令在饮酒中起到劝酒、助兴、活跃气氛、联络感情、促进交流的作用。

中国酒令历史悠久、花样繁多，可归十几类数千种。有通令、骰令、划拳令、射覆令、文字游戏令、诗词令、五经四书令、骨牌令、姓名令、快乐酒令、笑话酒令、故事酒令和现代酒令。古老的酒令遍及酒筵，而今多被祝酒词、表演等代替了。

（1）文人雅士的酒令在饮酒时以对诗、对对联、猜字或猜谜等形式进行劝酒，以助酒兴。

（2）普通百姓的酒令：多以"猜拳""击鼓传花"等方式进行劝酒以活跃气氛。

（3）划拳酒令：现场应有令官裁判，玩法多种多样。如摆擂台令、哑拳令、添减正拳、满蒙汉拳、内拳令等。口令一般为1~10数字。常用猜拳令例：

①一回手，哥儿俩好，三星照，四季财，五魁首，六六六，七巧妹，八大仙，九大运，十满上。

②一锭金，双喜临门，三结义，四季如意，五纪魁，六六顺，七子团圆，八大寿，九重天，十全十美。

③一敬你，二兄弟，三桃园，四喜财，五魁首，六升高，七个巧，八仙飞，九重天，十圆满。

六、酒牌

酒牌又称叶子。起源于唐代叶子戏，至明清而大盛，是古人饮酒行令以助酒兴的佳品。略像今天的纸牌，牌面上有人物版画、题铭和酒令，绘制精妙，图文并茂，富有深意。行令时抽排按图解意而饮，得酒外之趣，依令劝罚，活跃气氛。读图解语，风流文雅，给饮宴融入了浓浓的文化意趣。

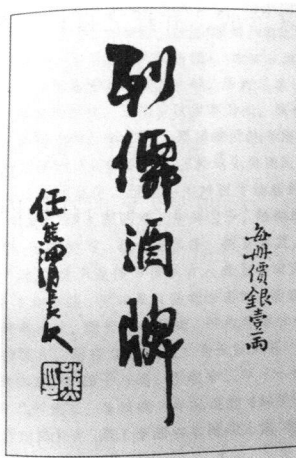

古书酒牌

古书酒牌

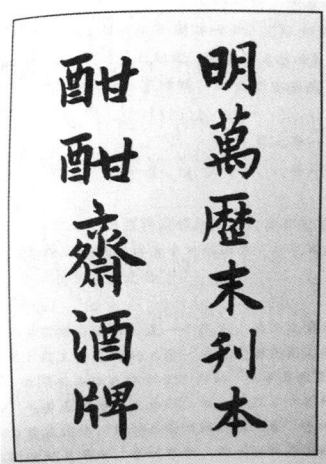

古书酒牌

酒约：有嫂者饮

酒约：随意饮，坐客觞三行，
末则旅一酬一，巨觞同醹。

酒约：座有同姓，各饮二杯

酒约：免饮

酒约：免饮

酒约：多言者饮

酒约：架马者饮

七、当代酒令和劝酒词

酒席上的趣话：感情深、一口闷；感情厚、喝个够；感情浅、舔一舔；你不喝、我不喝、我们感情必滑坡；你不醉、我不醉、商务酒店没人睡；能喝一两喝二两，这样朋友够豪爽；能喝二两喝五两，这样同志应培养；能喝半斤喝一斤，这样哥们儿最贴心；能喝一斤喝一桶，考虑提拔当副总；能喝一桶喝一缸，酒厂厂长让你当；今日有酒，今日醉，不要活得太疲惫；好也过，歹也过，只求心情还不错；人在江湖走，不能离了酒；人在江湖飘，哪能不喝高；男人不喝酒，枉在世上游；哥们儿不喝酒，没有好朋友。

劝酒歌：东风吹，战鼓雷，今天喝酒谁怕谁！宁可胃上喝个洞，不让感情裂条缝。一两二两才漱口，三两四两没喝够，五两六两神抖擞，七两八两还在吼，九两一斤扶墙走，斤半墙走我不走，两斤一定成死狗。

第六章　白酒与健康

一、饮酒前注意为健康

（一）生病期间不能饮酒，病好后一到两天内也不能饮酒，因酒与药物间的反应可能会出现许多副作用。

（二）胃空时不建议饮酒，对身体肠胃不好，喝酒前可喝奶或酸奶保护肠胃，最好是先吃点儿东西再饮酒。

（三）饮酒时最好不搭配碳酸型饮料，搭配喝对身体的伤害大，搭配矿泉水喝，不仅能加速新陈代谢，还可以稀释一定的酒精浓度。

（四）不建议中午喝完晚上再喝酒，因为不仅容易喝多，还会伤害肠胃，有的人还会引发各种不常见的疾病，或者引起酒精中毒。

（五）饮酒时，最好不要几种类型的酒一起混着喝，容易酒精中毒，晕得快，而且第二天头痛难受。

二、饮酒技巧保健康

（一）酒要加热喝　酒最好加温后饮用，加温后酒的香气舒适、可口，还能挥发酒中醛类有害物质。

（二）酒要慢慢喝　喝酒讲究慢慢品尝，边喝边吃菜，适当地停顿，可以减轻肝脏的负荷。

（三）酒要配水喝　喝白酒时，要多喝白开水，以利于酒精尽快随尿排出体外。

（四）喝酒要有食物配合　饮酒时吃猪肝最好，因为猪肝可提高机体对乙醇的解毒能力，常饮酒的人会造成体内维生素B的丢失，而猪肝是维生素B最丰富的食物。

（五）不要用药酒做宴会用酒　在药酒中，有可能存在某些药物成分会与食物产生化学反应，使身体出现不适症状。

（六）不要与果酒、啤酒、碳酸饮料混着喝。

（七）不要斗气拼酒量，注意"借酒消愁愁更愁"。

（八）保证开车不喝酒，喝酒不开车。

三、饮酒后注意助健康

（一）酒后不要立刻睡觉　酒精是靠肝脏消化，立刻睡觉，人体的新陈代谢缓慢，对肝脏不利，建议酒后用冷水洗脸，喝一些白开水，直到醒酒后入睡。

（二）酒后不要服醒酒药　醒酒药只是能够暂时地帮助人们摆脱醉酒症状，建议在醉酒之后大量喝水，也可以选择一些运动型饮料，帮助补充电解质。

（三）酒后不要服退烧药　酒精会和多数药物发生化学反应，并产生有毒物质。尤其不能服用退烧药，否则其中的羟苯基乙酰胺会产生有毒物质，导致肝脏发炎，甚至永久性损伤。

（四）酒后不要立刻洗澡　冷热水都不宜。热水洗澡或者是蒸桑拿容易导致热气聚集在人体内不散发，加重醉态，导致呕吐或晕厥。冷水洗澡，会使肝脏来不及补充血液中消耗的葡萄糖，加上冷水刺激，血管收缩，容易感冒等。

（五）酒后不宜运动　酒精具有利尿作用，醉酒后体内水分流失多，容易发生脱水，此时锻炼身体会加重脱水危险。酒后游泳更危险，会使身体散热突然加快，引起低血糖性晕厥、头晕、腿部抽筋等。

（六）酒后不要大量喝咖啡、浓茶及汽水　饮酒后不宜大量饮用咖啡或者浓茶，以免缺水，心脏过于兴奋，造成身体不适。酒后也不要饮汽水，汽水可以加快人体对酒精的吸收，对肝脏不利，严重的易诱发急性胃炎等。

四、适量饮酒有益健康

（一）医学上解释喝酒的好处

1. 喝酒能增强肌肉力量，强健腿足、筋骨，并能使关节灵活，促进人体血液循环和新陈代谢。中医称舒筋活血、通经化瘀。所以水下作业和冬季露天作业时，喝几口白酒，暖身抗寒。

2. 喝酒可以增强消化腺的分泌功能，促进胃肠有规律地蠕动，增加食欲，对于防治高血压、糖尿病、肥胖症、习惯性便秘等症都有良好的作用。

3. 在户外新鲜空气中喝酒，大脑思维活动变得清晰、灵活，可有效消除脑力疲劳，提高学习和工作效率。

4. 定时坚持喝酒，会消除心脏缺血性症状或降低血压。使人体消除疲劳，精神愉快，缓解心慌心悸。

5. 喝酒能减少人体腹部脂肪的积聚，保持人体的形体美。

6. 喝酒能减少激素和过多的肾上腺素的产生，过多的肾上腺素会引起动脉血管疾病。

7. 喝酒可以保护身体环境，消除废气污染，对强健身体，提高身体免疫力，减少疾病，延年益寿也有积极的促进作用。

8. 喝酒使人精神愉悦，减小精神压力，消解忧愁和烦恼，激发灵感创造力，欲仙亦神的酒神理念。

注：在适量、文明、健康状态下，白酒是健康的嗜好品。

五、药酒与健康

我国历代医家在长期的医疗实践中，认识到酒既是兴奋剂，又是较高级的药物。酒也可在治病开处方中，把某些药物用"酒浸"或"以酒为使"，利用白酒中的乙醇将中药里醇溶液好的成分浸泡出来，引导诸药迅速奏效。这就使酒与药有机地结合起来，形成了完整的药酒方。

（一）滋补类药酒：用于气血亏虚、脾气虚弱、肝肾阴虚、神经衰弱者。

（二）活血化瘀类药酒：用于风寒、卒中后遗症者、骨肌损伤者、跌打损伤者。

（三）抗风湿类药酒：用于风湿病患者。

六、酒在烹饪中的好处

（一）去腥　在烹饪动物性原料时，酒能引起蛋白质变性，有些物质在加热时能随酒精一起挥发掉，起到去腥解腻的作用。

（二）增香　酒中有上百种呈香成分，动物性原料中富含脂肪，在烹饪中与乙醇发生酯化反应，生成酯类物质，使菜肴香气四溢。

辽宁白酒收藏与投资篇

本篇图片由辽宁白酒协会老酒收藏委员会杨军、王景波、赵东伟提供藏品照片

第一章　白酒收藏欣赏（图片）

老龙口大曲酒

三沟特曲酒

盛京大曲酒

诗仙醉酒

红高粱酒

龙泉老窖头曲酒

大连仙酒

国优金州曲酒

桃山白酒

阜新北茅酒

大连老窖、陈酿酒

开原玫瑰白酒

新金县华严寺酒厂大曲酒

鞍山大曲酒

鞍山红高粱酒

抚顺酿酒厂产品

本溪市大曲酒

红梅陈酿酒

三沟百年窖

丹东酒厂人参酒

东沟老窖

凤城老窖酒

海泉醇

鸭绿江二锅头酒

锦州凌川白酒

大凌河酒

辽阳千山酒

凌塔酒

朝阳凌塔国优酒

丹东国门宴

酒器

酒器

酒器

酒器

酒器

酒器

酒器

酒器

第二章　辽宁白酒收藏的独特价值

白酒文化是一种特殊的文化形式，在中国的传统文化中有其独特的地位，属于中国文化的传承，白酒的收藏属性也决定了其价值。

据酒界收藏达人信息：中国高端白酒收藏理念近些年才朦胧出现，辽宁优质白酒作为北方传统烧酒，历史悠久，特点突出，辽酒风格典型，收藏也随着全国酒界收藏热逐渐升温。辽宁白酒收藏正处在萌芽阶段，辽酒收藏更具有其独特价值。

一、历史价值

辽酒富含几千年文化底蕴而使其形成较高的历史价值，收藏有特殊历史文化含义的酒更具有升值空间。

二、纪念意义

限量版发行的珍藏酒、纪念酒一般具有重大纪念意义，包装设计精美，酒文化典故融入其中，尽显特色。如辽宁省白酒工业协会发行的"辽宁纯粮固态好酒标准样品纪念酒"限量版，作为收藏是个不错的选择。

三、品牌价值

品牌的影响代表品质的力量，是企业生命的一部分。辽酒具有得天独厚的传统优势，品牌文化价值逐步提高，特殊单品从稀缺性和存储价值等方面来看，将成为具有收藏价值的辽宁白酒、中国白酒。

四、珍贵性

"物以稀为贵"，是收藏界不容否认的事实。白酒收藏主要选：珍品、孤品、绝品。辽酒广集北方烧酒优势，创新理念、优化结构、提高质量，产品品质上乘，辽宁盛产好酒。从投资角度看，高端辽酒有升值空间。时间让辽酒更加幽雅醇厚，珍贵让辽酒更加兴盛辉煌。

第三章 白酒收藏常识

老酒的价格这些年一直在上涨，老酒收藏爱好者也不断增加，白酒收藏价值随着存放年份越久越大，一些十几年、几十年的名酒收藏价值较大。

一、品质白酒

收藏首先就要看酒本身的品质，品质高低决定白酒收藏价值大小。所以当下最受追捧的依然是传统名酒。

二、完整度

白酒收藏应注重其完整性，收藏已不仅仅是酒本身，酒的整体包装设计、酒瓶、酒标都已融入其价值里，一瓶酒品相包装好不好会极大地影响其价值。将酒、酒标、包装设计等与酒进行整体收藏，这样的升值空间更大。酒标设计蕴含了不少文化内涵，一些设计比较特殊，历史悠久，具有特殊的品位。

三、稀缺品

老酒收藏首选珍品、孤品，从投资的角度看，这种酒其升值空间大，市场需求旺盛，容易达成交易，不会出现有价无市的情况。

四、白酒度数

50度以上的白酒才有收藏价值，因为50度以上的白酒一般都是纯粮食酿造，适宜收藏，并且50度以上的白酒会越存越香。最后，在选择藏酒时还须考虑酒的香型，一般来说浓香型和酱香型和品质较高的清香型的酒均是藏酒的首选，其他香型酒，要根据实际情况，进行甄别。必要的时候，一定要找鉴定经验丰富，熟悉老酒所有时代特征的老酒鉴定师进行专业鉴定。

五、注意事项

在藏酒的过程中，首先要检查一下瓶盖是否拧紧，防止"跑酒"，必要的时候进行蜡封，陈年老酒应该保管在阴凉、干燥、通风的环境下。如果身在南方，特别要注意防霉、防蛀，身在北方需要特别注意防酒标发脆、瓶盖开裂。

第四章　东北酒文化研究会在沈阳成立

1988年5月，孙中林联络辽、吉、黑、内蒙古自治区酿酒专家、酒类企业家以及有关各方人士召开了东北三省暨内蒙古酒文化研讨会，并成立了中华酒文化研究会分会，后更名为东北酒文化研究会。秘书处设在沈阳，会长孙中林，副会长于桥、刘洪晃、姜明德等。研究会当时是国内有影响的较早的酒文化研究组织。

第五章　锦州酒文化研究会

锦州市酒文化研究会，是经锦州市社科联备案、民政局批准，由刘东为会长，陈文良为常务副会长，杨建军为秘书长的领导班子于2014年底成立。是由关心、爱好、支持、从事酿造文化、饮酒文化研究的热心人士，以及社会名人、文化界名人等自愿结合组成的不以营利为目的的社团组织。

锦州市酒文化研究会在上级主管部门的指导下，在社会各界人士的支持下开展了很多有益社会、有益酿造文化、饮酒文化的研究、交流和宣传等工作，研究会自成立以来主要有以下几项典型活动。

2015年1月22日为环卫工人举办"为奉献者奉献"活动，受到社会的好评。

为纪念抗日战争胜利70周年，研究会于2015年7月3日推出一款"纪念中国人民抗日战争胜利70周年纪念酒"正式上市。受到社会各界的好评，特别是在酿酒业带来了一定影响。

为庆祝中国人民解放军建军90周年，研究会特制以军队为题材的"战友"酒一款。2017年7月3日举办"弘扬军魂精神，传递战友情深"活动为老兵送温暖！免费为锦州及周边地区退伍转业老兵送1.2万瓶酒，受到广大老兵和人民群众的欢迎！

积极参加市社科联组织的各项活动，在市科普周活动期间出宣传版和宣传单向群众宣传酒文化知识，引导人们正确饮酒、健康饮酒，受到省市领导的好评。其间举办多次"如何解读：勾兑、勾兑酒、酒勾兑、酒精勾兑""饮酒与健康关系研究现状"等研讨会。

2017年6月23日，会长刘东、顾问米廷武代表研究会参加由辽宁白酒协会举办的"辽宁酱酒品鉴会"，并向与会专家学者介绍研究会以大凌河酒业为依托，开展传统酿造酒文化的研究、推广与交流，为酒行业牵线搭桥，让人们了解酒文化，更好地了解酿酒文化，了解酱香型酒给人类带来的好处！

辽宁白酒人物篇

本书收集记录了1949年以来从事白酒（食品）行业管理、科研、企业管理等对白酒有一定建树的人物简介。因缺少详细档案资料，仅靠现在老同志的记述，难免有遗漏和欠准确之处。谨以此向老一代领导管理者、科技工作者等前辈们，对辽宁白酒事业的贡献表示敬意和怀念。

第一章　行业领导

▶陈素芝

辽宁省原副省长，曾兼任辽宁省白酒工业协会第六届名誉会长。时任副省长在百忙当中不忘关注辽酒，热心扶持帮助辽酒发展，为辽酒发展做出贡献。

▶马景明

辽宁省食品工业办公室领导，省经委专职委员，辽宁省食品工业协会首任会长。为辽宁白酒发展做了大量工作，为白酒做出重要贡献，受到行业的爱戴。

▶姜明德

曾任辽宁省食品发酵研究所副所长，辽宁省食品协会副秘书长。为我省白酒行业做了大量工作。

▶姜定国

辽宁沈阳人，中共党员，高级工程师。曾任沈阳市食品发酵研究所情报室主任，辽宁省轻工业厅食品处酒类主管。1963年主持了利用麸曲酿造酱香型白酒的锦洲凌川试点。该试点突破了只有大曲才能酿制酱香酒的传统意识，通过人工选育酿酒纯种微生物，经过高温培养及堆积发酵获得酱香酒醅进而通过蒸馏获得酱香酒，使凌川酒在第四届全国评酒会上获得国优银奖。1974年主持以提高液态酒质量为目的的大连金州试点，总结出了"液态除杂、固态增香"的科学方法。1964年参加食品工业部的茅台试点，在此期间根据纸上层析法获得的斑点，第一个闻出了茅台酒窖底香的代表性风味物质是己酸乙酯，从而揭示了浓香型白酒窖泥的重要作用性。在主管全省酒类期间推动布局全省具备了清、浓、酱、液态、黄酒各个酒种的酿酒企业，同时有居全国领先的老龙口、鞍山曲麸酒厂、大连酒厂机械化生产模式。

▶郭朝海

曾任辽宁省食品工业研究所党委书记，辽宁省轻工业厅食品处处长。主持大连金州酒厂试点工作，任试点组组长。为辽宁白酒做出了很大贡献。在职期间先后参与了我省白酒厂提高产品质量等方面工作，并派出王树宣、周绍春、刘洪晃等技术人员赴辽宁各酒厂参与技术服务并收到可喜的成果。

▶ 庄守义

辽宁省轻工厅食品处处长，推动了辽宁白酒的发展。后任辽宁省啤酒协会会长、秘书长，至2016年病逝。

▶ 崔正平

辽宁省轻工厅食品处主管白酒行业工作，科长，为白酒行业奉献一生。

▶ 王　克

1995年至1998年王克任辽宁省白酒工业协会秘书长。王克是辽宁省轻工厅老处长，从事酒类管理工作，退休前是辽宁省食品工业研究所所长。在白酒协会任秘书长期间，组织落实完成多次重要会议：1995年配合辽宁省经贸委和辽宁省技术监督局举行了"辽宁白酒市场商品随机抽样检评活动"；组织企业参加每年一次的"东北三省重点白酒企业联席会"；举办复制酒技术培训班，同年汇集行业专家和部分企业完成辽宁省地方标准《营养型复制酒》的制定和实施；总结落实全省白酒行业工作，按时召开会员代表大会、理事会、常务理事会、会长办公会，促进白酒行业间学习与交流；制订九五计划和2010年规划，确定辽宁白酒发展方向；协会还多次在《辽宁日报》《辽宁经济日报》等媒体宣传弘扬辽宁白酒，让消费者更多地关注辽酒。

王克担任协会秘书长期间，协会工作还多次得到闻世震省长和省经贸委有关领导的重要批示，使辽宁白酒工作明确了方向，得到更好的发展，连续多年的行业滑坡得到扭转，地产白酒呈现旺销势头，为白酒行业谱写了新的篇章。

▶蒋荣冠

1937年生于江苏省常州市武进区，1956年7月保送到北京工业大学学习，1957年7月—1961年7月在南京林业大学学习。毕业后先后在辽宁省物资局、辽宁省轻工研究所工作，1981年调到辽宁省轻工厅科技处担任处长职务，1997年正式退休。

1996年在辽宁省轻工厅韩厅长推荐下到辽宁省白酒工业协会工作，1998年在宋玉华会长的提议下，担任辽宁省白酒工业协会秘书长职务，2000年由于身体原因辞去秘书长职务。

在任期间受到会员单位及领导的大力支持和帮助，协会工作走入正轨，先后在省文联、省轻工厅办公，并建立了档案管理及协会日常收发登记制度。建立健全各项财务制度，并配备专职财务人员，做到收支两条线。制定了会费收费标准，组织并召开了第三届白酒协会会员代表大会及辽宁省白酒工业协会名优酒评选大会，评选出辽宁十大名优酒，在辽宁工业展览馆展出，并在《辽宁经济日报》上正式发布。

2000年由于身体原因辞去秘书长职务后，仍时刻关注辽宁白酒业的发展状况。

▶邢立志

1938年生，1958年毕业于吉林化工学校酿酒专业，即到辽宁省轻工厅食品处从事酿酒行业的管理工作。1959年在熊岳主持苹果白兰地、香槟和味美思的研发工作，1962年在大连主持"液体曲及在酒精中的应用"研究，均取得成功。后到食品发酵研究所做科技情报工作，并主编《辽宁食品与发酵》杂志。70年代中期，回省轻工业厅食品工业处负责全省酿酒行业的管理工作。80年代中期，参加国家啤酒扩建工程，此间曾参加国家组团去朝鲜考察酿酒工业，到德国考察啤酒生产技术与设备。1988年晋升高级工程师，曾任辽宁省食品工业研究所副所长。90年代初，回轻工业厅主管全省酿酒行业管理工作。曾任辽宁省轻工工程高级职称评委，辽宁省矿泉水鉴定专家组成员。行政职务正处调研员。出版《酱油、米醋小菜》《苹果酒酿造》二书（合著）。发表几十篇有关酒类文章。1998年退休后，仍为企业做开发新产品、提高产品质量的技术指导工作，并主持研发"山楂白兰地""红枣利口酒"甜高粱秆酿造酒精项目，均取得成果。

▶于喜禄

1965—1975年任辽宁省轻工厅食品处处长，分管酒行业工作。

▶赵志荣

20世纪80年代担任辽宁省轻工厅食品处处长，为全省食品及白酒行业辛勤操劳一生，任内促进辽宁白酒的快速发展。

▶刘鹏华

20世纪90年代任辽宁省轻工厅食品处副科长，分管酒行业工作。1998年始任沈阳啤酒厂副厂长。

▶卢士林

大连轻工局技术科长，省级评委，为大连白酒发展做了大量工作。

第二章　大专院校、科研单位从事酒类研究教学的学者教授

► 吴　锦

辽宁省庄河人，著名发酵专家、化学家，曾任东北大学自然科学学院副院长、教授。1949年后历任东北工学院福教务长，沈阳轻工学院副院长（主持工作），中国科学院环境化学研究室主任，研究所顾问、教授，联合国环境规划署情报查询系统中国国家联络点主任。在沈阳轻工学院任职期间，参加了锦州凌川酒厂试点工作的验收组，以专家身份参加验收工作。为辽宁省多名知名专家晋升发酵工学高级职称的论文进行审查和评价工作。为培养辽宁省白酒行业的技术人才做出了显著贡献。同时还参与了国家教育部主持的酿酒专业大专院校教材的审定工作。

►徐庭超

男，1933年11月生，大连工业大学教授，享受国务院特殊津贴，大连市白酒协会理事、辽宁省白酒协会理事、全国酒精协会理事。

在校期间，任食品工程系主任，发酵教研室负责人。早年在黑龙江《酿酒》微生物专刊上发表《白酒生产工艺学》一书，全书共40余万字，全国发行，并作为教材。也发表过多篇论文，参加了全国高校教材《酒精生产工艺学》编写。培养了大批从事白酒、酒精生产、教学的学生，都已成为全国各地院校及各酒厂、科研单位的技术骨干。

在辽宁、吉林、黑龙江、内蒙古等省、自治区，帮助各酒厂进行工艺及设备改造及建厂，以及提高白酒质量，取得了较好的经济效益。获得大连市科技进步二等奖。在历年全国酒精会上做技术报告。

▶肖熙佩

大连轻工学院教授，发酵研究院负责人，主讲白酒工艺学、酒精工艺学，啤酒工艺学。参与全国高校专业教材编写工作，培养了大批从事白酒、酒精、啤酒生产的学子，为辽宁省乃至全国白酒行业培养了大批人才。后期调入江南大学任教。

▶刘复今

1938年4月生人，1957年考入山东大学生物系微生物专业，1961—1973年在沈阳农学院教土壤微生物，1973—1978年辽宁大学生物系任教微生物，1977年与刘树生、朱世瑛等合作，探明己酸菌在白酒中的作用，开全国白酒微生物研究先河。1978年后在山东大学生物系任教细菌分类学和传统发酵工程。

1978年到山东大学任教后，又开展酯化菌和降乳菌等研究。同时在山东省推广包括己酸菌在内的科研成果到众多白酒企业，获轻工部、山东省等多项奖项。

山东省莱河酒厂当时只是一个乡镇白酒作坊，庞全岭厂长聘请山东大学教授、白酒专家刘复今等专家，在这些专家教授帮助下，技术攻关小组总结继承传统工艺的同时，虚心学习先进经验和技术，使用先进分段摘酒、分级贮存、微机勾兑工艺，使优质酒出酒率跃居全省同行业前列。1979年获得山东省"优质产品合格证书"，1988年莱河牌54°莱河老窖、今古春两种白酒荣获"首届中国食品博览会铜奖"。

主要论著：《低档酒变高档酒酿造工艺》《降解乳酸菌种的选育及其在固态白酒生产中的应用》《固态白酒发酵中乳酸来源的研究》《浓香型白酒优良菌株选育及工艺研究》《高粱固态白酒生产发酵中菌类产生高级醇的研究》《固态发酵白酒生产中芽孢杆菌属细菌产乳酸特性及降乳研究》《己酸菌LII己酸发酵过程中生理及代谢特点》。

▶朱世瑛

1932年出生。1956年华东师范大学本科毕业，1958年华东师范大学研究生毕业后分配到辽宁大学生物系工作。

1977年参与刘复今、刘树生团队，开创全国白酒微生物研究课题；《己酸菌的筛选及在白酒生产中的应用》1980年获辽宁省科技进步二等奖；《产酱香微生物的选育》1986年获轻工部科技进步三等奖、省轻工厅一等奖；《白酒降乳的研究》为国内首创；选育的己酸菌、产酱香菌和降乳菌等菌株应用于白酒生产，均获得显著的经济效益，己酸菌更被广泛应用于全国百余家酒厂的生产上。

1980年获得辽宁省先进工作者称号及沈阳市"三八"红旗手称号，1984年获辽宁省优秀教师奖、辽宁省首届有突出贡献的中青年专家称号，1991年被辽宁省总工会评为省劳动模范，1992年始享受政府特殊津贴。

► 陈海昌

上海人，曾任大连轻工业学院副院长，微生物、生物化学教授。

► 王启尧

辽宁省食品工业研究所情报室主任，《辽宁食品与发酵》主编，为酒行业技术交流和推广做出大量工作。

第三章　白酒专家、技术骨干

► 周恒刚

出生在大连旅顺口，从辽宁省走出去的酒业泰斗。见专篇约稿《周恒刚先生与辽宁白酒》。

► 王树萱

辽宁省食品工业研究所高级工程师，新中国成立初期由辽宁省轻工厅派往北镇酒厂，参与技术工作。20世纪70年代末期调入辽宁省食品工业研究所，80年代初期与阜新制酒二厂郑宝林等人合作，从事提高白酒质量方面的研究。后赴凤城老窖酒厂任技术顾问工作，在此期间参与了提高凤城老窖酒质量等方面的研究。王树萱在麸曲的曲种生产方面有很深的造诣，尤其在曲池通风制曲种方面技术超群，使很多人联想到他在抚顺黑松株式会社与周恒刚老先生共事的技术底蕴。

► 沈宇光

辽宁新民县人，酿酒高级技师，已去世。曾在新民县酿酒厂、沈阳市于洪区酒厂工作。20世纪50年代被评为酿酒高级技师，是辽宁白酒界的首批酿酒技术人才。之后就开始推广纯种培养的麸曲酿酒技术，包括黄曲霉、米曲霉、白曲霉、黑曲霉。20世纪60年代初首先在新民县酿酒厂酿制成功以全玉米为原料，河内白曲霉为糖化剂、外加人工培养的生香酵母的"玉米香酒"。此酒具有焦香舒适、醇和绵厚的特点，曾被评为辽宁名酒。1984年全国第四届评酒会代表农林口任专家组成员。为在辽沈地区推广纯种麸曲作为糖化剂的酿酒工作做了大量的工作。

▶ **张宝祥**

辽宁鞍山人，中共党员，高级工程师。曾任鞍山市曲酒厂厂长。1948年鞍山市解放即在酒厂，主管酿酒的生产技术工作，以酒支援解放军进军全国。计划经济时期想方设法，利用高粱、玉米和麦麸、橡子等代用料并用，多酿酒酿好酒，保障鞍钢四十多万产业工人过年过节有酒喝。20世纪80年代担任厂长工作后，狠抓质量、组织攻关，代表性产品"鞍山大曲酒"获得辽宁名酒称号。特别是研制成功了浓香型大曲白酒酒醅装在内壁涂有窖泥的圆筒型金属罐内，以液压装置推入封闭的隧道窑内，不受外界温度、湿度、空气流等自然天气状况的影响，一种全新的发酵方式，开创了中国白酒机械化生产的新模式，给后来的机械化生产以启迪和借鉴。此项工作获得全国白酒行业那个时代最高级别的国家科技进步发明奖。

▶ **郎洪伦**

辽宁法库县人，满族，酿酒工程师，已去世。20世纪50年代参加工作就在法库桃山酒厂工作，曾任酒厂总工程师。研发的大曲清香型白酒"桃山白酒"在1963年获省地方名酒称号，1984年被轻工部评为优质银杯奖。此酒是辽宁唯一使用大曲、全高粱、地缸发酵传统工艺酿制。对酿酒的低温大曲从配料、培养、使用，对地缸发酵酒醅的温度、酸度、水分、发酵期的控制，对原酒在酒海内的后期老熟，对清香型白酒的酒体设计、酒体品评都有独到的建树。对继承、传承、创新老一代酿酒师的经验并上升到理论总结做出了重要贡献。桃山白酒传统酿造技艺于2011年列入辽宁省非物质文化遗产名录。

▶ **张伯涛**

第一批酒类工程师，沈阳市食品发酵研究所工作，参与辽宁省轻工厅组织的陈酿酒试点等工作，为白酒行业积累宝贵经验，为白酒行业发展奠定基础。

▶ **易广家**

20世纪60年代任朝阳酒厂厂长，工程师，为朝阳地区酒厂的发展做出贡献。

▶ **林基浦**

（1930年7月—2016年4月）辽宁大连人。1950年参加工作，中国共产党党员。历任大连酿酒厂、大连酒厂技术员、秘书、办公室主任、主管生产的副厂长、厂长、大连酿酒专业委员会会长等职务。1990年被辽宁省评定为高级经济师，并先后被评为大连市政府全面质量管理积极分子、辽宁省食品行业管理优秀个人、中国食品工业协会先进工作者等称号。在职期间一直参与工厂的生产、经营、管理等各项工作，为酒厂创优质产品、名牌产品的发展做出了很大的贡献，为大连地区酒行业的创新发展做出了贡献。

► 于在琛

大连酒厂技术科长，省白酒技术专家组成员，从事技术工作多年至退休，为酒厂做出卓越贡献。

► 李宗民

锦州凌川酒厂技术科长，全国第二届国家评委，参加过茅台试点，是可载入史册的大工匠。

► 陈学志

铁岭开原酒厂技术副厂长至退休，参加过茅台试点工作，是酒行业的先行者、开拓者。

► 于　桥

山东胶东人，中共党员，高级工程师，曾任大连金州酒厂总工程师，全国第五届评酒会专家组副组长，获得国务院特殊津贴。20世纪50年代学校毕业即到大连金州工作，60年代初从事酿酒技术工作，从技术员到总工，始终在生产技术第一线工作，以纯种培育的麸曲作为糖化剂，为酿制优质浓香型白酒做出了开创性的工作。研发的"金州曲酒"获得辽宁名酒称号，先后获得商业部部优、国优银质奖。多次参加行业具有重大影响的试点工作，在金州提高液态白酒的试点工作中总结出"液态除杂、固态增香"的科学论断。同时也是东北白酒行业利用气相色谱分析白酒中微量香味成分的第一人，在实践工作中旗帜鲜明地提出了乳酸乙酯在白酒中的重要作用。退休不退岗，一直奔走在全国白酒行业各企业中，咨询、辅导、教诲，很多地域强势品牌都倾注了他的心血，他为提高辽宁白酒技术水平做出了巨大贡献。最近出版了凝聚60年心血的酿酒专著《酒海楫舟》，融资料与专业技术教材于一体，是行业的宝贵财富。

► 刘树生

辽宁沈阳市人，中共党员，高级工程师，获国务院颁发政府特殊津贴，已去世。曾任沈阳老龙口酒厂厂长，辽宁省白酒协会会长。20世纪60年代初毕业于沈阳轻工业学院，是我国培养的第一代酿酒本科大学生。70年代末即设计成功了普通白酒机械化联动生产线，在90年代完善了优质白酒的塔式蒸馏为主的机械化生产，处于全国领先地位。担任厂长期间，传承与创新并举，研发生物工程

技术融入酿酒生产，筛选新菌种，使老龙口的"陈酿头曲酒"多年蝉联辽宁名酒称号，轻工业部部优产品，并获得国际大奖。90年代大力提升固液酒质量，"老龙口曲酒"得到了东北广大消费者的青睐，最高年销售量突破4万吨，居全国前列，"龙吐天浆"已成了老龙口最好的代名词。在担任辽宁省白酒协会会长期间，能多方联谊、交流与协调、共谋产业发展，为八九十年代辽酒的兴隆发达做出了突出的贡献。

▶ 周绍春

辽宁新民县人，中共党员，高级工程师，已去世。曾任新民县酿酒厂厂长，辽宁省食品发酵研究所发酵室主任。20世纪60年代初即作为技术骨干被抽调参加食品工业部的茅台试点，对制曲工艺造诣精深。70年代参加大连金州提高液态酒质量的全省试点工作。在任新民酿酒厂厂长期间率领员工酿制出具有北方风味特点的浓香型酒"辽河大曲酒"。此酒窖香舒适、醇爽绵甜、香味协调。90年代受聘于辽宁盘锦酒厂，通过培训、传帮带等措施全面提升了该厂的质量管理水平，研制出的产品获得了"吃盘锦大米、喝鹤乡王酒"的美誉。

▶ 刘洪晃

广东番禺人，中共党员，高级工程师，已去世。20世纪50年代末从广东轻工学校毕业服从国家分配来到辽宁省沈阳市，曾在沈阳市烧酒厂工作，80年代调任辽宁省食品发酵研究所任副总工程师兼检测室主任。连续参加了全国第三、四、五届评酒会，第五届时任浓香评委组的组长。60年代初参加全国有名的茅台试点时，利用纸上层析法探出了茅台酒中窖底香的主要成分是己酸乙酸，为揭示浓香型白酒窖泥的重要作用做出了重大贡献。参加过多次以提高质量，降低消耗为目的的全国性试点工作，对于白酒中各种微量成分的检测，各种香型白酒的酒体设计与品评都有卓越的能力，撰写过多篇论文和培训散训，曾在全国很多企业进行咨询和

辅导，为行业和企业培养出了大量的分析检测和品评技术人才，在行业内深受尊重。

▶ 隋文涛

辽宁锦州人，高级工程师，已去世。曾任锦州凌川酒厂厂长。20世纪50年代参加工作即到凌川酒厂。60年代初和厂内其他技术人员一起通过筛选酱香大曲中的微生物获得产酱香的纯菌种，通过以麦麸为培养基的高温堆积培养并结合纯种生香酵母，酿制成功麸曲酱香"凌川白酒"，在全国第四届评酒会上被评为国优银奖，从而开了辽宁省乃至东北大地酿制麸曲酱香白酒的先河。对麸曲酱香酒的酿酒工艺，酒体设计、酒体品评都有独到的见解，对推动北方酱香型白酒的生产、风格特点的认证做出了突出的贡献。

▶ 郑宝林

男，1936年生，辽宁阜新人，酿造高级工程师。1955年参加工作。在辽宁阜新市制酒厂历任化验员、技术员、技术科长、副厂长、厂长、阜新市食品工业协会秘书长。辽宁省白酒评委，辽宁省白酒协会专家会员。

郑工入厂之后在做化验员期间，努力钻研白酒的分析理论，认真实际操作。晋升副厂长后负责厂里的技术工作，成为辽宁白酒行业的技术骨干，是全国酿酒行业试点和辽宁省试点及技术培训工作不可或缺的成员。

1963年1月10日参加省酿酒工业印证烟台操作法的试点，在分析组工作。

1963年参加由辽宁省轻工厅主办的锦州凌川酒厂试点，负责分析工作。

1964年参加国家轻工部组织的"茅台试点"任分析组组长。这次试点使郑工终生难忘，收获多多。试点由周恒刚先生主持，要求非常严格，郑工负责茅台酒生产工艺中的天锅-冷凝器的改造蒸馏部分的分析，试点结束前，每个人都要进行试验报告的"过关"，在有关科研单位人员和全体试点人员参加的答辩会上他圆满过关，同时他还把其他人员的试验报告——认真入心入脑，使他的技术水平有了全面提升，当时普遍认定，要做真正的茅型的酱香酒，由于气候微生物环境的限制，只能是南方过不了黄河。

郑工不甘心，他潜心思考，利用茅台试点所得，决心在北方——阜新试验生产酱香型酒。他用人工从茅台大曲酒醅中分离微生物进行了"利用产酱香微生物提高酱香型酒质量"的试验、"茅型大曲的研制"和"茅型白酒生产工艺"的研究，终于在1990年将阜新"辽星牌茅型白酒"试产成功，并通过省级鉴定。国家著名白酒专家周恒刚先生到厂参观了生产车间，品尝产品后称赞说："没想到在冰天雪地的北方能搞出茅型酱香，没想到阜新厂生产现场工艺卫生如此彻底。"

郑宝林的研究成果：

1987年"利用产酱微生物提高酱香酒质量的研究"获阜新市科技进步三等奖。

1992年"茅型大曲的研制"获阜新市科技进步一等奖。

1993年"茅型大曲的研制"获辽宁省科技进步二等奖。

1993年"辽星牌茅型酒生产技术研究"获辽宁省轻工业厅科技进步二等奖。

2001年受邀出席了茅台试点37周年暨白酒发展研讨会。

郑工自1963年起曾出任辽宁省轻工厅、省白酒协会举办的"化验员培训班""酿酒生产技术培训班"的教师，他讲到的分析化学、白酒生产机理深入浅出，学员能听得明白，为辽宁白酒行业技术人才的培养做出了很大贡献。

郑宝林先生（1955—1995年）四十年如一日从事酿酒工作，刻苦钻研，求真务实，为辽宁白酒事业做出了卓越贡献。

▶宋玉华

女、辽宁朝阳市人。中共党员、全国劳动模范、全国三八红旗手、获国务院颁发政府特殊津贴。辽宁省唯一女性酿酒教授级高级工程师。曾任辽宁省朝阳酒厂厂长、辽宁省白酒协会会长，现为名誉会长。

20世纪50年代学校毕业后进酒厂，从基层工作干起，肯吃苦、善学习、会总结、能提高，掌握了丰富的企业管理知识、积累了丰富的酿酒实践经验。凌塔白酒连续多年获得辽宁名酒称号，在全国第四、五届评酒会上被评为国优银奖。在已故白酒泰斗周恒刚先生的指导下，组织生料酿酒的朝阳试点工作，收到了降原料消耗、降水电煤消

耗、降人工成本消耗的三降成果，在全国属于首创，开酿酒新工艺的先河。担任厂长职务后，重视科技第一生产力的作用，设立科技日，促进生产管理和质量管理，从而使朝阳酒厂的生产经营活动生机勃勃，经济效益多年处在辽宁白酒行业的领先地位。编写《麸曲产酯酵母》专著，对酿酒的生产技术有极强的指导作用。

1998年就任省白酒协会会长后，奔走于各企业之间，搞调研、出主意，同时和政府部门积极有效沟通，争取政策扶持，得到企业和政府的同声赞许。使辽酒酒种齐全、风格多样，涌现多个地域强势品牌和企业，占据本地市场的主导，产销量大增，效益显著。

自1984年至1998年，共有35项科研项目通过了省级鉴定，并获得县、市、省、国家的百余项科技进步奖励。其中：

1984年第四届全国评酒会"凌塔"牌白酒，被评为国家优质酒，获得银牌。1986年"生料酿制白酒"的研究，平均出酒率（按65度计）达到55.85%，节煤30%，节电20%，吨酒成本下降70~90元。被评为辽宁省科技成果二等奖；1988年获国家技术开发优秀成果奖。

1987年"液态酒（酒精）低温蒸煮工艺研究"，节煤35%，节电20%，设备利用率提高30%，吨酒降低成本162.39元。被评为辽宁省科技进步二等奖，国家轻工业部科技进步三等奖。1989年，"凌塔酒质量升级综合技术研究"被评为辽宁省科技进步三等奖。1989年，"甜高粱秆酿制白酒（酒精）的研究"，获国家农业部环境保护优秀成果一等奖。1990年"高活干酵母酿制酒精（白酒）的研究"被评为省轻工厅科技进步三等奖。1990年"酒精蒸馏过程采用微机控制系统的研究"，被评为省轻工厅科技进步三等奖。1992年，获国务院颁发政府特殊津贴。1987年，获全国自学成才奖。1995年，被评为全国劳动模范。

▶潘维符

1962年沈阳轻工学院发酵专业毕业，分配到抚顺酿酒总厂工作。任主任工程师、副厂长、厂长；1965年参加省名牌评选工作，任沈抚铁地区白酒协作（助）区技术负责人，同年参加辽宁省白酒协会技术工作，评选名牌；1972年参加沈阳酒厂技术试点工作；1979年、1984年任优秀科技进步奖顾问；1984年取得市科技三等奖后取得市级一、二级奖；1984年、

1989年、1998年、2000年国家白酒评酒委员、轻工业部评酒委员；1985年辽宁省白酒协会理事、常务理事、副秘书长、副会长（主管技术方面工作）；1986年调到抚顺轻工业局担任副总工程师（县团副职）；1987—2000年抚顺市政协委员、常委；1988年任省科技进步奖评审委员，1991年连任，1988年编写省第一本白酒品

评教材，获得省二等奖；1989年编写发布辽宁省白酒地方标准，1990年1月发布；1990年11月辽宁省白酒地方标准获省二等奖；1993年任抚顺市工商联副主席；1995年任辽宁省食品品评监检师（省技术监督局），任辽宁省白酒专家组组长、白酒协会技术委员会组长，同年向全省推广营养型复制酒。

2000年6月，在抚顺举办强化培训班之后，11名学员考上国家评委，为辽宁白酒超速发展之技术打造，做出一定贡献。

▶郭士臣

女，1937年12月生，1959年3月毕业于天津轻工业学院食品工程系发酵专业，被国家轻工部统一分配到辽宁省轻工厅，又被分配到沈阳市烧酒厂实习。1960年8月至1963年2月在沈阳市发酵研究所任化验员，1963年2月至1982年12月在沈阳市烧酒厂任技术员、助理工程师、工程师。1982年12月至1992年12月，在沈阳市老龙口酒厂任工程师、高级工程师，技术处处长，曾荣获沈阳市科技进步二等奖。

▶李树林

男，1945年出生，辽宁大连人，毕业于沈阳轻工学院，教授研究员级高级工程师，国家第五、六届白酒评酒委员，1995—2002年辽宁省科技进步奖评委。享受国务院特殊津贴。

李树林同志大学毕业后，1970年到辽宁凤城老窖酒厂担任技术员，很快晋升为主管技术副厂长，负责全厂技术、质量管理工作。当时白酒行业大多沿用师傅带徒弟口传身教的传统方式，他为规范生产技术管理，起草制定了《凤城老窖酒的工艺路线和生产操作规程》，制定了《原酒管理办法》和《凤城老窖酒的勾兑方法》。同时他还带领技术团队在提高质量增加品种等方面进行了大量科研工作，①研究出"砖泥混合酒窖"通过省级鉴定，属于省内首创。②研制开发了"53度凤城老窖酒""38度凤城老窖酒"等十二个新品种。

1979年"53度凤城老窖酒获凤城县优秀科技成果一等奖"。1980年"53度凤城老窖酒"获丹东市优秀科技成果二等奖。1981年"提高凤城老窖酒酱香典型风格的研究"获丹东市优秀科技成果三等奖。

1986年"38度凤城老窖酒"获辽宁省轻工优秀新产品奖、辽宁省优秀新产品"金鹰奖"、丹东市科学技术进步二等奖，辽宁省科技进步三等奖。

李树林同志出任凤城老窖酒厂厂长之后，加强企业管理，推行现代企业管理制度，全面提高企业素质，把一个县营企业，打造成辽宁省酿酒行业的骨干企业之一，获得了诸多荣誉。

李树林同志，热爱白酒事业。不仅把本企业搞得有声有色，使凤城老窖酒连续多年保持省优称号，成为辽宁酱香酒的代表，而且积极参加省内、国内的行业活动，应邀到诸多酒厂进行讲学和技术咨询活动。即使他后来离开酒厂出任凤城县副县长后，仍然不断参加白酒行业的活动，为辽宁白酒发展做出了卓越的贡献。

▶孙庆文

辽宁沈阳市人，中共党员。中国酿酒大师、教授级高级工程师、中酒协白酒技术委员会委员。大连轻工业学院工业发酵专业毕业。曾任沈阳市老龙口酒厂总工。20世纪70年代初进入白酒行业以来，一直工作在白酒行业生产、科研的前沿。致力于白酒酿造技艺传承与创新、品牌观念和思维的创新、管理和质量的创新、科研组织和人才培育的创新。致力于将生物工程、食品化学、地域环境微生态资源转化为白酒酿造的科学技术。作为老龙口总工组织科研攻关成功并获得省、部级科技进步奖的主要项目有：强化大曲的研制、己酸菌发酵液在酿酒工艺中的应用、芝麻香型酒的酿造、白酒酿造的机械化及蒸馏的自动化控制、高压静电磁场对白酒老熟的研究等。研制的产品获得过省、部优质产品称号，获得过国际大赛金奖。90年代主持设计研发"老龙口大白瓶酒"，创下了连续单品销售额过亿元的佳绩。同时在东北地区开了体现地域酒文化内涵的酒体风味设计与包装设计之先河。

发表论文与译文多篇，其中在论文《中国传统蒸馏白酒的降度》中，提出了白酒降度不是酒精度的线性下降，而是香味成分的再平衡。日语译文《酒精在人体内的代谢》，对科学饮酒有指导意义。近年致力于酿酒微生态环境资源的研究，代表性论文《认识白酒香型的转变》《认识中国二大名白酒地域》，已得到诸多企业实践和市场消费的认证。

▶王世伟

男，汉族，1950年生，中共党员。国务院特殊津贴获得者，教授级高级工程师。全国轻工行业劳动模范，中国食品工业科技进步先进科技带头人，现任辽宁三沟酒业有限责任公司总工程师。王世伟同志在白酒酿造生产创新实践中注重酿酒技艺总结，发表了《浓香型酒窖泥的培养》《提高特曲酒质量的几点做法》《提高东藏春酒质量的体会》《提高北方浓香型白酒质量的研究》《浅谈芝麻香型白酒窖池的选择》等多篇有影响力的论文。

作为辽宁省白酒专家和三沟酒业总工，王世伟同志多次组织研发中心技术人员承担省级科研课题。其中，《应用多种微生物参与发酵酿酒新工艺》通过了省级科研成果鉴定，经检索查新，三项创新技术方法属国内首创，达到领先水平，获得2010年度阜新市科技进步一等奖，2011年度中国食品工业科学技术二等奖。2015年，获"第二届中国白酒科学技术大会优秀科技成果"， 是东北三省唯一一项获奖的科研成果。

▶王贵玉

男，汉族，1956年生，中共党员。大连轻工业学院专科学历，现任辽宁省白酒协会会长，曾任大连龙泉酒厂厂长，大连长兴酒庄有限公司董事长。国家第五届白酒专家组成员。酿酒高级工程师，中国白酒大师，中国白酒历史贡献人物。从事酿酒技术工作和酒厂管理工作40余年。从事培菌、制曲、烧酒、化验分析、勾兑等岗位工作。参与和主持了多项科研课题，先后获得市科学技术进步二等奖、三等奖、市创新奖9项，省科技进步二等奖2项。他在企业积极推行现代企业管理制度，放眼资本市场，实行股份制经营并创下酒类企业股票上市的良好业绩。

创建国内第一家综合性大连酒文化博物馆。

传承保护总结出北方黄酒代表大连老黄酒"三大古法十二要诀"酿造技艺，列为大连市、辽宁省非物质文化遗产保护项目，王贵玉成为大连老黄酒酿造技艺的现代传承人。

王贵玉总结大连烧锅酒传统工艺，于2000年创新发展"辽香型白酒"，组织辽香型白酒技术标准制定，主持起草了《辽香型白酒生产工艺技术规范》，为东北烧酒的转型升级探索出新路。

▶杨明

教授级高级工程师，全国标准样品技术委员会酒类标样技术委员会秘书长，国家白酒标准样品研制领域带头人，国家名优白酒标准样品研制专家，酒类标准化领域研究专家，负责起草的酒类国家标准近20项。

1985年起，担任辽宁省质量技术监督局标准样品开发中心主任一职，2012年起担任辽宁省标准化研究院副院长、院长。在此期间，相继研制完成了国家名优白酒标准样品、中国优质白酒国家标准样品、国家名白酒标准样品、中国名酒国家标准样品、中国名优白酒国家标准样品、国家名优白酒实物标样、贵州茅台酒、五粮液、水井坊、剑南春等二十余种国家标准样品，获得部级、省级和市级的嘉奖。

▶曹淑芳

女，汉族，中共党员，大学文化，高级工程师。1941年6月生于河北省束鹿县，1963

年7月参加工作。

1963年毕业于沈阳轻工业学院发酵专业，进入沈阳市老龙口酒厂后，历任技术员、技术科科长、副厂长。1984年9月调任沈阳酒厂副厂长兼总工程师。1989年11月调任沈阳市食品酿造工业总公司副总经理。1964年，曹淑芳作为技术员被指派参加辽宁省轻工厅组织的陈酿酒试点工作。1983年攻克各种难关，制定出《梢子酒串蒸新工艺》，降低了梢子酒的比例，提高了出酒率，为白酒行业创新做出贡献。

▶ 陈铁德

辽阳千山酒厂总工、副厂长、高级工程师，辽宁省第四届白酒评委，对千山酒厂的发展做出了显著的贡献。先后参与千山酒厂提高提高千山白酒质量的研究，为酒厂的发展贡献了自己的全部力量。

毕业于沈阳轻工学院食品工程系发酵工学专业。退休后参与我省白酒的技术工作，在凤城老窖酒业工作了5年，为凤城老窖酒业的技术研发与发展做出了一定的贡献。

▶ 孙义雄

男，汉族。1938年生人。1962年毕业于沈阳轻工业学院，1962年调入沈阳市烧酒厂，一直从事技术工作。历任技术科长、技术副厂长、厂长。

1980年，成立大曲酒科研团队，团队由孙义雄、修丽琴、张绵、袁士芳及工人技师组成。1981年去茅台酒厂考察。1982年温师傅小组试制成功高温大曲；许光跟班的王师傅小组试制成功酱香型大曲酒——"诗仙醉"，它填补了辽宁省酱香型大曲酒的空白，先后获得沈阳市和辽宁省名牌产品称号。"诗仙醉"的"李白斗酒诗百篇"创意包装获得国家装潢设计奖。

1983年后，陆续研发出"沈阳白酒""沈阳二锅头""小金斗酒"等新产品，沈阳酒厂以崭新形象闯入辽宁省先进白酒企业行列。

1984年，带领许光、夏欢等技术人员，与辽宁省环保所、辽宁省能源所合作，开展研究液态酒酒糟的综合利用，先后研制成功并投产了蛋白饲料，生产的沼气用于烧锅炉。

1985年，孙义雄带领许光等技术人员与辽宁大学朱世瑛合作，试验成功"高温麸曲"，用于沈阳白酒生产中，大大提高了沈阳白酒的产量和质量。

在1990年，沈阳酒厂以年产1万吨白酒，位于辽宁省排头兵，进入全国白酒企业前十名。

▶ 栾作禄

1952年出生。大连金州酒厂副厂长、厂长，国家评委，主要开发研制的"金州王牌"酒风靡辽沈大地，为金州酒厂创下辉煌。

▶万冠美

1991年至1994年任锦州凌川酒厂副厂长，主管技术工作。

▶谭兆美

1994年至2005年任辽宁道光廿五集团满族酿酒有限责任公司技术厂长，主抓产品质量技术，为道光廿五发展做出重要贡献。

▶修丽琴

女，汉族。1956年毕业于齐齐哈尔轻工学校，1956年调入沈阳市烧酒厂，1982年任技术科科长。

1968年，机械化酿酒车间建成并投产。1978年，液态白酒车间建成并投产，同时回收二氧化碳供给饮料厂生产汽水；提取杂醇油供给化工厂；酒糟出售给农民做饲料。开白酒企业生产液态酒先河。

1983年后，陆续研发出"沈阳白酒""沈阳二锅头""小金斗酒"等新产品，沈阳酒厂以崭新形象闯入辽宁省先进白酒企业行列。

▶张廷玉

1968年，沈阳轻工学院毕业；1969年，大连酒厂革委会政工组主任；1970年，下放车间劳动；1979年，湖北襄樊酒类评酒委员会考试轻工业部黄酒评酒委员会委员；1980年，大连酒厂白酒车间主任；1982年，大连酒厂技术科副科长；1983年，大连酒厂副厂长；1984年，大连酒厂厂长。

▶李维宇

男，中共党员，1954年4月19日出生在沈阳市皇姑区，民族汉，大专文化，高级工程师。

1972年参加工作，工作单位：沈阳市北陵酒厂。先后从事白酒微生物菌种筛选、分离、复壮，培养菌种等项工作。从事过白酒半成品与成品生产技术管理工作。从酿酒工艺管理及研制新产品开发，白酒设计、白酒勾调、勾兑。新建年产3000~5000吨酒精厂等项工作。在白酒生产行业中工作40多年。

1983年连续三届考取沈阳市白酒评委，1986年考取农牧渔业部白酒评酒委员，辽宁省白酒评委、国家注册品酒师。1982年主持研发窖泥己酸菌的应用，用于老窖酒生产当中，北陵老窖酒新工艺，获区科技成果一等奖。1983年北陵老窖酒荣获省市名牌产品。1991年主持研究酒精生产质量攻关，获农业部科技成果三等奖。1993年在工艺技术改造中开发了"一种低温免蒸煮生产酒精工艺"发明专利。2005年8月主持开发的浓香型白酒窖泥己酸菌产酸能力研究成果，被确认省科技研究成果，获省科技厅成果奖。

▶许光

男，汉族，1957年4月21日生人。东财MBA（工商管理硕士学位），高级工程师。

1975年7月下乡；1978年1月—1982年1月，辽宁大学生物系微生物专业学习；1982年3月，分配到沈阳市烧酒厂（后改为沈阳酒厂）工作，1994年，任沈阳酒厂副厂长；1998年调任通联集团沈阳市老龙口酒厂，任技术质量部部长、副厂长；1999年，任沈阳老龙口酒厂技术总监、总工程师；2000—2017年，任合资企业沈阳天江老龙口酿造有限公司副总经理兼总工程师。

在沈阳酒厂主持和参与开发新产品20余种，投产10多种，获得省市级多种奖项。起草并通过了厂技术标准、管理标准十多种，产品标准20多种，其中近十种通过市技监局审定。

到老龙口酒厂后主持编写"质量手册"，延续了老龙口质量保证体系。不断完善白龙酒（大白瓶），研究开发青花龙系列酒，获得省名优酒称号，白龙酒累计销售额超过5亿元。

参与筹建、设计老龙口酒文化博物馆，收集了酒海残片、石磨、辘轳等重要展示物品，编写了部分解说词。为建设科普基地、工业旅游示范单位做出带头作用。

▶杨大连

1982年9月~1986年7月，大连轻工学院食品工程系工业发酵专业学习；1986年7月到大连酒厂工作；1988年10月—1990年11月大连酒厂技术科技术员；1990年11月—1998年10月大连酒厂技术科科长；1998年10月至今大连酒厂有限公司副总经理。

▶吴志红

男，中共党员，现任朝阳凌塔酿造科技开发有限公司总工程师。1961年生人，1979年到朝阳酒厂参加工作，从一名普通的工人成长为国家级品酒师、国家高级酿酒技师、全国白酒标准化技术委员会委员。

吴志红在白酒酿造一线工作38年，积极参加白酒酿造技术方面的培训，并运用于生产实践。例如"凌塔白酒质量的几点做法""生料酿制麸曲清香型优质白酒研究"很多科研课题都在生产实践中收到了非常好的效果，为企业带来了可观的经济效益，得到酿酒专家和同行们的好评和赞誉。

"凌塔白酒质量升级综合技术研究"科技成果分别获得朝阳市人民政府科技进步成果一等奖和辽宁省政府科技进步二等奖。

"35度凌塔老窖技术成果"获得了辽宁省轻工业厅新产品开发二等奖，朝阳市政府技术进步奖、辽宁省人民政府优秀新产品奖。《35度凌塔老窖工艺探讨》被评为朝阳市优秀科技论文。2012年在辽宁省白酒行业科技交流活动中荣获技术进步论文奖。

吴志红领创的凌塔纯净酒，提出白酒要向低酒度、低甲醇、低杂醇油、低酯方向发展。在"21世纪饮酒与人类健康高层研讨会"上，列居国家质检总局全国名酒"红榜"第四名，被评为朝阳市政府科技进步奖、第四届辽宁省优秀新产品奖。

1986年开始连续担任省级品酒员，2000年开始担任国家级品酒委员，2012年被评为朝阳县第二届享受政府津贴科技工作者，获得荣誉众多。2016年辽宁省白酒行业酿酒技能竞赛中，荣获"辽宁十大酿酒师"称号。

▶易伟

男，中共党员，辽宁人，大专学历，现任抚顺启运千台春酒业有限公司总工程师、公司董事会成员，1988年考取辽宁省白酒评酒委员，2000届、2005届中国酿酒工业协会国家级白酒评酒委员，2010届中国酿酒工业协会国家级特邀白酒评酒委员。2001年荣获抚顺市第二届自然科学青年学科（专业）带头人称号。2013年荣获抚顺市优秀社会科学工作者称号。

自1981年进入公司以来，先后在酿酒大曲车间、白酒库、技术质量处、白酒分厂、品控部等多个部门工作三十余年。1987年本人主要负责研究完成项目"馥春"牌55度大曲酒、39度大曲酒，通过辽宁省轻工业厅技术鉴定。1991年本人主要负责完成项目"千台春"牌48度千台液白酒，获辽宁省轻工业科学技术成果奖。2003—2006年全国工业产品生产许可证注册审查员，2005年中国酿酒工业协会"酿酒高级品酒师"，2006年国家劳动和社会保障部高级技师（白酒酿造工），2009年国家人力资源和社会保障部高级技师（品酒师），2012年辽香型白酒生产工艺技术规范主要起草人之一。

三十多年来，易伟对白酒酿造技术的钻研和质量水平的追求倾注了全部精力。虚心向老前辈学习为行业服务与奉献的精神，与时俱进，为辽宁白酒创新腾飞而努力，实现自己的人生价值。

第四章　有建树的企业领导人

▶ 王宗潼

中共党员，高级工程师，山东蓬莱人。1930年生，2011年因病去世。

1949年参加沈阳北关香远烧锅，不久转到沈阳贵和酒厂做制曲工。1951年调到赤峰地区的乌丹酒厂当制酒大师傅。1952年调到朝阳酒厂，从事制曲、培菌工作，后任白酒车间主任。1978年出任朝阳酒厂厂长兼党委书记，直到1990年退休。

当曲工时，认真研究制曲技术，首创制曲中添加酒糟，提高曲子质量，降低成本。1954年被评为省劳动模范。

担任白酒车间主任时，为节约粮食，潜心研究以高粱糠为原料，黑曲3489为糖化剂，20天发酵生产清香型白酒。注册商标为"凌塔牌"。

1987年凌塔白酒被评为辽宁省优质产品。他出任厂长兼书记后，加强企业管理。80年代实行全面质量管理，使全厂职工的工作质量，保证了产品质量稳步提高，所有产品都达到规定的质量标准。凌塔白酒优质品率达到99%（国家轻工部标准是93%），在辽宁省酒业同行处于领先地位。从1984年到1989年，凌塔酒连续被评为国家优质酒，获得银牌。

王宗潼酷爱酿酒事业，爱厂胜家。38年如一日，吃住在厂，兢兢业业，带领职工把一个手工作坊"老烧锅"，发展成为一个具有中等规模的地方国营企业。由1952年的利润4600元的微利企业，发展到1990年利税为每年870万元。

王宗潼1954年被评为省首届劳动模范。

1956年辽宁省先进工作者。1984年省劳动模范。1987年国家轻工部劳动模范。1989年全国劳动模范。

▶ 翟乃真

生于1921年，瓦房店人，早年学艺，后在朝鲜人开的作坊酿制果酒。筹建瓦房店果酒厂任厂长。1958年任职现龙泉酒厂，历任技术负责人、高级工程师、厂长直到退休。

他创建两座工厂，有多项发明创新、获科技成果奖。酿酒原料奇缺年代，他利用甜秸秆、粉渣、瓜干、水果等酿造白酒，生产露酒、黄酒获得优质酒称号。龙泉老窖获得省、部名酒称号，创新发明的山枣蜜酒荣获国家银奖，成为中国优质酒。与省能源所合作利用酒糟废液沼气发电项目获省科学技术奖。领导的企业成为省、市、县优秀企业、名牌企业，获得全国优秀企业家桂冠，多次荣膺省、市、县劳动模范等称号，被誉为"酒神"。

▶ 冯树成

冯树成1937年1月出生于阜新蒙古族自治县大五家乡马牛虎村，1974年7月加入中国共产党，1958年9月在县制砖厂参加工作，1962年在阜新县政府办公室工作，1963年调入阜新县制酒厂任技术员，1974年任制酒厂副厂长，1983年任制酒厂厂长，1992年任民族酒厂党总支书记。高级经济师职称，阜新市优秀专家，历任阜新市、县企业管理协会理事、企业家协会理事、经济师协会理事。1993年9月突发心梗病逝，享年56岁。

冯树成参加革命工作以来，专心专注研究制酒生产技术和企业经营管理，研究开发了清香型、浓香型、营养型20多种三沟系列白酒，使民族酒厂不断发展壮大，经济效益连年递增，成为阜新市的骨干企业和阜新县财政的支柱，成为阜新地区利税大户，连续4年获阜新市最佳效益奖，并被评为省级先进企业、省文明工厂、全国少数民族先进企业、国家2级企业、省先进党总支。冯树成也多次荣获省、市、县科技成果奖和管理奖，市特等劳动模范，连续四年被评为市级优秀企业家；省优秀厂长、省改革新秀和全国少数民族企业优秀厂长、市优秀专家等光荣称号。

冯树成用辛勤汗水浇灌了阜新民族酒厂，他将所有心血投入到阜新民族酒厂事业发展上，日夜操劳患病还工作在一线上，建成年产六百吨三沟酒的成套设备和办公大楼至今使用。硬是把老式的邱家酒烧手工作坊改变成现代机械化花园式企业，他的务实、肯干、敬业精神赢得了市、县五大班子主要领导及职工的信任和认可。

冯树成平凡伟大的一生，留给后人的是那种对党忠诚，对事业执着追求的无私奉献精神，是后人学习的楷模。

▶ 郑春库

1979至1981年、1987年至1993年两度担任辽阳千山酒厂厂长，为千山酒业前行奠定基础。

▶ 于其为

曾任丹东酒厂厂长，是辽宁省多届省评委，带领全厂职工谱写了酒厂的光辉篇章。

▶ 钱德印

1963年毕业于沈阳轻工业学院食品工业系发酵工学专业，高级工程师，辽宁省第四届白酒评委，先后于瓦房店果酒厂、铁法酒厂任技术副厂长、总工程师等职务。几十年来为我省果酒和白酒做出了显著的贡献。

▶郭自起

1987年1月至1997年7月，辽宁绥中县酒厂厂长，带领全厂职工使企业得到稳步发展。

▶王可刚

1948年，胶东东北工作队到大连；1964年，大连酒精厂调任大连酒厂厂长；1968年，下放车间劳动；1970年，任大连酒厂革委会副主任；1972年，任厂长；1982年，退休。

▶韩秀珍

曾任铁岭酒厂厂长，省评委，促生产、抓管理，辽宁白酒行业巾帼楷模。

▶ 韩玉玺

生于1942年10月28日，中共党员，1985年12月被调到本溪县造酒厂任厂长。

在任期间，先后开发出深受市场欢迎的铁刹山粮食白干酒、双喜酒、玉溪酒、天桥窖酒、老窖酒、特液酒等产品。1994年，酒厂研制开发的铁刹山天桥窖酒、铁刹山粮食白干酒同时荣获辽宁省食品工业协会第三届"兴食杯"优秀新产品奖。同年，铁刹山小老窖酒、铁刹山天桥酒在中国保健品巡礼活动中，荣获"精品奖"，这也是酒厂第一次获得省以上产品质量荣誉。翌年，铁刹山老窖酒系列产品被辽宁企业产品市场调查及推荐服务活动组委会选为"1995年辽宁市场畅销的（食品类）推荐产品"；铁刹山粮食白干酒、天桥窖酒、老窖酒被中国消费者基金会推荐为"消费者信得过产品"；铁刹山老窖酒（39度）被省经济委员会、省技术监督局评为"辽宁省市场名牌白酒"。这一项项奖励和荣誉，印证了在韩玉玺带领下酒厂职工所付出的艰辛努力，也为铁刹山酒走出本溪打开了大门。生产能力从不足300吨，发展到3000吨，他为酒厂创造了第一个产量的高峰期。

由于企业生产规模的扩大，经济效益逐年提高，使铁刹山酒厂实现三次升格。1993年，企业脱离与县工业局的隶属关系成为县计划单列企业，成为县政府直管企业。同年11月，经市政府批准本溪县酒厂更名为本溪酒厂，企业成为市政府重点考核企业。1996年11月29日，经省政府批准，本溪酒厂更名为辽宁铁刹山酒厂。同时，被评定为国家级标准化二级企业和企业管理二级企业。1997年韩玉玺在位期间，辽宁铁刹山酒厂还被评为全国酒行业明星企业，成为全县利税大户。

韩玉玺完成了铁刹山酒厂从计划经济向市场经济的转变，本人曾在1997年被评为全国酒业"500强人"之一。不幸的是，1998年12月2日，韩玉玺厂长因心脏病突发逝世。

▶周中志

盘锦市盘山酒业有限责任公司董事长、总经理，全国"五一劳动奖章"获得者，辽宁省劳动模范、辽宁省"五一劳动奖章"获得者，盘锦市先进工作者、劳动模范、优秀党务工作者、优秀共产党员，大专学历，中共党员，教授研究员级高级经济师、工程师。曾历任盘山县工业局团委书记，盘山县经委副主任、副书记，盘山县轻工业局党委书记、局长。现为盘山县工商联合会会长，中国企业管理协会，企业家协会理事，中国国有资产协会理事，辽宁省经济文化发展促进会常务理事，中国市场经济报社副理事长，辽宁省中小企业联合会副会长，世界华人交流协会理事，从1999年起连续被选为县、市人大代表。

1998年受政府委派任盘山酒业公司总经理，通过股份制改革，使濒临倒闭的盘山酒业公司起死回生，发展成为今天的年产值5000万元，销售收入4300万元，年创利税近2000万元，人均创税10多万元，人均月收入超千元的明星企业。

▶田中华

女，辽宁省绥中县人，1949年6月7日出生，1970年2月参加工作，1970年11月入党。1974年6月调到绥中县酒厂工作，在酒企一干就是40多年。1984年11月任绥中县酒厂副厂长，1996年6月任绥中县酒厂厂长、党支部书记。1998年5月绥中县酒厂转制为民营，于2000年改名辽宁忠华酒业有限责任公司，为董事长、总经理。

酒品如人品，人品铸酒品。企业被省政府及有关部门命名为辽宁省优秀企业、省先进企业、辽宁名优酒厂、全省食品"放心工程"示范企业、省文明单位等荣誉称号。主要产品绥中系列白酒被评为辽宁14市消费者信得过产品和用户满意品牌；绥中特酿、绥中老窖酒被评为辽宁名酒和辽宁名优食品，并连续六届被评为辽宁名牌产品；"六股河"注册商标连续荣获辽宁省著名商标。企业每年给国家上缴税费一千多万元，是绥中县利税大户之一。田中华也因此被评为葫芦岛市优秀共产党员，市特等劳动模范、省劳动模范、省三八红旗手等荣誉称号。曾当选为辽宁省第九届、第十届、第十一届、第十二届省人大代表。

已过知天命之年的田中华，满怀激情，决心为实现十八大提出的全面建成小康社会的奋斗目标继续用心酿造"酒"人生，在有限的生命里继续努力拼搏，把忠华酒业带入大发展的新境界！

▶吴忠宏

曾任大连金州酒厂总经理，高级经济师，辽宁省白酒协会副会长。1992年至1995年带领金州酒厂迈向顶峰，销售收入突破1.6亿元。

吴忠宏为人豪爽，决策果断。他接受金州酒厂时，正处于低谷，在他的带领下，短短的三年中不断创下金州酒厂的奇迹。职工福利待遇不断创新，当时的金州王牌酒深受广大消费者欢迎，产品供不应求。

吴忠宏知人善任充分发挥工程技术人员的作用，先后聘任三位国家评委为酒厂技术顾问。每批产品出厂前都由技术顾问把关，为保证产品质量打下坚实的基础。

辽宁受自然条件的限制，吴忠宏就去四川建立原酒生产基地，这在辽宁地区也是创举。

▶张广新

现任辽宁道光廿五集团董事长、党委书记，研究生学历，作为辽宁省级企业技术中心主任，技术主管，高级工程师，道光廿五品牌创始人，继承并发扬了中国唯一满族传统酿酒工艺。

1980年，他来到凌川酒厂工作；1984年，任凌川酒厂副厂长；1994年，张广新临危受命，担任锦州凌川酒厂（道光廿五集团前身）厂长。经努力拼搏，让一个濒临倒闭的企业，不仅实现了盈利，还实现利税2807万元。

1996年，由于老厂搬迁，穴藏于1845年的四个木酒海重见天日，酒海和白酒的出土引起强烈的反响和极大的轰动，后经酿酒专家、考古专家鉴定，这批封存于道光廿五年的穴藏贡酒被命名为"道光廿五"，这是世界第二、中国第一个以君主年号命名的酒。为"中国唯一满族传统工艺"，得到全国白酒专家、历史学家、满学家及有关权威部门的一致认可。

"道光廿五""酒中仙"白酒于2000年被中国食品工业协会评为中国白酒新秀著名品牌。

企业经济效益连续多年在省同行业名列前茅，在锦州市工业企业排行榜中位居前六名，成为辽宁省纳税大户200强之一和省文明企业，辽宁名牌企业。2004年3月，被国家旅游局确定为"全国首批工业旅游示范点"。道光廿五与茅台、剑南春等并列成为中国十大文化名酒，道光廿五贡酒成为中华人民共和国地理标志保护产品。道光廿五贡酒被中国标准样品开发中心吸纳为国家标准样品酒。"道光"商标被授予中国驰名商标、中华老字号。"道光"品牌被评为全国最具影响力民族品牌，无形资产评估9.5亿人民币。

作为企业技术中心主任，作为第一研制人，研制开发了一系列产品。

由于张广新贡献突出，业绩骄人，深受党和政府的信任、员工的拥戴和社会各界的赞扬，各种职务和荣誉称号集于一身。他是辽宁省第九届党代会代表；辽宁省第十届人大代表；全国高效节能先进个人；全国轻工系统劳动模范；全国质量管理先进工作者；省、市优秀共产党员，省、市劳动模范，省、市优秀企业家。中国酿酒协会常务理事，辽宁白酒协会副会长。渤海大学客座教授，沈阳农业大学食品学院顾问委员会主任委员。中国酒业十大杰出营销经理，全国企业文化建设先进个人。辽宁戏剧家协会副主席，饮食科学杂志社社长，锦州市文联副主席，辽宁省非物质文化遗产传承人等。

► 吴　铮

辽宁三沟酒业有限责任公司董事长。已在三沟酒业拼搏奋斗了整整37年，如今，正带领着辽宁白酒领军企业向东北行业龙头老大的宝座发起冲击。

吴铮在担任"一把手"的21年时间里，凭着诚信、敢为、豪迈、大气的"坦荡品质"和艰苦奋斗、求真务实、攻坚克难、开拓进取的"三沟精神"，带领千余员工在改革开放的大潮中，使一个有着155年悠久历史的白酒企业在逆境中浴火重生，缔造了中国白酒行业的传奇与神话——他控股的三沟酒业成为辽宁省白酒行业首家拥有中国驰名商标的企业，同时企业的品牌影响力、产品销量、销售收入和上缴税金均位居辽宁省同类企业之冠，成为辽宁省白酒行业名副其实的龙头老大，品牌价值达41.31亿元，位列东北白酒行业第1位。

走进500亩三沟工业园，规划整齐而又占地广阔的新厂区呈现眼前。这里的一切的一切都显得那么恢宏大气，宽敞气派的车间、明亮整洁的巨大库房、高速运转的生产线、忙忙碌碌的自动控制系统……这里的每一处场景都赫然呈现着一个现代化企业雄厚的实力和欣欣向荣的朝气。据统计，三沟酒业自2010年至2016年，累计上缴税金逾1.73亿元，目前已安排1300人稳定就业，并让三沟美酒打入韩国市场，为辽酒振兴和东北老工业基地振兴做出了重要贡献。

作为一名企业家，吴铮是成功的。正是因为他的运筹帷幄，才使得三沟酒业这艘曾经搁浅的大船重新起航，勇往直前，牢固践行科学发展观和"追求质量第一，实施品牌战略，打造精英团队，坚持以人为本"的四大法宝，取得了一个又一个辉煌成就。"三沟"商标1996年被评为"辽宁省著名商标"，三沟系列白酒从1998年开始蝉联辽宁省品牌产品；三沟酒业拥有东北地区最大的白酒工业园、最大的纯粮酿酒基地，并拥有东北白酒行业唯一的"辽宁省省级企业工程技术研究中心""国家东北酿酒试验基地"和"辽宁省博士后创新实践基地"，在白酒酿造、产品研发、工艺创新以及综合科研水平上，达到了东北地区酒类行业的领先水平。2011年，三沟酒业荣获"2009—2010年度全国食品工业科技进步优秀企业奖"，其"应用多种微生物参与发酵酿酒新工艺"项目荣获"全国食品工业科技进步二等奖"，董事长吴铮获得了"全国食品工业科技进步先进科技带头人"称号；2012年，三沟酒业"多粮浓香型白酒加工工艺"获得了中华人民共和国发明专利。2014年，"应用有效微生物参与发酵酿酒新工艺"被评为"第二届中国白酒科学技术大会优秀科技成果"，2016年，多粮黄酒配制低度白酒的工艺又获得了国家专利。2016年，中国食品工业协会白酒专业委员会在北京举行成立30周年座谈会，表彰了30家1985—2015年中国白酒（区域性）历史标志产品，其中三沟老窖雪兰酒排名第21位，位列东北第1位。

"白山黑水天地间，一杯坦荡三沟情"。吴铮不仅是企业家，还是辽宁省政协委员，是阜新有名的慈善家，十余年来，累计捐款3000余万元用于社会公益事业和慈善事业，以实际行动完美地诠释了爱的礼赞。

红山源头旭日美，玉龙三沟雪兰香。不忘初心扬征棹，闻鸡起舞谱华章。吴铮多次被评为省、市、县劳动模范，并荣获省五一劳动奖章，先后获得辽宁省优秀企业家、辽宁省优秀民营企业家、全国食品行业质量管理优秀领导者、全国食品工业科技进步先进管理者等荣誉称号，并连续多年荣获"中国食品安全年会食品安全管理先进个人"殊荣。

▶ 刘利久

1991至1997年，盘锦盘山酒业厂长。任职期间为企业开创了一条提质、降度、创优、扩销、促产、增效的经营之路，企业获得省级文明单位、省"小巨人企业"等荣誉称号。刘利久也收获了中国改革勋章、中国食品工业优秀企业家、辽宁省劳动模范等殊荣。鞠躬尽瘁，为盘山酒厂奉献一生。

▶ 李志勇

1974年1月—1976年12月，下乡庄河太平岭公社，党支部副书记；1977年1月—1980年1月，中国人民解放军第二炮兵80520部队，班长；1980年2月—1984年6月，大连酒厂劳资科，副科长；1985年7月—1988年6月，大连酒厂，经营副厂长；1988年7月—1993年10月，大连酒厂，生产副厂长；1993年11月—2004年4月，大连酒厂，厂长；2004年5月至今，大连酒厂有限公司，董事长。

▶ 王辉玉

1976年7月参加工作，1989年12月31日入党，现任辽宁凤城老窖酒业有限责任公司董事长、总经理，凤城市人大常委委员，辽宁省白酒工业协会副会长，辽宁省白酒评委，国家酿酒高级品酒师，省食品监检师。

王辉玉从小就跟父亲学习酿酒技艺，1979年，他到凤城老窖酒厂工作，先后担任过酿酒工、酿酒班长、技术员、酿酒车间主任、技术质量科科长、技术质量副厂长。1989年6月，他独立撰写的论文《名优酒厂增产节约提高效益的有效措施》被凤城县科学技术协会评为优秀论文；2005年3月，王辉玉担任副主编的《白酒酿造及新型白酒工艺》一书，成为白酒行业的技术指导用书及高等学校的专业教材。王辉玉参与了多项新产品开发工作，1987年负责研制的38度"凤山牌老窖酒"被辽宁省政府授予科技进步三等奖；1988年他研发的酒尾提纯酒处理装置被丹东市人民政府授予新成果奖；1992年他研制的"神力雄蛾酒"填补了公司没有保健酒产品的空白；1994年他参与开发的"贵族老窖酒"和"陈年老窖酒"为企业创造了巨大的经济效益；2002年他开发了营养型复制酒"三星凤城老窖酒"获得了辽宁省新产品开发三等奖；2005年王辉玉参与研制的营养保健酒"蚁蛾养生酒"获国家发明专利；2014年王辉玉参与研制的"盛世凤城老窖酒"被评为"辽宁名酒"。

2002年2月，王辉玉接任凤城老窖酒厂，出任公司董事长兼总经理，成为凤城老窖酒厂第二十五代传人。他确立了"百年基业，以人为本，同舟共济，再创辉煌"的企业精神，率领全体员工艰苦创业，努力拼搏，不断研发适销对路的新产品，大力开发国内外销售市场，用现代化手段强化企业管理，取得了骄人的业绩。2002年以来，公司规模不断扩大，公司由原资产3000余万元，达到了现在的1亿元，年上缴利税由原来的500万元达到了现在的1400万元，成为地方纳税大户和支柱企业。公司先后被评为"中国食品行业骨干企业""辽宁省白酒界功勋企业""辽宁省放心食品生产企业""丹东市十大明星民营企业"。公司产品先后被评为"中华老字号""国家地理标志保护产品""辽宁省非物质文化遗产""辽宁省名牌产品""中国优质白酒""中华文化名酒"等，"凤山"牌商标被评为"辽宁省著名商标"。几年来，由于他的出色业绩，先后获得凤城市优秀共产党员、丹东市劳动模范、辽宁省民营企业家、中国酿酒行业百名先进个人荣誉称号。

▶姜淑秋

女，中共党员，朝阳凌塔酿造科技开发有限公司总经理。1962年7月3日出生于辽宁省朝阳市。毕业于吉林工业大学工商管理学院，工商管理硕士研究生。1981年1月参加工作。历任朝阳酒厂财务科长、副厂长、财务总监。2005年出任辽宁朝阳凌塔酿造科技开发有限公司总经理。

荣获了全国巾帼建功标兵、辽宁省五一劳动奖章、辽宁省、市、县三八红旗手、朝阳市、县劳动模范、朝阳市先进个人、朝阳市建设者奖章等荣誉，是朝阳市人大代表、辽宁省白酒协会副会长。

2004年至2005年，企业面临转制，国有体制将退出历史舞台。姜淑秋走马上任，成为新的企业带头人，开启了全新的企业发展时代。

根据企业的实际情况她大胆提出了打造学习型企业的管理模式。参加了清华大学中小企业管理培训班，研修了高级工商企业管理课程，视野更加开阔。她在积极提高自身素养的同时，带领班子成员一起参加清华大学的工商管理课程，同时创造各种机会让企业的中层管理人员参加学习和培训。

她把企业的产品质量视作生命，在企业内部建立了严格的质量管理体系。从原料投入到发酵、半成品品评、勾兑、调味、贮存、成品等18道主要工序，严格质量检查，实施质量追踪考核奖罚机制。对于成品酒，确立公司质量目标100%，确保了凌塔白酒产品的质量，赢得了广大消费者的信赖和赞誉。

为了提高企业的技术创新能力，几年来，她带领企业积极开展技术攻关活动，利用当地的大枣资源优势开展大枣深加工，开发大枣酒。目前凌塔大枣酒已经研制成功，并通过了省级科研和新产品鉴定。凌塔大枣酒的研制成功为企业带来广阔的市场前景和发展空间。

作为一位女性，把所有的爱倾注在每一位员工身上，员工的生活冷暖时刻挂在心间。2011年百忙之中抽出时间看望身患重病的老员工。该员工患重病欠下外债，她把1万元钱亲自送到该员工的手中，鼓励该员工要安心养病，积极配合治疗，争取早日康复。她热心社会公益事业，积极参与参加我国受灾地区的捐款以及社会帮扶活动，在四川汶川地震受灾期间，她一次性为灾区捐款10万元。

把企业的党建工作作为公司的一项重要工作。注重培养公司的党员队伍建设，发挥党员的战斗堡垒作用，她经常深入到基层的党员队伍当中，了解基层党员工作和生活情况。现在公司已经发展共产党员110人。他们成为企业生产经营的骨干和中坚力量。

姜淑秋以一位女性的睿智和不懈的努力在不断经营和壮大公司的发展，她那脚踏实地的工作作风赢得人们的一致好评。特别是她以其人格的魅力和博爱的胸怀弘扬着企业的精神，继承和创新着"凌塔"这个精典品牌！

▶于焕林

毕业于辽阳干部管理学院企业管理专业，高级酿酒师、辽阳市人大代表、五一劳动奖章获得者。

千山酒业是一家具有300多年历史的老牌酿酒企业，创造过辉煌的业绩，东北地区家喻户晓。然而，千山酒厂这一老国有企业，没能适应市场经济的新形势，20世纪90年代，因经营管理不善连年亏损，市场上只剩1~2个品种，职工纷纷下岗，企业濒临倒闭边缘。千山酒厂的问题引起了辽阳市委、市政府的高度重视，深入企业了解情况，解决问题，经过充分论证，决定由民营企业家于焕林接管。

2002年于焕林进厂后，投入资金解决遗留的诸多问题，总结企业兴衰的教训，讲实话、办实事、重承诺、有担当，认识到质量对白酒企业的重要性，没有优质的品牌很难在激烈的市场竞争中取胜，百年基业从基础做起，必须在产品质量上下功夫，派技术人员到酿酒大省培训学习，到兄弟厂家取经，与千山白酒的传统酿造技艺相结合。从原辅材料进厂到产品出厂，每一道工序、每一个环节严格把关，调整产品结构，逐渐恢复生产老品牌千山酒，同时又开发出三四十种新品白酒，带领千山酒业历经十年走出低谷，2006年组建辽宁千山酒业集团公司以来，于董事长注重企业内部建设，带领千山酒业取得了辉煌的业绩。

2006年被辽宁省政府评为"辽宁省名牌产品"；2007年被辽宁省工商部评为"辽宁省著名商标"；2010年千山白酒传统酿造技艺被评为"辽宁省非物质文化遗产保护项目"；2010年被国家商务部认定为"中华老字号"；2010年5月千山酒成功入选上海世界博览

会；2010年被世界女子九球锦标赛认定为专用酒；2012年被评为中国驰名商标；2016年千山酒业被授予辽宁省纯粮固态好酒典范企业。

随着企业不断地发展，原来企业所占用的土地已经不能满足发展需要，为保证企业持续稳步发展，2013年新扩征土地400亩，进行扩建。扩建投资近6.8亿元，扩建完成后具备年生产白酒万余吨，储存能力5万吨，窖池1000个。

从"玉昇涌"至今，300多年的酿酒历史让千山白酒不断传承，历久弥新。在发展进程中，企业经历了起伏变化，在这个变化过程中，于焕林董事长起到了至关重要的作用，他让千山酒业起死回生，并得到很好的发展，独自承担起其中的艰辛和责任，为千山酒业的传承与发展写下了浓墨重彩的一笔。

▶张良

张良出生于1965年8月12日，中共党员，1988年毕业于辽宁大学化工系，学士学位。曾任辽河油田石化总厂技术员、本溪县城建局团委书记、本溪县小市镇西城化工厂厂长、本溪县委组织部电教室主任、辽宁铁刹山酒厂副厂长、本溪氯碱总厂厂长；2001年12月任辽宁铁刹山酒厂厂长、2004年1月至2010年4月，任辽宁铁刹山酒业有限责任公司董事长兼总经理、2010年4月至今，任辽宁铁刹山酒业（集团）有限公司党委书记、董事长、总经理；本溪市十五届人大代表、辽宁省白酒工业协会副会长。2002年度辽宁省食品行业优秀企业家；2002年度本溪市优秀企业家；2001—2002年度本溪市劳动模范；2005年辽宁省优秀民营企业家；2010年本溪县模范企业家。

张良于2001年12月调任酒厂厂长，面对国有体制的诸多弊端，他勇于挑战，寻求突破，毅然辞去公务员身份带领酒厂于2003年11月20日成功完成股份制转制，成立辽宁铁刹山酒业有限责任公司，承担起铁刹山酒业二次创业的重任。企业连续多年被评为省级文明单位、省先进企业、省守合同重信用企业、辽宁十大名酒生产厂家、辽宁知名企业、本溪市5A级诚信企业、省级"职工之家"、省级"和谐企业""全国轻工行业先进集体"。

张良在经营上大力实施品牌战略，全力推进企业文化建设。扩大企业的社会影响力，2007年9月，利用公司"两百年大庆"的契机，与辽宁电视台合作举办了"铁刹山之夜"大型歌舞焰火晚会，还主编了第一部厂史《百年传奇》，充分地体现了企业的文化内涵；2008年9月企业"酒文化博物馆"正式开馆；2006年"铁刹山老窖酒、铁刹山特制酒"在人民大会堂被评为"中华文化名酒"；2011年1月，铁刹山酒业正式荣获"中华老字号"，同年5月，"铁刹山"商标荣膺"中国驰名商标"。

铁刹山系列白酒连续多年被省政府授予"辽宁名牌产品""辽宁地方精品""辽宁名优食品""辽宁人民最喜欢的十大地产白酒""辽宁人民喜爱的健康酒"等美誉。企业于2013年被授予"市长质量奖"，2016年铁刹山刺五加露酒获得省内首张"国家原生态产品保护"证书。

张良同志有强烈的社会责任感和历史使命感，铁刹山酒业亦时刻秉承"传承百年文化、打造中国名牌、创建和谐企业、实现成果共享"的宗旨。长年坚持"捐资助学"活动。2007年8月20日，在辽宁省电视台举办的"善行天下 大爱无疆·方大杯"活动中获得感动辽宁慈善人物和慈善单位。

张良带领企业经历了转制、白酒行业深度调整的重要关口，把自己和企业、员工的命运拴在一起，以他超人的智勇和果断带领全体员工，走出了铁刹山酒业的一片天。

▶李红军

抚顺启运千台春酒业有限公司董事长兼总经理。高级工程师、工商管理硕士（EM-BA）、抚顺市满族联谊会会长、全国满族联谊会会长论坛联络组组长、辽宁省白酒协会副会长。

1981年12月，进入抚顺市酿造厂（启运千台春酒业公司前身），担任教育科教师、技术科科员、技术开发办副主任、DDGS处理车间主任、酒精车间主任、生产工作部部长、啤酒分厂厂长（厂长助理）。1990年，因研制成功酒精糟处理项目获市科技进步三等奖，1991年，又获省科技金鹰三等奖。

1997年12月—2002年8月，任抚顺千台春酿酒有限公司董事长、总经理，读辽宁大学EMBA获工商管理硕士学位。

2002年8月16日至今，担任抚顺启运千台春酒业有限公司董事长兼总经理。

2008年，获市劳动模范称号；2010年，获辽宁五一劳动奖章；2011年，获市政府民族团结进步模范个人；2012年，获市优秀社会科学工作者称号；2015年获省级非物质文化遗产代表性传承人。

▶爱新觉罗·祖忧

男，1963年生于沈阳。

工商管理硕士

中皇集团（中国）控股有限公司　董事局主席

爱新觉罗皇家博物院　院长

爱新觉罗大清官窑研究院　院长

爱新觉罗祖家坊酒业有限公司　非物质文化遗产满族酿酒唯一传承人

爱新觉罗皇家养生堂有限公司　创始人

爱新觉罗大清官酿酒业集团股份有限公司　创始人

紫气东来旅游文化发展有限公司　创始人

香港万寿无疆养生集团　创始人

爱新觉罗黄袍会　会长

全国满族经济文化促进会　副会长
沈阳市十大杰出青年五四奖章获得者

▶李久顺

1996年至2003年间，盘锦鹤乡王酒业集团总经理，20世纪90年代生产的"鹤乡王"酒占领辽宁大部分市场，创下辽酒在辽沈大地的辉煌，创出鹤乡王快速增长现象。

▶张树杰

男，汉族，1967年12月24日出生在北票市黑城子镇平安地村，中共党员，本科学历，国家一级品酒师，北票市人大代表，朝阳市劳动模范。

1993年他白手起家创立了北票市华溢酒厂并任厂长；2003年组建了北票市华溢酒业有限公司任董事长；2008年成立了辽宁华溢农业科技开发有限公司任法人代表、董事长。

作为一名中共党员，多次被评为优秀共产党员、朝阳市《奋战三年、再造朝阳》功臣奖、北票市十大杰出青年、感动北票优秀人物、朝阳市劳动模范等荣誉。通过学习认证获得"国家一级品酒师"资格证书。他所经营的村井坊牌白酒被评为辽宁八大名酒、辽宁省著名商标、辽宁名牌产品、守合同重信用企业等多项荣誉，辽宁华溢农业科技开发有限公司2011年被评为"朝阳市重点龙头企业2014年初被评为辽宁省重点龙头企业。

▶周庆军

男，生于1971年7月，汉族，中共党员，辽宁凌海人。毕业于锦州电视大学工商管理专业，白酒国家资格评委。2010年12月任凌海市政协委员、2011年5月任锦州市工商联常委、2012年12月任锦州市政协常委、2014年8月任凌海市诚信联盟商会常务会长、2015年8月任辽宁省白酒工业协会副会长。2008年至今任凌海市凌河酿酒有限责任公司总经理。

周庆军自2008年就任凌海市凌河酿酒有限责任公司总经理以来，对待工作严肃认真，做事干练严谨，富创新、进取、开拓精神，具有强烈的事业心和高度的责任感。他有很强的领导能力和执行力，拥有敏锐的市场洞察力和创造力，同时也拥有很强的思维能力，在工作中的计划性强，在处理问题的过程中思路清晰，对于团队品质的要求高，拥有创新的企业经营管理理念和丰富的企业实战管理经验，精通企业发展战略及竞争战略管理，善于组织建设团队管理，营造企业团队良好、积极的工作氛围。小商谋利，大商谋德，在企业稳健发展的同时，他也非常热心公益事业，先后资助多名贫困学生，为构建和谐社会传播正能量，是一位十分优秀的青年企业家。

▶曹旌

现任辽宁道光廿五集团满族酿酒有限责任公司总经理，MBA学位，高级酿酒师、高级品酒师。

2007年10月，主持的"道光廿五醪酒的研制"项目被列入锦州市科技计划项目，并于2008年12月顺利完成，获得了很好的经济效益和社会效益。

2008年，主持研发的"低度陈香道光廿五贡酒的研制"项目被列入辽宁省科技计划项目。并于2011年12月投产，仅一年时间就实现年产710吨，新增销售收入（含税）6150万元，利润320万元。

2012年，论文《道光廿五贡酒产品特色及形成原因的初探》获辽宁省技术进步论文，并录入《辽宁省白酒科技交流会刊》。

2014年，"道光廿五贡酒的研制"荣获锦州市科技进步三等奖。

2015年，道光廿五贡酒在中国酒业协会评选中荣获"2015年度青酌奖酒类新品TOP10（白酒类）"荣誉称号。

曹旌曾于2003年荣获中国职业经理人资格，2004年被中国质量检验协会吸纳为个人会员，曾多次被评为公司"十佳青年""先进工作者"等称号。2007年3月被评为锦州市优秀企业家称号。2009年先后被评为"锦州市优秀企业家""辽宁省劳动模范"，荣获"辽宁青年五四奖章"。2012年12月，集团公司总经理曹旌当选锦州市第十四届人民代表大会代表。2014年12月，张广新、曹旌、张慧获得锦州市科学技术委员会GB/T19329"锦州道光廿五贡酒"国家标准的制定项目三等奖。2015年6月，曹旌同志荣获2012—2014年度锦州市功勋企业家称号。2015年6月17日，辽宁省白酒工业协会组建辽宁省白酒工业协会专家技术委员会，集团公司曹旌总经理、刘晓辉工程师被选为陈香组组长。2015年9月6日，集团公司曹旌总经理任辽宁省白酒工业协会副会长。

▶吴京耕

举一杯醉透古今的三沟美酒，约会百年风流，一醉累月轻王侯。源自清朝同治元年的三沟酒，醇厚的酒香早已绵延960万平方公里，成为阜新这座经济转型城市的亮点、骄傲；同时，作为东北白酒行业最年轻的CEO，三沟酒业总经理吴京耕也被人们津津乐道！

缜密与坦荡兼具，儒雅与霸气共存。虽然只有33岁，却以超群智力和不凡阅历成为"中国十大教导型企业家"，肩负着领军辽宁第一酒的重任；虽然毕业于警官学校，却义无反顾地冲入了企业管理的王国，创造了百年三沟新跨越的先进模式和成功经验；虽然从不恣肆张扬，又不雄辩滔滔，却以高屋建瓴的决策水准，让三沟酒业在行业低迷的背景下逆势上扬，成为东北白酒领军品牌和中国绵劲型白酒典范，完美演绎出新一代青年领导者的激情与创造，成为"阜新市十大杰出青年""辽宁省优秀青年志愿者""阜新市劳动模范"

和"阜新市第七届杰出企业家"。

八千载文明始见红山酒祖，五千年文化传承坦荡酒品。吴总率先垂范，不断完善企业的质量管理体系，严格执行最新的食品安全标准，绝对保证产品的质量与安全。在第十一届中国食品安全年会上，三沟酒业喜获"中国食品安全年会百家诚信示范单位""中国食品安全年会指定用品"等五项大奖，为北方白酒行业争了光。他特别重视企业文化和品牌文化的挖掘与升华。他多次借势发力，把地域文化力转化为品牌推广力，使三沟品牌价值几何式飙升，助推"十三五"战略目标早日实现。在他的努力下，"从红山文化源头查海遗址探析我国谷物酿酒的起源"省级重大课题于2015年6月成功结项，为中国白酒行业找到了谷物酿酒的起源地。企业先后被评为"中国企业培训示范基地"和"中国企业教育先进单位百强"荣誉称号。2016年11月25日，时任中共辽宁省委书记、省人大常委会主任李希同志来到三沟工业园视察指导，对吴总的工作能力以及三沟酒业的生产经营、文化传承与创新及党建工作给予了高度评价。

目前，三沟酒业销售网络以东北三省为主，覆盖全国24个省、市、自治区，并全面进入韩国市场。

附录

第一章　辽宁省历届国家白酒评委

一、中国食品工业协会国家白酒评酒委员

第一届　（轻工业部主持）无

第二届　（轻工业部主持）李宗民

第三届　（轻工业部主持）评委：刘洪晃

第四届　（中国食协主持）专家组成员：沈宇光

　　　　　　　　　　　　评委：刘洪晃

第五届　（中国食协主持）专家组成员：于　桥　王贵玉

　　　　　　　　　　　　评委：李树林　栾作禄　刘洪晃　潘维符

第六届　（中国食协主持）专家组成员：于　桥　王贵玉

　　　　　　　　　　　　评委：常玉峰　梁　薇　刘晓辉　佟金萍　吴　红

第七届　（中国食协主持）专家组成员：于　桥　王贵玉

　　　　　　　　　　　　评委：常玉峰　教传勇　梁　薇

　　　　　　　　　　　　　　　刘晓辉　佟金萍　王志海

第八届　（中国食协主持）专家组成员：于　桥　王贵玉

　　　　　　　　　　　　评委：常玉峰　教传勇　梁　薇　刘晓辉

　　　　　　　　　　　　　　　佟金萍　王志海　谭军辉　曹　莹

第九届　（中国食协主持）专家组成员：于　桥　王贵玉

　　　　　　　　　　　　评委：常玉峰　教传勇　梁　薇　刘晓辉　罗学艳

　　　　　　　　　　　　　　　佟金萍　谭军辉　王志海　曹　莹　周庆军

二、中国酒业协会国家白酒评酒委员

2000届评委：易　伟　吴志红　武志勇　关　卫

2005届评委：易　伟　吴志红　武志勇

2010届评委：梁　薇　杨玉玲

　特邀评委：吴志红　易　伟

2015届评委：杨玉玲　杜宏亮　蒋晓煜

特邀评委：任　雷

三、国家轻工部白酒评酒委员

评委：宋玉华　孙庆文

四、国家农业部白酒评酒委员

评委：王贵玉

第二章　辽宁白酒行业曾经荣获国家个人荣誉奖项

全国劳动模范：王宗潼　宋玉华

全国先进劳动者：郭　合

全国五一劳动奖章：曹淑芳　周中志

第三章　辽宁白酒工业协会会员企业名录（部分）

序号	企业名称	单位地址
1	沈阳天江老龙口酿造有限公司	沈阳市大东区珠林路一号
2	沈阳市桃仙府酒坊有限公司	沈阳市东陵区桃仙大街165号
3	沈阳兴盛泉酒业有限公司	沈阳辽中县肖寨门镇肖北村
4	沈阳爱新觉罗祖家坊酒业有限公司	沈阳市法库县大孤家子镇半拉山村
5	沈阳大龙酒业有限公司	沈阳市于洪区马三家镇教养院
6	沈阳市御清泉酒厂	沈阳市辽中县门房新区01号
7	沈阳马三酒厂	沈阳新民市高台子乡腰高村
8	沈阳清王酒业有限公司	沈阳辽中县肖寨门镇肖北村
9	沈阳市中兴红高粱酒业有限公司	沈阳市浑南新区金水花城二期7号1-39-2
10	辽宁努尔哈赤酒业有限公司	沈阳铁西区兴华北街千缘爱右城2号楼1-15-1
11	沈阳市东润桃山酒业有限公司	沈阳法库县孟家乡桃山村

续表

序号	企业名称	单位地址
12	大连辽一酒厂	大连瓦房店市太阳街道元宝工业区
13	大连长兴岛酒业有限公司	大连长兴岛临港工业区沙包村
14	金石滩酒业集团有限公司	大连经济技术开发区金石滩什字街
15	大连金州鑫醇酒厂	大连市金州区三十里堡街道西三十里居委会
16	大连香洲坊酒业有限公司	大连瓦房店市谢屯镇前进工业园区
17	大连市金州大元酒厂	大连市普湾新区三十里堡街道北乐村
18	大连格林酒业有限公司	大连市金州区向应镇小关屯240号
19	大连第二酒厂	大连金州区大魏家镇连丰村
20	抚顺启运千台春酒业有限公司	抚顺市胜利开发区食品工业园千台街一号
21	辽宁铁刹山酒业（集团）有限公司	辽宁本溪满族自治县南甸镇
22	本溪县南甸镇才窑酒厂	辽宁省本溪县南甸镇才窑村
23	辽宁凤城老窖酒业有限责任公司	辽宁凤城市凤铧街2号
24	丹东酒千岁酒业有限公司	辽宁东港市安民镇
25	丹东市好邻居食品有限公司	丹东市元宝区财神庙街8号
26	凤城市古镇老窖酒厂	凤城市凤山办事处大畏四组
27	凤城市大清罕王酒业有限公司	凤城市边门镇口子里
28	凤城市乾窖酒业有限公司	凤城市草河管辖区
29	凤城市天香老窖酒业有限公司	凤城市草河经济管理区
30	凤城市时代老窖饮品有限公司	凤城市元宝小四台99号
31	凤城市盛龙老窖酒厂	凤城市边门镇汤河村四组
32	凤城市映山红老窖酒业酿造厂	凤城市凤山管理区龙山村（工业园区）
33	凤城市大梨树酒业有限责任公司	凤城市边门镇明亮村七组
34	凤城市山东沟老窖酒厂	凤城市草和经济区山东沟村四组
35	凤城市凤凰老窖酒业有限公司	辽宁凤城市凤铧街2号
36	凤城市兴华老窖酒厂	辽宁凤城市二龙路88号
37	辽宁道光廿五集团满族酿酒有限责任公司	辽宁锦州市高新技术产业园区凌南西里13号
38	凌海市凌河酿酒有限责任公司	辽宁凌海市新庄子镇曹家村
39	辽宁望儿山酒业有限公司	辽宁营口经济技术开发区熊岳山海大道

序号	企业名称	单位地址
40	营口北魁生态酿酒有限公司	辽宁省大石桥市永安镇东赖村
41	营口碧泉酒业有限公司	辽宁盖州市万福镇苇塘村
42	营口鹏昊酒业有限公司	辽宁营口监狱
43	营口张兄弟酒酿造有限公司	辽宁营口市鲅鱼圈区芦屯镇路安工业园
44	辽宁三沟酒业有限责任公司	辽宁阜蒙县文化路99号
45	阜新蒙古贞酒业有限责任公司	阜蒙县文化路七段133号
46	辽宁千山酒业集团有限公司	辽阳市南郊街115号
47	灯塔市铧子酒厂	灯塔市铧子镇中心街
48	辽阳汤河矿泉酒业有限公司	辽阳市弓长岭区汤河镇小录村
49	辽阳市吉洞畅泉酒业	辽宁辽阳县吉洞乡吉洞村西崴子
50	辽阳市宏伟区龙鼎山酒厂	辽阳市宏伟区西线公路13号
51	盘锦市盘山酒业有限责任公司	盘锦市双台区新艳街
52	盘锦鹤乡酒业有限公司	盘锦市双台子区谷家村
53	辽宁山雁王酒业有限公司	昌图县昌图镇铁南
54	铁岭西丰御林鹿业集团酒业公司	铁岭市西丰县柏榆乡
55	辽宁德润白酒制造有限公司	辽宁省西丰县凉泉镇
56	昌图县古城酒厂	铁岭市昌图县八面城
57	辽宁铁岭一元酒业有限公司	铁岭市昌图县亮中桥镇
58	朝阳凌塔酿造科技开发有限公司	朝阳市龙山街四段319号
59	朝阳思源酒业有限公司	朝阳市龙城区联合乡
60	建平县福泽酒业有限公司	建平县铁南街道站前路东段
61	辽宁北票市华溢酒业有限公司	北票市黑城子镇平安地村
62	辽宁忠华酒业有限责任公司	辽宁绥中县绥中镇东大街11号
63	辽宁葫芦岛市九江酒业有限责任公司	辽宁省绥中县西甸子镇凉水村

第四章　满洲《高粱酒酿造业》译文节选

——本文根据1930年出版的日文满铁调查资料第141编《满洲高粱酒》译编

孙庆文翻译（中国酿酒大师　白酒专家）

以东北特产且产量最多的高粱为原料的高粱酒酿造业，在东北是中国人作为民族工业重要的三大工业之一。其他是榨油坊业、粉磨坊业。高粱酒酿造业在东北的偏远地区都不难发现，其生产值据推算应该是每年1100万元（按1930年日元计）的大工业。高粱酒是在东北的日本人对此酒的称呼，而中国人自己则称之为烧酒，俗称白干或白酒。

其酿造方法尚未见到与之有比较的方法，在酿造学上称之为半固态发酵法，由此法酿造的高粱酒具有一种特有的香味，最适合中国人的嗜好而受到欢迎。

关于高粱酒的起源，和中国的其他工业同样，查无可信的文献，依其口口相传其神秘的说法是：从前宋代的酒仙第迪氏在山东、河北及东三省展示并传授酿酒方法，其人被称为能呼风唤雨、腾云驾雾超越生死的仙人。还有一种说法是来自山西省的移民杜氏在东北三省传授了酿酒法，但这些起源之说都不准确不翔实，是因为历史久远了。

在东北高粱酒成为一种饮料的酿造，并形成成熟工业，是在17世纪下半叶至18世纪中期的时候，亦是中原文明逐渐向东北移来。首先在东北的南部逐渐开拓农耕，并向东北的北部开拓农耕，逐渐物产变得丰饶，移民的生活稳定下来了，进而作为本土民众主要食粮的高粱有了剩余，由此引来酿酒业的发展。后来由于人口的增加，耕地面积的扩大，收获也增加了，更促进了此工业的兴隆发展，最终形成了和油坊业、粉磨业同时并存的三大工业，而且烧锅兼营粮栈、榨油坊的还很多。其经济规模较大。曾经发行私兑，形成了其城镇的金融中心，扮演了城市经济发展的重要角色。这在东北经济发展史上是不可小视的。

一、高粱酒的成分及品质

（一）成分

高粱酒通常的酒精含量大约60%~65%（容量），其外观无色透明，故称白酒、白干儿，文雅之称"银酒"。有一种特有的芳香。据说这种香味为东北人所嗜好。日本烧酒的平均酒精量为34%~44%（容量），与高粱酒相比差20%左右。

满铁中央实验所对高粱酒的成分分析如下：（100ml）

成分 蒸馏顺序及混合体	65°比重	酒精（容量%）	酒精（质量）	固形物	含氮物	总酯（以乙酸乙酯计）	总酸（以乙酸计）	杂醇油	醛类	糠醛
1甑	0.899	66.25	58.50	0.0019	0.0002	0.2248	0.0536	0.4563	0.0809	0.0008
2甑	0.900	65.81	58.50	0.0012	0.0002	0.2230	0.0423	0.5278	0.0460	0.0005
3甑	0.898	66.69	58.95	0.0026	—	0.2585	0.0631	0.4000	0.0964	0.0044
4甑	0.898	66.69	58.95	0.0016	0.0002	0.2105	0.0464	0.6178	0.0964	0.0009
5甑	0.922	56.07	48.27	0.0037	0.0003	0.2763	0.0881	0.1590	0.1571	0.0084
混合	0.903	64.58	56.77	0.0029	—	0.2522	0.0618	0.4320	0.0956	0.0038

注：源于满铁中央实验所报告第5辑

（二）品质

关于高粱酒品质的鉴定，一般烧锅的判定者都知晓以所谓酒花泡持法进行鉴定。即把烧酒和水按预定的比例置于瓢中混合。然后从一尺七八寸的高度倒入另一瓢中，如此双手相互交替进行数次，就产生了酒花泡。所谓的酒花泡持法就是根据此时产生的酒花泡持的状态进行鉴定酒质的优劣。一定量的酒加入相当量的水所产生的酒花泡持可鉴定酒质的优良。各地烧锅所制的烧酒如果以原酒加入10%~13%的水就不会生成所希望的酒花泡持。辽阳的好酒加入8%~10%的水还能生成所希望的酒花泡持，此法用以下条件作为鉴定：

1. 酒花小而整齐一致。

2. 酒花多。

3. 持住的酒花不是一下子消失而是逐渐地自然地消失。

依此酒花泡持法进行鉴定并非科学，存在着很多疑问，但不论怎样现在仍是各地烧锅都在采用的一种方法。

二、原料

高粱酒以高粱作为主要原料，作为酒母使用特有的麦曲，使用大麦及小豆作为麦曲的原料。偶尔用小麦、玉米或豌豆、黑豆替代，也有加入荞麦的时候。

高粱产地及产量

高粱和大豆并称为具有东北特产优势的作物。除去北部新开发的地方和东部山区，在东北所有地区都出产。其中有名的产地长春、范家屯、四平、郭家店、辽阳等地，其年产量大约有500万吨。

最近五年高粱的产量

年度	产量（吨）
1925年	5157700
1926年	4986090
1927年	5045120
1928年	5081850
1929年	5143630

种类

高粱的种类极多，共有约200多个品种。大致分为糯高粱和粳高粱二种，粳高粱称为笨高粱，糯高粱称为黏高粱，一般分为高粱米和糙高粱（未脱壳的高粱）进行交易，烧锅使用的高粱是品质、价格较为低的糙高粱。

行情

作为烧酒原料的高粱的价格直接影响着高粱酒的价格，烧锅的经营者密切关注着行情的高低，毫不怠慢。

成分

满铁沿线各地高粱的成分以百分比揭示如下：

地　名	水分（%）	粗脂肪（%）	粗蛋白（%）	粗纤维（%）	淀粉（%）
长春	11.92	4.66	11.58	2.37	62.68
铁岭	12.98	4.38	11.18	2.38	62.27
沈阳	11.40	3.77	10.30	2.17	66.01
辽阳	13.04	3.66	11.70	2.01	62.27
平均值	12.33	4.11	11.19	2.23	63.30

注：依据满铁中央试验所的分析。

大麦和小豆　产地、产量

在东北用于酒曲的大麦和小豆的产量微不足道，缺少可依据的准确统计，根据1925年满铁调查课对东北三省农作物估算，大麦约54万吨，小豆约33万吨。目前应有增加。产地有辽河流域的海城、昌图、辽阳、长春、吉林等，在松花江沿岸的有宁安、呼兰、海伦、巴彦等。

种类

①大麦

有奉天黑和奉天白、三德，据说奉天白品质优良。一般讲东北产的大麦品质不良，大量掺杂着燕麦和雀麦。

②小豆

主要品种有白小豆、红花脸子、红小豆等。烧锅从价格上考虑，一般使用白小豆或白红混杂的杂小豆。

三、曲子

高粱酒酿造时曲子起到微生物繁殖的重要作用，曲子的生产在烧锅经营上最为重要。因为在10天里高粱淀粉能否充分地转化为酒精，其曲子的作用决定其好坏，即直接间接地影响产酒量和质量。

曲子的制造是采取承包制。烧锅对专业从事制造曲块的行会组织按曲块数量委托之。踩曲团一般由40至50人组成，分居在各地，除阴历十一、十二、一、二月不适宜曲子生产的月份，在其他季节里巡回于老主顾之间承包曲子的制造（根据地区不同时间有差异）。其承包金根据地区有高有低。最近的市场价格是每1000块支付大洋4.5元至6元。踩曲团有一种组织，协调承包金价格和防止对技工的相互争抢。

踩曲团的组织及内容

踩曲团通常40至50人，由首领统治，团员对首领绝对服从。根据工作不同，分有各个职称，人数固定。以下举例说明，有52名成员，其内容如下：

统领	1名
帮办	2名
量斤	1名
端面	2名
接围	2名
拌锅	4名
运曲	2名
卧曲	1名
打水	1名
踩曲	35名
伙夫	1名
共计	52名

其中拌料的工作最为重要，置于要位。

曲子的原料和拌料

作为曲子的原料主要有大麦和小豆，时常掺入黑豆、豌豆等，又有时混用荞麦、玉米。混合及粉碎在磨坊内完成，其混合的比例由看曲的人秘密配比。这种混合物将促进菌类的有效繁殖。其营养如何会使菌类的发育力产生差异，迅速决定质量的好坏。如果发育不全，会招致不测之祸。因此各家烧锅最下力气于此环节。根据调查，大麦180千克，加小豆45千克~52千克，使用豌豆、黑豆时，大体相同。

曲子的制作

曲子的制作场所称为曲子房。曲子房分成两个部分，一个是曲场子，一个是养曲室。曲场子是将曲子原料拌和制成砖型曲块的地方，养曲室是将曲块垛起来，使菌类繁殖的地方。

制造曲子的季节

制造曲子的时机根据当年的情况似乎有早有晚，大体是在阴历的3月至10月中旬。选择气候温暖时期，是为了促进有效菌类的发育，这需要适当的湿度和温度。一般烧锅的养曲房构造简陋，容易受到外界气温影响，寒冷的十一、十二、一、二月不适宜养曲，难以保持养曲的湿度和温度。

与高粱酒一年四季都可生产的情况相反（有的烧锅在七、八、九月减班或休班的情况），曲子生产仅限于8个月时间里。为此烧锅要有场地、建筑，为应对价格的高低变化，还要有储备，这些都是烧锅在经营领域的痛点。

踩曲工作

关于踩曲团的拌和工作，大概描述如下：

首先是原料称重方法。用升计算大麦、小豆的混合粉，荞麦的称重使用小升，将荞麦粉盛入已经计量好的原料里。拌和方法，是将拌和盆放在台架上，将水1碗注入盆内后双手用力搅拌，促进原料与水的混合拌和成一个圆团，交给下一个人。接过圆团的人将其放入模子里，用脚踩踏2~3次，经过喊号子的人之后传给踩曲的。踩曲的人基本上是十二三岁的少年，（选择这一年龄的人是因为他们的体重适合踩实曲块的要求）。踩曲的两脚迅速踩踏一面，随着号子将曲块踢给下一个人，下一个人用手接过翻转后再踩踏另一面，相互传递，反复踩踏两面，至34人~35人之后传到取曲块的人。踩曲的分为上板、中板、下板的3个部分。中板的最受重视。取曲块的人从模子中利索地取出后将模子交给洗模子人。洗模子的人迅速洗净模子，传给下一个人，模子反复使用。

搬运工将10块砖形的曲块放在木板上搬入养曲室内。监督人，即主要负责人（统领）常常站在中央位置，鞭策孩子们不要怠慢。喊号子的人注视拌和和传递，计算时间，"拉一个吧，再拉一个吧"，有节拍地发出号令。曲模子反复传递，完成一个个砖形曲块。整个作业极为流畅，秩序井然，没有闲暇，他们的劳作十分紧凑。通常是每分钟10块，一天工作10小时，可以完成6000块。每块曲模内盛料不含加水重0.75千克。

养曲房

养曲房通常为3间（一间房纵深为一间半，可达3间半）。房间前后为砖砌2至3尺高，齐腰，其上方一直到房梁有窗户，可上下开放，便于通风和保湿，贴有窗户纸（窗户贴有东北特有的毛头纸，纸上涂油）。养曲房一般为3间，有的每4间做一个砖砌隔断，一间房前后安装6至8处窗户，并设计一处2尺有余的进出口。

养曲房的天井和屋棚有必要精心建造。因为从曲块蒸发的湿气凝结后会滴落在曲块上，使刚刚干燥的曲块受到浸湿，产生斑点，蒙受很大的影响。故将室内建成能使水滴沿着棚顶的斜度流下的结构。

从曲场子搬出的砖形曲块放入养曲房，土屋内铺满马莲草，或秫秸，在上面将曲块以一寸的间隔顺延摆放110块，排17行，罗列3层，共计一个房间放置5610块（当然难免有差异）。

看曲的人要经常查看曲菌的发育情况，翻垛的次数，窗户的开关，采取随机应变的措施，细心周到。曲子的好坏将影响烧锅的经营，此乃甚大。

还有关于窗户的开关，风向需要注意，为看风向使用了试风旗。

曲子的鉴定

发育好的曲子整体呈灰色，带有微味，破开时破口处带有白色的菌丝。有的曲块内带有黑色，黑色多的是品质不好的。

曲子储藏室

从养曲房出来的曲子放入储藏室，略微密集。但据说曲子存放数年也不会失效，另外曲子存放之多，是衡量烧锅资金丰润的尺度，烧锅以多存曲子为荣。应该注意的是堆放曲块存在风险，储藏时如受潮会出现有害菌，或受到虫害。如遇不幸，房屋漏雨淋湿后，曲子受潮引起发酵烂掉。在这方面东北气候干燥，比较安全，但依然需要在储藏方面注意。

曲子储藏室为两间，每间约储藏1万块。

四、酿造用水

普通的井水。用辘轳打水，通过水桶倒入埋在蒸甑边上的缸里。此外，蒸甑旁边距离水缸不远处放有小一点的水缸和废弃的铁锅2~3个。考虑用水的方便，长春等地不使用此等水缸和锅，而是将木槽沿水缸一旁摆放，充当水槽。酿造业从生产工艺的各个环节上都大量地消费水，东北水资源匮乏，烧锅必然要节约用水。因此东北酿造业采取半圆形酿造法，实为罕见，其节水是主要原因，虽然这种工艺有种种缺点，但不得已而为之。用水不足造成蒸馏作业过程中的冷却水都不扔掉，回到缸里再次使用，以求节水。每天1100千克左右原料，生产300千克的烧酒。加上曲子制造过程用水量不足2000千克。通常200千克麦酒（啤酒）的用水量在1600千克~2400千克，而日本酒每200千克需要3000千克水。相比之下便可知高粱酒是多么节水的。

水质的好坏直接影响生产酒的质量。日本酒的酿造都选择好水，东北也是一样。据说辽阳地区的酒比其他地区的质量超群，其原因之一在于水。如果使用水质不好的水会给储藏带来困难，1个月左右就会造成质量恶化，变成白色浑浊，产生苦味，带有马尿的臭味。而且长期存放于酒篓里会变色。这完全是酿造用水之不良的原因。特别是带有尘土的水、有异味的水绝对不可以作为酿造用水。

为了解烧锅用水的情况，就长春、辽阳、沈阳等地，摘录满铁医院对沈阳水质检测表如下：

检测日期　1930年2月

采水地		沈阳1#井	沈阳2#井	沈阳水塔	沈阳3#井	沈阳站	西塔
天气	前日	晴天	晴天	晴天	晴天	晴天	晴天
	当日	晴天	晴天	晴天	晴天	晴天	晴天
气　温		0℃	0℃	0℃	0℃	0℃	0℃
水　温		10.0℃	9.5℃	11.0℃	9.5℃	11.5℃	6.0℃
色　度		无色	无色	无色	无色	无色	无色
浊　度		透明	透明	透明	透明	透明	透明
气　味		无异常	无异常	无异常	无异常	无异常	无异常
反　应		弱碱性	弱碱性	弱碱性	弱碱性	弱碱性	弱碱性
氯离子		42.860	52.38	52.38	62.51	47.62	47.61
硫酸根		50.0以下	50.0以下	50.0以下	50.0以下	50.0以下	50.0以下
硝酸根		40.0以下	40.0以下	40.0以下	40.0以下	40.0以下	40.0以下
亚硝酸根		未检出	未检出	未检出	未检出	未检出	未检出
氨		未检出	未检出	未检出	未检出	未检出	未检出
变色滴定量		0.316	0.316	0.316	0.632	0.316	0.316
蒸发残渣		282.000	305.000	321.000	350.000	285.000	285.000
硬　度		4.79	4.79	4.52	4.82	4.52	4.52
每毫升细菌菌落数		5	15	4	5	9	4

注：表中数据原文没有单位。

五、酿造

高粱酒的酿造方法非其他酿酒之所同。它与一般的液体发酵有所不同，是一种半固体发酵的特殊方法。概略介绍如下：首先将碾碎的高粱（称楂子）蒸后，将之适当冷却，把事先制造储藏好的曲子粉碎，充分与其混合搅拌，并保持适当的湿度，放进埋入地里的发酵槽（窖子），在其上面涂上泥土，隔断外部空气，使其糖化后（东北各地经过9至10天的糖化发酵），取出后将其蒸馏。

1. 酿造厂（甑房）及设备

加入曲粉，在窖子中发酵，将发酵好的酒醅进行蒸馏。其蒸馏场称为甑房。其窖子房即发酵场。故甑房和窖子房是烧锅的主要部分。其构造及设备因烧锅所在地的土质情况、房屋的建筑方法而不同。

（1）窖子。窖子房内的窖子，即发酵槽通常是深埋在地下的木槽，或者是用砖垒砌，各地有所不同，其主要形式如下：

①砖垒。用黏土垒砌，底部铺砖。其缝隙仅仅用沙子充填，不用其他充填物。但夯实

地基是关键。

②在2至3寸厚的木制无底槽下用高粱秆儿铺底。

③砖砌无底槽，用高粱秆儿铺底。

④一面2至3寸厚木板，地面为砖。

有业内人士经过研究说木制槽最好。

其窖子的容量根据情况有所不同，一般为宽3尺、长7尺、深7尺。

关于窖子的数量，考虑发酵期为8至10天，每天均要开工，预先要准备好醅子，工人预备好发酵等等，需要诸多的窖子，还要看发酵的截止日期。以9天截止发酵，一天一班的烧锅为例，每天消耗两个窖子的醅子。9天里需要18个窖子，第10天，第1天装入窖子的恰好完成发酵，进入蒸馏工序，即18个窖子可以形成连续工作。因此8天完成发酵，有18个窖子即可，10天完成发酵，需要20个窖子。一般说，通常是有1个预备的窖子。

（2）蒸馏器

蒸馏器由底锅（釜）、装入醅子的蒸甑、甑盖和与甑盖相连接的冷却器组成。冷却器在整体蒸馏器的顶部，首先将窖子里发酵好的醅子装入蒸甑，进行蒸馏，萃取醅子中的酒精成分后到冷却器凝结，通过嘴管流出。

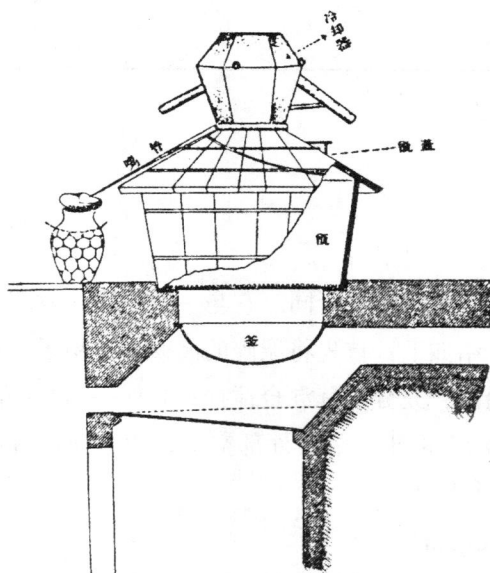

蒸馏器图

（3）冷却器　冷却器由锡金属制成，其构成如图示

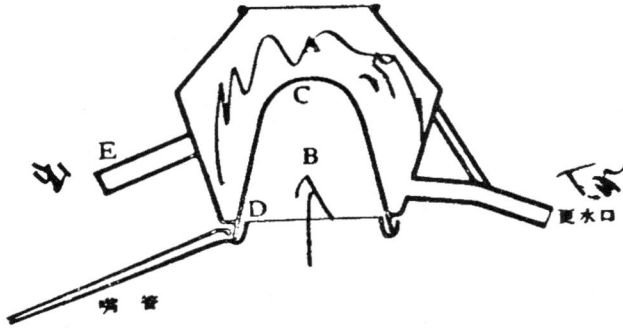

在A处放满冷却水，这时与水蒸气一起蒸馏出的酒精首先集中于B处，接触到冷却器C处后凝结，接下来凝结于C处的酒精顺C面流下进到D槽中，顺着嘴管进入到酒容器内。在A处的冷却水，用竹竿儿或枝条做的拌子不断地搅拌，尽量使C面保持冷却。随着蒸馏的进程，A处的水温会逐步升高，这时将换水口打开，将温水放出，换入冷水。

2. 酿造工具

帘子　用高粱秆儿编织而成，铺在蒸甑底下，用于支撑蒸甑

柳罐　柳树枝制作，用于给原料注水

窖排　将酒的原料放入窖中后，将其拍实的工具

木锨　将蒸馏完的醅子或酒糟出甑的工具

扬锨　比木掀略小一些，用于醅子的冷却和曲子的拌和

柳筐　柳树枝所制，用于醅子的搬运，装入量好的醅子运去蒸馏

簸箕　柳树枝制作，用于将醅子搬运到蒸甑或窖里

笊篱　柳树枝制作，用于捞净剩在铁釜里的醅子

瓢　　用于接酒

小篓　盛酒的容器

笤帚　清扫工具

打水大柳罐　柳树枝制作的吊桶，用于给原料打水

大瓶　酒器

3. 烧锅雇用的工人

烧锅的一班用工人6人一组。6人分为如下工种，其名称如下：

①大师傅　　管理酿造过程

②掀　头（上掀）　专管酿造

③下　掀（下掀）　专管窖和原料的拌和和注水

④火　管（烧灶）　专管蒸锅

（5）拌　案（拌案子）帮助伙夫

（6）担　水　　　　　　　取水及杂活儿

大多数的烧锅在夏天增加一名火管

4. 酿造作业

高粱酒酿造作业的基本原则是，一个蒸馏器一天反复用5次，称之为一班作业，也有反复10次的，称之为两班作业（当然作为两班作业，也有使用两套蒸馏器的）。一次作业的称为单式，两次作业的称为复式，单式用于有21个窖子的烧锅，复式用于有42个窖子，当然建筑物的模式也不同。

高粱酒发酵，已在前面叙述过，是通过半固形发酵法，将蒸好的碎高粱和曲子粉相拌和，放入窖子，即发酵槽中进行糖化发酵。但不是每每都加入新高粱，有时取出已经发酵好的旧料加入若干新原料（粉碎后的生高粱）拌和，装入蒸馏器蒸一个小时。在酒精蒸馏终结后，即刻将拌和好的新原料上锅进行适度蒸，蒸馏终结后，将其散布在冷却场，将两者拌和促进冷却，看冷却拌和的情况，加入一定量的曲粉，再加入适当的水，用锹拌和后放入窖中。放置9~10天后，发酵完成，将其对入新原料运至蒸甑蒸馏，与放入曲子后入窖的作业相同而反复之。如上，在不断反复之时，原料越来越增加，故可将已经达到一定程度后的蒸馏残渣，即缺少有效成分的东西作为糟粕扔掉。新原料不断运进，为使原料与糟粕之间达到平衡，要确定好出窖的量。这种限度取决于窖子和蒸甑的大小。通常一班的规模，出窖量7200千克（湿料），两个窖，分为5蒸甑蒸馏。

现以一班为例叙述一下酿造作业：一班的发酵料，即投料4680千克糙子和550块曲子（曲粉1155千克），醅子分为两个窖，在蒸馏时（1）号窖子的醅子分为三等分，（2）号窖子分为两等分，恰好的五等分，大约是以930千克的糙子、原块的曲子为基础的醅子量。装入一班的醅子，每天都需要加入930千克的糙子和原块的曲子。按此，在第五次的蒸馏残渣扔掉时，对于曲子整个的量无须增减，在装填（5）时更不须加入新高粱，只是需要加入少量的曲子粉，在窖中储藏的、其蒸馏后的残渣，即与其他相比缺少有效成分的，作为糟粕扔掉。装料工人在装料时不时地将长长的木板放置在（3）和（5）之间，划分出界面，为从窖里取出原料时划清界面提供方便。以上方法在东北南部地区广泛采用。但在长春地区，一班量的原料一定是放在大窖子里，在蒸馏时分成4份。小的部分不加入新高粱，在蒸馏时加入少量的曲子，将此放入窖底后，取出（2）、（3）部分，加入当天糙子的全量，分为三次，蒸馏时加入各同量的曲子，按顺序放入糙子里。但第一次装填的在下一次蒸馏时，如果作为糟粕扔掉的话，将于其他原料层相区别，在最后取出第4部分进行第五次蒸馏，再作为废料扔掉。原料装填窖后的作业，如前所述一样，没有预备的窖子。

（1）第一次蒸馏实操　酿造班的6人早起，先将铁锅注满水点火，将水烧开。其他人将当天准备要蒸馏的原料，分为5份，将（1）和（2）部分取出，在醅糟混合棚内加入720千克糙子，进行充分拌和，分为等分量后进行蒸馏。搬运醅子时用柳罐子，按罐子计重量，加入楂子之后用木锨扬起，摔在混合棚的墙壁上将硬块破碎，好像是为了达到完全拌和。

在装入蒸甑时，并不是扔进就行，而是要注意薄厚均匀，力求水蒸气的渗透。这是大师傅的工作，通常需要30分钟。大师傅在醅子填装结束后，即可将盖蒸甑盖子密闭之。为此，将拌和好的用于蒸馏的醅子料，糊在蒸甑周围约2寸高，然后再上盖以防止蒸汽外泄。接下来在蒸甑盖上放上锡制的冷却器。在装满冷水后，水蒸气和蒸馏出来的酒精一同与冷却器面相接触产生凝结，通过嘴管流入接酒容器。大师傅站在蒸甑盖附近不停地搅拌冷却器里的水，努力使酒精凝聚。在蒸馏过程中，随之冷却水的水温会越来越高，因此要将热水放出，换入冷水。其换水的时间如下：

第1次换水　蒸馏后开始后25分钟；

第2次换水　距离第1次换水间隔15分钟；

第3次换水　距离第2次换水间隔10分钟；

第4次换水　距离第3次换水间隔8分钟；

第5次换水　距离第4次换水间隔5分钟；

总之在1小时结束蒸馏过程中换水5次。

当然，火候影响蒸馏作业，明显地存在受火候影响蒸馏时间有长有短的情况。快的时候，有40分钟结束蒸馏的，但换水仍然是5次。

在蒸馏结束时大师傅注意酒的发泡情况。用瓢接取嘴管流出的酒，检查发泡的情况，品尝其味道，拉开尺度，查看是否达到预计的出酒量，确定是否结束蒸馏。

蒸馏结束后放出冷却器内的水，之后取下蒸甑盖，将蒸甑内热乎乎的蒸馏残渣用木锨铲除散在冷却场。

（2）第1次填装作业　将残渣散布在冷却场后，4至5个工人用柳罐斗从铁锅里掏出2至3桶热水浇在其上，工人们再将残渣反复高高扬起，经过2至3次后约25分钟，温度达到40℃左右，约在55分钟后温度下降到27℃，这时加入曲粉拌和。上述为夏季作业之例。但在冬季，冷却速度极快，往往失去温度会延迟糖化，故在蒸房的门口用高粱秆儿并涂上泥巴做成临时隔断以保持温度，而且散热动作稳缓，与夏季相比冷却20分钟即可达到适当的温度，之后拌和曲粉。

这时工人们的扬锨极为巧妙，将其堆起，从一个侧面取料戳起后高高地抛向空中散开，再次堆起。抛向空中的主要目的是为了尽快冷却。另一个目的是与空气充分接触，除去在蒸馏时产生的臭气，同时空气的氧气含有酿造时所需要的酵母，这种有效的菌可以自然混入。

上述的曲粉的混合要在冷却温度时进行，其鉴定工作由大师傅完成。大师傅将冷却的料抓一把放在自己的鼻子前面判断其是不是合适。人的上嘴唇对温度反应敏感，故用贴近原料的鼻子闻其香气，同时用上嘴唇知晓其温度。在等曲粉拌和后，大师傅将加入适当的水（一次蒸馏量，加入6~5升的水）。在温度均衡后用木锨铲入窖里，或用簸箕搬运之。即第1次填装结束。

（3）第5次蒸馏和装填作业，与前次加入楂子的情况不同，而是用已经发酵好的酒醅，不再加入楂子，蒸馏流出的酒低于预定酒精度以下时收集于小篓里，混在第二天用的楂子里再蒸馏。蒸馏结束后将糟粕运到蒸房外放在池中储藏。

一次全过程其所需时间大体如下：

装　甑	30分钟
蒸　馏	约30分钟至1小时
出　甑	约10分钟

计　1小时20分钟至1小时40分钟

散热及装填	约1小时
原料搬运及其他	约30分钟

计　1小时30分钟

一班的作业夜里进行，黎明完工，四季里时间有差。

入窖发酵

发酵的过程根据季节并不一样，一般来说发酵完成需要8~10天。但各地不同。为了解发酵进度，需要一根长长的铁棍深深地插入窖底，贴近鼻子闻味儿判断，称之为"闻味儿"。原料在3天左右微弱发酵，6~7天达到极点，后终结发酵。因此工人们在第3天开始格外注意，频繁闻味儿。据说是看第3天即可预知全过程。窖里原料经过的天数与温度之间的关系，标记为曲线，观之足以推测原料发酵的进度。关于温度，无论过高过低都不好，大师傅认为温度低好于温度高，经常说温度高原料消耗大，烧酒流出量少，而且品质恶劣。在夏季里温度过高时不得不在原料层多处用铁棍子扎眼通气，尽量控制温度。可见温度高时会繁殖有害菌，减少产量，有害品质。

另外发酵槽置入地下，实际上不外乎是为了保温，让四季在同一温度下完成糖化之意。而工人们视高粱在短时间内发生伟大的变化，成为芳香美味的烧酒，不外乎是宝贵的地气之馈赠。故将窖子深埋于地中。若无此情，又怎能精巧至极地去尽量为原料保温，岂不是要常常招致失败？他们对于其发酵原料的保温毫无怠慢，如在夏季，不仅仅出于保温的目的，根据气温的高低，增减高粱壳的薄厚，夏季在原料层上洒凉水，冬季洒温水，采取了各种方法为了温度，为了发酵，工人们每天用窖排拍实。原料层每天都在下降，他们第1天在窖槽外堆成了丘形料堆，第2天减少2.5寸，到第8天共减少1尺5寸。通常从装填原料到发酵当天减少量达到两成。还有一点值得注意，再次装填原料时，窖底要铺撒石灰才能再装填新料，铺撒石灰是达到酸碱平衡，促进更好地发酵，或是为了消灭有害细菌的目的。

六、烧锅统计表

地区	烧锅名称	地址	开业年	资本金	职员	工人	占地面积 (m²)	建筑面积 (m²)	动力 电动机	甑桶 单容积 (m³)	麹模 个	酒海 个	卖酒箱 个	酒篓 个	磨碾	年产量 五年平均 (kg)	高粱	大麦	碗豆 (小豆)
辽阳	兴茂海	辽阳京町	1927年	日元80000	20	33	9256	2975	10马力1台	5个/1.17	40	9	3	300	4	32386	910776	50450	62096
	庆德隆	城内北街	1915年	奉票30000	29	24	19282	1693	20马力1台	4个/1.17	32	2	1	700	5	849600	1317600	233280	156600小
	福聚源	城内东街	1894年	银元20000	32	24	25784	2116		4个/1.17	32	2	1	640	5	207900	131400	234000	65880小
	福泉兴	城内东街	1902年	银元25000	20	18	25255	1587	20马力1台	3个/1.17	32	2	1		5	155140	991800	176400	118800小
	王昇涌	城内东街	1911年	奉票215000	35	24	32726	2063	20马力1台	4个/1.17	32	2	1	705	5	208510	1318500	249840	156600小
	永盛泉	西关	1904年	银元30000	28	30	20660	2063	20马力1台	5个/1.17	32	2	1	620	5	270380	1809000	292500	194400小
	恒升泰	西关	1891年	制钱18000吊	26	30	23140	1878	20马力1台	5个/1.17	32	2	1	700	5	269000	1980000	234720	197100小
	永发泉	城内三道街	1928年	大洋40000	21	24	15702	1719	25马力1台	4个/1.17	32	2	1	400	5	141000	1315800	234000	157500小
	福生涌	城内东街	1898年	制钱40000吊	27	24	36363	3173	20马力1台	4个/1.17	32	2	1	625	5	216000	1335600	231300	155880小
	庆豫泉	城内南街	1914年	奉票6000	32	18	39470	2063	20马力1台	3个/1.17	32	2	1	652	5	162000	1008000	174960	116640小
	首山兴茂海	首山站前	1920年	日元80000	20	10	26446	1322											
	沙河真元涌	满铁附属地	1918年	日元40000	24	12	4958	495		3个	40	4	4	120	9	326000	831960	246600	91440小
沈阳	隆泉海	加茂町	1916年	日元100000															
	永成源	10间房北	1851年	大洋150000		69	3300	房120间								330000			
	万隆泉	城南木厂	1876年	大洋120000		84	5300	房85间								330000			
	义盛泉	城东老龙口	1875年	大洋16000		73	7270	房130间								330000			
	聚隆泉	城西沙岭	1886年	大洋10000			5100	房130间								330000			
	馥泉涌	城东老龙口	1904年	大洋12000		66	2840	房64间								247500			
	永隆源	城西三家子	1884年	大洋80000		60	2150	房72间								247500			
	丰泉涌	城西小民屯	1868年	大洋12000		62	2400	房88间								330000			
	永泉隆	城西沙岭	1875年	大洋14000		74	2200	房73间								412500			

续表

地区	烧锅名称	地址	开业年	资本金	从业人		占地面积（m²）	建筑面积（m²）	动力 电动机	甑桶单容积（m³）	酒模 个	酒海 个	卖酒箱 个	磨碾 个	年产量五年平均（kg）	原料采购量（kg）		
					职员	工人										高粱	大麦	碗豆（小豆）
开原	益和涌	满铁附属地	1913年	大洋40000	43													
	合兴居	满铁附属地	1911年	大洋3000														
	涌泉	满铁附属地	1911年	大洋2000														
	华兴公	满铁附属地	1915年	大洋2000														
	东永茂	满铁附属地	1911年	奉票50000														
	泰和成	满铁附属地外	1898年			12												
公主岭	泰和长	公主岭镇内	1923年	大洋10000														
	大兴涌	公主岭镇内	1925年	大洋15000	12													
	合成王	郭家店	1919年	奉票12000														
	泰和顺	刘房子	1914年															
长春	洪发源	高沙町	1915年	奉票200000	24													
	万和泉	三笠町	1920年	奉票120000	30				20马力1台						244000			
	积德泉	日出町	1913年	奉票50000	24				30马力1台						244000			
	裕成涌	高砂町	1920年	奉票35000	24				6马力1台						186000			
	永衡谦	城内东三街	1919年	奉票	24										354000			
	裕生源	城内东三街	1925年	奉票75000	10										314000			
	合发号	城内南关	1913年	奉票10000	12										95000			
	德兴长	城内柳街	1926年	大洋30200	12										112000			
范家屯	泰来烧锅	城内南大道	1924年	大洋30000	12										112000			
	天兴泉	城内北大街	1919年	大洋60000	12										122000			
抚顺	隆泉海		1927年	日元100000	22										250000			
	增益泉		1851年	大洋80000	30										150000			

续表

地区	烧锅名称	地址	开业年	资本金	从业人 职员/工人	占地面积 (m²)	建筑面积 (m²)	动力 电动机	甑桶 单容积 (m³)	麴模 个	酒海 个	卖酒箱 个	卖酒篓 个	磨碾	年产量 五年平均 (kg)	高粱	大麦	碗豆(小豆)
丹东	东兴泉	财神庙街	1736年	大洋15000	40										150000			
	公合春	财神庙街	1915年	大洋500	12										10000			
	王兴涌	财神庙街	1916年	大洋1000	15										13000			
	公聚长	新安街	1911年	大洋800	10										22000			
	鸭江泉	掘割北道	1920年	大洋2000	13										24000			
	永顺源	朝凤街	1920年	大洋2000	11										23000			
	乾增顺	后潮满街	1914年	大洋700	6										6500			
	同合祥	后潮满街	1920年	大洋500	8										8000			
	长和涌	通济街	1919年	大洋3000	20										31000			
	义兴居	县前街	1915年	大洋1000	15										18000			
	裕顺涌	永安街	1924年	大洋900	12										18000			
	裕海泉	头道街	1927年	大洋1800	8										22000			
	泉盛居	三道街	1927年	大洋1000	9										30000			
凤凰城	乾德泉	山东街	1920年	大洋120000	60										58000			
	福生源	南大街	1929年	大洋50000	22										25000			
洮南	德兴合	富文街	1907年	奉票39000														
	豫贞庆	尊和北街	1905年	奉票45000														
	东泉涌	康乐北街	1918年	奉票32000														

注：本文在译文时每石粮按180kg换算。

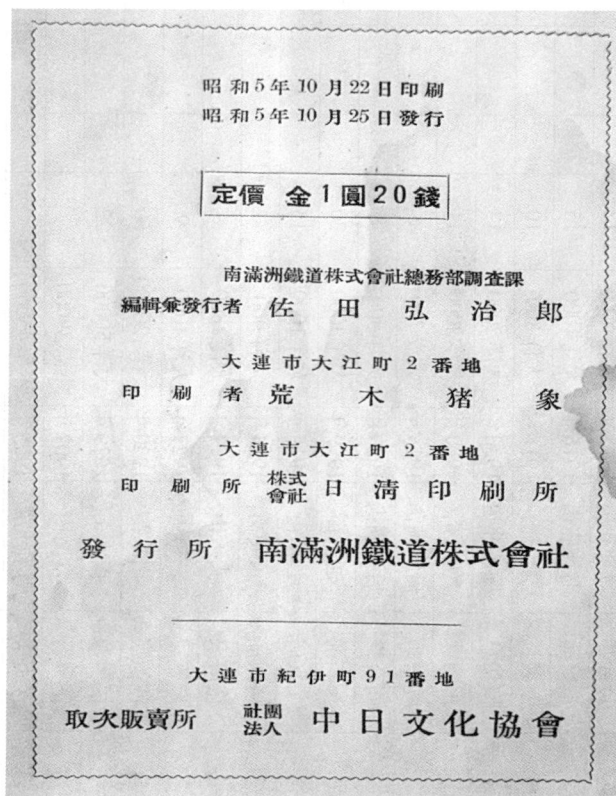

第五章　获得辽宁省白酒生产许可证企业名录

许可证	企业
SC11521010400164	沈阳天江老龙口酿造有限公司
SC11521010600069	沈阳西余酒业有限公司
SC11521010600655	沈阳市东陵区满堂乡酒厂
SC11521011100057	沈阳特威睿酒业有限公司
SC11521011100081	沈阳老龙口酒业股份有限公司
SC11521011100129	沈阳积香坊酒业有限公司
SC11521011100207	沈阳市苏家屯区陈相康家酒厂
SC11521011100258	沈阳市苏家屯区李氏酒厂
SC11521011101652	沈阳市二粮谷烧酒厂
SC11521011200050	沈阳市润香坊酒厂
SC11521011200172	沈阳市春生酒厂
SC11521011200210	沈阳市东泉酒厂
SC11521011200285	沈阳市东陵宏达酿酒厂
SC11521011200308	沈阳市东陵区满堂乡宏伟酒厂
SC11521011200316	沈阳市玉液酒厂
SC11521011200324	沈阳市东陵区高坎镇仁境酒厂
SC11521011200412	沈阳市桃仙府酒坊有限公司
SC11521011200461	沈阳青草沟酒业有限公司
SC11521011200507	沈阳正阳神酒业有限公司
SC11521011201116	沈阳市缘中醉酒业有限公司
SC11521011300018	沈阳天宇酒业有限公司
SC11521011300528	沈阳市新城子区千佛寺酒厂
SC11521011300569	沈阳市新盛酿酒厂
SC11521011301078	沈阳锡伯酒业有限公司

许可证	企业
SC11521011400288	沈阳大辽百年私坊酿酒厂
SC11521011400606	沈阳市于洪区春浆酿酒厂
SC11521011401391	沈阳汇滨酒厂
SC11521011401519	沈阳市明泉酒厂
SC11521011407046	沈阳大龙酒业有限公司
SC11521011407222	沈阳醴泉涌酒厂
SC11521012200010	沈阳市大鹏酒厂
SC11521012200028	沈阳市中兴红高粱酒业有限公司
SC11521012200036	沈阳市贵兴泉酒厂
SC11521012200190	沈阳市辽中县宏伟酒厂
SC11521012200204	沈阳市金玉香酒厂
SC11521012200212	沈阳市会鑫酒厂
SC11521012200229	沈阳泉通酿酒厂
SC11521012200237	沈阳市赢港酿酒厂
SC11521012200245	沈阳市玉凤酒业有限公司
SC11521012200253	沈阳市溢香坊酒业有限公司
SC11521012200307	沈阳市盛京泉酒厂
SC11521012200315	辽中县云鹤酒厂
SC11521012200479	沈阳市露佳酒厂
SC11521012200567	辽中县晓宇酒厂
SC11521012200575	辽中县万兴泉酒厂
SC11521012200583	辽中县东华酒厂
SC11521012200639	辽宁努尔哈赤酒业有限公司
SC11521012200735	辽中县肖寨门镇海英酒厂
SC11521012200841	沈阳市醉香坊酿酒厂
SC11521012200850	辽中县天泉酒厂
SC11521012200868	沈阳甄隆食品有限公司
SC11521012200876	沈阳清王酒业有限公司

许可证	企业
SC11521012200884	辽宁鸿昌号酒业有限公司
SC11521012200892	辽中县龙口泉酒厂
SC11521012200905	沈阳市龙声泉酒厂
SC11521012201029	辽中县辽天酒业有限公司
SC11521012201088	辽中县肖寨门镇新东泉酒厂
SC11521012201115	辽中县肖寨门镇良泉酿酒厂
SC11521012201359	辽中县宏大酿酒厂
SC11521012201367	辽中县清泉酒厂
SC11521012201375	沈阳市兴盛泉酒业有限公司
SC11521012201391	沈阳市天源酒厂
SC11521012201406	辽中县肖寨门通达泉酒厂
SC11521012201498	辽中县肖寨门镇胜利酒厂
SC11521012201502	沈阳市辽中县东盛酒厂
SC11521012201519	沈阳盛京纯粮道酒业有限公司
SC11521012201527	辽中县肖寨门镇宏泉酒厂
SC11521012201535	辽中县兴顺酒厂
SC11521012201543	辽中县肖寨门镇乾坤酒厂
SC11521012201551	沈阳市谷泉酒业有限公司
SC11521012201594	沈阳市富贵酒厂
SC11521012201609	沈阳市辽醉坊酒业有限公司
SC11521012201617	沈阳市御清泉酒厂
SC11521012201625	辽中县振宇酒厂
SC11521012201633	辽中县洪山酒厂
SC11521012201641	辽中县鑫东升酒厂
SC11521012201650	沈阳市五谷淳酒厂
SC11521012201668	辽中县东泉酿酒厂
SC11521012201692	辽中县清帝老窖酒厂
SC11521012201705	沈阳市北泉酒业有限公司

许可证	企业
SC11521012201756	辽中县肖寨门镇双龙泉酒厂
SC11521012201772	沈阳市汇福林酒厂
SC11521012201797	辽中县肖寨门镇红山酒厂
SC11521012201801	沈阳市十里香酿酒厂
SC11521012201810	辽中县肖寨门镇福利酒厂
SC11521012201885	沈阳市辽新酒业有限公司
SC11521012300027	康平县辽河佳酿酒厂
SC11521012300035	沈阳卧龙泉酒业有限公司
SC11521012300051	康平县豐泉酒厂
SC11521012300125	沈阳市源乡坊酒厂
SC11521012300184	沈阳市锶泉酒业有限公司
SC11521012300248	沈阳市福康酒厂
SC11521012300272	沈阳康平老窖酒业有限公司
SC11521012400011	沈阳市清泉山酒厂
SC11521012400020	沈阳永德泉酒业有限公司
SC11521012400054	法库县八虎山酒厂
SC11521012400062	沈阳黄金家族酒业酿造有限公司
SC11521012400087	沈阳市百年泉酒厂
SC11521012400095	沈阳圣水山酒业有限公司
SC11521012400100	沈阳大和烧锅酒业有限公司
SC11521012400134	沈阳醉八仙酒业有限公司
SC11521012400142	法库县元杰酒坊
SC11521012400175	法库大福红高粱酒业有限公司
SC11521012400183	沈阳老北味酒业有限公司
SC11521012400255	法库县桃山老窖酒厂
SC11521012400263	沈阳东岭酒厂
SC11521012400280	沈阳爱新觉罗祖家坊酒业有限公司
SC11521012400319	沈阳老半步酒厂

续表

许可证	企业
SC11521012400335	沈阳东润(桃山)酒业有限公司
SC11521012400360	法库县登仕堡镇鑫久酿酒厂
SC11521012400386	法库县柏芹酒厂
SC11521012400417	法库县路家房申酒厂
SC11521012400441	法库县孟家乡凤歧堡酒厂
SC11521012400468	法库县秀水河子镇秀香泉酒厂
SC11521012400492	沈阳湖溪缘酒厂
SC11521012400505	沈阳龙旗酒业有限公司
SC11521012400513	沈阳谷源酒业有限公司
SC11521012400521	法库钰仙泉酒厂
SC11521012400530	沈阳市法库县喜贵酒厂
SC11521012400548	沈阳法库鑫宏海酿酒厂
SC11521012400556	沈阳市上品酒厂
SC11521018100086	沈阳高台山酒业有限公司
SC11521018100133	沈阳臻醇酒业有限公司
SC11521018100230	沈阳市红玉河酒厂
SC11521018100289	沈阳市郑家坊酿酒厂
SC11521018100344	沈阳市北特春酒厂
SC11521018100352	沈阳市旺泉酒厂
SC11521018100369	沈阳红谷酿酒厂
SC11521018100561	沈阳飞熊礼品酒业有限公司
SC11521018100658	新民市永泉酒厂
SC11521018101216	新民市东蛇山子乡丰源酒厂
SC11521018101466	沈阳市军泉酒厂
SC11521018101933	沈阳市振良酒业有限公司
SC11521018102137	沈阳马三酒厂
SC11521018102282	沈阳军垦酒厂
SC11521018102627	沈阳市澎谷香酒厂

许可证	企业
SC11521021100100	大连市甘井子区空津酒厂
SC11521021101516	大连市玉台酒厂
SC11521021102814	大连市甘井子区华夏酒厂
SC11521021200123	旅顺兴盛酒厂
SC11521021201031	大连旅顺中联酒厂
SC11521021201040	大连旅顺银河酒厂
SC11521021201355	大连海之梦酒业有限公司
SC11521021201460	大连顺河酒厂
SC11521021300208	大连市金州区白酒厂
SC11521021300396	大连川连酒厂
SC11521021300722	大连酒厂有限公司
SC11521021301660	大连市金州区桃园酒厂
SC11521021301985	大连金州鑫醇酒厂
SC11521021302011	大连金州盛源酒厂
SC11521021302159	大连蓝渤湾酒厂
SC11521021302167	大连经济技术开发区东升酒厂
SC11521021302343	大连金州酒业有限公司
SC11521021302484	金石滩酒业集团有限公司
SC11521021302888	大连格林酒业有限公司
SC11521021500195	大连保税区金兴酒厂
SC11521021500275	大连市金州人和酒厂
SC11521021700033	大连长兴岛酒业有限公司
SC11521021900036	大连市金州大元酒厂
SC11521028100186	大连香洲坊酒业有限公司
SC11521028100782	大连辽一酒厂
SC11521028200138	大连甘露王商贸有限公司
SC11521028200460	大连头牌酒业有限公司
SC11521028200865	大连兴辉凯酒业有限公司

续表

许可证	企业
SC11521028300073	大连恒丰酒厂
SC11521028300215	大连峪庄园酒业酿造有限公司
SC11521028300400	大连御圣园酒业有限公司
SC11521028300426	大连东海酒业有限公司
SC11521028300805	大连川洲酒业有限公司
SC11521028300952	大连第二酒厂
SC11521028300969	大连北营酒业有限公司
SC11521028300977	大连军门高粱酒酿业有限公司
SC10621021200667	大连源上源贸易有限公司
SC11521028301118	庄河市城山古城酒业有限公司
SC11521030600057	鞍山市桃山酒厂
SC11521030700025	鞍山市千山区贵月酒厂
SC11521030700076	鞍山市千山区飞机场作山酒厂
SC11521030700148	鞍山市千山区永宏酒厂
SC11521031100152	鞍山市友谊酿造有限公司
SC11521031100169	鞍山市甘泉酿造厂
SC11521031100177	鞍山老窖酒厂
SC11521032100451	辽宁少帅乡酒业有限责任公司
SC11521032300041	鞍山市龙乡酒业有限公司
SC11521032300130	岫岩满族自治县津涌酒业有限公司
SC11521032300172	岫岩满族自治县海清酿造有限公司
SC11521032300236	辽宁剑兴酒业有限公司
SC11521038100104	海城市东北烧酒厂
SC11521038100170	海城市南台镇吴氏三兴酒厂
SC11521038100240	海城市东四镇齐伦酒厂
SC11521038100320	海城市牛庄镇品泉酿酒厂
SC11521038100387	海城市世富酒业有限公司
SC11521038100434	鞍山市腾鳌老窖酒业有限公司

许可证	企业
SC11521038100651	鞍山市兰霸酒业有限公司
SC11521038100709	海城市东四镇元亨酒厂
SC11521038100750	鞍山市忠盛酒业有限公司
SC11521038100776	海城市郅隆泉白酒制造有限公司
SC11521038100928	海城市五龙春酒业有限公司
SC11521040200032	抚顺启运千台春酒业有限公司
SC11521040300025	抚顺市辽东坊酒厂
SC11521040300033	抚顺淇舜酒业有限公司
SC11521040300076	抚顺萨尔浒酒厂
SC11521040300130	抚顺市新泉酿酒厂
SC11521040300189	抚顺市铭泽酒业
SC11521042100157	抚顺市福顺山河酒业有限公司
SC11521042300100	清原满族自治县红透山镇苍石村苍盛酒厂
SC11521042300191	抚顺大唐酒业有限公司
SC11521042300280	辽宁祥利来酒业有限公司
SC11521042300302	抚顺巨原酒业有限公司
SC11521042300343	抚顺清廷贡酒厂
SC11521042300386	辽宁红山酒业有限公司
SC11521050300087	辽宁辽溪酒业有限公司
SC11521050500128	本溪市南芬区下马塘清泉酒厂
SC11521050500136	辽宁盛世太平酒业有限公司
SC11521050500169	本溪鸿鑫酿造有限公司
SC11521052100053	本溪满族自治县南甸镇金成酿酒厂
SC11521052100061	本溪大石湖酒厂
SC11521052100140	辽宁财窖酒业有限公司
SC11521052100220	本溪满族自治县南甸粮食酿酒厂
SC11521052100246	本溪龙溪酒业有限公司
SC11521052100254	辽宁铁刹山酒业(集团)有限公司

许可证	企业
SC11521052200169	桓仁满族自治县桓仁镇老井酒厂
SC11521052200177	桓仁德泰兴酒业有限责任公司
SC11521052200257	辽宁省五女山绿色食品开发有限公司
SC11521052200361	桓仁五女酒业有限公司
SC11521060215026	丹东市元宝区金虹酒坊
SC11521060215034	丹东市元宝区丹凤酒厂
SC11521060215260	丹东隆德山庄元亨酒业有限公司
SC11521060300102	丹东市振兴区小康酒厂
SC11521060300119	丹东毅立老窖酒厂
SC11521060300217	丹东酒千岁酒业有限公司
SC11521060300225	丹东市振兴酒厂
SC11521060400267	丹东安东酒业有限公司
SC11521060400275	丹东洋泉酒厂
SC11521062400173	宽甸满族自治县利源板栗酒厂
SC11521062400270	参仙源酒业有限公司
SC11521068100190	东港市辽川酒厂
SC11521068100420	东港市家波酿酒厂
SC11521068100495	东港市柳河酒业有限公司
SC11521068100868	东港市马家店万泉酒厂
SC11521068100876	东港市前阳镇荣泉酒厂
SC11521068100884	东港市前阳镇酒厂
SC11521068101359	东港市前阳老窖酒厂
SC11521068101367	辽宁黄金口酒业有限公司
SC11521068101383	丹东启隆酒业有限公司
SC11521068200248	凤城市平安酒业有限公司
SC11521068200264	凤城市龙凤酿酒厂
SC11521068200289	凤城市古镇老窖酒厂
SC11521068200352	凤城市凤凰老窖酒业有限公司

许可证	企业
SC11521068200369	凤城市映山红老窖酒业酿造厂
SC11521068200385	凤城市山东沟老窖酒厂
SC11521068200408	凤城市大清罕王酒业有限公司
SC11521068200473	凤城市时代老窖酒业饮品有限公司
SC11521068200490	凤城市天香老窖酒业有限公司
SC11521068200512	凤城市乾窖酒业有限公司
SC11521068200545	凤城市兴华老窖酒厂
SC11521068200615	凤城市凤凰城经济管理区明兰白酒厂
SC10621060400341	丹东好邻居食品有限公司
SC11521071100147	锦州市太和区西机场小岭子酒厂
SC11521071100456	锦州益华酒业有限公司
SC11521071100497	锦州华源制酒有限公司
SC11521071100616	锦州腾龙酒业有限公司
SC11521072600231	黑山县北方制酒有限责任公司
SC11521072600282	黑山县盛清纯酒业有限公司
SC11521072600442	黑山县明泉酒业有限公司
SC11521072700113	锦州市旱地王酒业有限公司
SC11521072700201	辽宁义县酒厂
SC11521072700228	义县胜龙酒厂
SC11521072700332	锦州市凌丰酒厂
SC11521072700390	义县城关乡旱地白酒厂
SC11521072700412	辽宁唐王井酒业有限公司
SC11521078100045	凌海市四通酒业有限公司
SC11521078100061	凌海市青龙泉酒厂
SC11521078100070	凌海市金城大黑窑酒业有限责任公司
SC11521078100096	凌海市凌河酿酒有限责任公司
SC11521078100107	锦州关外人酒业有限责任公司
SC11521078100367	凌海市常胜金酒业有限责任公司

许可证	企业
SC11521078200021	北镇闾山酒业有限责任公司
SC11521078200030	北镇市鸿鑫酒业有限公司
SC11521078200440	北镇市尹府宴酒有限公司
SC11521078200482	锦州老石坊酒业有限公司
SC11521078200634	北镇市幽州酒业有限公司
SC11521078300071	辽宁道光廿五集团满族酿酒有限责任公司
SC11521078300080	辽宁道光廿五集团同盛金烧锅有限责任公司
SC11521080200039	营口鹏昊酒业有限公司
SC11521080400215	辽宁望儿山酒业有限公司
SC11521088100147	营口碧泉酒业有限公司
SC11521088100368	营口市红高粱酿造酒业有限公司
SC11521088100608	营口天龙酒业有限公司
SC11521088200454	营口三畲堂酒业有限公司
SC11521088200462	营口川池酒厂
SC11521088200542	营口虎乡王酒业有限公司
SC11521088200663	大石桥市孟屯酒厂
SC11521088200735	营口三山酒业有限公司
SC11521088200913	营口北方天马酒业有限公司
SC11521088200989	大石桥市川北香纯高粱酒厂
SC11521090100164	辽宁三沟酒业有限责任公司
SC11521090300069	阜新市新邱区河汇酒厂
SC11521090300093	阜新市天池酿酒厂
SC11521090300132	阜新瀘二窖酒业有限公司
SC11521090300149	阜新市新邱区北部酒厂
SC11521090400078	阜新禾一酒厂
SC11521091100085	辽宁北茅酒业有限责任公司
SC11521091100116	阜新赖茅酒厂
SC11521092100051	辽宁海泉酒业有限公司

许可证	企业
SC11521092100221	阜新市井拔泉酒厂
SC11521092100272	阜新市篱笆泉酿酒厂
SC11521092100377	阜新市旺家酒厂
SC11521092100699	阜新蒙古贞酒业有限责任公司
SC11521092200046	辽宁博辉酒业有限公司
SC11521092200134	辽宁皇家牧场酒业有限公司
SC11521092200425	阜新金鹏酒业有限公司
SC11521100200028	辽阳市桂花香酒厂
SC11521100300408	辽阳张书酒厂
SC11521100400011	辽阳石洞沟酒业有限公司
SC11521100400505	辽阳市宏伟区鼎襄酒厂
SC11521100400556	辽阳市宏伟区龙鼎山酒厂
SC11521100400564	辽宁玉生金酒业有限公司
SC11521100500609	辽阳市弓长岭区金桂麟酒厂
SC11521100500617	辽阳市弓长岭区牛录九八矿泉酒厂
SC11521100500625	辽阳市弓长岭区清泉酒厂
SC11521100500633	辽阳市弓长岭区牛录酒厂
SC11521100500641	辽阳市弓长岭区老牛录酒厂
SC11521100500650	辽阳市弓长岭区兴隆酒厂
SC11521100500668	辽阳市弓长岭区菊花老窖酒厂
SC11521100500676	辽阳市弓长岭区牛录盛源酒厂
SC11521100500684	辽阳市弓长岭区牛清泉酒厂
SC11521100500692	辽阳八旗牛录酒业有限公司
SC11521100500730	辽阳汤河酒业有限公司
SC11521101101364	辽宁千山酒业集团有限公司
SC11521102100064	辽阳县瑰花酒厂
SC11521102100101	辽阳县梨庇峪酒厂
SC11521102100110	辽阳县古坛老窖酒业有限公司

续表

许可证	企业
SC11521102100224	辽阳县寒岭镇梨庇峪酒厂
SC11521102100232	辽阳县吉洞畅泉酒业
SC11521102100312	辽阳县同德源酒厂
SC11521102100353	辽阳正香醇酒业有限公司
SC11521102100361	辽阳县香泉酒厂
SC11521102100407	辽阳古城酒厂
SC11521102200047	灯塔市铧子酒厂
SC11521102200063	灯塔市增盛泉酒厂
SC11521102200151	灯塔市明胜酒厂
SC11521102200160	灯塔市古玉涌酒厂
SC11521102200186	灯塔市贵家酒厂
SC11521102200194	辽阳衍水酒厂
SC11521102200241	灯塔市衍水玉液酒厂
SC10121101100069	辽阳三禾农业发展有限公司
SC11521102200469	辽阳谷泉酒厂
SC11521110200158	盘锦鹤乡酒业有限公司
SC11521110200287	盘锦市盘山酒业有限责任公司
SC11521110400055	盘锦辽东湾新区凤桥酒厂
SC11521112200266	盘山县沙岭镇玉喜糖化酿酒厂
SC11521120200196	铁岭龙赐酒业有限公司
SC11521120200207	铁岭市春骥酒业有限公司
SC11521120400018	铁岭北绿鑫码头酒业有限公司
SC11521120400042	铁岭醉春风酒业有限公司
SC11521120400227	铁岭东华食品酿造有限公司
SC11521120400235	铁岭龙泉山庄酒业有限责任公司
SC11521120400278	铁岭清仙酒业有限公司
SC11521122100052	铁岭县古泉酒业有限公司
SC11521122100149	铁岭市康道酒业有限公司

许可证	企业
SC11521122100245	铁岭县清泉酿酒有限责任公司
SC11521122100261	铁岭县八宝岭玉凤酒厂
SC11521122100500	铁岭曹氏故乡酒业有限责任公司
SC11521122100567	铁岭大河酒业有限公司
SC11521122100786	铁岭县八宝岭酒厂
SC11521122300011	贵州茅台集团健康产业有限公司
SC11521122300062	辽宁德润白酒制造有限公司
SC11521122300214	辽宁冰砬山酿酒有限公司
SC11521122300271	辽宁鹿城酿酒有限责任公司
SC11521122400004	昌图县良泉液酒厂
SC11521122400029	辽宁关东泉酒业有限公司
SC11521122400037	昌图县宾圆酿酒厂
SC11521122400045	昌图县北酒庄园
SC11521122400053	昌图县自在园酒厂
SC11521122400115	昌图县明楼酒业有限公司
SC11521122400158	铁岭市亮泉酒业有限责任公司
SC11521122400166	昌图县古城酒厂
SC11521122400174	铁岭老烧锅酿酒厂
SC11521122400199	辽宁山雁王酒业有限公司
SC11521122400203	铁岭市洋泉酿酒厂
SC11521122400254	昌图县济兴酒厂
SC11521122400262	铁岭圣母酒业有限责任公司
SC11521122400279	铁岭国兴酒业有限公司
SC11521122400295	昌图县通江口镇刘祥酒厂
SC11521122400375	辽宁有金酒业有限公司
SC11521122400383	辽宁佳玉酒业有限公司
SC11521122400391	昌图县裕和盛酒业连锁有限公司
SC11521122400406	昌图县老孟头酒业有限责任公司

许可证	企业
SC11521122400414	铁岭市亮中酒业集团有限责任公司
SC11521122400527	昌图县满昌酒厂
SC11521122400560	昌图金山鸿运酒厂
SC11521122400730	昌图县鸿利酒厂
SC11521122400764	铁岭一元酒业有限公司
SC11521122400772	昌图县兴泉酿酒厂
SC11521128100038	调兵山市苗家酒坊
SC11521128100054	调兵山市关府酒业有限公司
SC11521128100095	调兵山市古辽贡酒业有限责任公司
SC11521128100100	调兵山市鑫廉氏白酒厂
SC11521128100183	辽宁龙腾酒业有限公司
SC11521128100214	调兵山市鑫泉酒厂
SC11521128100222	调兵山市创业酒厂
SC11521128100298	调兵山市黑小子酿酒厂
SC11521128200012	辽宁金井泉酒业有限公司
SC11521128200519	辽宁李司令五粮酒业有限公司
SC11521130200213	朝阳三庆酒业有限公司
SC11521130200512	朝阳市双塔区金马酒厂
SC11521130200779	朝阳市双塔区凤凌春酒厂
SC11521130300548	朝阳思源酒业有限公司
SC11521130300716	朝阳玉猪龙酿酒有限责任公司
SC11521132100131	朝阳凌塔酿造科技开发有限公司
SC11521132100594	辽宁龙泉口酒业有限公司
SC11521132100625	朝阳县慕容酒厂
SC11521132200595	朝阳酒之源红山酒业有限公司
SC11521132400275	辽宁省喀左县隆中御酒厂
SC11521132400568	喀左县喀圣酒厂
SC11521138100494	北票市北塔天泉酒厂

续表

许可证	企业
SC11521138100509	辽宁永椿酒业有限公司
SC11521138100744	辽宁九立友农产品开发有限公司
SC11521138100816	北票市华溢酒业有限公司
SC11521138200354	辽宁康熙八旗酒业有限公司
SC10121138100557	辽宁巨龙有机食品有限公司
SC10321132400495	辽宁塔城陈醋酿造有限公司
SC11521140200072	葫芦岛市玉鑫酿酒有限公司
SC11521140200136	葫芦岛市甜龙泉酒厂
SC11521140200208	葫芦岛市关东王酒业有限公司
SC11521140200249	葫芦岛市富都酒业有限责任公司
SC11521140400218	葫芦岛市虹洋白酒酿造厂
SC11521142100065	绥中县华兴酒业有限责任公司
SC11521142100073	绥中县韩家凤阳酒业有限责任公司
SC11521142100081	葫芦岛市醇阳酒业有限责任公司
SC11521142100223	葫芦岛市九江酒业有限责任公司
SC11521142100459	绥中吉祥酒业有限公司
SC11521142100514	辽宁利伟家园酒业有限公司
SC11521142200050	建昌县香源酒厂
SC11521142200068	葫芦岛宝葫芦酒业有限公司
SC11521142200156	葫芦岛市宏马酒业有限责任公司
SC11521142200164	建昌县青龙源酒业有限公司
SC11521142200236	葫芦岛市大魏酒业有限公司
SC11521142200269	建昌县金海酒业有限责任公司
SC11521148100108	兴城市古城酒厂
SC11521148100116	兴城市海滨长春酿酒厂
SC11521148100253	兴城市沙后所三信酒厂
SC11521148100270	兴城市三得利酒厂
SC11521148100403	兴城市首山白酒厂
SC11521148100479	兴城市菊花岛酿酒厂
SC10621142100124	辽宁忠华酒业有限责任公司

《辽宁白酒志》编后记

看过这本书，你是后悔花费了这些时间，还是庆幸选择了与我共度？这是我长期以来的疑问。此刻，我轻抚着《辽宁白酒志》手稿，想象着这本书被印刷装订的场景，我的内心充满了期待与感谢。

历时三年编纂出版的《辽宁白酒志》，完整真实地记录了辽宁白酒从新中国成立时起至2017年68年间的发展历程和历史变迁，它不仅具有历史性、全面性、专业技术性、真实正确性、实用性和可读性，同时为我们辽宁白酒业留下了重要而珍贵的历史记载。此书的出版发行被业界称为"抢救性的工作"创举，也为今后行业发展起到了借鉴和引领作用，是一本极难得的工具书。

感谢中国白酒大师、辽宁省白酒工业协会会长王贵玉最早提出并组织主编《辽宁白酒志》。2015年，他提出编写设想，并组织相关人员进行商讨论证，形成编写大纲，成立编委会。其间整理了50多万字的文字资料、数百幅图片，查阅了大量的历史档案，组织召开了六次编委会会议，广泛收集、征集、查阅、归纳、整理，具体明确分工撰写相关事件、人物，到后来把具体内容落实到《辽宁白酒志》十大篇章中，分发到各个编委人员手中现场审阅、修改、补充，并把发现的问题及缺失及时布置下去当场改正，反复征求多方意见后，最终完成了《辽宁白酒志》的编纂工作。

感谢老一辈的行业专家、酿酒巨匠于桥、宋玉华、郑宝林、潘维符、李树林、王世伟等，他们虽然已是耄耋老人，但为了我省白酒业的发展，不辞辛苦、任劳任怨，无论是严寒还是酷暑，有求必应、有事必到。他们查阅了数十年的手稿、照片、笔记，为本书留下了极其珍贵的历史资料，这也充分反映出老一辈酿酒人的工匠精神，这种精神每时每刻都在激励着我们前行。

感谢中国酿酒大师孙庆文虽然身在四川但心系辽宁，始终关注辽宁酒业的发展，为《辽宁白酒志》献计献策，并亲自撰写、翻译了人物篇及其他章节中的一些内容。

感谢辽宁省总工会于鲁沙主任、省工信委谭绍鹏处长、省食品办郭建国主任、省酒类管理办公室刘福善主任等领导的帮助和支持；感谢辽宁省档案局、辽宁省新闻出版广电局、沈阳出版社的大力支持。

感谢全省白酒骨干企业的参与、支持，并提供大量的历史资料与图文介绍；感谢全省白酒行业同人的积极参与，你们为辽宁白酒创造出辉煌的业绩，丰富了本书内容。

感谢辽宁三沟酒业有限责任公司吴铮、辽宁道光廿五集团满族酿酒有限责任公司张广新、朝阳凌塔酿造科技开发有限公司姜淑秋、辽宁忠华酒业有限责任公司田中华为《辽宁白酒志》的付梓出版提供赞助。

感谢沈阳兴盛泉酒业韩志勋、大连金州鑫醇酒厂梅玉增、朝阳凌塔酿造科技开发有限公司姜淑秋为《辽宁白酒志》编委会第二次、第四次、第六次会议提供支持。

感谢大连市杨学武先生对书名和内容的充实和修改。

特别感谢辽宁省政协原副主席、全国政协原常委姜笑琴女士为本书作序，还时刻关注辽宁白酒的发展，为我省酒业献计献策、指导支持。

特别感谢中国食品协会秘书长白酒专业委员会马勇会长为本书题写书名、题字。

特别感谢中国酒业协会王延才理事长、中国酒道研究会杨柳秘书长、黑龙江省酒协及著名白酒专家高月明、栗永清、赵志昌、书法家吴井峰等领导、专家为本书题词、题字。

《辽宁白酒志》的编纂完成得到了上级领导、专家、行业同人及会员单位的大力支持，更得益于编委会成员不怕劳累、夜以继日的工作态度，在此我向为《辽宁白酒志》提供支持帮助的单位和个人表示衷心的感谢！

《辽宁白酒志》本着百家争鸣的原则，在白酒史的叙述上，采用了多家的研究意见，并有业界最新发现。由于全书内容跨度时间长、覆盖面广、工作量大等因素，书中不足和错讹之处，诚请各位领导、专家、行业同人及读者指正。

辽宁省白酒工业协会秘书长　刘立新

2017 年 10 月 31 日